Linkshegelianer ist Zeitgedanke für die Zukunft
A.Ruge, L.Feuerbach, M.Stirner

ヘーゲル左派という時代思潮
A.ルーゲ/L.フォイエルバッハ/M.シュティルナー

石塚正英 著
Masahide Ishizuka

A.Ruge

L.Feuerbach

M.Stirner

社会評論社

目　次

はしがき ─────────────────────────────── 5

第Ⅰ部　思想家集団とその哲学的・社会思想的射程 ───── 11

序論　研究史・動向 ───────────────────────── 12

第1節　諸外国、とりわけドイツ　12

第2節　日本、とりわけ 1960 年以降　17

第1章　青年ドイツ派とサン゠シモニズム ─────────────── 25

第1節　サン゠シモニズムのドイツへの流入　26

第2節　サン゠シモニズム受容　28

第3節　「肉体の復権」とキリスト教批判　34

第4節　1835 年末の弾圧　38

第2章　思想家集団ヘーゲル左派 ──────────────────── 45

第1節　ヘーゲル左派の形成　46

第2節　ロマン主義批判　48

第3節　ヘーゲル的プロイセン国家の讃美　54

第4節　プロイセン的ヘーゲル哲学の批判　59

第5節　自由主義批判　66

第6節　ルーゲとマルクスの疎隔　71

第3章　ヘーゲル左派思想の大衆化──光の友協会・自由信仰教会── 79

第1節　合理主義信仰運動の形成　79

第2節　ヘーゲル左派からの思想的影響　83

第3節　ドイツ・カトリック教派との連合　86

第4節　光の友協会の政治的急進化　90

第5節　自由信仰教会への移行　93

第6節　三月革命期の自由信仰教会　97

第7節　自由信仰教会の活動領域　101

第4章　シュティルナーのヘーゲル左派批判 ──────────── 113

第1節　反文明的態度　114

第2節　他なる自我　119

第3節　ソキエタスとキヴィタス　120

第4節　物質主義　123

第5節　唯一者　126

第5章　汎神論から他我論への展開──中後期フォイエルバッハ── 135

第1節　それとは違う神話世界を求めて　136

第2節　中後期フォイエルバッハの自然信仰論　138

第3節　原初的信仰の規範──フェティシズム、アニミズム、トーテミズム　142

第4節　フォイエルバッハからフッサールへ　144

第6章　自然的・感性的身体観──フォイエルバッハ── 151

第1節　ヘーゲルに逆らう　151

第2節　肉体の復権　151

第3節　形像（Bild）が事象（Sache）に続く　152

第7章　フォイエルバッハと日本の古代信仰── 155

第1節　日本の宗教との出逢い　155

第2節　『外国』紙上の記事「日本」と遺稿　157

第3節　フォイエルバッハの比較宗教学的研究法　158

第4節　遺稿「日本の宗教」の分析　161

第5節　自然崇拝のフェティシズム的性格　165

第8章　マルクス左派の超家族論── 169

第1節　造語「パトリオフィル（愛郷心 , patriophil）」の説明　170

第2節　歴史貫通的なパトリオフィル　172

第3節　老マルクスの氏族社会研究　173

第4節　21世紀社会へのスクラップ＆ビルド　176

第5節　存在型民主主義とその後の超家族　179

第Ⅱ部　年表・三月革命人（1762～1895）── 183

付録1：本書に関する邦語雑誌論文目録（1924-1981年）── 267

付録2：本書に関する邦語雑誌論文・図書目録（1982年以降）── 290

あとがき── 301

はしがき

　1848年3月に勃発したドイツ三月革命の前段階、およそ1830年代から40年代中葉をさして、ドイツ史では「三月前（Vormärz）」という。その時期にドイツ内外のヨーロッパ諸地域で活躍したヘーゲル左派は、直接にはヘーゲル哲学批判を通じて宗教哲学、歴史哲学、法哲学などの領域で革新的行動にでたグループである。その際彼らは、ちょうど同じ頃隣国フランスで展開していた思想運動、社会運動に大きく影響される。1830年代といえば1789年に始まるフランス革命の残り火がふたたび勢いを盛り返した時期であり、バブーフの名に由来する革新思想が新たな支持者を得て産み直された時代であった。その事情は、ヘーゲル左派に強烈な感化を及ぼした1841年刊のローレンツ・シュタイン著作『今日のフランスにおける社会主義と共産主義』（石川三義・石塚正英・柴田隆行訳、大井正解説『平等原理と社会主義』法政大学出版局、1989年）に詳しい。

　農業国フランスで1789年に革命が発生したとき、北部農村ピカルディからパリにやってきたフランソワ・ノエル・バブーフ（F. N. Babeuf）は、革命の渦中で食糧暴動などサン・キュロットの大衆運動に接するや、平等主義を旗幟鮮明にし、農民の立場から農地均分法を提唱した。しかしバブーフは、すべての農民に土地を均等に配分するという平等主義をほどなく退ける。私的な所有を認めてしまっては、所詮財の少数者集中は時間の問題でしかないと考えたからである。彼は新聞『護民官』を発行し、その第35号（1795年11月）にこう記した。「農地均分法成立の翌日には、はや不平等が再発していることだろう」。私有の発想に依拠した均分法にかえて、バブーフはコミュノテつまり共同、共有を提唱することになる。

　〔財の共同（communauté des biens）〕によって実現するであろう理想社会は、バブーフにおいては農業と手工業、とりわけ前者を生業としている。この共同社会は、小生産者で構成される共同体という点では封建下の村落と変わらないが、領主権力を廃絶した階級なき政治なき社会という点ではまったく新しい。バブーフは1794年2月に発せられたヴァントーズ法の理念、すなわち反革命容疑者の財産を没収してこれを農民に無償で分割しょうという

5

農地均分法を拒否した時点で、実は近代をも拒否したのであった。彼の言うコミュノテないしコムニスムは、政治制度（キヴィタス）としての前近代の廃絶であると同時に社会制度（ソキエタス）としての前近代の再建を意味したのである。このコミュノテが実現していたなら、それは農耕にきわめて相応しい社会組織となっていたことだろう。だがバブーフはその課題を果たさぬまま、1797年3月に処刑されるのだった。

　バブーフの時代から19世紀にかけては、ヨーロッパを先頭にして社会が近代化を推し進めた時代である。しかし、単純再生産の前近代と違って拡大再生産の近代は不平等の拡大が凄まじく、その結果生じた諸矛盾により、社会の下層労働者は貧困と悪弊のどん底に突き落とされた。そこで19世紀前半、この諸矛盾の発生原因を貨幣による商取引に見いだして農業による快適な調和社会を再建しようとする思想家がフランスに登場した。その人物はシャルル・フーリエ（F. M. Ch. Fourier）である。フーリエはジャン＝ジャック・ルソー（J.-J. Rousseau）が使用したアソシアシオンという術語を継承して理想社会を楽しく描きだすのであった。

　ところで、19世紀30年代のヨーロッパ思想界には、新たな社会建設の構想として、おおまかに区分して以下の3種が存在した。第1はイギリスのジョン・ロック（J. Locke）に発してドイツのヘーゲル（G. W. F. Hegel）に行き着く市民社会論である。ロック的な系譜にあっては近代市民社会における個人が社会構成の出発点となり、この個の契約をもって社会成立の基盤とする。ヘーゲルは、そのようにして成立した市民社会を統括するものとして国家＝政治制度を重要視するのであった。その場合、この契約が政治的な服従的なものから社会的な連合的なものに転化する地平に新たな社会組織が展望されることになる。それが第2の構想であるアソシアシオン論、〔個の連合としての協同社会〕論である。以上の2者に対して第3の構想はルソーの発想およびバブーフの実践から出てくる。それはすなわち、近代社会における個人を社会全体と一致させるところから出発し、この〔個と個の結合すなわち社会全体〕という、結合契約をもって社会成立の基盤とする。その場合、個は全体に優先することはなく、全体の中においてはじめて個が成立するという、コミューン（共同）が再構成される。こちらの一代表はサン＝シモン（C. de Saint-Simon）あるいはサン＝シモン派の説いた産業主義社会であろう。

　サン＝シモンの説く産業とは物質的であると同時に道徳的なのであって、相互の内面的絆を強化するものである。謂うなれば職人気質に通じる。それ

6

に対してフーリエの説く協同社会は遊びとしての協働によって特徴づけられる。ホイジンガ流に言うならばホモ・ルーデンス（人とは遊ぶ存在）である。サン＝シモン（派）の説く産業社会では、生産物はすべて共同所有となって管理局に集められる。この社会では、各自は生産財や消費財を私有するに及ばないし、貨幣も要らない。なぜなら、各自みな自身の能力に応じて働き必要に応じて管理局から産物で取得するからである。管理局を介して、個は全体に一致している。それに対してフーリエの協同社会では、生産物は生産者に所属する。人びとはそれを直接交換する。ただし生産の計画・調整、さらに生産物の価値決定（交換比率）について協同局に助言を求める。

　サン＝シモンもフーリエも同時代イギリスの工業化社会を十分認識した上で、そのような物質主義偏重でない社会を構想した。サン＝シモンの産業社会もフーリエの協同社会も、国家とか政治とかは無用である。管理局も協同局も、政府や政党ではない。キヴィタスではない。ソキエタスである。農耕をはじめとして、彼らの考える産業に相応しい組織はソキエタスなのである。

　そのような時代思潮が多くの革新的な思想家たちをとらえていた1830年代のフランスに、ヘーゲル左派は引きつけられていく。例えばヘーゲル宗教哲学を批判するルートヴィヒ・フォイエルバッハ（L. A. Feuerbach）は、師が思惟を重んじたのに対して思惟と結合した感性を重視するが、それはガリア・ゲルマン同盟すなわちフランス思想とドイツ思想の統一的結合の中に展望されるとした。またヘーゲル歴史哲学を批判するアウグスト・チェシコーフスキ（A. v. Cieszkowski）やモーゼス・ヘス（M. Heß）は、ゲルマン・キリスト教国家を克服してサン＝シモンやフーリエの社会組織に接近した。さらにはヘーゲル法哲学・国家論を批判するアーノルト・ルーゲは、民主主義を標榜してマルクスとともに独仏知識人同盟を構想、パリに向かうのだった。一方、シュティルナーは、ヘーゲル左派を含む近代民主主義・理性主義をことごとく拒絶するという、最も極端な反近代・反権威主義的態度をとった。

　ところで、1848年革命後のヘーゲル左派、あるいは、一時代の思潮を牽引し終えた後の元ヘーゲル左派は、どうなったであろうか。

　ヘーゲル左派研究の第一人者である故良知力は、生前にこう述べていた。「アメリカは彼（ヘーゲル―引用者）の世界史に入ってこなかったし、また入ってはならなかった。ヘーゲルについて言えることはヘーゲルの弟子たちにも言える。若きヘーゲル派たちがいかにヘーゲルを批判し、未来へ向かう意志と行為の哲学を展開しようとしたとしても、なおかつ彼らの描く構図はヘー

ゲルの世界史から一歩も出られはしなかった。」「若きヘーゲル派はいわば西欧派だったのである。」（良知力『ヘーゲル左派と初期マルクス』岩波書店、1987年、初出『資料ドイツ初期社会主義―義人同盟とヘーゲル左派』平凡社，1974年、解説）

　また、同じくヘーゲル左派研究の第一人者である故廣松渉は、生前、ヘスを例にひき次のように述べていた。「モーゼス・ヘスという思想家は、シオニズムとの関係でも問題になるし、また、エンゲルスの向うを張ったというわけではないが、晩年に“自然哲学”に取組んだという点でも興味を惹くが、彼の本領は、理論面でも実践面でも、1840年代にマルクスたちと接点を持っていた当時の業績にあると思う。」（廣松渉『マルクスの思想圏』朝日出版社、1980年）

　そのような判断は、左派たちの幾人かには、とりわけ私が長年にわたって追究してきたフォイエルバッハには妥当しない。本書第5章〜7章で論じるフォイエルバッハは、初期の1830年代をとおして神と自然の同一性を軸とする汎神論的自然観を重視した。まさにヘーゲル左派の基軸思想である。しかし、中後期のフォイエルバッハは、非キリスト教圏を考究対象とした時点で、キリスト教に起因する汎神論的自然観・世界観の通用しない地域文化のあることを悟った。彼は、たとえば南米オリノコ河畔先住民の自然神に注目したが、それは汎神でなく物神（Götze）であった。そのようなフォイエルバッハを初期から後期まで途切れなく考究の射程に入れずして、21世紀という現代におけるヘーゲル左派論を語りつくしたことにはならない。

　本書第4章で論じるマックス・シュティルナーのヘーゲル左派批判は、そのようなドイツ思想圏の枠には収まらない内容・要素を背負っていた。イスラム思想圏の影響を内部処理した後のヨーロッパに、16世紀からもたらされたアフリカ・アメリカ文化（非ヨーロッパ的思考）の影響である。ヘーゲル哲学（ドイツ観念論の系譜）をヨーロッパ思想圏の生え抜きとすれば、ヘーゲル左派はアフリカ・アメリカ文化を自らの思想圏に反映させていた。フォイエルバッハ（「奇跡に関して」1837年、腐肉や汚物から発生する昆虫、エジプトのスカラベ）、マルクス（「ライン新聞」307号、1842年、キューバ先住民の〔黄金＝悪神〕撃退儀礼）、シュティルナー（『唯一者とその所有』、1844年、聖書を投げ捨てたインカ最後の皇帝アタワルパ Atahualpa）など。私は、シュティルナーとフォイエルバッハに特化して、良知と廣松の立ち止まったところから先に進んでみた。アフリカ・アメリカ文化（非ヨーロッパ的思考）に

接したシュティルナーやフォイエルバッハが、ヨーロッパ人の内なる非ヨーロッパ性—例えばジェームズ・フレイザー『金枝篇（*The Golden Bough*)』にふんだんに記録されている—に目覚めた、という意味でもある。その一端を本書にまとめてみた。

その際、コロンブスがカリブ海に到達したときの印象が重要な歴史的前提となる。この海域をインドだと思ってそこに第一歩を踏み入れたコロンブスは、スペインで前もってインド人についての「知識」を得ていたが、実際に「インド大陸」に立って先住民に遭遇したとき、あらかじめ知識としてインプットしていた通りの人びとがそこに立っていたと思った。つまり、新世界を先入観で判断したのだった。そして、先住民が何か訳の分からないことを口にしたとき、コロンブスはこう思った。この人びとは言葉というものを知らない。よし、スペインに連れていき、言葉を教えてやろう。つまりコロンブスを筆頭にして、当時のヨーロッパ人は、アメリカ先住民の風俗、性格、思考などについてはほとんど知らなかったのである。ちょうど、古代ギリシア人がギリシア語を理解しない周辺諸民族をバルバロイ＝野蛮人とみなしたのと似ている。

1492 年 8 月 2 日、コロンブスはサンタ・マリア号ほか 3 隻の乗組員に対し、出航前日であるにもかかわらず午後 11 時までに乗船を終えるよう命じた。その訳はこうだ。「スペイン国王フェルナンドとイサベラの布告によれば、この日の真夜中以降いかなるユダヤ人もスペインの地に留まってはならないのである」。コロンブスは、スペイン国内の改宗ユダヤ教徒と深い関係にあったのか、あるいはコロンブス自身がセファラディム系かなにかの改宗ユダヤ教徒であったのであろうか。もしそうであるならば、サンタ・マリア号（因みにこの船だけは帰路沈没した）以下 3 隻の船に乗って翌日に大西洋のかなたへ向かおうとしている乗組員たちの中には、ヨーロッパで迫害を蒙ってきた民族出身者、異教出身者がいたとも考えられる。ならばコロンブスは、ヨーロッパ内被抑圧民の永久的解放、ユダヤ教徒の宗教的エルドラド建設のために大西洋を渡ったことになる。スペインでは改宗ユダヤ教徒のことを「マラーノ」つまり「豚野郎」という蔑称で呼んでいた。豚を食べないはずのユダヤ教徒がキリスト教（カトリック）に改宗して豚を食べるようになったという非難の意味もこめられている。コロンブスの航海は、こうしたマラーノがもはやスペインに留まることを潔しとせず、理想郷を目ざして大海を渡ろうという動きにでたことと関係しているかもしれない。ここに記した「理想郷」は、

バルトロメー・デ・ラス・カサス『インディアスの破壊についての簡潔な報告 』（Bartolome de Las Casas, *A Short Account of the Destruction of the Indies*, New-York, Penguin Books, 1992. 原文はスペイン語、岩波文庫、染田秀藤訳、1976 年）に記されて 19 世紀に伝えられた。マルクスは、シャルル・ド゠ブロス『フェティシュ諸神の崇拝』（1760 年）ドイツ語版読書（1842 年）を介してそのラス・カサスを読んで「キューバ先住民の黄金」を知ったのだった（石塚正英『マルクスの「フェティシズム・ノート」を読む』社会評論社、2018 年、参照）。

　本書の叙述構成は次のようになる。【第一部】ヘーゲル左派の先駆である青年ドイツ文学派（Das Junge Deutschland）に言及する（第 1 章）。本論の第 1 として、ヘーゲル左派の思想と行動をアーノルト・ルーゲの批判運動に代表させて検討する（第 2 章）。本論の第 2 として、ヘーゲル左派という少数知識人の思想、とりわけフォイエルバッハのキリスト教批判をよかれあしかれ大衆運動の指導理念＝時代思潮として普及させた光の友協会（Lichtfreunde）の活動を検討する（第 3 章）。この協会についての立ち入った考察は、本研究の大きな特色であると考えている。本論の第 3 に、『唯一者とその所有』（1844 年）を先駆的事例にして、さらには中後期フォイエルバッハを後発的事例にして、その後のヘーゲル左派を解説する（第 4 章～第 7 章）。本論の第 4 として、1880 年前後に氏族社会研究に突き進んだ老マルクスがモーガン、バッハオーフェンを介して非ヨーロッパ世界に注目した事情を解説する。この事情は、「ライン新聞」307 号（1842 年）でキューバ先住民の黄金を事例にフェティシズムに言及した若きマルクスの問題意識あるいはヘーゲル左派の思想圏に深く絡む。

　【第二部】「年表・三月革命人」。これは、〔その後のヘーゲル左派〕までを包み込む「ヘーゲル左派という時代思潮」の叙述意図に特化しつつも、三月前（Vormärz）から三月革命（Märzrevolution）へ、という大きな括りを最大限に意識して編集された〔読む年表〕である。フィヒテ生年（1762 年）からエンゲルス没年（1895 年）までを含む。これはけっして本論からみて付録の位置にあるのではない。

　なお、19 世紀 30 年代 40 年代のヨーロッパ思想界、およびその只中におけるヘーゲル左派思想の展開については、以下の拙著をあわせて参照されたい、『近世ヨーロッパの民衆指導者』（社会評論社、2011 年）。

第Ⅰ部　思想家集団とその哲学的・社会思想的射程

エンゲルスによるヘーゲル左派（ベルリン・グループ）風刺画（1842年）。左からアーノルト・ルーゲ（恰幅がいい）、ルートヴィヒ・ブール（小男）、カール・ナウヴェルク（長身）、ブルーノ・バウアー（マルクス編集「ライン新聞」を踏みつけている）、オットー・ヴィガント（出版業者）、エトガー・バウアー（右手を挙げている）、マックス・シュティルナー（タバコをふかしてる）、エドゥアルト・マイエン、氏名不明の2人（雑な描写）、カール・フリードリヒ・ケッペン（机に腰かけて飲酒）。エドガー兄弟うしろの壁にはギロチン断頭台、左隅にはプロイセン文相ヨハン・アイヒホルンを風刺した一匹のリス。

序論　研究史・動向

第1節　諸外国、とりわけドイツ

　本論に入るに先立ち、ヘーゲル左派関係の研究課題に関する従来の研究史・動向を整理しよう。

　1830～48年―Vormärz（ドイツ三月革命以前）―という時期は、ある意味で歴史の谷間である。2度のカタストローフの時期にはさまれた鎮静・黙過の時代ともいえる。したがってこの時代は種々の学問、とりわけ歴史学の分野では、七月革命や三月革命ほど豊かな研究業績を残していない。ここでとりあげる社会思想史の領域でも、同様である。因みに、本論でとりあげる光の友協会、自由信仰協会の大衆運動は、19世紀プロテスタンティズムの通史には顔を出すが、それがヘーゲル左派思想を武器にして民衆レヴェルで民主主義的革命勢力を創出した点にはあまり触れられず、ことにわが国では団体名そのものが未知に等しい。

　第一に、1830年代40年代に近代的民主主義思想の原点を認めようとする立場での研究成果をみる。まずはグスタフ・マイヤー（G. Mayer）の論文『三月前のプロイセンにおける政治的急進主義の開始（Die Anfänge des Politischen Radikalismus im vormärzlischen Preußen)』（in: *Zeitschrift für Politik*, Bd. 6, 1913.）があげられよう。これは1冊の著書にも匹敵する大作であり、扱う内容もプロイセンにおける政党とその成立、思考から行為への急転、フリードリヒ四世とヘーゲル左派、プロイセンの検閲政策、自由主義と急進主義、ライン新聞の反政府闘争、ベルリンにおける急進的反対派の開始、急進主義と国家等々というように、Vormärzにおける反体制的民主主義運動をその時代にひきつけて、独自に論じるという内容である。

　マイヤーはそのほか論文『青年ヘーゲル派とプロイセン国家（Die Junghegelianer und der preußische Staat)』（in: *Historische Zeitschrift*, Bd. 121,1920.）を著して、ヘーゲル左派のプロイセン国家＝絶対主義への批判が徹底して民主主義を希求するものであったことを強調する。マイヤーによれば、プロイセンが民主主義的になるべきだと望むこの主張は、何もヘーゲル

左派の時代がはじめてではない。それは 1807 年以降のプロイセン改革で活躍したハルデンベルグの思想にみられ、また解放戦争期（1813 ～ 14 年）にあっては，民主主義がドイツを外国の軛から救ったとされる。このようにマイヤーは 1810 年代にすでに民主主義思想の存在と意義が確認されると説き，この思想がやがてヘーゲル左派の急進的哲学徒たちによって、なかなか絶対主義を放棄しないプロイセン国家への批判の武器に転化されたと説くのである。さらにマイヤーは、ヘーゲル左派の批判運動が最高潮に達した段階、すなわちバウアーやフォイエルバッハのキリスト教批判、ルーゲのプロテスタンティズム批判が出そろい、同派が無神論へと向かった段階についても、そうした行動は「その時代状況を入念に考慮すれば、まったく自然な成り行きであったことがわかる」とし、要するに彼らの断固たる民主主義的急旋回を、その時代、すなわち Vormärz に即したものと解釈するのである。

ところで、マイヤーは、ヘーゲル左派とマルクス主義形成の関係にはほとんど触れず、またこの一派が結局マルクスによって理論的に乗り越えられたなどとも語らない。それどころか彼は、ヘーゲル左派の民主主義思想でもって Vormärz の改革精神を代表させ、これを現代、すなわちマイヤーが当の論文を執筆した 20 世紀初ヴァイマール期の時代精神に結びつけようとするかのごとくである。周知のように、ヘーゲル左派の構成員には、なるほどどこまでも民主主義・共和主義の方向に突き進んだルーゲなどがいる一方、たしかに共産主義へと歩を進めだしたヘス、エンゲルス、マルクスらも存在した。マイヤーは、なるほど 1913 年の論文の中でマルクスを隔字体で協調し、1920 年の論文で『ヘーゲル法哲学批判・序説』のマルクスを引用してみたところで、やはり共産主義よりも民主主義・共和主義の原点としてのヘーゲル左派の方が重要であった。

マルクスが所属したヘーゲル左派でなくルーゲが所属したこの派に注目する研究者には、さらにハンス・ローゼンベルク（H. Rosenberg）がいる。彼は、1930 年前後に数々の論文を発表して Vormärz 急進主義に言及しているが、ここで直接関係するものに次の労作がある。一つは『アーノルト・ルーゲと「ハレ年誌」（Arnold Ruge und die „Hallischen Jahrbücher ")』（in: *Archiv für Kulturgeschichte* Bd.20, 1930.）、いま一つは『神学的合理主義と三月前の俗流自由主義（Theologischer Rationalismus und vormärzlicher Vulgärliberalismus)』（in:*Historische Zeitschrift* Bd. 141, 1930.）である。これらは他の論文とあわせ『三月前ドイツの政治思潮（*Politische Denkströmungen*

im deutschen Vormärz,Göttingen, 1972.)』として再録出版されている。その
2編の論文においてローゼンベルクは、ルーゲに代表されるヘーゲル左派の
政治的急進主義と、ヴィスリツェヌスに代表される光の友協会の合理主義信
仰運動とを、ともにVulgärliberalismus（通俗的自由主義）ないし
Vulgärrationalismus（通俗的合理主義）という語で表現する。そして、これ
らの思想を、Vormärzの中間階級〔Mittelstand〕のあいだで開花した時代
精神の精華として描きだす。

　ローゼンベルクは、ヘーゲル左派の批判運動を語るについて、それをヘー
ゲル哲学ないしドイツ観念論の系譜から説きおこすよりも、プロイセン改革
期にはじまってフランス七月革命後にいっそう勢いづくドイツ自由主義の進
捗過程から説明する。つまり、ケーニヒスベルクの自由主義者、バーデンの
民主主義者、青年ドイツ派、ゲッティンゲン七教授など自由主義諸派のあと
をうけてヘーゲル左派が登場するという順序である。また光の友協会は、そ
の後にフォイエルバッハのキリスト教批判やルーゲのプロイセン国家批判を
理論的武器にしてザクセン州で運動を開始するということになる。ローゼン
ベルクは、このようにして成長してきたドイツ自由主義の左翼的潮流を、ま
さしくブルジョア革命前のドイツにおける最も先進的な、有意義な、かつま
た多くの中間市民層を満足させる政治思想であったとみなす。そこからまた、
たとえ三月革命においては敗北したにせよ、このVormärz急進主義は明ら
かに現代ドイツ、すなわち彼が一連の論文群を公にしたヴァイマール時代に
まで及ぶ民主主義思想史の原点と解釈するのである[4]。

　だが、ローゼンベルクは、1842、43年以降極端にまで突走っていったヘー
ゲル左派の民主主義には、幾分消極的な評価を与えている。その点で彼は、
先述のマイヤーとは見解を異にしている。すなわちマイヤーは、ルーゲらの
政治的急旋回を時代に沿ったものと判断するが、ローゼンベルクはこれを時
代に沿わない、むしろ時代を飛び越えてしまったものとし、Vormärz期の
自由主義をすべて非難するにいたったルーゲに対しては、もはや政治的な重
要性を低くしてしまったと評価する[5]。その解釈から推察すれば、ローゼン
ベルクは、過激でなく穏健にして健全な、つねにその時々の客観的・現実的諸
条件に合致した民主主義団体として、ヘーゲル左派や光の友協会を研究対象
に選んだということができよう。そうであればマイヤー以上に彼にとって、
ヘス→エンゲルス・マルクスへと進展する共産主義の発酵母体たるヘーゲル
左派は、叙述のテーマにならないのである。

14

マイヤー、ローゼンベルクのような観点から Vormärz に注目する研究では、さらにペーター・ヴェンデ（P. Wende）の著書『三月前の急進主義—初期ドイツ民主主義における政治理論研究（*Radikalismus im Vormärz, Untersuchungen zur Politischen Theorie der Frühen Deutschen Demokratie,* Wiesbaden 1975.)』がある。「個人－社会－国家」、「社会批判と社会改革」、「歴史と政治－理論と実践」という本書の各章では、Vormärz 期の諸個人・諸運動中に、前近代と近代の新旧諸思想の錯綜した状況が描かれ検討されている。さらにその叙述は、歴史の谷間としての Vormärz でなく、近代民主主義思想を産み出す直接的契機としての Vormärz を積極的に前面に出している。

　だが本書は、マイヤーやローゼンベルクの場合と若干異なり、ルーゲ、フレーベル、シュトルーフェルらの民主主義的諸潮流だけに力点をおいて、Vormärz の改革理念を代表させるということをせず、あきらかに社会主義者の社会改革理念にも重要な意義をみいだしている。そのことは、たとえばルーゲがフランス初期社会主義に接したり、またマルクスとともにパリで『独仏年誌』刊行の準備をしたりする過程での、彼の思想的変化を分析する際に看取しうる。すなわちヴェンデによれば、ルーゲは同時代フランスの社会主義や初期マルクスの影響をうけて「国家－社会（Staat-Gesellschaft）の問題に仔細に立ち入ったが、それ以前の諸文書で社会のことに言及するのはきわめて稀有であって、そのかわり彼の関心は、概ね国家にあった」のである[6]。またこのような「国家と社会」、あるいは「個人と全体（Individuum und Kollektiv）」との統一を志向したのはルーゲだけでなくフレーベルもそうであるとして、ヴェンデの叙述はこの 2 者にとりわけ集中している。Ⅱの 3、Fröbel: Die organisierte Zweckgemeinschaft および Ⅱ の 4、Ruge: Der absolute Staat の各節は、したがってマイヤー・ローゼンベルク的な叙述以上に、私の研究目的達成に有意義な教訓を与えてくれた。

　さらにまたヴェンデは、ルーゲらの民主主義者がどこまで急進化しても、また前言を翻すほど転回しても、それをつねに Vormärz という時代の情勢推移の中でとらえ、原因と結果に分けて分析する。思うに、その点でヴェンデは、たんにブルジョア革命前のドイツに客観的に要求された課題を尺度にするのでなく、つまりそのような課題はむしろ当時の自由主義勢力の最大公約数的なものでしかなく、重要なのは、実際面で、種々様々な要求をもって展開される民主主義運動の振幅とか境界、ないしは相互の協調・対立の諸局

面を明らかにすることだ、と主張しているように考えられる。

　この点がもしヴェンデにあてはまれば、かかる主張は、私がヘーゲル左派を含む Vormärz の急進主義を以下のように一括した根拠に一致する。すなわち私は、ブルジョア革命を産み出す階級対立を、けっして封建貴族とブルジョアジーという公約数的な対立に単純化しない。そのことは 1789 年のフランス革命に注目するだけで、すでにあきらかなことである。大革命が封建制力とブルジョアジーの対決のみに図式化しえないこと、これは数々のフランス革命史家が認めている。周知のように、ルフェーブルなどはその点を強く指摘している。大革命が生々しい階級闘争であったことを思いおこせば、それが諸階級の様々な個別利害のぶつかりあう場面であったことを認めないわけにはいかない。それは過去的な要素と未来的な要素とが瞬時にしてぶつかりあう時点である。そこには時としてブルジョア革命らしからぬ要素が全面におどり出もするのである。たとえば、この革命でロベスピェールが為した急進的行動は、時のフランス・ブルジョアジーにとって行き過ぎと思えるところまで突き進んだが、しかしこれがあってこそ彼らの革命は成功したのである。いや、もっと極論すれば、バブーフの陰謀ですら結果としてフランス革命を成就させる一因になったといえる。要するに、なんらかの立場・思想で現状を打破しようとする勢力が種々集まってはじめて革命の動因・推進力になっているのであり、公約数的なもののほかは例外だなどということはありえない。その点は、ブルジョア革命を前にした Vormärz のドイツにいたってはなおのことあてはまる。来たるべきドイツ革命（改革）をイギリス的にすべきと考える立憲自由主義者、ルイ＝フィリップの七月王政的にしようとする議会制的自由主義者、ジャコバン的にしようとする共和主義者、さらにはバブーフ的にしようとする共産主義者が、みな各々に十分な存在理由をもって活動していたからである。

　さて、Vormärz に近代的民主主義思想の原点を認める立場の研究を、いま一例とりあげてみよう。それは、光の友協会を研究するイェルン・ブレーダーロウ（J. Brederow）である。彼の著書『光の友協会と自由信仰協会。三月前および 1848 ～ 49 年革命期における宗教的プロテストと解放運動（„*Lichtfreunde*" und „*Freie Gemeinden.*" 1976.）』は、ヘーゲル左派の思想的影響下で合理主義信仰運動を拡大する光の友協会を、やはり近代的民主主義の初期的段階と位置づける。だが、ブレーダーロウが本書の序文で述べるところによれば、19 世紀以来の伝統的な歴史学界では、光の友協会に対して

16

そのような歴史的価値を与える叙述はまずありえなかったし、ヴァイマール時代にあってもこの団体についての事実は解明されなかったのである。ただそれでも彼は、先にあげたローゼンベルクについては、Ideengeschichte（理念史）としてマイネッケらの史風からはずれたところにおき、彼が Vormärz 啓蒙主義的思潮の発展上で光の友協会を扱った点を認めている。また、ドイツ歴史学界でこの研究対象が軽んじられた理由として、そもそも三月革命が民主主義革命としては敗北に終わってしまい、それ故この潮流に属した諸活動も「ドイツ史の偉大な勝者に属していない」という点をあげている。[7] ブレーダーロウは、伝統的なドイツ歴史学界のそうした傾向に反対の態度を示し、彼の研究は「三月前と 1848 〜 49 年革命の構造の探究」に、「とりわけほとんど解明されずにいる下位中産階層の状態」の探究に資したいと述べている。[8]

Vormärz にドイツ民主主義史の原点を探りあてようとする右のようなブレーダーロウの研究姿勢は、20 世紀になってナチス時代を体験し、その後国民と国土を東西に 2 分されたドイツで歴史を専攻する者にとって、なるほどある意味で必然的な方向なのかもしれない。1848 年をもってほぼ完全に民主主義的変革の道を閉ざされ、ヴァイマール共和国もすぐさまナチズムの蚕食にあってしまったドイツの近・現代史で最も欠けていたのは、たしかに民主主義の伝統であったからである。

第 2 節　日本、とりわけ 1960 年以降

わが国におけるヘーゲル左派研究では、戦前に本多謙三が『フォイエルバッハのヘーゲル批判』（思想 113 号、1931 年）を発表しているが、本格化するのは戦後になってからである。初期マルクス周辺では平井俊彦の『フォイエルバッハと市民革命』（経済論叢〈京大〉69 - 3・4、1952 年）、松尾邦之助の『ステイルナアの思想と生涯』（星光書院、1950 年）吉田静一の『フランスにおける初期マルクス研究の動向』（経済論叢 75 - 6、1955 年）、城塚登の『フォイエルバッハ』（勁草書房、1958 年）に加え、良知力『フォイエルバッハのヘーゲル批判によせて』（経済志林〈法政大〉26 - 3、1958 年）、山中隆次『マルクス「学位論文」（1841 年）について』（経済研究〈一橋大〉9 - 2、1958 年）、さらには森田勉の『ウィルヘルム・ワイトリングの革命思想―「空想から科学への社会主義の発展」の一過程―』（研究紀要〈三重大・学芸〉

20 号、1958 年）などが、Vormärz に思想史的な方面から光をあてている。また翻訳でも、柴田治三郎がレーヴィットの『ヘーゲルからニーチェへ』（2巻本、岩波書店、1952 年）、青木靖三がA・コルニュの『マルクスと近代思想』（法律文化社、1956 年）、平井俊彦がルカーチの『若きマルクス』（ミネルヴァ書房、1958 年）を出版し、60 年代からの初期マルクス・ブームの地ならしをした。

　戦前から戦後にかけて以上のように進められてきた Vormärz 研究は、1960 年代になると、各方面で質・量とも長足の進歩をとげる。まずもって先に挙げた良知・山中らにくわえ、畑孝一、野地洋行、富沢賢治によって、初期マルクス・ヘス・ヴァイトリングおよびこれとフランス思想との関連についての論考が陸続と発表された。それらに唯物史観・疎外論の面での大井正・城塚登・廣松渉・藤野渉・望月清司・岩淵慶一・花崎皋平らの活動をくわえれば、この方面での研究はまさに初期マルクスとヘーゲル左派に独占されてきた観がある。だがそれでもこれと並んで、森田勉による『Vormärzの革命的民主主義—Georg Büchner の社会思想の形成—』（研究紀要〈三重大・学芸〉32 号、1965 年）にはじまるビューヒナー研究、渡部光男の『キルケゴールとヘーゲル左派』（酪農学園大学紀要 2 - 2、1966 年）にみるキェルケゴール研究などが初期マルクスから自立したところで続行され、研究水準の向上に貢献してきた。

　60 年代から 70 年代にかけてのかような研究成果は、しかしながら歴史学・哲学・法学・政治学・経済学など様々な学問分野でなかば孤立した、縦割りの状態で達成されてきた。そうした研究方法は、むろん長短双方の特徴をもっているが、こと社会思想史という分野では短所がめだつ。この分野は、それらの諸学問をどうしても横断せねば実をあげることができない。そのような理由から、既成の諸学会で社会思想を専攻する研究者たちは、1970 年代後半に至り、〔社会思想史学会〕を結成し、インターディシプリナリな研究方法によって、この分野を新たな一つの学問体系に総合しようと努力しはじめた。ちなみに、1985 年から 2000 年まで、私は同学会常任幹事として、機関誌『社会思想史研究』（第 19 号～第 24 号）の編集を統括した。

　戦前戦後のわが国における Vormärz 研究の動向を概述したあとをうけて、次には本研究の直接対象であるヘーゲル左派とその時代に対する研究姿勢・問題意識の特徴点に言及しよう。その第 1、ヘーゲル左派は、先にも述べたように、そのほとんどがヘーゲル—ヘーゲル左派—マルクスの脈絡において

研究されてきた。そのことは、たとえば初期マルクスやヘス研究の先学山中隆次が、著作『初期マルクスの思想形成』（新評論、1972 年）の序文で次のように語っている点にあらわれている。「本書は短期間に一気に書き下されたものではない。その大半はヘーゲル—青年ヘーゲル派—マルクスと、私の渉猟した足跡をそのまま再現したものにすぎない。・・・ 本書は初期マルクス思想の発展を、『青年ヘーゲル派』らの知的風土とヘーゲル哲学の母体からの自己形成として把握しようとする。その追体験が本書の第 1 目的である。補論としてルーゲおよびチェシュコフスキー研究を再録した理由もここにある。」このように語る山中は、むろん初期マルクスを探求するという第 1 の前提があるのだから、ヘーゲル左派は、「知的風土」ないしマルクス山のすそ野のごとき位置におかれるのは当然である。だがそれでも、たとえ補論の位置にあたるにせよ、山中がルーゲそのほかのヘーゲル左派を、それはそれで一定程度独自に課題としてきたことはたしかである。その点はことに山中のルーゲ論中によく見いだされる。というのも、ルーゲ論についての山中の叙述スタイルが、引用文のごとき初期マルクス研究のそれと様相を異にし、ルーゲ思想の発展をすぐれて歴史の只中でとらえようとしているからである。因みに「補論 I、ヘーゲルとルーゲ」の構成をみると、次のようである。1. 問題の所在（ここでは初期マルクスとヘーゲル左派の関係、その強弱が論ぜられる）。2.「三月前」期の自由主義運動（ブルシェンシャフト・関税同盟・ハムバッハ祭・ヘーゲル左派の抬頭の順ですすむ）。3. ヘーゲル批判への道（政論家としてのルーゲ・政治的解放論・プロイセンの反動化批判）。4. ルーゲのヘーゲル国家批判（ここではルーゲのヘーゲル批判が中心）。5. ルーゲ、フォイエルバッハ、マルクス（三者を中心とするヘーゲル左派の相互関係・分裂の問題）。

　山中が、初期マルクスの手法とひときわちがって、ルーゲ論で以上のような歴史的背景を前段に据えたのは、いったいなぜか。また、ルーゲについてはとりたてて歴史の只中で活動する姿を論述しているのはなぜであろうか。それは、ルーゲの思想発展を追跡するのに、どうしても Vormärz の時代思潮およびこれへのルーゲの積極的かかわりをもあわせて述べねばならない事情があるからである。山中も言うように、ルーゲはなによりも「政論家」としての活動の中でヘーゲル哲学を批判しキリスト教を批判する。彼の理論は理論のままで自己発展していかない。ヘーゲルのあれこれの書物を読み、書斎でこれに批判的感想を述べるのではない。彼は、1830 年代末から三月革命期まで、ドイツで生じた重大事件に毎年のように捲き込まれ、また主体的

にかかわってもいく。年齢的にも（ルーゲは1802年生まれ）30歳代後半から50歳くらいの、人生で最も行動力ある時期に政治的な舞台で自身の批評理論を形成したのである。ルーゲのこの特徴点は、程度に差はあれむろん他のヘーゲル左派にもみられる。彼より16歳年下のマルクスにしても、1845年以降はブリュッセルで実践運動に乗り出す。また、ブルックベルクの田舎で思索にふけるL・フォイエルバッハですら、ドイツ革命時には各地に出向き、ハイデルベルクで連続講演会を開いている。だがしかし、いま問題にしているヘーゲル左派は、およそ1835～1844、45年ころが研究の対象である。その点を考慮すれば、ルーゲの思想形成を語るには、他のヘーゲル左派のだれにもまして、絶対主義に立ち向かう Vormärz の自由主義的政治運動を背景にもってこなければならないのである。

　山中の著作を例にして、ルーゲ（ヘーゲル左派）が初期マルクスとは一定程度独立した研究対象である点を述べたが、しかしその理由はきわめて外見的なものでしかない。つまり若きマルクスが主に思索（哲学）の領域でヘーゲルを批判したのに対し、ルーゲは行動（政治）の領域でそうした、したがって Vormärz の政治的現状がルーゲ論では不可避的に述べられる云々である。これはむろん、ヘーゲル左派の批判運動に本質的な区別立てをしたことにはならない。初期マルクス研究の現段階では、そのような区別でなく、そもそもマルクスを山頂、他のヘーゲル左派をすそ野にみたてる視座を拒否するという意味での区別立てが強調されている。すなわち、ヘーゲル左派の主たる論客をそれぞれ独立した山とみなし、なるほどそれらはマルクスという巨峰の周囲にあるが、しかし雄々しい峰としてこれに連なっているというみかたである。この視座については、たとえばシュトラウス、バウアーほかの研究者大井正が、マクレランの "The Young Hegelians and Karl Marx" を紹介するに察し、次のように語っている点に、よくあらわれている。「初期マルクスの研究から一歩すすめて、ヘーゲル左派へと研究を延ばそうとする最近の傾向のなかで、すぐれた作品として現われたものの一つである。… 研究内容そのものとしては、それほどの新発見はないが、よくまとまっている。本文には、B. Bauer, L. Feuerbach, M. Stirner, M. Heß が取扱われている。しかも、これら4人の K. Marx への関係に叙述がしぼられている。しかし、日本訳名がこれを『マルクス思想の形成』という風に表現したのは、最近のせっかくの研究傾向を逸したうらみがある[11]」。大井のこの発言は、ヘーゲル左派と初期マルクスの関係が、後者を最高峰とする連山にたとえられること

を裏書きするものである。もっとも、マクレラン訳者の宮本十蔵にしても、このみかたを実は「訳者あとがき」ですでに述べている、「著者マクレランは、このような青年ヘーゲル派の人びとをそれぞれ独特の思想家として取扱い、その思想を検討してそれがマルクスとどう関係するかを、むしろ青年ヘーゲル派の方に力点を置くことによって解明しようと試みたのであった」[12]。

　これで、ヘーゲル左派を初期マルクスから一定程度独立させて研究するという区別立ての根拠を、2種類提示した。だが、これらの区別立ては依然として「一定程度」のものである。すなわち、あくまでも初期マルクス研究という大前提に立っての区別立てなのである。したがって、本書のごとき〔時代思潮としてのヘーゲル左派〕という視座を獲得するには、ここでもう一つ、第3の区別立てをも提示する必要がある。それは、先に諸外国の研究史をトレースした際に述べた、マイヤーからヴェンデまでの研究者の姿勢によくあらわれているものである。つまり、ヘーゲル左派を初期マルクスに結びつけず、Vormärz民主主義思想運動の一つと位置づけ、これを近代民主主義の源流とするみかたである。このみかたは、わが国のヘーゲル左派研究上ではほとんど流行しなかった。ヘーゲル左派に関した大作を発表している研究者、たとえば別府芳雄は、なるほど連載論文『青年ヘーゲル学派とマルクス』（研究論集〈千葉敬愛経済短大〉9、10、12、14、16号、1976〜77年）で、B・バウアー、L・フォイエルバッハ、M・ヘス、M・シュティルナーらを個別にとりあげてはいる。また、「バウアーなくんば青年ヘーゲル学派の思想形成はありえなかった」、「フォイエルバッハの重要性はいくら高く評価しても評価しすぎることはない」等の表現で[13]、とりわけヘーゲル左派の独自の価値を強調してはいる。にもかかわらず、叙述目的をマルクスへの影響の関係に定める点で、初期マルクス研究の大枠におさまる。ヘーゲル左派研究に初期マルクスへの結びつき以外のものを求めようとするのは、わが国の研究者にはこれまでのところ興味のうすいところだったのである。そのことは、廣松渉が『マルクスの思想圏』（朝日出版社、1980年）で、ヘスを例にひき次のように述べている点でもうかがえる。「モーゼス・ヘスという思想家は、シオニズムとの関係でも問題になるし、また、エンゲルスの向うを張ったというわけではないが、晩年に〝自然哲学〟に取組んだという点でも興味を惹くが、彼の本領は、理論面でも実践面でも、1840年代にマルクスたちと接点を持っていた当時の業績にあると思う」[14]。

　かようにわが国の研究者間では、ヘーゲル左派と初期マルクスとは表裏の

関係にある。だがそれでも、この表裏の関係をいったん断ち切り、先に述べたような、ヘーゲル左派と Vormärz 民主主義思想の結びつきを評価する論者が、初期マルクス研究の圏外からあらわれた。『A・ルーゲとその時代—1840 年代における政治的急進主義の形成—』（思想 599、601、605 号、1974 年）を発表した田中治男がその代表である。彼はこの論考の冒頭で、Vormärz「当時において初期的に形成されつつあった社会主義ないし共産主義に対するルーゲのかかわり方の問題—ここには、一方、マルクス主義形成の一歩手前でとどまったルーゲの『限界』とされる側面と、他方、社会主義批判の一定の見地を堅持したルーゲのそれ自体として意味のある立場との両面が評価されるべきであろう」と述べている。この論考を一読して思い浮かぶ感想は、ヘーゲル左派というのは、ヘーゲル—ヘーゲル左派—マルクスの脈絡だけで研究するには器の大きすぎる団体だ、ということである。田中のこの提言は、ルーゲ論をほぼヘーゲル左派の枠内で検討しているため、ややもするとこの派をマクレラン的に扱っているようにみえるが、目標はちがっている。その点は先の提言にもみられ、また、彼が Vormärz の政治的急進主義者ルーゲを「哲学的民主主義とでも名付けるべきものの代表者」と表現しているところからもうかがえる。というのはすなわち、ヘーゲル左派には、哲学的共産主義（ヘス・マルクス）の側面と、田中が表現する哲学的民主主義の側面が混在していたことを意味する。さらには、21 世紀のこんにちの研究成果から Vormärz を顧みて、ヘーゲル左派の中には、フォイエルバッハのように、人間と自然とを〔我と汝（alter-ego）〕という括りで考察する思想家が輩出してくるのだということを、この際、きっちりと記しておきたい。詳しくは本論の第 5 章、第 6 章で議論している。

　なお、本書でヘーゲル左派の先駆的存在として論ずる青年ドイツ派については、わが国で発表された文献を列記するだけにとどめたい。青年ドイツ派はもちろんヨーロッパ文学史や作品論のかたちでは、ゲーテ（J. W. v. Goethe）なきあとの少壮文学集団としてしばしば注目されてきた。だがしかし、本研究のテーマのように、Vormärz 急進主義の先駆としてサン＝シモニズムを宣伝し、キリスト教批判を敢行したというイメージでは、まとまって紹介されることがまずなかった。田中治男が、先にあげた論文『A・ルーゲとその時代』の冒頭で一節を設け論じているのが目立つところであろう。また伊東勉はハイネの訳本『ドイツ古典哲学の本質』（岩波文庫）のあとがきでそうしたテーマに近い内容を述べているが、それはむろんハイネに的が

絞られている。そのほか、サン゠シモニズムとの関係で平井新が『若きマルクスとサン゠シモニスムス―マルクシズムとフランス社会主義との関係に関する研究の一節―』（三田学会雑誌、55－3、1962年）の第11～14節で言及しているのをみるくらいである。詳しくは、本書の第二部に添えられている邦語文献目録にゆずる。

〔注〕
(1) Gustav Mayer, Die Junghegelianer und der preußische Staat, in: *Historische Zeitschrift*, Bd. 121, 1920, S. 427.
(2) Vgl. G. Mayer, ibid., S. 432.
(3) Vgl. G. Mayer, ibid., S. 421.
Ders, Die Anfänge des politischen Radikalismus im vormärzlichen Preußen, in: *Zeitschrift für Politik*, Bd. 6, 1913, S. 34.
(4) ちなみに、その解釈は本書『ヘーゲル左派という時代思潮』の編集意図と絡む。その意図は、とくに第4章「シュティルナーのヘーゲル左派批判」、第5章「汎神論から他我論への展開―中後期フォイエルバッハ―」に記された、アフリカ・アメリカ先住民文化との絡みで指摘できる。
(5) Vgl. Hans Rosenberg, Arnold Ruge und die "Hallischen Jahrbücher", in: *Archiv für Kulturgeschichte*, Bd. 20, 1930, S. 288.
(6) Peter Wende, *Radikalismus im Vormärz. Untersuchungen zur politischen Theorie der frühen deutschen Demokratie*, Wiesbaden 1975, S. 67.
(7) Jörn Brederlow, *"Lichtfreunde" und "Freie Gemeinden." Religiöser Protest und Freiheitsbewegung im Vormärz und in der Revolution von 1848/49*, München Wien 1976, S. 7.
(8) J. Brederlow, *ibid.*, S. 10.
(9) 山中隆次『初期マルクスの思想形成』新評論、1972年、23頁。
(10) 同上、211～241頁。なお、この論文は最初『経済理論』（和歌山大）51～52合併号、1959年で発表されたものである。
(11) 大井正「資料・ヘーゲル学派」、季刊『社会思想』（社会思想社）3-3・4号、1974年、194-195頁。
(12) 宮本十蔵「訳者あとがき」、D・マクレラン『マルクス思想の形成―マルクスと青年ヘーゲル派―』、266頁。
(13) 別府芳雄「青年ヘーゲル学派とマルクス」、『研究論集』（千葉敬愛短大）9号、133頁、同12号、21頁。
(14) 廣松渉（井上五郎補注）『マルクスの思想圏―本邦未紹介資料を中心に―』朝日出版社、1980年、195頁。
(15) 田中治男「A・ルーゲとその時代―1840年代における政治的急進主義の形成(1)―」『思想』599号、1974年、75頁。

（16）同上、（3）、『思想』605 号、133 頁。

　　なお、田中治男は、かつて拙著『三月前期の急進主義——青年ヘーゲル派と
義人同盟に関する社会思想史的研究』（長崎出版、1983 年）を評して、次のよ
うに記している。「第 1 章——序論においては、この時代に関しては云うまで
もなく圧倒的なマルクス研究との関係で本書がいかなる位置に立つかというこ
とについて、研究史的脈絡の中で著者の研究目的が明らかにされている」。『史
学雑誌』1984 年 93 巻 11 号、94 頁。

第1章　青年ドイツ派とサン゠シモニズム

　青年ドイツ派が文学の領域を足場にして、あるいは社会問題に関心を寄せ、あるいは政治的事件に関与して共和主義的な政治活動に入っていくのは、時期的には七月革命を契機としてであり、思想内容ではサン゠シモニズム等のフランス思想に共感してからである。ではこの一派がドイツの政治的変革にフランス思想の救けを求めたのはなぜであるか。それは彼らが、ドイツの未来は宗教改革以来のドイツ精神と啓蒙期および大革命期以来のフランス精神の結合の中に、それも一方が他方の優位に立つという結合でなく、両極に核を持った二精神の融合の中においてこそ切り拓かれると洞察したからである。そこで本章では、ヘーゲル左派の先駆たる青年ドイツ派が1830年代初期にフランス思想（直接にはサン゠シモニズム）を摂取し、この外国思想を媒介にして独自の急進主義を基礎づけ、それをヘーゲル左派に伝達する過程を検討する。

　さて、主題にはいるまえに諒解しておくほうが良いと思われる点をあげよう。それは青年ドイツ派の構成メンバーについてである。同時代人J・シェーア（J. Scherr）は、頂点にハイネ（C. J. H. Heine）がいて、ほかにラウベ（H. Laube）、ムント（T. Mundt）、グツコウ（K. Gutzkow）、キューネ（F. Kühne）がメンバーであるとしている。[1]またF・メーリングによればハイネ、ベルネが指導者で、その周囲にヴィーンバルク（L. Wienbarg）、グツコウ、ラウベ、ムントがいる。[2]また研究者バトラー（E.M. Butler）によれば、ベルネは同派に属さず、[3]K・オーベルマンによれば同派はさらに2分され、ベルネ、ハイネ、ビューヒナー（G. Büchner）らの社会革命派と、グツコウ、ラウベ、ムント、ヴィーンバルクらのブルジョア自由主義派とに区別される。[4]これらの諸説からもうかがえるように、青年ドイツ派（Das Junge Deutschland）というのはあまり人的輪郭のはっきりしない一派である。それでもここでは、一応ビューヒナーを派の数歩外に、ベルネを派の一歩外におくことにする。というのも、本章では青年ドイツ派の結合環をサン゠シモニズムへの共感に絞っているからである。[5]したがって、ここでは主としてハイネとグツコウに代表させて青年ドイツ派を追うが、必要なかぎりでベル

ネ、ビューヒナーにも言及する。

第1節　サン＝シモニズムのドイツへの流入

　七月革命に歓喜しフランスの新思想に接したいと望む青年ドイツ派の作家
たちは、なによりもまず、革命後のフランスの革新思想サン＝シモニズムを
知らしめようと力を尽くす。かれらはドイツ各地の新聞・雑誌を利用してこ
れを果たそうとするが、この企ては諸邦の幾多の合理主義神学者・哲学者・
ジャーナリストの望むところでもあった。そのような要望の中には、しかし
サン＝シモニズムを好意的に評するものばかりでなく、むしろこれを批判的
に紹介しようとするものの方が多くみうけられる。だがいずれにせよ、サン
＝シモニズムをドイツに流入させようとする勢力が存在したことは事実であ
る。また他方で、この新思想を好意的にであれ批判的にであれ知ろうとする
人々が存在したこともたしかである。E・M・バトラーによれば「新聞を購
読するドイツの公衆は、コレラと同様もはやサン＝シモニズムに無知ではい
られない状態(6)が、1830年代初期のドイツに存したのである。

　ドイツ領内で発行される新聞の中で、サン＝シモニズムを比較的頻繁に論
評したものをみてみよう。その第一は、ハイネがパリから数々の記事・論説
を送りつけたかのアウグスブルク『一般新聞（*Die Allgemeine Zeitung*)』で
ある。1798年に出版王コッタによって創刊されたこの日刊新聞は30年代の
ドイツでかなり影響力をもち、また諸外国の知識人にも部分的に読者を得て
いた。それに加え、寄稿者のハイネ自身も、『旅の絵（*Reisebilder*)』第1～
3巻（1826～29年)、『歌の本（*Buch der Lieder*)』(1827年）などの刊行によ
って、かなり知名度のある詩人となっていた。さらにこの新聞は、自由主義的
見地から、サン＝シモニズムを弁護する者けなす者、批判に反批判をつきか
えす者たちの幅広い記事を載せた。したがってこの新聞はサン＝シモニズム
のドイツへの流入に最大の貢献をしたといえる。これに続くものは、ダルム
シュタットで発行される日刊紙『一般教会新聞（*Die Allgemeine
Kirchenzeitung*)』である。これは、1832年から合理主義神学者ブレットシュ
ナイダー（K.G. Bretschneider）が編集に従事している点からもうかがえる
ように、きわめてプロテスタント的で学究的で、政治傾向としては当時のド
イツ自由主義の穏健な潮流、すなわち自由主義の本流を代弁する論説を掲載
していく。したがって、サン＝シモニズムをはじめいわゆるフランス初期社

会主義や共和主義には、一定の批判点を堅持していた。

　そのほかにサン゠シモニズムを紹介する新聞として、イエナ・ハレ・ライプツィヒで発行される『一般文芸新聞（*Die Allgemeine Literaturzeitung*)』、ライプツィヒの『文芸談話紙（*Die Blätter für literarische Unterhaltung*)』などがある。これらはみな前述のブレットシュナイダーやヘーゲル学派（右派）のカローフェ（F.W. Carové）、それにシーブラー（K.W. Schiebler）、ファイト（M. Veit）らの穏健自由主義者が論説を送る新聞である。ただし、『文芸談話紙』には、1832 年から青年ドイツ派の一人ムントが共同編集人となっているから、多少ともサン゠シモニズムへの共感が紙面にあらわれたと考えられる。また、ライプツィヒの『エレガンテ・ヴェルト（*Die Zeitung für die Elegante Welt*)』は、1833 年から青年ドイツ派のラウベが編集人になっている。これはサン゠シモニズムを好意的に論評していくはずだったが、翌 34 年にラウベはザクセン王国を追放されてしまう。一方、サン゠シモニズムを復古的・ロマン主義的な側から批評した新聞として、ベルリンの『福音教会新聞（*Die Evangelische Kirchenzeitung*)』がある。これは、編集人が保守主義者ヘングステンベルクである点からみても、サン゠シモニズムはおろか、穏健自由主義をも酷評する新聞である。[7]

　ドイツ領内で発行される新聞の論調を以上のようにみてくると、サン゠シモニズムは拍手喝采をもって迎えられたとはいいがたい。相当数の知識人・ジャーナリストにこの思想が恐れられ、また嘲笑されたが、その理由として、バトラーは次の項目をあげている。1. 所有権攻撃（各人はその能力に応じて、各人の能力はその仕事に応じて）。2. 汎神論的世界観。3. 肉体の復権（la réhabilitation de la chair）。4. 女性解放思想。これらの諸点のうち、なるほど第 1、3、4 点は、ドイツの教養ある市民層には受け入れられるはずのないところである。しかし第 2 点の汎神論についてはいささか事情が異なる。というのも、前節で概観したように、18・19 世紀交からドイツで一大思潮をつくりあげた F・シュレーゲルらのロマン主義文学、また 1820 年代からベルリン大学で隆盛となってきたヘーゲル哲学は、その思想の根底に汎神論を宿していたからである。したがって 1810 年代にサン゠シモンが神（カトリック）を批判しあらたな宗教を提唱し、またアンファンタン（B.-P, Enfantin）が師サン゠シモンの『新キリスト教』を土台にして汎神論的な世俗宗教を伝播しようとしたところで、それだけではシェリングやヘーゲルの汎神論哲学になじんだドイツの教養層によってそれが嫌悪されるとは言いきれない。そ

れ故ハイネが次のように語ったのは一理あるところであろう。「サン＝シモニズムはフランスよりはむしろドイツでより正しく評価されている。というのはドイツこそ汎神論のもっとも栄えやすい土地であるからである。汎神論はドイツのもっとも偉大な思想家、もっともすぐれた芸術家のいだいている宗教である」[8]。

　ドイツの市民層の大半は、したがって汎神論の故でなく、所有権攻撃の故に、肉体の復権の故にサン＝シモニズムを恐れかつ嘲笑したとみるべきであろう。だがしかし、パリを中心としたサン＝シモニストの活動は、先にあげたような新聞各社のパリ通信員によって直接ドイツに報道され、あるいは、彼らの著作はドイツの自由主義的・民主主義的知識人によって次々と翻訳・出版されていく。これによってドイツの民衆は、新聞紙上や書籍市場で、ルイ＝フィリップ治下のフランス事情とともに、サン＝シモニストの思想と行動をかなりの程度でキャッチしていくのである。その際、青年ドイツ派の中で直接パリからドイツへ通信を送る、ハイネ、ドイツ領内で新聞の編集に加わるグツコウ、ムント、ラウベらこそ、サン＝シモニストのドイツへの流入に最も貢献していく人々なのである。

第2節　サン＝シモニズム受容

　1830年代初・中期にサン＝シモニズムをドイツにさかんに紹介した青年ドイツ派がこの思想のどのような傾向に注目したかという問題に移ろう。その場合、観点をサン＝シモニズムに限定しなければ、彼らがフランスに注目した時期は1830年以前にさかのぼる。そのことはまずベルネについて言える。彼は1818年以来雑誌『天秤（Die Wage）』を編集していたが、それが1821年に発禁となってのち、翌22年にパリへ行く。その後再びドイツへもどってくるのだが、しかしベルネの自由主義思想は、当時のドイツで主流となりはじめていた立憲君主制的な傾向でなく、あきらかに共和主義の方向に近かった。したがって彼のパリ旅行は、フランス思想への接近の兆しあるいは証と考え得る[9]。

　フランス志向の点では、ベルネ以上にハイネにおいてよりいっそう明白に追跡できる。そのことはたとえばハイネが1826年に書いた『ル・グランの書（Das Buch Le Grand）』にあらわれている。その中でハイネが子どものころを回想して綴った箇所に次の一節がある。

「ル・グランさん（ハイネ宅に下宿していたフランス軍の鼓手—引用者）は破格ドイツ語などまず知らなかったし、主だった言葉—パン・キス・誉れ—くらいしかわかっていなかった。それでも彼は、太鼓でもってすこぶるうまく意が通じるように話した。たとえば私がliberté（自由）という言葉の意味がわからないといったら、彼はマルセイエーズ行進曲をたたいてくれ、それでその言葉の意味を理解した。またégalité（平等）という語の意味を知らないといったら、彼は『サ・イラ、サ・イラ……貴族どもを縛り首にしろ！』という行進曲を太鼓でたたき、それで私はこの言葉の意味を理解したのだ。……これと同じようなやり方で、彼は近代の歴史をも私に教えてくれた[10]」。

ナポレオン占領下のデュッセルドルフで、少年ハイネがフランス兵ル・グランの太鼓で「自由・平等」のフランス的内容を学んだということは、同じく ル＝グランのたたく太鼓でバスティーユ襲撃を教わったこととあいまって、彼にとりきわめて貴重な準体験をしたことになった。彼は、成人してのち 1822 年になると、大革命や人権宣言に興味をよせ、ベルネとも親交を結びはじめる。こうしてハイネは、七月革命以前にあってすでに共和主義的な方向でフランス志向を強めていったのである。

さて、七月革命が勃発したとき、いちはやくパリへ行ったのはベルネだけであった。ハイネはヘルゴラントで静養中であり、グツコウは 29 年からベルリン大学で神学・哲学を勉学中であった。ハイネがヘルゴラントにて革命の報に接しこれにいかに酔いしれたかは、彼の『ヘルゴラント便り（Briefe aus Helgoland）』8 月 6 日、10 日付）を読めばよくわかる[11]。グツコウも、それまで神学を志してその方面の職に就くことを義務と思っていたが、革命を知って方向転換をする。ハレとブレスラウで神学・文学史を専攻し 1828 年に学位を取得したラウベ、ベルリンで言語学と哲学を修めたムント、キール・ボン・ブレスラウでやはり言語学と哲学を修め 1829 年に学位を得たヴィーンバルクらもみな、七月革命で政治に関心を深めていく。そして革命当初の熱狂がさめはじめた 1831 年以降、各各が独自に、サン＝シモニズムそのほかのフランス思想を媒介として、独仏の精神的同盟を求めていくのである。

まずベルネであるが、彼は革命直後のフランスで『パリ便り（Briefe aus Paris）』を草し、その中で新生フランスの政治状態を、同時期イギリスのそれと比べて次のように述べている。

「フランスの細民は議会に彼らの代表者を得ていない。最新のフランス憲法は昔の愚鈍・昔の不正・昔の卑劣な俗物政治を棄てていないし、選挙権を

財産に結びつけ、無産者の名誉を奪っている。イギリスの選挙改正法案は中流階級の状態を改善しただけで、下層民の被搾取関係を改めて固定している。イギリスの議会ではフランスの下院と同じく、富める資産家・金利生活者と工場主——彼らは、労働大衆と正反対の、彼らだけの利益しか理解しようとしない——だけが座を占めている」[12]。

　この引用文において明らかなように、ベルネは、ルイ・フィリップの七月王政初期においてすでに、この政体が「細民（Die armen Leute）」を政治の場から締め出した「資産家（Die Gutsbesitzer）」のそれであることを洞察している。フランスにおける2度目の革命によっても依然として貧者——富者の対立が解消されていないというみかたは、ベルネのほか、1830年代にフランスへ渡ってきた共和主義的なドイツ手工業職人や亡命知識人たちに共通して認められるものである。彼らはみな、この対立を解消する方策として、財産の一方的独占を阻止しこれを万人平等にするよう主張する。だがその場合、所有権そのものの廃棄には否定的であって、その点でベルネはサン＝シモニストでなく、ラムネー（F.-R. de Lamennais）により強く影響を受けたとみてよいであろう。七月革命後のパリで雑誌『未来（L'Avenir）』を刊行して共和主義運動を展開するラムネーは、革命後のフランス議会にはまったく民衆の声がとどかず、また労働賃金もなんら公正に分配されていないと主張していた[13]。『パリ便り』で表明されたベルネの所有観念はあきらかにラムネー的であって、サン＝シモニストのそれとはおおいにちがっている。その意味でメーリングが、ベルネには「フランス社会主義に対する深い洞察が欠けていた」と評しているのは正しい[14]。

　とはいえベルネは、革命直後にはサン＝シモニズムに関心をよせていた。ただそのかかわり方はあくまでも外側からであった。彼は直接にサン＝シモニストのサロンや会議に出入りしたわけでなく、彼らの著作を精読したわけでも、況んやそれらを翻訳したわけでもない。したがってベルネは、ハイネやグツコウに共和主義的な側面で多大な影響を与えたという意味では青年ドイツ派の一員とみなされるが、同派の結合環をサン＝シモニズムへの共感と規定するならば、はじめにも付言したように、一歩外へ出ているわけである。

　青年ドイツ派で、独仏の精神同盟を求めてダイレクトにサン＝シモニズムに接近した人物はハイネである。彼は1831年2月に、知人のハルトヴィヒ・ヘッセ（H. Hesse）にあてた手紙の中で『サン＝シモン学説解義』からの引用を行っている[15]。その後5月にパリへ向かい、同地で彼は、サン＝シモニス

30

トの首領アンファンタンをはじめ、その一派のロドリーグ（O. Rodrigues）、シュヴァリエ（M. Chevalier）らと繁く交わり、たがいに歓迎しあう。このように、ハイネのパリ行きの目的は「新鮮な空気を吸い込み、私の新たな宗教の神聖な感覚に没頭し、この宗教の説教師として最上の清祓を受ける」ことだったのである。[16]

ところで、ハイネがパリにやってきた1831年から翌32年にかけて、サン＝シモニストは内と外からの重大な試練に耐えねばならない時期であった。まずは、アンファンタンの理論的指導に対し、もう一人の最高教父バザールが反対し、31年11月に組織が分裂するという事態が生じたのである。バザールに従ってカルノ（L.H. Carnote）やルルー（P. Leroux）が脱退したあとのサン＝シモニストは、こんどは翌32年初頭に、集会条例違反の廉で政府の弾圧を蒙り、アンファンタン、シュヴァリエらが逮捕されるにいたった。こうした内外の危機に直面したサン＝シモニストに対し、ハイネは彼らを弁護しフランス政府を非難する側に立つのである。

1831年から32年にかけて、以上のように行動面でサン＝シモニズム礼讃者となったハイネは、思想面でもまたそうなっていく。1832年5月22日付のファルンハーゲン・フォン・エンゼ（V. v. Ense）あての手紙で、彼は次のように述べている。

「私はもっか、フランス革命史とサン＝シモニズムに大いに没頭しています。双方に関して本を書こうかと思っております。それにはもっと多く勉強せねばなりません。しかるに昨年、党派騒ぎとサン＝シモニスト事件の観察を通じて、きわめて多くのことを会得しました。……サン＝シモニストたちが引退したということは、おそらく学説それ自体にはきわめて有益でしょう。それがより賢明な人々の手中にはいるからです。とりわけ政治的な部分、所有学説がいっそうみがかれるでしょう。私につきましては、もともと宗教思想に関心があったのです……」。[17]

ハイネがここで「賢明な人々」と述べているのは、たぶんバザール派でもアンファンタン派でもないと思われる。しかし当面のハイネの関心事は、彼らのあれこれの政治理論でなく、もっぱらその「宗教思想」にあるわけで、彼がサン＝シモニストに期待するのは宗教における独仏の汎神論的同盟なのである。そのことを強烈に表現している著作が『ドイツにおける宗教と哲学の歴史（*Zur Geschichte der Religion und Philosophie in Deutschland*）』である。ハイネはこの著作を最初はパリで発行される雑誌『両世界評論（*La*

Revue des deux Mondes)』に『ルター以後のドイツ（De l'Allemange depuis Luther)』と題して、1834年11月15日および12月15日に発表した。彼はこの文章でルターからヘーゲルにいたるドイツの精神史・哲学史をフランス人に伝え、唯物論で圧倒されているフランスの思想界にドイツの汎神論哲学・文学を知らしめようとする。その際「サン＝シモニストがこうした汎神論の立場を多少とも理解して、それを実現しようとした」と考え[18]、彼らを独仏精神同盟の相手役に選んだのである。

さて、ハイネのほかにサン＝シモニズムに接近した人物としてグツコウの場合をみてみよう。グツコウは、七月革命ののち1831年11月になって、メンツェル（W. Menzel）の編集する『文芸新聞（*Das Literaturblatt zum Morgenblatt*)』に協力するためベルリンからシュトゥットガルトへ行く。このメンツェルは、アウグスブルク『一般新聞』や自身の編集する右述の新聞で、すでにサン＝シモニズムを論じている。したがってメンツェルへの接近により、グツコウもまた革命直後においてサン＝シモニズムに関心を寄せていたと推測しうる。バトラーによれば、グツコウは「七月革命によって自由主義的原理とベルネの諸見解に引きつけられた」し、またそのころの彼にはカローフェがサン＝シモニズムのたしかな情報源であった[19]。そうであれば当初グツコウは、ヘーゲル学派の機関誌『科学的批判年誌（*Die Jahrbücher für wissenschaftliche Kritik*)』から、穏健自由主義者の見解をとおしてこの思想を解釈していたことになる。だが彼は、その後すすんでサン＝シモニズムを研究しはじめ、1832年6月1日付の『文芸新聞』に次のような一文を載せるにいたった。

「共同社会で（in der Gemeinschaft）暮らすという欲求は永遠であり、ただこの憧れだけが、将来における統一のより崇高な絆となりうるものだ。この憧れは、深遠な思弁から、断固とした、学問を満足させる思想へと浄化されるだろう。またそれを徐々に充足していく手段は政治的なそれのみである。（サン＝）シモニズムは唯一その首唱者である。その際これはけっして明日や来年の問題でなく数百年に及ぶものなのである[20]」。

グツコウはここで、サン＝シモニストが目標とする搾取なき共同社会に同調し、また急激な革命でなく漸次的な改革というサン＝シモニズムの特徴を是認している。それと同時に彼は、ハイネと同様、この思想にみられる「新たな宗教」という性格にも注目している。すなわち、まずサン＝シモンがカトリックを批判し、弟子たちが師の理念を「新キリスト教」として賞揚し、

教父アンファンタンが彼ら独自の伝道を展開しているという点に、グツコウは興味をもったのである。1835 年にマンハイムで刊行した『懐疑女ヴァリー（*Wally, die Zweiflerin*）』で彼は、サン＝シモニストのそうした活動を、同じく既成のカトリック教会を批判するラムネーと比較しながら分析する。

「両宗派の差異は次の点に存する。すなわち、サン＝シモニズムはキリスト教を古くさいものとして廃棄し、2、3 の実利的な哲学説でもって、教会的な、たぶん旧来の信仰から引き出した諸制度とともに代用しようとする。これに対し信者の言葉（ラムネー──引用者）は、キリスト教の民主主義的な起源に遡り、その共和主義的な傾向を表明している。サン＝シモニズムは国家を教会から解放しようとし、信者の言葉は教会を国家から解放しようとする。前者は未来を、後者は過去を指向する。しかし双方とも似たような欠陥で病んでいる。すなわちサン＝シモニズムはえせ哲学病で、ラムネーはカトリシズムで。両傾向をいかにして簡潔に判断すべきか。双方とも革命でなく徴候（Symptom）である。サン＝シモニズムは人類の欲求をはっきり示し、信者の言葉はそれを叶えようと試みる。しかし双方ともそれを半分も叶えればせいぜいのところだ(21)」。

この引用文でグツコウが行った両思想の定義のうち、後者はよいとして前者は適切でない。ラムネーはカトリック教会を国教の廃止を通じて人民の手に委ねようと志したのだから、「教会を国家から解放」することをたしかに目的にしていた。しかしサン＝シモニストは、ことにアンファンタンは、自らが第 2 のメシアとなって新たな社会を創設し、東洋（エジプト）に出現するであろう女メシアと結ばれて世界平和を実現しようとしたのであるから、「国家を教会から解放」するのが彼の使命であったとは断定しえないのである。したがってグツコウのサン＝シモニズム理解には、まま誤解・誤認が含まれていたといえる。それでも彼は、たしかにサン＝シモニズムを純粋な宗教とは考えず、きわめて政治的・社会的なイデオロギーであって、未来社会＝共同社会を産み出そうとする社会主義的な思想である点を潜在的に見ぬいていた。グツコウがこの思想から吸収した第 1 のものは、それ故ハイネの場合とはすこし異なっている。ハイネはまずもって汎神論が眼目だった。これに対しグツコウは、共同社会をめざして漸次的に進行する社会改革に共感を示したのである。

第3節 「肉体の復権」とキリスト教批判

　ハイネは宗教の次元で、グツコウは社会改革の次元で、各々サン＝シモニズムを摂取したのであるが、このフランス思想には、青年ドイツ派の全員に強烈にアピールしたもう一つの特徴点がある。それは、アンファンタンがとくに強く説いた「肉体の復権（la réhabilitation de la chair）」である。ここでいう肉体とは霊に対するものであり、また両者のヴァリエーションを示せば、霊（精神）＝男性＝至高の父アンファンタン＝西洋、肉体（物質）＝女性＝至高の母・女メシア＝東洋となる。アンファンタン派のサン＝シモニストたちはこの「肉体の復権」思想を、伝来のキリスト教と対決し、男女の同権を主張するための手段にしていく。このような反キリスト教的な政治的社会的主張を青年ドイツ派が受け入れたことによって、たとえそれがきわめて感性的な次元での対応であったにせよ、彼らもまたドイツにあって旧来のキリスト教を拒絶するという傾向を強めていく。そこで、青年ドイツ派がこの「肉体の復権」を唱えキリスト教（ルター的正統信仰）を批判し、そのことによってドイツ連邦当局と敵対関係に入っていく過程、すなわち彼らが政治的急進主義者となっていく過程を追ってみよう。

　青年ドイツ派が「肉体の復権」に言及する場は、むろん直接に政治においてではなく、文学の領域においてである。たとえばラウベが著作『青年ヨーロッパ（Das Junge Europa）』（マンハイム、1833〜37年）で、ある女性「侯爵夫人（Die Fürstin）」を官能的に描写して肉体の復権を叫ぶ。彼は、鏡の前の夫人に女性の美しさを発見し、彼女の豊かな容姿、人間くさい美しさを礼讃する。そして「人は肉体を果実のように大切にすべきであって、その果汁が我々の身体および精神の各々を強化し育む」と主張する。[22]またムントも『マドンナ（Madonna）』（ライプツィヒ、1835年）の中で肉体の復権を主張している。ある美術館で彼はピラトの前のキリストやフローリスの裸のダイアナの絵画を見るが、精神的に満足しない。そこで彼は、気晴らしにイタリアの画家ティツィアーノの坐せるヴィーナスを見た。「赤裸々な肉欲の絵画を求め、ティツィアーノのヴィーナスの前で、私は再び神聖な気持ちにかえり、心中くまなく調和のとれた調べが響きわたった」。[23]ムントは、ティツィアーノ風の豊満な裸婦に肉体と精神の統一をみいだす。そして、光が闇を伴うように、精神もまた肉体を、肉体もまた精神を前提にしなければ存在しえないと述べる。また、グツコウの友人ビューヒナーも戯曲『ダントンの死（*Dantons*

Tod)』（1835 年）の中で、娼婦との快楽にふけるダントンを登場させ、そのような描写を自己弁護して次のように言っている。

「劇作家の最高の課題は、実際に生きて動いている歴史にできるだけ肉薄することです。彼の著わす本は、歴史それ自体に比べて、より道徳的でもより不道徳であってもなりません[24]」。

ビューヒナーによれば、肉体的快楽は、不道徳であろうが悪と言われようが、それ自体人々に求められるものであれば、事実（歴史）として認めねばならないものなのである。もしそれが非難されるのであれば、悪いのは人間でなく、そのようなことが生じる世界を創った神なのである。

以上の人々が、肉体の復権を文学の領域で感性的な表現を借りて主張する一方、ハイネは、この思想を宗教と哲学の中でとりあげ擁護する。

「汎神論の神と超越神論の神とは次の点で区別される。つまり前者は世界そのもののなかにいるが、後者は世界のまったくそとに、言いかえると世界を超越しているのである。……

超越神論者には魂だけが尊いものになる。というのも超越神論者は魂をいわば神のいぶきと見なしているからだ。……」

「これからの新しい社会制度の第一の目的は、物質、つまり肉にもとの権利をとりもどしてやること、物質にもとの品位をあたえてやること、物質を道徳的に承認し、宗教的に神聖なものとし、物質を精神つまり魂と和解させることである[25]」。

ハイネは 1819 年にボン大学でA・W・シュレーゲルによるドイツ語の起原に関する講義、アルントによるタキトゥスのゲルマーニアなどを聴講し、また 1821 年からはベルリン大学でヘーゲルの講義を聴講するなどして、キリスト教以前のドイツ、あるいは汎神論としてのドイツ観念論哲学から多くの知識・もののみかたを吸収した[26]。そのような彼であるから、30 年代初期になってサン＝シモニズムの「肉体の復権」思想に同調しても、たんにそれを直観的に表現するだけでは満足しない。ドイツが宗教改革以来精神面でなしてきた進歩の現段階（文学におけるゲーテ、哲学におけるヘーゲル）を越え出る新たな段階に必要不可欠な条件として、この思想を主張するのである。そしてこれを導く最良の手段が、フランスの政治革命の伝統とドイツの精神革命の伝統とを合体させるところの、独仏の汎神論同盟なのである。

肉体の復権をハイネのように主張していくと、これは必然的に伝来のキリスト教を否定し、ドイツの現状を批判・改革する思想にすりかわっていく。

ハイネはキリスト教に対し、古ゲルマンの神々（汎神論）や肉体（物質）を滅ぼそうとしてきた当のものだとして批判する。

「北ヨーロッパの民間信仰における秘法やシンボルは一種の自然崇拝からできあがっていた。水火地風のいずれの要素も不思議な力を有するものとして敬われた。どの木にも神の力が息づいていた。現象の世界にはあまねく神の力がはたらいていた。キリスト教はこうしたものの見方をひっくりかえして、自然にあまねく行きわたっているものは神の力ではなくて、あくまの力であると教えた」。

「……ルターは理解していなかった。肉のよろこびを滅ぼしてしまうというキリスト教の根本思想は人間性とひどく矛盾するので、実際の生活ではけっして実行できないということを」[27]。

汎神論や肉体の復権と合致しないようなキリスト教は、人類にとって何の価値もなく、もはやそれは不必要になっているという考えが、1830年代のハイネのキリスト教観である。彼はまた、フランスでは大革命以来もはや本来の意味でのカトリックは滅び去っており、それでもカトリックの復興を叫ぶ者はまったく新たな宗教を創設するのと同じだ、と述べる[28]。伝来のキリスト教をそのように批判するハイネは、しかし宗教一般を完全に否定するところまでは進まない。彼はサン゠シモニズムの中に、社会主義とか所有権攻撃などよりも、第一に新しい宗教を発見してこれを独仏連合の要に据えようとしている。また『精霊物語（*Elementargeister*）』（1835〜36年）で述べているようなキリスト教以前の「古い神々」への信仰を大切にしているのである[29]。また1843年になって、そのころ再びラウベが編集人となっていた『エレガンテ・ヴェルト』紙に載せた『アッタ・トロル、夏の夜の夢（Atta Troll, Ein Sommernachtstraum）』では、はっきりと無神論を非難さえしている。主人公の熊アッタ・トロルいわく、

「あいつら（ドイツ人―引用者）には、もはや信仰も神もありはしない。それどころか無神論まで唱えている―子どもよ、わが子よ、フォイエルバッハやバウアーには気をつけるんだ！

　無神論者などにだけはなるんじゃない。

　神様に畏怖の念を抱かないような

　ろくでなしの熊にはなるんじゃない。―神様（ein Schöpfer）こそが

　この天地万物を創造されたのだ！」[30]

　この発言は、むろん主人公の口を借りたハイネ自身の主張と考えられる。

ここで、1840年代初期のヘーゲル左派の無神論を具体的に非難している点は、実に興味深い。たとえば、引用文中の一人ブルーノ・バウアー（B. Bauer）は、1841年11月に『無神論者にして反キリスト者たるヘーゲルに対する最後の審判ラッパ（*Die Posaune der Jüngsten Gerichts über Hegel den Atheisten und Antichristen. Ein Ultimatum*）』を匿名で出版して、汎神論者ヘーゲルの論理をとことんまで突き進めていくと、必然的にヘーゲル左派のごとき無神論者が彼の後継者として登場してくることを論証しようとした。そのようなバウアーに対し、ハイネはアッタ・トロルを批判的に対峙させたのである。しかし彼のいう「神様」は、なるほどeinと単数で表現されてはいても森羅万象に存在する汎神である。ハイネ訳者の伊東勉が述べるように「汎神論とは『神』というヴェールをかぶって現実を生き生きととらえようとする唯物論」（ハイネ『ドイツ古典哲学の本質』訳者の言葉）といえる。したがって、1830年代から40年代にかけてのハイネは、自称自認したか否かにかかわらず、キリスト教批判の過程であきらかに無神論の方向に進んでいかざるをえなかったと考えられる。ただこの方向がより自覚され明瞭になるのが、青年ドイツ派以後のバウアー、フォイエルバッハたちヘーゲル左派においてということなのである。

　汎神論・肉体の復権擁護の立場からキリスト教批判を行ったハイネと同様、青年ドイツ派のいま一人の有力な作家グツコウも、同じような立場から反キリスト教を表明するにいたった。彼は『懐疑女ヴァリー』の中で、おおよそ次のように述べて批判を敢行する。すなわち、宗教・信仰は現世への絶望から生じるものだ。自然界の不思議事がなぜ生じるかを知っていれば、人類は神の存在など信じはしない。原始人は世界というものを、ただ彼らの眼の及ぶかぎりでしか理解できなかった。そこから古代の信仰が生じた。キリスト教の誕生については、イエスはけっして新たな宗教を創造する気などなく、ユダヤ教の律法を消滅させるためでなく、これを実現するために現れた。イエスの説教はほとんどユダヤ教にまえもって見いだされるものであって、新約聖書を宗教の根本原理とみなすのはおろかな信仰だ。初期のキリスト教徒たちは思いあがった聖書解釈を行い、また物質的な自然と精神的な自然との、また肉（Fleisch）と霊（Geist）との、法（Gesetz）と自由（Freiheit）との区別だてを行った。⁽³¹⁾

　以上のようにしてグツコウは、太古の原始宗教から始めてユダヤ教・キリスト教の成立・発展を述べ、とりわけキリスト教がカトリック・プロテスタ

ントを問わず時々の政治思潮・支配思想の隠れ蓑となってきたことを批判的に分析するのである。そしてキリスト教はその発展の頂をきわめ、いまやいたるところで政治的解放の妨げになっているから、反キリスト教の立場に立って新たな精神を迎え入れねばならない、と結論する。そこでグツコウが引き合いに出すのが、先に引用したサン＝シモニズムとラムネーなのである。彼はとりわけ前者の「愛＝霊＋肉」の理論と女性解放の理論をキリスト教批判の武器とする。それらの理論をグツコウは、たとえばシュライエルマッハーの『「ルチンデ」に関する好意的な書簡（*Vertraute Briefe über die Lucinde*)』に付けた序文（1835 年）で展開している。その中で彼は、Ｆ・シュレーゲルの『ルチンデ』を評するに、愛において肉体と精神とをみごとに調和させているとしている。グツコウによれば、愛は男女の精神的・社会的に平等な地位を条件とするものであり、その際、第 1 に女性の教育、第 2 に因習・儀礼などの義務的な拘束からの女性の解放、第 3 に国家からの、教会からの人間の自由が、両性の愛を変革するのである。愛はなによりも女性の社会的地位向上を前提とし、霊＝男性と肉＝女性とが知的・政治的に同格とならなければ生じない。その点でグツコウは、ロマン派の巨頭シュレーゲルの個人主義とサン＝シモニストの社会主義を区別し、あきらかに後者の立場に立っているのである。[32]

第 4 節　1835 年末の弾圧

　ラウベが『青年ヨーロッパ』を、ムントが『マドンナ』を、ハイネが『ドイツにおける宗教と哲学の歴史』を、そしてグツコウが『懐疑女ヴァリー』を公表してキリスト教批判を行ったのは、1834 〜 35 年に集中している。この時期のドイツでは、反動君主連合の要であるドイツ連邦議会が、つとめて復古体制を、現状を維持しようと画策していたころである。それ故、たとえ文字の領域でとおまわしにせよ、キリスト教の権威を傷つけ社会主義への接近を叫んで新聞・雑誌に登場してくる青年ドイツ派を、連邦当局が放置するはずがなかった。青年ドイツ派の作品が文学的・詩的叙述であり、けっして激越な政治論文でなかったから、連邦当局は、じかにハイネらに大逆罪を適用して逮捕するという策には出なかった。当局は、とまれ彼らの作品だけを、過去から未来まで含めて出版禁止・販売禁止としたのである。連邦議会決議の第 1 条は次のものである。

「ドイツ全土の諸政府は、『青年ドイツ』ないし『青年文学』という名称で知られる文学派—この派にはとりわけハインリ（ヒ）・ハイネ、カール・グツコウ、ハインリ（ヒ）・ラウベ、ルドルフ・ヴィーンバルク、そしてテオドール・ムントが属している—の刊行する著作の著書・出版者・印刷者、そして配布者に対し、当該国の刑法および警察法を、並びに出版の濫用に対しては現行諸規定を、きわめて厳格に適用し、また書籍商・貸出図書館ないしその他の方法によっている当該著作の領布についても、合法的に意のままになっているあらゆる手段とともに阻止する義務を負うものである」(33)。

連邦議会のこの決議文には前文があり、そこでは、青年ドイツ派の著作を指して、キリスト教を侵害するもの、規律や道徳のすべてを破壊するもの、あらゆる法的秩序の礎柱を破壊するものである、としている。すなわち連邦当局にとって、青年ドイツ派はたんなる傾向文学集団でなく、陰であきらかに政府転覆の意図を宿した政治集団にも映ったわけである。さらに、プロイセンの検閲局は、青年ドイツ派の著作について、次のように鑑定している。ハイネの『サロン（*Salon*）』には若者を誘惑する不敬の念と肉欲の刺激の絡み合い、それにサン＝シモニズムと無神論とがめだつ。グツコウの『懐疑女ヴァリー』ではキリスト教の大胆不敵な中傷が、ムントの『マドンナ』やラウベの『青年ヨーロッパ』では奔放な肉欲的快楽の主張が際立っている。検閲局は青年ドイツ派の作品をそのように評し、さらには、文学的水準では2、3の例外を除いて大半が平凡であるが、裏に秘められた政治的意図がいたずらに若者層を引きつける懸念があるとしている(34)。

1835年末に連邦議会によって発禁処分を受けた青年ドイツ派は、この事件に先立ってすでに作家メンツェルの批判を受けていた。彼は、一時グツコウと共同して新聞を編集し、青年ドイツ派の同調者となったかにみえた。しかし1834年の春にグツコウの批判を受けてのち、翌35年9月になって同派を右から批判しだしたのである。彼は後年になって、1830年代と青年ドイツ派の活動をふりかえって、おおよそ次のように語っている。すなわち、1830年代はカトリック教会がヨーゼフニスムスとナポレオニスムスの攪乱からいまだ立ちあがれず、プロテスタント教会もまた、あやうく合理主義および無神論に解消されそうな時代であった。この機にハイネはキリスト教に無価値の烙印を押し、肉体の復権を人類の昔からの権利として主張した。グツコウは破廉恥な行為を説き、また『ルチンデ』の作者シュレーゲルを青年ドイツ派と同列に置こうとした(35)。メンツェルは、以上の調子で、そのほかラ

ウベ、ヴィーンバルク、ムントをも、文学的才能の点で酷評している。それでもメンツェルは、たとえロマン主義的な側からの批判的解釈であるにせよ、青年ドイツ派が独仏の精神同盟の中にドイツの解放を展望していた点を看取し、それ以後この構想を受継ぐ団体を次のようにスケッチしている。

「ドイツの書籍市場は、当時においてフランスの作家たち（ヴィクトル・ユゴー、ジョルジュ・サンド、ウージェーヌ・シュー、バルザック、ポール・ド・コックら）の、きわめて破壊的な不信仰の、不道徳な作品の翻訳で充満していた。と同時に、昔の合理主義者や最近のヘーゲル学派が諸大学で蒔きちらした種が育ってきた。無神論は恥じらいの心をすっかり棄ててしまった。1835年にダーフィット・シュトラウスの悪名高き著作『イエスの生涯』が出版されたが、彼は福音を神話ならびに漁夫（ガリラヤの漁夫ヨハネその他の福音作者のこと―引用者）の逸話だと公言した。その後にザクセンで光の友協会[36]が、シュレージェンでドイツ・カトリック教派が、ドイツ出版界のほぼ全面的な喝采のもとに創設された。またスイスでは共産主義（義人同盟など―引用者）が抬頭し、檄文をドイツのこなたへ投じはじめた。宗教と慣習の迫害をはかるこれらのはなはだ性急な狂信は、つまるところフランスに由来するものであって、七月革命から二月革命までの期間に、新たな革命へのじりじりした欲望から精神錯乱にまで加熱したものである。ドイツはただそれに感染しただけのことだ[37]」。

メンツェルのこの回想は、「感染」の一点を除けば実に正当な評価といえる。というのも、1835年以後、なるほど青年ドイツ派はもはやまとまった理念のもとに行動することがなくなり、互いに批判しあう間柄となっていくが、30年代前半に彼らの抱いた独仏の精神同盟の方は、30年代後半から40年代にかけて、たしかに右の引用文中に登場する団体に引継がれ発展していくからである。だがそれはけっして「感染」によって受継がれたのではない。第1にフランスからの衝撃があったことは事実だが、ドイツにはやはり内的に成熟してきた精神が存在していたからこそ、独仏の同盟が構想されたのである。そして青年ドイツ派がドイツ精神のこの内的成熟の度合をゲーテとヘーゲルにおいて見定めたように、同派のすぐあとに運動を開始するヘーゲル左派も、そのような成熟したドイツ精神、なかんずくヘーゲル哲学の只中から登場し、まずは神学・哲学における、ついで政治における急進主義の形成過程で、やはり独仏精神同盟を構想していくことになる。

〔注〕

(1) Vgl. J. Scherr, Poeten der Jetztzeit, 1844, SS. 124-126, in: *Das Junge Deutschland, Texte und Dokumente*, hg. v. J. Hermand, Stuttgart 1966, S. 351.

(2) Vgl. F. Mehring, *Gesammelte Schriften* Bd. 5, Berlin 1964, S. 124.

(3) Cf. E.M. Butler, *The Saint-Simon Religion in Germany*, Cambridge 1926 (Reprint New York 1968), p. 67.

(4) Vgl. K. Obermann, *Deutschland 1815-1849*, Berlin 1976, SS. 222-225.

(5) ビューヒナーは自身でも青年ドイツ派に属していないと言明している。また彼は、シュトラースブルク留学中（1831 ～ 33 年）にサン＝シモニズムを知ったが、社会変革の手段ではまったく見解を異にしていた。Vgl. G. Büchner an die Familie, Straßburg, nach 27. Mai 1833, an Gutzkow, Straßburg, März 1835, an die Familie, Straßburg, den 1 Januar 1836, in: *G. Büchner Werke und Briefe*, Frankfurt a. M. 1968, S. 390f, 413f, 430f.（手塚・千田・岩淵監修『G・ビューヒナー全集』河出書房新社、1970 年、306 ～ 7 頁）。またベルネを一歩外に出す理由は、本章第 2 節で述べる。

(6) E.M. Butler, ibid., p. 60.

(7) 1830 年代初期に出版されたサン＝シモニズムに関する著作・論文の一部をあげておく。Cf. E.M. Butler, *ibid.*, pp. 54-59.

（ⅰ）F.W. Carové, Doctrine de Saint-Simon, Exposition Première Année, in: *Jahrbücher für wissenschaftliche Kritik*, Berlin, 12. 1830. Nos. 115, 116.

（ⅱ）F.W. Carové, *Der Saint-Simonismus und die neuere Französische Philosophie*, Leipzig 1831.

（ⅲ）E.W. Hengstenberg, Über die Secte der St. Simonianer in Frankreich, in: *Evangelische Kirchenzeitung*, Berlin, 23. 3. 1831.

（ⅳ）K.W. Schiebler, *Der Saint-Simonismus, oder die Lehre Saint-Simons und seiner Anhänger*, Leipzig 1831.

（ⅴ）K.G. Bretschneider, *Der Simonismus und das Christentum*, Leipzig 1832.

（ⅵ）M. Veit, *Saint Simon und der Saintsimonismus*, Leipzig 1834.

(8) H. Heine, *Beiträge zur deutschen Ideologie*, Ullstein 1971, S. 55.（伊東勉訳『ドイツ古典哲学の本質』岩波文庫、105 頁）。

(9) オーベルマンは、ベルネの共和主義を認めているが、興味あることに文豪ゲーテが晩年にサン＝シモニズムを研究し、「資本主義社会を批判するこの思想を正当であると評価した。しかしその空想的な解決策には賛成できなかった」と述べている。Vgl. K. Obermann, ibid., S. 219, S. 222.

(10) H. Heine, Das Buch Le Grand, in: *Heines Werke in 13 Teilen*, 7 Teil, hg.v. H. Hermann u. R. Pissen, Berlin-Leipzig-Wien-Stuttgart, S. 139.

(11) H. Heine, Briefe aus Helgoland, in: *H. Heine Werke in einem Band*, ausgewählt und eingeleitet v.W. Vontin, Hamburg 1956, SS. 451-456.

(12) L. Börne, Briefe aus Paris, in: *Das Junge Deutschland.*, S. 280.

(13) ラムネーの思想については生態来吉「ラムネーの社会思想—その階級的立
場」、『西洋史学論集』（九州大）第12号、1963年。同「ラムネーの社会思想
再論」、同誌、小林・今来還暦記念号、1968年、参照。

(14) F. Mehring, *Gesammelte Schriften* Bd. 5, S. 122.

(15) Cf. E.M. Butler, *ibid.*, p.94.

(16) H. Heine an Varnhagen von Ense, 1. 4. 1831, in: E.M. Butler, *ibid.*, p. 95.

(17) H. Heine an Varnhagen von Ense, 22. 5. 1832, in: E.M. Butler, *ibid.*, p. 99.

(18) H. Heine, *Beiträge zur deutschen Ideologie*, S. 55.　（伊東訳『ドイツ古典哲
学の本質』105頁）。

(19) E.M. Butler, *ibid.*, p.260.

(20) Ibid., p.261f.

(21) K. Gutzkow, Wally, die Zweiflerin, Mannheim 1835, S. 301ff., in: *Das Junge
Deutschland.*, S. 223f.

(22) H. Laube, Das Jünge Europa, in: *Das Junge Deutschland.*, S. 197.

(23) T. Mundt, Madonna, in: *Das Junge Deutschland.*, S. 185f.

(24) G. Büchner, *ibid.*, S. 421f.（邦訳『全集』336頁）。

(25) H. Heine, *Beiträge zur deutschen Ideologie*, S. 51, S. 53.（『ドイツ古典哲学
の本質』98頁、102頁）。

(26) ハイネがボン大学で聴いた講義の大半は古代に関するものだった。Vgl. H.
Heine, Die Nordsee, in: *H. Heine Werke in einem Band*, S. 242.

(27) H. Heine, *Beiträge zur deutschen Ideologie*, S. 16, S. 23.（『ドイツ古典哲学
の本質』33頁、46頁）。

(28) Vgl. H. Heine, Die romantische Schule, in: *Das Junge Deutschland.*, SS. 227-
233.

(29) ハイネ、小沢俊夫訳『流刑の神々、精霊物語』岩波文庫、参照。

(30) H. Heine, Atta Troll, Ein Sommernachtstraum, in: *Heines Werke in 13
Teilen*, 4 Teil, S. 39.（井上正蔵訳『アッタ＝トロル』岩波文庫、63頁）。

(31) K. Gutzkow, Wally die Zweiflerin, in: *Das Junge Deutschland.*, S. 207ff.

(32) グツコウの『ルチンデ』論、女性解放論については E.M. Butler, *ibid.*,
pp.292-299. 参照。

(33) Der Beschluß des Bundestages, in: *Das Junge Deutschland.*, S. 331.

(34) Vgl. Gutachten des preußischen Oberzensurkollegiums, in: *Das Junge
Deutschland.*, SS. 332-334.

(35) Vgl. W. Menzel, Deutsche Dichtung von der ältesten bis auf die neueste
Zeit III, Stuttgart 1859, S. 464ff, in: *Das Junge Deutschland.*, S. 335ff.

(36) シュトラウス『イエスの生涯』について、その内容や意義について簡潔に
まとめた邦語文献として、以下のものがある。ダーフィット・フリードリヒ・
シュトラウス、生方卓・柴田隆行・石塚正英・石川三義共訳『イエスの生涯・
緒論』世界書院、1994年。

（37）W. Menzel, *ibid*., S. 341.

第2章　思想家集団ヘーゲル左派

　本章では、思想家集団ヘーゲル左派（1835～1843年）を検討する。叙述の主たる論点は、文学における青年ドイツ派のあとをうけ、この諸団体が1830～40年代におけるキリスト教的・ゲルマン的プロイセン国家と福音領邦教会を反動と感じ、ドイツの政治的解放をそのもっとも急進的な形態である民主主義的共和国の実現に設定し、そのための理論的支えとして、自由にかかわるドイツ精神と平等にかかわるフランス精神の結合を求め、以上の思想がヘーゲル左派において結実したことである。

　1830年代後半において一哲学者集団をつくりあげたヘーゲル左派の哲学徒たちの中には、1820年代の非合法ブルシェンシャフトに加わったり、またそのころのロマン主義的な風潮に陶酔していた人々が多く、また1830年代前半には自由主義の穏健な潮流、すなわち立憲君主制的な自由主義に身をまかせる者が多かった。あるいは、政治的な方面でなくもっぱら神学上・哲学上の諸問題に没頭していたと述べる方が適切かもしれない。そのころの彼らは、おおかたベルリン・ボン・ハレなどの諸大学で神学・哲学・言語学を講義するか、さもなくば学生としてそれらを研究するかしていたからである。だがそれでも、七月革命の余波や青年ドイツ派の反政府的言動に触れて、彼らはしだいにドイツの現状に疑問を抱くようになっていく。そのあらわれ方は、ルートヴィヒ・フォイエルバッハのようにかなり独創的なものもあるし、ブルーノ・バウアーのように他に刺激され揺り動かされてというものもある。そうした傾向は、いずれにせよ、彼らが所属していたヘーゲル学派の左右両極分解の過程でしだいに強まっていく。そして1830年代末までに、彼らはとりわけアーノルト・ルーゲ（Arnold Ruge, 1802～80）をスポークスマンとする政治的急進主義者へと転化するのである。本章では、ハイネら青年ドイツ派のあとを受け継ぐこの一派に関し、その神学上・哲学上の急進化を序論的に挿入しつつ、ルーゲに焦点をあわせて検討してみたい。

45

第1節　ヘーゲル左派の形成

　ヘーゲル左派の母体であるヘーゲル学派は、いうまでもなく、ヘーゲル哲学の完成をまって確固たる学派に成長した。ヘーゲル哲学の完成という場合、一般にそれは『精神現象学（*Phänomenologie des Geistes*）』（1806年）、『論理学（*Wissenschaft der Logik*）』（1812～16年）、『哲学的諸学問のエンチクロペディ（*Enzyklopädie der philosophischen Wissenschaften im Grundrisse*）』（1817年）の著書刊行ののちということになる。そして、プロイセン政府がフィヒテ亡きあとのベルリン大学にヘーゲルを招いた1818年以降、ヘーゲル哲学は実質上も形式上も第一級の位に上昇するのである。1821年にはヘーゲルの最後の主著といわれる『法哲学（*Grundlinien der Philosophiedes Rechts*）』が上梓された。ヘーゲル学派は、1818年から、師が没する1831年までの13年間に形成されたのである。学派の形成に寄与した人物は、第1にヘーゲルの弟子の一人レオポルド・フォン・ヘニング（L. v. Henning）である。彼は1823年にベルリン大学で、ヘーゲルの講義に関する復習講義をはじめた。そして、ヘーゲルが死ぬまでに学派の中心人物となった人々には、エードゥアルト・ガンス（E. Gans）、カール・ミシュレー（K. L. Michelet）、フェルスター（F. C. Förster）らがいる。ヘニングをはじめ師の弟子たち7名は、ヘーゲル死後、1832年からヘーゲル全集の刊行に着手して、学派の発展に努めた。

　ヘーゲル学派は、1820年代から師の友人であるプロイセン文相カール・アルテンシュタイン（K. Altenstein）の強力な支持を循にして、まさに天下国家の与党的学派として全盛をきわめた。彼らは、1827年にベルリン批判協会（*Die Berlinerkritische Assoziation*）を創設し、定期刊行誌『科学的批判年誌（*Die Jahrbücher für wissenschaftliche Kritik*）』を発行していく。同協会は次の三部門で構成されている。第1、哲学部（哲学・神学・法律学）。第2、自然科学部（医学・数学を含む）。第3、歴史学・言語学部（言語学・歴史学・芸術学）。以上3部門のうち第一の哲学部がヘーゲル学派の核となっていた。[1] この教会の中心となり最後まで活動した人々は、1832年以降の全集刊行によっても示唆されるように、ヘーゲル哲学を究極的にして完成されたものとみなし、師の学説の普及と、師によってはいまだ整理されずに残っている分野の補足的追究に全力を尽くそうとしたのである。

　ところで、ヘーゲルが1831年に没して数年ののち、学派内には、師の哲

46

学に対する解釈をめぐって論争が捲きおこった。その争点は、ヘーゲル存命のあいだには顕在化しなかったが、そもそもヘーゲル哲学中に潜んでいたものであった。ヘーゲルはつね日ごろ、キリスト教（プロテスタント）に対し、絶対的な価値を与えていた。また彼は、哲学と宗教との一致を主張していた。哲学は、宗教が想像力や表象によって捉えるものを、概念的に明白にするだけだということである。これらが学派内で論争の種となりはじめた。師の主張をそのまま是認する一群は、それとともに、現在を完結したものとみなし、師の「現実的なものは理性的である」という命題を固執した。これに対し、師の主張に疑いを差しはさみ別様に解釈しようとする一群は、現在は完結を必要としているのだと判断し、師の「理性的なものは現実的である」という命題を強調したのである。⁽²⁾この見解の相違は、前者を右派、後者を左派として、学派の分裂を促していく。その分離は、1835 年に発表されたダーフィット・シュトラウスの著者『イエスの生涯（*Das Leben Jesu*)』が捲きおこした論争によって決定的となった。

　シュトラウスは、チュービンゲン大学のバウル（F. C. Baur）のもとで神学を学び、やがてベルリンへ出てヘーゲル晩年の講義を聴いた。彼は、ヘーゲル弁証法を学ぶことによって、師の哲学体系（宗教哲学）に挑戦し、キリスト教の絶対的価値を否定した。彼によれば、キリスト教は神の啓示の一部分にすぎず、それは歴史的発展上の特定の段階における一産物であって、けっして絶対的な価値を保持していない。また福音書の物語は歴史的事実・真実ではありえず神話にすぎない。あるいはキリスト教徒が無意識に創り出した観念上の産物にすぎない。このように、ヘーゲル弁証法を駆使することによって、シュトラウスは以上の結論を導き出したのである。⁽³⁾それは、若きヘーゲルが、ギリシア宗教を民族宗教の理想としていたところから、絶対精神がその本質を実現していく過程に対応して、やがてギリシア宗教にかわってキリスト教（プロテスタント）が民族宗教の理想となるのだと意識したことを想起すれば、納得がいくであろう。⁽⁴⁾その後、キリスト教に永遠の絶対的価値を与えてしまったヘーゲルは、自らの哲学に、その体系と方法とにおける矛盾を内包させてしまった。その矛盾を鋭く突いて、微動だにしなかったヘーゲル哲学の高楼を足下から揺振ったのがシュトラウス著『イエスの生涯』なのである。神学論争の様相を呈しながら開始されたこの嵐は、やがてヘーゲル哲学そのものの危機として発展していく。また、シュトラウスに始まる宗教批判は、聖書の真実性を疑問視するだけで、キリスト教それ自体の否定となっ

てはいなかったが、それはやがて、キリスト教の絶対的価値と聖書の真実性に依拠するプロイセン国家と衝突せざるをえなくなる。そうした一連の批判運動は、ヘーゲル学派の中から左派、つまりヘーゲル左派をはっきりと際立たせていくことになる。

さて、シュトラウスによって口火を切られたヘーゲル哲学批判は、やがて歴史哲学の領域にも及び、そこではポーランド生まれのヘーゲル学徒アウグスト・フォン・チェシコーフスキ（A. v. Cieszkowski）、ついで独学のヘーゲル学徒モーゼス・ヘスが批判を展開し、宗教哲学自体においてもベルリン大学の神学講師B・バウアーと、エルランゲン大学を失職したL・フォイエルバッハがシュトラウスのあとを引継いでいく。だがしかし、師の哲学の全領域を批判しきるためには、いま一つの理論的支柱である法哲学ないし国家論への切り込みをも不可欠とした。そしてこの任務を背負って登場した人物が、これから考察していくアーノルト・ルーゲである。彼は1838年から1843年まで、ドイツ領内で活発な雑誌活動を行い、ウィーン体制下の復古的政治思潮に抗し、自由主義のための、あるいは自由な国家のための宣伝を繰りひろげた。その際、彼が積極的に批判の対象としたものは、第一にロマン主義的復古思潮であり、第二に40年代初頭から急速にロマン主義に傾いていくプロイセン国家であり、第三にVormärz（三月革命以前）のプロイセン国家を保守的に肯定したヘーゲル哲学である。この3批判運動は、ヘーゲル左派の政治的発展過程を典型的に表現するものである。それ故、ルーゲはほかのだれにもまして、同派において形成されていく政治的急進主義の代表的推進者とみなし得る。それだから、本節の主題にそってヘーゲル左派を検討するには、ルーゲに的を絞るのが最良の方法となる。

第2節　ロマン主義批判

ヘーゲル左派きっての政論家ルーゲが批判運動を開始した1830年代後半のドイツ思想界・政界は、一方でゲレース（J. J. v. Görres）らカトリック的ロマン主義者の攻撃的運動があったほか、他方では、一時期ロマン主義に圧迫されていたカント以来の啓蒙主義が、フランス七月革命ののち再び頭をもたげ、その勢いも、フランスからの共和主義・社会主義の流入などによって倍加されるといった様相にあった。そうした思想的流動化の渦中にあって、ルーゲはなかんずくジャーナリズムの世界で反ロマン主義の旗をかかげた。

彼は 1838 年に、ハレ大学の同僚エヒターマイヤー（T. Echtermeyer）とともに、『ハレ年誌（*Hallische Jahrbücher für deutsche Wissenschaft und Kunst*)』と題する学問・文芸評論誌を創刊し、やがてこれを舞台に、のちに詳論するように、敢然として啓蒙主義擁護を唱えるのである。

とはいえ、ルーゲは元来ロマン主義的土壌から出発しただけに、当初からロマン主義批判を主唱したわけではない。幾多の知識人・学生と同様、ロマン主義の深窓に育ったルーゲは、一時期これに歴史的な評価を与えていた。たとえば、若き日にF・シュレーゲルやJ・ゲレースらのロマン主義者と交わりをもった詩人アイヒェンドルフ（J. v. Eichendorff）、同じくロマン派と交わった作家インマーマン（K. Immermann）、リュッケルト（F. Rückert）、あるいはピエティストのトゥールック（A. Tholuck）、ヘングステンベルク（E. W. Hengstenberg）、レオ（H. Leo）、メンツェル（W. Menzel）そのほかを、必ずしも率先して批判の対象にはしていなかった。そのためか、『ハレ年誌』創刊時の協力者にはレオもみうけられ、スイス（チューリヒ州）政府おかかえの御用学者ブルンチュリ（J.C. Bluntschli）の名もみられる。しかし、やがてロマン主義から完全に離脱するに及んで、彼はロマン的立場と自己の立場の関係を彼なりに検討し区別し、そこに批判のメスを入れることになる。

ルーゲは、1839 年から翌 40 年にかけて、年誌上に『プロテスタンティズムとロマン主義（Der Protestantismus und die Romantik)』と題する長編の論文（エヒターマイヤーとの連署）を連載し、その結びでロマン主義に関する歴史的分類を行っている。これによると、ロマン主義は大別して 4 期に分かれる。第 1 期は 1770 年以降の先駆的時代であり、ヤコービ（F. H. Jacobi）、ハーマン（G. Hamann）、シュトルム・ウント・ドランガー等がこれに属する。ついで第 2 期は 1790 年以降の本来のロマン主義者の時代である。これにはロマン派の首領シュレーゲル兄弟（A. W. v. Schlegel, F. v. Schlegel）や、ティーク（J. L. Tieck）、アダム・ミュラー（A. Muller）、ハラー（C. L. V. Haller）、アルニム（A.v. Arnim）そのほかが属し、ルーゲの理論的批判は彼らに集中している。さらに第 3 期として 1810 年以降のエピゴーネンの時代がくる。これにはクライスト（H. v. Kleist）、アイヒェンドルフ（J. K. B. F. v. Eichendorff）、リュッケルト（J. M. F. Rückert）、ファルンハーゲン・フォン・エンゼ（R. V. v. Ense）、ゲレース、ヘングステンベルク、レオ、ヤルケ（K. Jarcke）らが属し、彼らには、のちにみるようにルーゲの実際の批判が集中する。そして最後に、1830 年の七月革命後に登場する第 4 期は、フランス

化したロマン主義者の時代であって、これには文学運動の青年ドイツ派、哲学上のロマン主義である新シェリング主義、ヘーゲル学派中のロマン主義的な一群が属する。

以上の分類を行うルーゲは、ロマン主義の概念を定義するにあたり、何よりも第2期をその対象にしている。ルーゲは彼らに対し、「固定した観念」を懐き、またその観念を「情緒的」運動として重んずる集団と規定する。そして彼らの思想を「その固有の指導者たちに大いに因んで、ロマン主義と名づけた」。(傍点原文隔字体)

ルーゲにとってロマン主義とは、すなわちその第2期が象徴であり、ロマン主義者とはその期の人々、なかんずくフリートリヒ・シュレーゲルが象徴的なのである。ルーゲは、カトリック的ロマン主義者の代表格であるシュレーゲルを「教義神学者 (Dogmatiker)」と称して批判し、彼を、同じくロマン主義に染って堕落してはいるものの哲学の領域に踏みとどまっているシェリングと区別している。ルーゲにとってシュレーゲルの理論的世界は、正真正銘の「固定観念の王国」なのであり、これをヨーロッパ全土に宣伝したのがかれらロマン派の雑誌『アテネーウム』で、この宣伝に一役演じたのが兄のA・W・シュレーゲルなのであった。

このようにして理論上でロマン主義を定義づけたルーゲは、ではいったい何を契機にしてロマン主義的土壌から離脱し批判者の急先鋒となったのであろうか。1830年代の初期にはいまだロマン派の一人シュライエルマッハー (F. D. E. Schleiermacher) に心酔し、32年以降にハレ大学の私講師となってもジャン・パウル (J. Paul)、ゾルガー (K.W.F. Solger)、シュライエルマッハーらの美学を講じていた彼が、何を契機として啓蒙主義者を自認するにいたったのか。この点を探るには二つのルートがある。一つはルーゲ自身の生い立ちにみられる2、3の内的契機である。それは、若き日々のブルシェンシャフターの体験と、それによる投獄の憂目、ヘーゲル哲学の熟知、ハレ大学での恵まれない講師生活などである。そしていま一つのルートは、彼が思想上の遍歴をなそうとするその時に、国論を2分するほど重大な政治的事件がおこったことである。それは30年代中葉以降の、いわゆる「ケルン教会論争 (Der Kölner Kirchenstreit)」である。ルーゲのロマン主義離脱の直接契機は、この後者であると考えられる。

この事件は、カトリック教徒の多いラインラントのケルン大司教区とプロテスタント国家プロイセンの中央政府との間に生じた、雑婚問題 (Die

Frage der gemischten Ehen）にまつわる衝突に端を発する。すなわち、プロイセン政府は、1803年の法令にもとづいて、ラインラントに赴任したプロテスタントの官吏と地元のカトリック教徒の娘との結婚に際し、生まれる子へはプロテスタント的教育を要求したが、ローマ法王庁はこれと逆に、母親のカトリック的教育を義務づけていたのである。この衝突は、国家か教会か、二元支配か一元支配かという中世から持ち越された重大問題を孕んでいたが故に、たんにプロイセン国内の地方行政で処理されるような次元にはなかった。したがって、1837年に政府がケルン大司教ドロステ・フィシェリング（C. A. v. Droste Vischering）を罷免しミンデン要塞に閉じこめるや、この衝突は燎原の火のごとく全ドイツに波及し、すぐさま政治的な論争を惹起した。

　この論争の渦中で一方の側の中心人物となった人物に、カトリック的ロマン主義者ヨーゼフ・ゲレースがいる。彼は1837年に、自ら政治的宣伝パンフレット『アタナシウス（*Athanasius*）』を発行して、カトリック教会を弁護した。これに対し多くのプロテスタント勢力は無論プロイセン政府を支援したが、ただピエティストを中心とする保守的プロテスタントの一群は、ゲレースの政治的カトリシズムを反駁するだけにとどまらず、政府の教会政策にもかみついた。この一派の代表的論客としてハインリヒ・レオがいる。彼は『J・ゲレースへの回状（*Sendschreiben an J. Görres*）』を発表し、一方でゲレースの法王権至上論的立場を論難し、他方では信仰の合理主義的解釈に反対し、徐々にではあるがその傾向をみせてきたプロイセン政府の宗教政策に楯をついたのである。

　このようなカトリック的ロマン主義者やピエティスト的ロマン主義者のプロイセン批判に対し、「国家の自律性の弁護が必要とされるところならいたる処で攻撃の矢面に立った」一群がいた。この人々こそD・シュトラウス以来の宗教的・哲学的急進運動を展開してきたヘーゲル左派であった。そしてこの一派の急進的批判運動は、教会論争への介入をもっていよいよ政治の領域に突入したのであり、その一番手がアーノルト・ルーゲであった。

　ルーゲは、1838年6月の年誌に『ハインリヒ・レオからJ・ゲレースへの回状（*Sendschreiben an J. Görres von Heinrich Leo*）』を発表し、そこでレオ、ゲレースに共通してみられる復古的思潮を批判する。すなわち、ゲレース、ヤルケらカトリック保守派は啓蒙主義・合理主義に反対し、それ故フリードリヒ二世の遺言に逆らっている。また彼らはフランス革命の歴史的権利に

も反対している。これに対しプロテスタント保守派のレオとても、反合理主義の点では同列だが、しかし彼の場合、ゲレースらに比べると理論に首尾一貫性がない。つまり、レオがゲレースの『アタナシウス』的実践と自らの言動との区別を強調すればするほど、彼は結果として合理主義やプロテスタンティズムを弁護するはめに陥るのである。こうした政府批判の輩に対し、ルーゲはおおいなる自信をもってプロイセン国家を擁護する。彼によれば、プロイセン政府は「自由な精神修養の保護者」であり、この国家には自由意志的な発展と宗教改革の原則とによって暴力的な変革に対する歯止めが備わっているから、国家体制の革命的転覆など毫も気遣う必要がないのである。[9]

　以上のような宣言を発することによって、ルーゲは否応なくも反ロマン主義の精神を鍛えあげたのであった。これと同様の宣言は、ヘーゲル左派のいま一人の有力メンバーであるルートヴィヒ・フォイエルバッハによっても発せられた。彼は、1838 年 12 月の年誌に『＜積極＞哲学の批判 (*Kritik der ‚positiven' Philosophie*)』と題する反神学的立場の論文を載せたが、この一文は同時にロマン主義諸派への反対宣言でもあった。[10]

　さて、教会論争という現実的にして政治的な事件に直接介入したルーゲは、そこでたんにロマン主義を反撃するだけでなく、自らも積極的に主義の宣伝を行う。それは 1838 年から数年間『ハレ年誌』において貫かれるが、その場合、彼が積極的に賛意を表する概念・事象はすべて啓蒙主義の側に置かれ、批判すべきもの、粉砕すべきものはなべてロマン主義の側へおいやられる。この＜啓蒙←→ロマン主義＞の対立図式は、1930 年に発表されたハンス・ローゼンベルクの一研究論文中に整理されているので、これを引用しておこう。

啓蒙主義（Aufklärung）　　←→	ロマン主義（Romantik）
・プロテスタンティズム	・カトリシズム
・真正なキリスト教（ヒューマニズム）	・虚偽のキリスト教
・悟性・理性	・感覚・感情
・合理主義	・神秘主義
・哲学・学問	・感情信仰
・明晰	・妄想
・猛々しい精神	・柔弱な精神
・仮借ない洞察	・主観的恣意
・発展・進歩	・後退（停滞）
・活動主義	・無関心（静寂主義）

・流動せる弁証法	・観念の固定
・革命	・復古
・自由主義	・絶対主義
・現代	・中世
・自由	・権威[11]

　ローゼンベルクによれば、ルーゲの思想はこの二つの極、啓蒙主義とロマン主義の周囲をへめぐっており、「ルーゲにとってロマン主義とは、彼が精神的および政治的に嫌悪するものすべてを投げ込む大きな壺であった」[12]。ローゼンベルクのこの描写があながち誇張でない点は、38年から40年にかけて年誌に発表されたルーゲ論文を一読すれば、随所で証明されよう。たとえば『ハインリヒ・レオからJ・ゲレースへの回状』では、啓蒙主義や合理主義に楯をつくもの、宗教改革やフランス革命などに象徴される変革の歴史を認めないもの、自由主義に反対するものをおしなべて敵対思想と規定している[13]。また『プロテスタンティズムとロマン主義』でも、先に示したようなロマン主義の概念規定のほかに、「ロマン主義カテキズム Romantischer Katechismus)」と題して先の図式を部分的に展開している[14]。

　ところでルーゲは、先の図式において、カトリックをロマン主義の側に、プロテスタントを啓蒙主義の側に置いているが、プロテスタント内の一派ピエティストについては、けっして前向きな評価を下していない。彼はこの一派を、39年2月の『ピエティズムとジェスイット教徒（*Der Pietismus und die Jesuiten*)』において仔細に吟味している[15]。これによると、ピエティズムは情緒的なもの（ein Gemüthssache）を重視し、事物や現象の客観的な面には一切価値を認めず、もっぱらその内面性（die Innerlichkeit）、心情的な面を重んずる。客観的精神をありうべき現実態とみるルーゲの観点からすれば、たとい出生においてプロテスタント的であろうと、主観的な心情運動（die Herzenbewegung）を価値判断や行動の基準とするようなピエティズムは、唾棄すべき宗派であった。

　とはいえルーゲは、ピエティズムに対し、それが元来有していた歴史的価値まで葬り去っているさけではない。この一派はなるほど中世的な神秘主義の伝統を継承したにせよ、けっして教義的な、あるいは形式的なものを崇めたりはせず、したがってプロテスタント内の正統信仰に対抗する進歩派として登場したのである。ピエティズムが本来篤信のプロテスタント一派であった点を、ルーゲは然るべく認めている[16]。彼が批判するピエティズムとは、そ

のような初期のものではなく、しだいに変質してきた後期のものである。彼によるとこの派は3段階に区分されて変化してきた。その第1は平凡な、修道士気質の、正規のピエティズム（der ordinäre Pietismus）であり、第2は世俗化されたもの（der verweltliche oder vornahme Pietismus）であって、第3段階にしてルーゲの批判が集中するものは教階的な、ジェスイット的なそれ（der hierarchische oder jesuitische Pietismus）である。ルーゲは、この第3のものを「プロテスタンティズムの内なる反動」とみなし、「16・17世紀の伝統から脱落した」もの、「ジェスイズムにぴたり符合する」ものと規定する。この論文において彼は、現にある国家・教会に対する教階的ピエティストの態度をあきらかにし、その反動性を告発しようと努力するが、その場合、この目的を達成する恰好の相手としてレオが引き合いに出される。ルーゲは、レオの『J・ゲレースへの回状』や彼の著作を引用しながら、彼をロマン主義に貢献する教階的ピエティストとして裁断する。ここで注目すべき点は、ピエティズムが、宗教改革の反作用として生まれたカトリック一派のジェスイズムと同列に置かれ、その現に果たす役割からして、カトリック的ロマン主義となんら変わりがないとされている点である。この点は、先のローゼンベルクの描写のとおりである。

　かくしてルーゲは、啓蒙主義の旗のもとに自らの信念を確固と定めたのではあったが、その立場をより深い処から講究するためには、彼が真に客観点なものと認め、かつ啓蒙主義の発展に不可欠だったと認めた学問と哲学、それも彼が直接依拠したところのヘーゲル哲学を検討し、ルーゲがこの哲学から何を汲み取ったかという点を明らかにする必要がある。

第3節　ヘーゲル的プロイセン国家の讃美

　ルーゲは、1832年以降のハレ大学私講師時代に、同僚のエヒターマイヤーを通じて、ヘーゲル哲学に接する機会を得たといわれる。その際彼は、ヘーゲル左派の残余の人びとと同様、絶対精神、世界精神、絶対概念、総じて絶対的なもの（Das absolute）を頂点とするヘーゲル哲学の深遠にして壮大な体系と、この絶対者が歴史のうちで自己を実現していく弁証法的発展過程との双方に魅了されたのである。彼ら若きヘーゲル学徒は、あるいは師の宗教哲学の頂から、あるいは歴史哲学の、法哲学の頂から、師ヘーゲルによって照らし出された世界を眺めようとした。その時ルーゲは、ほかならぬ法哲学

の頂に座して理性界の森羅万象をみきわめんとしたのであった。そこで、ヘーゲル哲学のルーゲに及ぼせる影響を探るため、まずはヘーゲルの法哲学における2、3の問題を、いまここで最小限必要なかぎりスケッチしてみたい。それは、ルーゲがまさしく師から受け継いだところの、国家の諸問題である。

　ヘーゲル法哲学において国家の占める位置がいかに重要であるかは、その方面の諸研究によって周知のことである。ヘーゲルが国家を重要視する度合は、共和制に望みをかけていた青年期よりも、自身の哲学を文字どおりヘーゲル哲学として完成させる時期に強まった。この期におけるヘーゲルの国家志向は、彼がいまだカント哲学・啓蒙主義の陣営に身を委ねていた時代にはみられない。若きヘーゲルにとっての主たる関心は、かのフランス革命的共和理念にありこそすれ、君主国とかドイツ的領邦国家にはなかった。いやそれどころか、いっとき国家を批判したこともある。すなわち、

　「…自然の次にくるのが人間の作品である。人間性の理念を論ずるに先立って、私は、国家の理念が存在しないことを示そう。というのも、国家は機械的なもの（Mechanisches）だが、機械の理念など存在しないからである。自由の対象となるものだけが理念と呼ばれるのだ。したがって、我々は国家を超えなければならない！　—なぜなら、あらゆる国家は自由な人間を機械の歯車装置として扱わざるをえないからである[19]」。

　ところが、シェリングのロマン主義的哲学に外的影響を受け、あるいはより根本的には、自らの宗教哲学において内的深まりをみせることにより、彼が啓蒙主義を脱却し歴史主義の立場に移行していくと、がぜん国家が浮上してくる。ヘーゲルは若き日々に、超歴史的な観念をもってギリシア宗教に憧れていたが、いまや充分に歴史を意識した、現実性をもった民族宗教を彼の時代に招来せしめんと意欲する。そして、これを達成するための基盤として国家が持ち出されたのである。

　では、ヘーゲルが意欲する国家とはいったいどのようなものか。それはもはやフランス的な共和国ではなかったが、さりとてロマン主義者が愛好する昔日の神権的君主国家でもなかった。それは、まさにヘーゲルの眼前で歩を進めだしたシュタイン・ハルデンベルク的プロイセン国家なのである。ということはすなわち、カール・シュタイン（H. F. K. Stein）の意中に存した国民帝制（Volkskaisertum）こそ、ヘーゲルが理想とする国家であった。かように設定されたヘーゲル的国家に関し、ここで彼自身の著作から引用してみよう。

「哲学は、理性的なものの根本を究めることであるが故に、彼岸的なものを樹立することでなく、まさに現在的で現実的なものを把握することである。」

「倫理とは活ける善（das lebendige Gute）としての自由の理念であり…現存世界となるとともに自己意識の本性となった、自由の概念である。」

「国家は倫理的理念の現実態である。」

「それ（国家—引用者）はけっして機械装置（Mechanismus）ではなく、自覚せる自由の理性的生命であり、倫理的世界の体系である…。」

「したがって政治的国家は、次のような実体的区別項へと自己を区分する。

  a　普遍的なものを規定し確定する権力—立法権。

  b　特殊な諸領域と個々の出来事とを包摂し、普遍的なものとする権力—統治権。

  c　最終意志決定としての主体性の権力、君主権（die fürstliche Gewalt）。—区分された諸権力は君主権のうちで個体的一体性へ総括されており、したがってこの権力は、全体—すなわち立憲君主制（die konstitutionelle Monarchie）—の頂点であり出発点である」。（傍点原文イタリック）

やや断片的な引用だが、約言すれば、ヘーゲル的国家とは、自由の概念としての倫理が客観的な世界にたちあらわれたものであって、絶対精神が有限な世界あるいは歴史のうちにあらわれる最高の段階と規定できよう。そしてかような国家の下部には「市民社会」が位する。これはヘーゲルによって「欲求の体系（der System der Bedürfnisse）」と名づけられ、そこでは私的個人の利害が赤裸々に現出し衝突しあう。したがって、そこに普遍性と特殊性の結合はみられない。だからこそ、ここで国家が登場するのである。国家は、このような欲望的市民社会を止場し、個々の特殊利害を普遍的な利害に包含し、両者の統一的結合・一体化を果たす。このような、市民社会の止場形態たる国家、倫理の最高の形態としての国家という構想こそ、ルーゲが師の哲学から摂取したものであった。

ルーゲにとって、以上のようなヘーゲル的国家は、たんに理論的・学問的な次元で重要なだけでなく、それ以上に、かのケルン教会論争に象徴されるような、実践的にして政治的な領域にあっても強力な武器となった。たとえば『ハインリヒ・レオからJ・ゲレースへの回状』には次の一節がみられる。

「国家は客観的な、現実性において説明される精神である。それは機械（eine Maschine）でもなければ機構（ein Organismus）でもなく、意識たるもの、

人倫たるものである」。(傍点原文隔字体)

　国家をこのように捉える観点はまったくもってヘーゲルゆずりであり、ルーゲはこの立場を理論的根拠にして、レオに対し、彼が国家を機械的・機構的なものにみたてているという批判をあびせる。したがって、ルーゲのロマン主義批判の要には、ヘーゲル的人倫国家がまずあって、これを尺度にして復古的なもの、カトリック的なものを裁断したものと考えられる。

　また、この点を充分に理解するには、そもそもヘーゲル哲学自体が、封建的・割拠主義的ドイツにあって、改革的な、自由主義的な思想として登場した点を見過ごしてはなるまい。この哲学は、文字どおり固有の分野では、カント以来の啓蒙主義を歴史主義の立場に立脚して克服し、物質と精神の二元論をロマン主義的汎神論をもって統一し、理性的な存在を人間の最高のあり方と把捉し、これらを通じてドイツ観念論哲学を完成させた。だがこの哲学は、その国家論によっても示唆されるように、きわめて政治的な力を保持していた。すなわち、当時の保守主義者たち、ハラー、シュタール (F. J. Stahl)、ゲルラッハ (E. L. v. Gerlach) らが、いまだになかば王権神授説に則った絶対君主国の復興に夢を託しており、一方ではシュタイン・ハルデンベルク改革が坐礁するといった状況下で、ヘーゲルはブルジョア的立憲君主国家を提言したのである。その際まえもって、「ある集団が国家を形成するためには、共同の武力と国家権力を形成する必要がある」という定義が下され[23]、これによってヘーゲルは、国家権力の強大化・対外戦争を国家の本質にくみ込むのであった。

　以上のようなヘーゲル的国家を武器にして、ルーゲは反ロマン主義の論陣を張った。そして、ロマン主義者たちがこぞって現にあるプロイセン国家を非難するのに対し、ルーゲはこれを「人倫国家」として擁護した。「人倫の王国はプロイセンにおいて嘆美すべき現実態となっている」という一節[24]は、彼がヘーゲルとプロイセンを固く結びつけ、両者に万雷の拍手をおくっている点を、如実に示している。

　ルーゲがヘーゲルを師と仰ぐ点は以上に述べたとおりだが、ここで、彼がプロイセン国家をも同時に賞讃しヘーゲル的だとみなした点を、さらに検討してみたい。その場合彼は、プロイセンの歴史に備わる三つの画期的史実に注目する。第1は、かのドイツ宗教改革という精神革命である。ルーゲによれば、プロイセンはドイツ領内のいかなる邦にもまして、つねに「宗教改革の国家 (der Staat der Reformation)」であった[25]。したがって、キリスト教に

ついてはカトリックでなくプロテスタントこそ進歩の旗印であり、進歩を拒否するピエティズムは本質的にカトリック（ジェスイット教）的であるとされた。ルーゲが自身をプロテスタントと認識し、全ドイツ人がそのように振舞うべきだと考えた根底には、宗教改革へのこうした絶大な信頼があったのである。だが宗教改革の偉業は、絶対主義と調和するルター的伝統によっては遂行されず、理性国家を志向する啓蒙主義によって受け継がれた。宗教改革の改革者たる啓蒙主義は、ケーニヒスベルクの哲学者イマヌエル・カント（I. Kant）の理性国家において、その実を示したとされる。

　ルーゲがプロイセンを崇める第2の史的根拠は、神聖ローマ帝国内の一小国にすぎなかったプロイセンを、帝国内における第一級の主権国家たらしめたフリードリヒ二世（大王）の啓蒙主義的改革と対外戦争の勝利である。フリードリヒ大王（Friedrich der Große）は、1740年の即位直後に、オーストリアの王位継承をめぐるヨーロッパの内紛に乗じて、武断的にシュレージェンを占取し、この地をプロイセン領とした。その後大王は、シュレージェン奪回をはかるオーストリアの女帝マリア・テレジアとの間で再び争奪戦を繰りひろげた。この戦役、つまり七年戦争（1756～63年）において大王は、近隣諸国（仏・墺）を敵にまわし、あまつさえロシアとも敵対関係に入るといった重大危機に直面しつつも屈せず、結局シュレージェン占取をかなえたのである。このような武断的・野心的外交を敢行した大王を、なぜかルーゲは極端なまでに拝み敬う。そして、この傾向はひとりルーゲに限らず、ヘーゲル左派の面々に共通している。このような大王崇拝の根拠としては、おそらく彼の啓蒙君主としてのイメージが過大評価された点を指摘し得る。たとえばルーゲは、1839年11月の年誌に『カール・シュトレックスとプロイセントゥーム（Karl Streckfuß und das Preußentum）』を載せ、これに「君主は国家第一の下僕である」という格言をそのまま引用し、大王が国家という目標に向かってプロイセンの民とともに生きともに前進した等の宣伝を施している。この場合ルーゲは、しばしば大王に冠せられる形容詞「啓蒙専制的」のうち、「啓蒙」の部分を真先に評価しているとみるべきである。というのは、なるほど大王は、同時代フランスの啓蒙思想家ヴォルテールを招きその筋に通じてはいたものの、先のシュレージェン奪取の強権的なやり口をそのまま内政にも適用し専制を貫いたのであって、けっしてプロイセン国民第一主義でなく、彼が説く啓蒙は結果として専制支配の煙幕であり手管だったからである。にもかかわらずルーゲらが大王を崇めたのは、彼の改革にヘーゲル的

国家の歴史的・先駆的端緒を認めたからである。したがって、主権国家の形成・拡大のためなら対外戦争をも辞せずというヘーゲル的大王と、プロテスタント的正義の剣でカトリック諸国を圧倒した大王というイメージが、マキャヴェリ的大王のイメージを完全に葬り去ってしまったのである。

さて、ルーゲがプロイセン国家を崇める第3の根拠は、ナポレオン支配下のシュタイン・ハルデンベルク改革である。この改革が、農民解放や行政改革を通じ、自由主義的・立憲的方向を目指したことはたしかである。しかしそれは、一方ではイギリス立憲自由主義を身につけたシュタイン個人の行政手腕に頼るものでしかなく、他方ではとどのつまり国家の側からする不徹底な改良に終結したのである。したがってこの改革もまた、進歩の表面と守旧の背面をもっていた。かような改革ではあっても、時の自由主義諸勢力にとりこれは一条の光明であり、ドイツにおけるその後の立憲運動や国家統一運動の推進者たちにとって、偉大な教訓・賜物であった。それだけに、この改革が守旧的背面攻撃をくらい坐礁の憂目にあってのちは、シュタイン的国家の実現を叫ぶ急進運動が突出してきた。この時、ルーゲらヘーゲル左派がなかば必然的に登場したのである。

ルーゲは、この改革の立役者のシュタインを、まさしくフリードリヒ大王の開明的・プロテスタント的理念の継承者として賞讃した。そして、師ヘーゲルが法哲学で理論的に導き出した人倫国家を、シュタイン的改革によって実際に導き得ると確信した。これによって、宗教改革＝フリードリヒ大王＝シュタイン改革＝ヘーゲル哲学が、現にあるプロイセン国家において堅く結びつけられたのである。

第4節　プロイセン的ヘーゲル哲学の批判

一面的に理想化されたフリードリヒ大王の勇姿に額をつき、また恩恵としての自由主義国家を一時たりとも標榜したヘーゲル的シュタインの内政に未練を残すルーゲは、1840年に即位した新王フリードリヒ・ヴィルヘルム四世に対し、当然にも、プロイセン国憲法の制定と検閲の廃止を要とする自由主義的諸改革の実行を期待した。この期待はまた、ドイツ諸邦の自由主義諸勢力、つまりケーニヒスベルクに発しゲッティンゲン七教授に活力を与えられた一派と、カール・ロテック（K. W. R. v. Rotteck）らによって指導され西南ドイツで公然と立憲国家を樹立さえした一派が、まずもって懐抱したも

のであった。プロイセンに限ることなく、このように広汎な自由主義者たち によって新王即位が待ち望まれたのは、それなりに故あってのことだった。 その第1は、新王が、先王とは正反対に進取の気性に富み、天賦の政治的才 幹を備えていると信じ込まれたこと、第2はドイツで第一級のプロテスタン ト強国となったプロイセンにおいてこそ自由主義国家が形成され得るし、残 余の弱小諸邦の自由主義化とて、挙げてプロイセンの双肩にかかっていると 考えられたからである。この二点のうち、後者はなるほどその可能性はあっ たが、しかし前者はまるで見当違いであった。元来皇太子時代からロマン主 義的心情を培ってきた新王には、自由主義者や合理主義者たちの請願に取り あう気など皆無であった。それどころか彼は、ヘーゲル哲学を憎み、シュタ イン的国家とかドイツの統一とかをも、心底から拒絶していた。そのような 新王が王座についたプロイセンに対し、望みを失った自由主義者が叛旗を翻 さぬはずがなかった。

　ルーゲは、1838年以来40年まで、プロイセンを一応肯定的に論評してきた。 だが新王即位（1840年6月7日）の前後には、それまでと幾分趣きを異にし た発言をするにいたる。彼は、38年に同僚テオドール・エヒターマイヤー と一緒に創刊した雑誌『ハレ年誌』において、当時は現にあるプロイセンを 手放しで称えていた。だが39年11月に同誌上で発表した論文『カール・シュ トレックフスとプロイセントゥーム』では、現存プロイセンを開明的であれ とどのつまり専制的・絶対主義的な本質から脱却していない国家と規定し、 これと、来たるべき国家、希求される自由な国家、つまり立憲的自由主義国 家とを峻別している。さらに彼によると、プロイセンは七年戦争の昔には進 歩的なプロテスタント国家であったが、カールスバード決議（1819年）や、 対墺外交（メッテルニヒとの協調）などに価値をみいだすいまとなっては、 なんら進歩的でなく、したがってけっしてプロテスタント的でなくなってし まったのである。そのようなプロイセンにもはや「カトリシズムを抑制する ことは極めて困難となる。なぜなら、それ自身がすでにカトリック的である からである」。

　プロイセンに対するこうした批判は、しかしいまだこの国家への完全な絶 縁状としてあるのではない。ルーゲはなおも未練がましくプロイセンに期待 をつなぐ。すなわち、それでも彼は「プロイセンとともにありたい」と願い、 プロテスタンティズムを進歩的たらしめ得る国はプロイセンにおいて外にな いと考える。そこからまた、プロイセンが自由ドイツの首領であり続けるこ

60

とは、その「大国的使命」であり、この国は「なんら外国の諸力と結びつかずとも、己れの、また我々の運命を自由に決定する」能力を堅持していると考える。[29]

プロイセン国家への未練は、新王即位の年にあってもすぐには棄て去られない。例えば40年3月の『プロテスタンティズムとロマン主義』（年誌に38年から連載の最終号）において、ルーゲはプロイセンに対し以下の警告を発する。すなわち、新ジェスイット教徒と教階的ピエティストの狡猾このうえない策動はロマン主義に寄与するものだが、プロイセンはそのような口車にのってはならない、それにしても「保守主義（der Stabilismus）と柔弱な感性（die weichliche Sinnlichkeit）がますますプロイセンに浸透してきた」。だからプロイセンはなんとしても「自由ドイツの精神、プロテスタントの精神を」回復せねばならない。オーストリアは、昔ながらのヨーゼフニズムを相変わらず堅持していようと、いまやフリードリヒ・シュレーゲルのカトリック的復古理念がそれを凌駕してしまっており、これはプロイセンにとって重大危機である。[30]

現にあるプロイセンに対しこのような警告を発するルーゲは、いまだけっして完全なプロイセン離れをみせていないと判断できよう。それ以上に、プロイセンを歴史的にみる観点こそ、この期のルーゲにあてはまる。その証拠に、1840年4月発表の『1840年のヨーロッパ（Europa im Jahre 1840)』で彼は次のように語っている。いわく、「ヨーロッパの人びとの将来はドイツの、プロイセンの、中欧に位する民族の歴史的構築物の完成にかかっている」[31]と。

それはともかく、1839年末から現存プロイセンに疑問を懐きはじめたルーゲは、41年に政府と年誌との関係が険悪となってのち、やがて42年になると、真向からプロイセンを批判しだし、従来の反ロマン主義の矛先を同時にプロイセン政府へも向け、両者を同列に置くようになる。その際、ここでいう政府と年誌との関係悪化は、1841年2月26日付の大臣ロッコウ（G. A. R. v. Rockow）の国王あて報告書に端を発する。というのも、同報告書には、年誌が公衆の情操にとって危険な代物である旨が記されていたからである。そしてこれにより3月11日に勅令が発せられ、年誌は、今後ライプツィヒでなくハレ（プロイセン当局の監視下）で印刷を行うか、さもなくば発禁に処する旨を通告された。このような制約の甘受を潔しとしないルーゲは、夏までにザクセンの都ドレスデンへ移り、雑誌名を『ドイツ年誌（Deutsche

Jahrbücher)』と変えて発行を続けた。むろんこうしたことでプロイセン当局は抑圧を断念しなかったが、ドレスデンへ逃れたルーゲは、ともかくも言論闘争の媒体を一応確保し得たわけである。

翌 42 年に至りルーゲは、『ドイツ年誌』上において、プロイセン国家を自由主義にそむくものとして猛烈に批難するが、また同時に、従来彼が進歩の証である啓蒙主義の伴侶としてきたプロテスタンティズムについても、自由な国家にそぐわないとして批判に踏みきった。たとえば 42 年 7 月の『真のロマン主義と虚偽のプロテスタンティズム、反対宣言（*Die wahre Romantik und der falsche Protestantismus, ein Gegenmanifest)*』では次のように語られる。

「プロテスタンティズムとは何か。それはキリスト教である。ロマン主義とは何か。それはキリスト教に劣らず、むしろそれ以上のものだ」。

「ロマン的なものはキリスト教的である。……ロマン主義に対するヘーゲル左派の論戦は、それ故キリスト教に対する隠された論戦にほかならなかった(32)」。

そしてルーゲは、啓蒙主義は哲学と学問に由来しこそすれ、キリスト教とは無縁だという宣言を発するのだが、こうしたプロテスタンティズム批判は、これを奉ずる国家の拒絶、プロイセン離れと共同歩調をとったのである。この傾向は同年 11 月発表の『キリスト教国家（*Der christliche Staat)*』にも顕著にみられる。すなわち、

「自由な国家はけっしてプロテスタンティズムの形態をとらず、それどころか反対に、その止揚（die Aufhebung）なのだ。……我々は当時、国家のヒエラルヒーを非難し、学問の自由な形態を国家に期待していた。しかし、時が我々を賢くした(33)」。

然り、時がルーゲを賢くしたのである。プロイセン国家を一面的に理想化された大王的イメージで美化してきた彼が、その同じ国家によって弾圧されるに至ったことは、けっしてプロイセンがルーゲを裏切ったのではなく、ルーゲの方こそプロイセンを勝手に誤って解釈していたことを物語っている。いかにプロイセン政府を弁護しようとも、神の絶対性を否定し（シュトラウスからフォイエルバッハ）、歴史の未来をフィヒテ的「行為」によって導こうとし（チェシコーフスキからヘス）、理論を机上から実践の場へ持ち出そうとするヘーゲル左派は、プロイセン当局にとって由々しき危険思想家集団なのであった。夢やぶれたルーゲは、革命的転覆に対する歯止めをもっていたは

ずのプロイセンに対し、自らその根本的改造を迫ることになった。

　現存プロイセン国家に代わるものとして、ルーゲは「絶対国家（der absolute Staat）」という概念を提起する。これは、いまだプロイセンを歴史的に評価し、プロテスタンティズムを金科玉条として支持していた時期にあってすでに語られはするが、両者を敢然と拒否した 1842 年においてこそ、より現実的に叫ばれたはずである。この国家は、1839 年末の『カール・シュトレックフスとプロイセントゥーム』にあっては、プロテスタンティズムに則った、ヘーゲル的絶対者の精神と一致するものとして語られ、40 年 4 月の『1840 年のヨーロッパ』では、いまだ絶対君主制にとどまっているプロイセンが志向すべき体制として持ち出される。つまり、

　「絶対国家に転ずることを拒む絶対君主制は、国家内でカトリシズムを固執する。」

　「プロテスタンティズムの、また立憲主義の、今世紀の否定され得ぬ使命のあらゆる帰結を実現することによってのみ、また世界史的精神の旗を手にしてのみ、プロイセンは、最も気高い世界史的栄誉を自身とドイツに与えることができ、それをもって絶対国家の概念を完成することができる[35]」。

　プロイセンを歴史的に評価する時点での絶対国家は、まさにプロイセンが大王的果断で突き進むべき未来国家として描き出されており、その意味でルーゲの絶対国家とは、絶対君主国から概念的に導き出されたものといえる。その際彼は、プロイセンの世襲君主を完全には否定せず、ロシアのツァーとは「まったくもって似て非なるもの」と規定する[36]。したがって彼は、プロイセンがにわかにその絶対主義的本質を露にしはじめるや、しだいに絶対国家とプロイセンを結びつけるのに苦痛をおぼえていく。たとえば40年9月の『プロイセン領邦教会と学問（*Die evangelische Landeskirche Preußens und die Wissenschaft*）』（B・バウアーの同名著作の紹介文）では、「自由な国家の本質と真の形態は何であるか？」という問いを発し、立憲君主制に移行したがらないプロイセンを問題としている[37]。また同年 12 月の論説『政治と哲学（*Politik und Philosophie*）』では、「絶対国家は、過去に存したものを手本にしては構成され得ず、現に存する国家が批判され、その後この批判から、すぐ近い将来に、あるいは望みとあらば現時点に現実界に、その要求と形成とが生ぜしめられるべきだったのだ」とされる[38]。この発言には、大王的国家はもはやルーゲ的絶対国家の採るべき形態でないという確信が備わっており、概念の上だけに限定すれば、ルーゲはこの時点ですでに、現に存するプロイ

センへの未練を断ち切っていると考えられる。

　このようにして、ルーゲのいう絶対国家は、まずは現存するプロイセン（絶対君主国）が将来に採用し得るものとして措定されたが、現状批判の強まりの中で、それはついにまったく新たな形態として、現存国家の否定として希求されるに及んだのである。そしてかような観点の移行は、実のところヘーゲル的国家への批判的挑戦というかたちで行われもしたのであった。

　先に述べたように、ヘーゲルは自らの人倫国家をシュタイン的自由主義的プロイセン国家にみいだし、そこからとどのつまり現状を肯定する立場に落ち着いたのであったが、ヘーゲルのそうした態度は、ルーゲを含めたヘーゲル左派の面々には甘受し得ぬものであった。これをルーゲに即して敷衍すれば、プロイセンを歴史的に評価するようになった39年末に、彼は、師がプロイセンを現状のまま絶対視した点に疑いを差しはさんだ。そして四一年々頭以降、政府が年誌への態度を硬化させると、ルーゲは肌身をもってヘーゲル哲学と現実との矛盾を感じるようになる。その際彼は、38年に出版されたアウグスト・フォン・チェシコーフスキの著作『歴史知へのプロレゴメナ（*Prolegomena zur Historiosophie*)』において表明されたような、ヘーゲル哲学における未来志向の欠如と現状に対する観想主義とを問題にする。チェシコーフスキは、その点について次のように述べていた。

　「彼（ヘーゲル—引用者）は、彼の著作において一言も未来について語るところがない。そればかりか彼の意見では、哲学は歴史の探究において遡及的な力をもち得るのみであって、未来については思弁の領域から徹底して除外されるべきだというのだった[39]」。

　この発言に呼応するかのように、ルーゲは40年12月の『政治と哲学』でヘーゲルの「禁欲（die Bescheidenheit）」を取りあげ、歴史の未来を考慮すれば必然的にこれに抗議することになるとし、師はけっして未来を志向せず、たんに現存するもの、既に過ぎ去ったものにおいてしか政治的現代を見定めようとしないと述べている[40]。

　この観点は、ルーゲの絶対国家理論と密接な関連をもっている。すなわち、ルーゲ的絶対国家は、ヘーゲル的人倫国家を歴史的批判にさらすことにより超克した概念といえる。このようなヘーゲル的国家への批判は、42年8月に至り『ドイツ年誌』上で発表された論説『ヘーゲル法哲学と現代の政治（*Die Hegelsche Rechtsphilosophie und die Politik unsrer Zeit*)』で明瞭に語られる。すなわち、

「国家の形式を備えた国家を得んがためには、我々ドイツ人にいまだほとんど皆無であるかの偉大な全制度（国民代議制・陪審制・出版の自由）が必要である」。

「ヘーゲルの語法全体にみられる欠陥、すなわち活々とした歴史の外へ出て一面的に理論的な立場をとり、これを絶対的に固定するということは、彼の法哲学の欠陥でもある」。

「カトリシズムが精神的自由を妨害するとしたなら、ヘーゲルにおいてその極端に転倒した頂点が現われているようなプロテスタント的抽象は、政治的自由を妨げている⁽⁴¹⁾」。

こうして禁欲者ヘーゲルを乗り越えたルーゲは、しかし厳密に考察すると、ヘーゲル国家論における最も重要な点、客観的精神としての国家、倫理の現実態としての国家、市民社会止揚としての国家という構想を依然として踏襲していると考えられる。そこで、ルーゲのヘーゲル批判を充分に理解するため、いま少しルーゲ的絶対国家を解剖してみたい。この問題については研究者ペーター・ヴェンテの論文がおおいに参考となる。

ヴェンテは、ルーゲのヘーゲル国家論批判について、概略次のような解釈を行っている。すなわち、ルーゲのヘーゲル讃美から批判への移行はけっして明白には果たされず、ヘーゲル批判とその弁護が不可分に融合している。たとえば彼は、ヘーゲルの『法哲学』で主張された観点のうち、市民社会を「欲求の体系」と捉える点を彼なりの立場として堅持していたし、また同じくヘーゲル『法哲学』で唱えられた観点、市民社会の止揚としての国家の観点をも信奉していた。したがって、ルーゲのヘーゲル批判の要は『法哲学』の根本的な構えを崩すものではなく、ただヘーゲルが現存する市民社会の諸矛盾をプロイセン国家あるいは立憲君主制にみたてた点、そしてまた師が国家を歴史から剝ぎとった点を拒否したことである⁽⁴²⁾。

以上のようなヴェンデの論述は実に適切であり、ルーゲ的国家がやはりヘーゲル的国家の枠内に位置していることを正当に評価したものである。だがしかし、ルーゲ的絶対国家が市民社会の革命化と諸個人の自発的意識に立脚している点は、ヘーゲルにはみられない。たとえば40年12月の『政治と哲学』でルーゲは、諸国民、殊にドイツ国民の「個人的自由」を尊重してこそ未来が切り拓かれるとしている⁽⁴³⁾。あるいはまた42年8月の『ヘーゲル法哲学と現代の政治』では、先に引用したごとく、国民代議制等による諸個人の政治への参加、その自由を求めている。こうした要求は、ヘーゲルにあっ

ては極めて消極的ないし否定的である。ヘーゲルによれば、議員選出は諸個人にかかわるのでなく職業団体（die Korporation）等にかかわる問題であり、代議制の基盤に普通選挙を据えなかった。また彼は原則として世論をあてにせず、「したがってそれ（世論―引用者）に従属しないことが、偉大にして理性的な何ものかへ迫る第一の形式的条件である」と言い切っている。[44]

このようなヘーゲルに対しルーゲは、人倫国家を世論の強化・諸個人の政治的覚醒を通じて導こうとし、この力で国家を変革しようと考える。そこには、依然として国家を究極のものと捉える視点のほかに、新たな国家を導く諸個人の優位という視点も存し、両者が互いに目的となっている。そしてこの国家と諸個人の対立が絶対国家として弁証法的に止揚されるのである。こうして設定された絶対国家は、ヘーゲルが許容したような上からの賜物として授かるのでなく、啓蒙主義で理論武装した諸個人の決然たる意識決定を通じて獲得されるべき性格のものであった。

さて、『ハレ年誌』が政府の弾圧を蒙ったこと、ヘーゲル的国家と現存プロイセンの両者を拒否するに至ったこと、そして現存国家の否定たる絶対国家を志向するに及んだことは、否が応でもルーゲと『ドイツ年誌』の政治的急進化をいっそうすすめる動力となった。その現象は、親ヘーゲル的文相カール・アルテンシュタインの後任である新文相アイヒホルン（J. A. Eichhorn）のロマン主義的宗務文教政策と、新王ヴィルヘルム四世の反自由主義的国策によって醸し出された当時の時代情況を考慮すれば、必然の成り行きであったともいえる。しかしルーゲは、ある種の現状判断から、いままで立脚してきた自由主義の基盤をも離れることになる。この判断とこの行為こそ、ルーゲの批判運動において最もドラスティックな転回を示している。それを次に検討する。

第5節　自由主義批判

ルーゲの編集する『ハレ（ドイツ）年誌』は、1838年発刊当初には政治的な論争誌などではなく、純粋に学問を、それも当為とか変革とかでなく、過去と現在とを認識する営為としての学問を尊重していた。それがかのケルン教会論争への介入を界にして、反ロマン主義の政論誌に変貌していくのであるが、その傾向はまた、同誌へのヘーゲル左派の寄稿によっても促進された。彼らは、ロマン主義者たちと論戦するルーゲの掩護射撃を行い、やがて

はヘーゲル批判の過程で神の存在を、歴史の固定化を、そして国家制度の永久化を弾劾していく。そのようなわけで年誌は、ロマン的なもの総体から抑圧され、その結末は、先に述べたようなドレスデンへの逃避となったのである。だがそれでも年誌は批判的姿勢を崩さず、その度合はかえって強められた。たとえばロシアからの亡命者ミハイル・バクーニン（M. Bakunin）が『ドイツにおける反動（*Die Reaction in Deutschland*）』という論説で、「破壊への情熱は、同時に創造への情熱なのだ！」というセンセーショナルなテーゼを公にしたのは、この『ドイツ年誌』においてである。[45]

　けれども、年誌の急進化を内から促したのは、けっしてバクーニンやフォイエルバッハ、ブルーノ・バウアーらだけではない。編集者のルーゲ自身がまずそうである。というのも、彼は1843年年頭に、当時のドイツが志向すべき客観的な立場であった自由主義をも批判するにいたったからである。思えば、ルーゲなる人物の思想遍歴は非常なパラドックスである。なぜならば、30年代前半にジャン・パウル（J. Paul）、シュライエルマッハー（F. D. E. Schleiermacher）らのロマン主義に陶酔し、それが38年には反ロマン主義の烽火をあげ、その際プロテスタンティズムの鎧にヘーゲル哲学の剣という出立ちであったのが、やがて41〜42年には自由主義を楯にして両者をかなぐり棄て、挙句のはてにその自由主義をも放棄するにいたったからである。かようにめまぐるしく転変する彼を、ルーゲ研究者の一人P・ヴェンデは十分に意識してペンを執っている。たとえば、ルーゲは国家を政治理論の中枢に据えていたかと思えば、別のところでは個人の優位を唱え、集合主義（der Kollektivismus）には個人主義（der Individualismus）を対置したりするが、それは彼が現実的な攻撃目標をたえず変化させ、したがって力点の置き方をもつねに転じてきたためだと言っている。[46] これに対しハンス・ローゼンベルクは次のようにみる。『ドイツ年誌』以降にみられる「民主主義的・革命的急進主義・国際主義への旋回は、ルーゲの政治的重要性を低下させた。全体としてますます雲消霧散していく彼の思想的歩みは、その時代をはるかに越えて先走りしていた」[47]。ヴェンデの説得力ある叙述に比べ、ローゼンベルクの「雲消霧散」的ルーゲ観は象徴的にすぎ、論証にもやや甘さを感ずるが、とまれルーゲによる自由主義批判の内容に立ち入ってみることにする。

　ルーゲはヘーゲルの『法哲学』を批判する際、彼の「理論的自由」にも言及する。すなわち、

　「プロテスタンティズムの抽象的内面性によって彼（ヘーゲル―引用者）

もまた、政治的には自由であり得るといった幻想から解放されていない。彼の立場は本質的に理論的であって、彼の時代は、カントの時代とまったく同様にドイツ国家を国家の至高の形態において獲得してはいなかった。おまけに彼は、プロイセンで特殊な地位にあった。ヘーゲルは哲学の実践的闘争を経験しておらず、そこで彼の意識においては、彼の哲学と警察国家の差異が隠蔽されざるを得なかった(48)」。(傍点原文隔字体)

　ここで語られる「理論的自由」こそ、ルーゲにとって虚偽の自由であった。彼が志向する自由はけっして机上のものではない。43年1月に『自由主義の自己批判 (Eine Selbstkritik des Liberalismus)』と題して発表した論説において彼がとる立場は、「理論の目的は理論の実践」なりという立場である。なるほどドイツではカント以来、理論的には自由な国家を得ている。そしてまた、カール・シュタインがこれを地上に樹立するかにもみえた。だがそれははかない夢であった。そのような、賜物としての自由国家はもはや望むべくもない。「理論的自由」は諸個人の自発的態度決定を通じて実現されねばならぬ。これがルーゲの決意である。与えられた自由とか制限された自由とかはなんら真の自由でないことを、彼は西南ドイツ諸邦の立憲体制にみる。すなわち、ドイツの中小諸邦はなるほど憲法を得ている邦もあるが、それは「欽定」憲法にすぎず、それはオーストリア・プロイセン間、それに連邦議会での政治的取引の結果でしかない。そのような「贈られた小国的自由 (die geschenke kleinstaatlich Freiheit) が、ドイツでは「自由」と称せられているのである(49)。

　自由が恩恵や賜物としてでなく、自力で闘い取られるものであるなら、それは必ずや政治的な形態をとるであろうし、そのようにして自由を実現しようとする主体もまた、国家に関与し政治の舞台に登場せねばならない。しかしもっかのところドイツ人は政治を、ただ黙して天を仰ぎ、良い天候をのぞむ程度でしか考慮していない。ルーゲの自由主義批判はそこから出発する。すなわち、

　「自由主義はまったくもって党派をなしていないが故に、それは非政治的な、すなわち政治において一つの純粋に理論的にして受身的な態度をとっている。政治的自由は実践に立脚した自由な反対運動のうちに存する。そのような自由は、自由主義にはありえない。……」

　「ドイツ人が現に享受しているこの小国的自由と臣下の自由は、もちろん自由主義精神以外のいかなる精神をも産み出しえないし、それは自由への好

意 (der gut Wille) を産み出すだけであって、自由への現実的意志ではない」。

「我々は、自由主義的な意識自体を分析することによって、自由主義批判を続行していくのである」。

自由主義へのこのような訣別の辞をもって、ルーゲはフランス型共和国、フランス革命の理念を継承する人民主権国家へ接近する。もっとも、ルーゲのフランス接近はこの時に始まったわけではない。1830年の七月革命ののち思想界にデビューしたルーゲらヘーゲル左派にとってフランスとドイツは、青年ドイツ派の前例にならい、密接に連結されるべきであった。ただ、当時のプロイセンがヘーゲル的人倫を具現する国家と考えられていたかぎりで、彼らはフランス的政治革命よりもドイツ的理念改革を珍重していたのである。だからこそ、当のプロイセンが理性的国家の仮面を剝ぎ取ってロマン主義的本質を露呈し、プロイセン的ヘーゲル哲学が泥にまみれた時、ヘーゲル左派はためらいもなく立憲君主国からフランス型共和国へ飛躍できたのである。

ルーゲは『自由主義の自己批判』において、フランスこそ人民主権の理念があてはまり、「政治の分野ではフランス人の模範が存する」とし、「なかんずく、昔にあってはルソーが、そして当今にあってはラムネーがい」て、彼らの「文筆上の力は本当に耳目を聳動させる」と述べている。かつてカトリシズムにロマン主義的反動の烙印を押したルーゲが、力点の置き方、現実的攻撃目標を変えるにしがたい、フランスの自由主義カトリック司祭ラムネーを高く評価している点は、注目に価する。

さて、自由主義を拒否したルーゲは、これに代えて何を思想的拠所とするのか。自由主義には政治的自由を導く能力がないとすれば、いったい何がその能力を持っているのか。それを彼は、自由主義を超える新たな意識の獲得に見据える。そしてかような意識の変革を実践するにあたり、「理性のテロリズムに対する確信」を失うことなかれと説く。ここに表現されたテロリズムとは、むろん意識上のテロリズム、理性的意識のテロリズムと解釈するのが当然である。なぜなら、彼にとって自由主義を克服する主体は、諸個人というよりも彼らの意識であって、意識の変革こそ「行為における自由主義の解消と、新たな正真正銘の自由の獲得」だからである。

意識の変革、これこそ自由主義克服の要であり「世界の改革であって、神といえどもこれを妨げることはかなわない。」その意識がもっかのドイツでは自由主義的であり、これが国民の、民衆の意識となっている。それを別の

意識に改造せねばならない。すなわち、

　「ドイツ世界がその現在を死から救い出し、その未来を確保するためには、すべての領域において自由な人間を原理に高め、国民を目標にまで高めるような新しい意識以外の何ものをも必要としない。一言にして述べれば、自由主義の民主主義への解消である(55)」。（傍点原文隔字体）

　自由主義から民主主義への意識の変革こそ、1843年初頭にルーゲが捉えた現実的目標であった。その際、国家よりも諸個人の自由に重心の移ったこの主張には、1840年代のドイツに直接的な課題であった自由主義的統一国家の建設からみて、少々行き過ぎの感があるかにみえる。しかし、ルーゲが諒解した自由主義を、自由主義一般の概念で推し測らず、それを特殊ドイツで歴史的に形成されてきた概念で推察すれば、さほど行き過ぎとは思えず、況んや時代をはるかに越えて先走っているなどとは考えられない。結論を先取りして述べれば、ルーゲの自由主義批判とは、自由主義一般への批判でなく、特殊ドイツ的なそれへの批判であって、それ故民主主義の提唱は、依然として自由主義一般の枠内に留まるものであったと考えられる(56)。そうだからこそ、フェリシテ・ド・ラムネーの共和主義的自由主義ならロマン主義の壺に投げ棄てられないのである。

　ルーゲの自由主義批判を分析するには、よってもって前章で概観した自由主義、特殊ドイツで二重の性格をもって形成されてきた自由主義を、ここでいま一度念頭におく必要がある。そうすれば、この時点でルーゲが拒否した自由主義とは、ヘーゲル哲学批判の過程ですでに批判していたゲルマン的自由主義（本流）に加え、依然として独自の党派を形成するにいたっていないブルジョア王政志向の自由主義（左派）であって、彼はそれを自己批判として敢行したのである。その後の行先は、自由主義の最左派、ドイツでは市民権を得ることの不可能であった共和主義の潮流であった。

　さて、かように急進化の階梯を登りつめたルーゲと『ドイツ年誌』を、プロイセン当局が見逃すはずはなかった。1841年12月24日の検閲訓令をもって、文相アイヒホルンはプロイセン領内の自由主義的・民主主義的言論に楔を打ち込み、片やザクセン政府を動かして『ドイツ年誌』へも触手をのばしてきた。その結果、1843年1月に年誌は発禁処分をうけた。これによりルーゲは、ドイツにおける言論闘争の媒体を失ったものの、同年2月にはスイスで『アネクドータ (Anekdota zur neuesten deutschen Philosophie und Publicistik, 2 Bde.)』と題する年誌の別巻を出版し、その後もパリで雑誌発

行を計画する。このようにして、彼は外国に逃れてもなお、ドイツの現状に関し警醒を貫くのであった。

第6節　ルーゲとマルクスの疎隔

　ルーゲの政治的急進主義は、ロマン主義批判、ゲルマン的自由主義批判、そしてガリア的・西南ドイツ的自由主義批判という階梯を、ある時は未練がましく、ある時は決然と登りつめた頂で極まった。その後の彼は、民主主義的・共和主義的なフランス自由主義とドイツとを結びつけようとはするものの、1843～44年には、ヘーゲル左派から出現してきたもうひとつのグループによって理論的に批判を加えられるにいたる。こちらのグループは、ほかでもない哲学的共産主義者カール・マルクスに率いられるようになる。そこで本章のまとめとして、Vormärzにおいてルーゲが到達した理論的極みに関し、青年マルクスによる批判的見地を拠所としながら、整理してみよう。

　『ドイツ年誌』が発禁となってのち、ルーゲはマルクス、モーゼス・ヘス（M. Heß）とともに、新たな批判雑誌をドイツの外で発行する計画をたてる。また彼は、43年2月に『アネクドータ』の出版を手がけてくれたユリウス・フレーベル（J. Fröbel）と協同出資して、この計画を実現させようと考える。こうした準備段階を経てルーゲらは、フレーベルの助言をも含めて、パリで『独仏年誌（Die Deutsch-Französische Jahrbücher）』という雑誌の発行を決定し、43年秋から冬にかけて、彼らはパリへ移った。

　ルーゲとマルクスは、ともにヘーゲル法哲学批判の延長線上で政治の領域に入り込み、その意味から両者ともフランスに期待を寄せていた。マルクスは、パリでフランス社会主義の研究に没頭し、かつまた現実にあるがままの共産主義運動を見聞し、あまつさえヘーゲル国法論の批判をも遂行していく。ルーゲは、マルクスとともに、ドイツ・フランスの知識人同盟を構想し、ヘスはヘスで、マルクスとともに、フランス人労働者やドイツからの亡命活動家たち（義人同盟など）の集会に参加し、発言していく。ことにルーゲは、フランスに敵対することはすなわち政治に背を向け、自由に背を向けることだという観点から、フランスの思想家たちに接近しようとする。ルーゲの計画には、『独仏年誌』へのフランス人寄稿者としてラマルティーヌ（A. Lamartine）、ラムネー、プルードン（P. J. Proudhon）、ルイ・ブラン（L. Blanc）、ピエール・ルルー（P. Leroux）、エティエンヌ・カベ（E. Cabet）、ヴィ

クトル・コンシデラン（V. Considérant）、ドイツ人寄稿者としてハイネ、ヘルヴェーク（G. F. Herwegh）、ヤコービ（J. Jacoby）、ヘス、ベルナイス（F. C. Bernays）、エンゲルス等があがっていた。[58]

このように、マルクスとルーゲによって計画・編集された『独仏年誌』は、しかし、1844年2月末の創刊号（第1号と第2号の合冊）だけしか発行されなかった。その理由は、雑誌のドイツへの普及がはかどらなかったこと、独仏の同盟構想があったにもかかわらず「フランス人の寄稿を欠いて」出版せねばならなかったこと、さらには、ルーゲとマルクスが内部衝突をおこしたことである。彼ら2人の決裂にまつわる直接的・表面的契機は、第1に金銭上のトラブルである（これはルーゲ・ヘス間にも生じた）。『年誌』発行の財政的不安を解消するために、マルクスがルーゲの資産をあてにし、ルーゲがこれに反発したのである。第2のきっかけは、ヘルヴェークをめぐってであった。ルーゲはパリでのヘルヴェークのはでな生活ぶりをみて俗物とののしったが、マルクスは彼を革命的詩人として擁護した（同じような争いはハイネに関してもおこる）。[60]

だが、こうした2人の衝突は、さらに別のところで深い根をもっていた。それは、共産主義に対する両者の捉え方の相異と、そこから発するところの、1844年6月のシュレージェン織工峰起に対する態度表明の差異である。マルクスは、パリでの実践的な労働者運動を知り、またヘーゲル法哲学批判のさらなる深化と、フランス革命史研究の過程で理論的な発展をみせ、やがてヘス、エンゲルスについで共産主義をわがものとするにいたった。その具体的内容は、『独仏年誌』掲載の2論文『ユダヤ人問題によせて（*Zur Judenfrage*）』と『ヘーゲル法哲学批判序説（*Zur Kritik der Hegelschen Rechtsphilosophie, Einleitung*）』に明瞭に示されている。これに対しルーゲは、1843年初頭にかの『自由主義の自己批判』を著わして以来、民主主義への飛躍は宣言したが、けっして共産主義へ向かうことがなかった。

マルクスとルーゲは、共産主義の捉え方の相異から、また革命とその主体概念の捉え方の相異から、シュレージェン織布工峰起へも異なった評価をくだしている。マルクスは『序説』において、共産主義革命の主体としてのプロレタリアートを宣言し、それをシュレージェン織布工の中に見通した。しかしルーゲは、歴史変革の要を啓蒙教育や精神修養による諸個人の意識の革命化にみたて、その点から織布工の粗野な暴動に否定的評価をくだしたのである。意識の変革を重視するルーゲに対し、マルクスは次のように述べて一

72

線を画した。

「意識を変えよというこの要求は、現存するものを別様に解釈せよ、すなわちそれをある別の解釈によって承認せよという要求に帰結する⁽⁶¹⁾」。

ある意識を別の意識で置き換えたところで、それだけでは現実を変革できない。現実世界をあれこれと解釈するお談義はもはや止めにして、それを変革することだ。マルクスはかような態度でもってヘーゲル的ルーゲを拒絶した。ルーゲにすれば、現実を変えるためにこそ意識改革は必要だった。

さて、等しくヘーゲル法哲学を批判するルーゲとマルクスが、以上のようにそれぞれ別の途を歩むようになった原因は何であるか。それは、師ヘーゲルをどのように批判したか、という点を解明することで明らかとなる。ルーゲのやりかたは次のようである。つまり、彼は、人倫を中心に据えたヘーゲル国家論を前提としながらも、そのゲルマン的要素をガリア的要素で換置した。また彼は、ヘーゲル的な国家主導型の歴史発展を、諸個人の自発的意識と市民社会の革命化による発展で換置した。これらの方法によって、市民社会の諸矛盾を国家によって止揚するというヘーゲルの構想は、ルーゲ的絶対国家において歴史の只中に投ぜられ、いっそう普遍化されたとのみかたもできよう。だがしかし、このヘーゲル的構想それ自体が、マルクスにとって批判の対象となった。彼は、国家と市民社会の関係について、師の構えを修正・補完するのでなく、それ自体を破壊し、人間の私人（市民社会の構成員）——公民（政治的国家の構成員）への分裂を止揚すべしと唱え、ほどなくルーゲと袂を分かつのである。

パリ時代以降のルーゲは、このように共産主義者マルクスによって批判される立場に移っていく。だがそれでも、1838年から43年にかけてのルーゲの批判運動は、ドイツ国民の自由がいかにあるかでなく、いかにあるべきか、いかにせねばならぬかを問い続け、ついに Vormärz 急進主義における共和主義的潮流を確立した点で、歴史的意義を決定的にした。青年ドイツ派によって創出され、ヘーゲル左派によって確立されたこの共和主義的急進主義は、なるほど彼らの段階では、いまだ文学者・哲学者による少数知識人の運動にすぎなかった。だが、やがてこの思想は平易にかみくだかれ、民衆に手の届くところへ下され、大衆運動となって拡大することになる。この運動は、担い手がドイツ領内の市民・下層民衆であったことから、しだいに一大政治勢力となり、1848年になって三月運動を開始するまでに成長する。そのような、ヘーゲル左派思想の大衆化、およびこれにともなって惹起される共和主義的

大衆運動を次章で検討する。

〔注〕

(1) 大井正「ヘーゲル学派」、季刊『社会思想』3—3号、1974年、181頁参照。

(2) 原文は次のとおりである。"Was vernünftig ist, das ist wirklich; und was wirklich ist, das ist vernünftig." G. W. F. Hegel, *Grundlinien der Philosophie des Rechts*, Hamburg 1955, S. 14.

(3) シュトラウスの批判思想については次の文献を参照。F. Mehring, *Geschichte der deutschen Sozialdemokratie*, Erster Teil, Berlin 1960, S. 85ff. D. McLellan, *The Young Hegelians and Karl Marx*, London 1969, pp. 2-3. 大井正「シュトラウスとバウアー」、『現代思想』青土社、1975年、11月号。同「ヘーゲル学派の分裂。その発端について」、『政経論叢』（明治大学）45—1号、1976年。シュトラウス著、生方卓・柴田隆行・石塚正英・石川三義訳『イエスの生涯・緒論』世界書院、1994年。

(4) 民族宗教に対するヘーゲルの理解については、岩崎武雄「ヘーゲルの生涯と思想」、『世界の名著・ヘーゲル』中央公論社、5頁以下を参照。

(5) A. Ruge, Der Protestantismus und die Romantik, in: *Hallische Jahrbücher für deutsche Wissenschaft und Kunst.*（Nachdruck 1972. 以下 HJ. と略記）3 Jg.（1840, 3）S. 511f.

(6) A. Ruge, *ibid.*, 2 Jg.（'39.10）S. 1962ff.

(7) A. Ruge, *ibid.*, 2 Jg.（'39.12）S. 2402ff.

(8) Gustav Mayer, Die Junghegelianer und der preußische Staat, in: *Historische Zeitschrift*, Band 121, 1920, S. 416.

(9) A. Ruge, Sendschreiben an J. Görres von Heinrich Leo, in: *HJ.* 1 Jg.（'38.6）S. 1169ff.

(10) Vgl. L. Feuerbach, Kritik der ‚positiven' Philosophie, in: *HJ.* 1 Jg.（'38.12）S. 2305ff.

(11) Hans Rosenberg, Arnold Ruge und die „Hallischen Jahrbücher," in: *Archiv für Kulturgeschichte*, Band 20, 1930, S. 298.

(12) H. Rosenberg, ibid., S. 303.

(13) A. Ruge, Sendschreiben an J. Görres von Heinrich Leo, in: *HJ.* 1Jg.（'38.6）S. 1183.

(14) A. Ruge, Der Protestantismus und die Romantik, in: *HJ.* 3 Jg.（'40.3）S. 446.

(15) Vgl. A. Ruge, Der Pietismus und die Jesuiten, in: *HJ.* 2 Jg.（'39.2）S. 242ff.

(16) Vgl. A. Ruge, *ibid.*, S. 251.

(17) A. Ruge, *ibid.*, S. 258.

(18) Vgl. H. Rosenberg, *ibid.*, S. 285.

(19) G.W.F. Hegel, Werke 1 (*Frühe Schriften*), Suhrkamp 1971, S. 234f.

（20）G.W.F. Hegel, *Grundlinien der Philosophie des Rechts*, Felix Meiner 1955, S. 14, 142, 207, 227, 235.

（21）G.W.F. Hegel, *ibid.*, S. 169.

（22）A. Ruge, Sendschreiben an J. Görres von Heinrich Leo, in: *HJ*. 1 Jg.（'38.6）S. 1200.

（23）G.W.F. Hegel, *Werke* 1, S. 473.

（24）A. Ruge, Sendschreiben an J. Görres von Heinrich Leo, in: *HJ*. 1 Jg.（'38.6）S. 1200.

（25）A. Ruge, *ibid.*, S. 1181.

（26）ヘーゲル左派の一人ケッペンの著作が好例である。K.F. Köppen, *Friedrich der Große und seine Widersacher*, 1840. 石川三義訳「カール・フリードリヒ・ケッペン著『フリードリヒ大王とその敵』（抄）」『社会思想史の窓』第3号、1984年。

（27）A. Ruge, Karl Streckfuß und das Preoußentum, in: *HJ*. 2 Jg.（'39.11）S. 2105.

（28）A. Ruge, Karl Streckfuß und das Preußentum, in: *HJ*. 2 Jg.（'39.11）S. 2101.

（29）A. Ruge, ibid., S. 2101ff.

（30）A. Ruge, Der Protestantismus und die Romantik, in: *HJ*. 3 Jg.（'40.3）S. 509.

（31）A. Ruge, Europa im Jahre 1840, in: *HJ*. 3 Jg.（'40.4）S. 708. 尚、ルーゲのプロイセン国家批判（A）、及びヘーゲル哲学批判（B）の開始期に関し、今回調べてみた従来の諸説は次のとおりである。

（ⅰ）G. Mayer, Die Junghegelianer und der preußische Staat, in: *Historische Zeitschrift*, Band 121, 1920, S. 423ff.

（A）1838年にはヘーゲル的国家として弁護していたが、1839年に立憲自由主義国家への飛躍を要求。しかし新王の反動政策をみてプロイセン批判を開始。

（B）1839年においてもヘーゲル的国家への忠実な信奉者。

（ⅱ）H. Rosenberg, Arnold Ruge und die „Hallischen Jahrbücher". In: *Archiv für Kulturgeschichte*, Band 20, 1930, S. 104ff.

（A）ヴィルヘルム四世即位ののち、1841年に批判を強める。

（B）年誌は1839年をもってヘーゲル弁護からその批判者へと転じた。

（ⅲ）D. McLellan, *The Young Hegelians and Karl Marx*, London 1969, p. 20ff. 宮本十蔵訳『マルクス思想の形成』ミネルヴァ書房、30頁以下）

（A）1839年の『プロテスタンティズムとロマン主義』では擁護、しかし1842年までにプロイセン国家を否定。

（B）1842年にヘーゲル『法哲学』を批判。

（ⅳ）廣松渉（『青年マルクス論』平凡社、1971年、103頁以下）

（A）1839年11月、いまだ自由主義国家への転成に希望を托していたが、

一八四一年ドレスデンにて反政府的となる。

（B）1842 年になると、ヘーゲル法哲学を批判的に超克しようという姿勢を明確にする。

（ⅴ）山中隆次（『初期マルクスの思想形式』新評論、1972 年、225 頁以下）

（A）1839 年 10 月の『プロテスタンティズムとロマン主義』、同年 11 月の『K・シュトレックフスとプロイセントゥーム』でなされる。

（B）1840 年 6 月の『現代の国法および国際法批判によせて』、1842 年 8 月の『ヘーゲル法哲学と現代の政治』でなされる。

（ⅵ）田中治男（「アーノルト・ルーゲとその時代」、『思想』601 号、47 頁以下）

（A）1839 年 10 月の『プロテスタンティズムとロマン主義』、39 年の『K・シュトレックフスとプロイセントゥーム』ではまだ擁護（無批判ではない）、42 年の『真のロマン主義と虚偽のプロテスタンティズム、反対宣言』、『キリスト教国家』でプロイセンを批判。

（B）1840 年の『現代の国法および国際法批判によせて』、『ハレ年誌 1841 年序言』、1842 年の『ヘーゲル法哲学と現代の政治』で批判。

（ⅶ）P. Wende, *Radikalismus im Vormärz*, Wiesbaden 1975, S. 68ff.

（A）1839 年以降、絶対主義的プロイセンを批判的に論評。

（B）1840 〜 41 年にかけて、ヘーゲルはプロイセン国家を絶対視しているという批判を開始する。

以上の諸見解のうち、明らかに誤りであると判断できるものは（ⅱ）の（B）と（ⅴ）の（A）で、（ⅵ）は説得力がある。そのほかの諸説は時期決定についておおまかである。だが、1839 年から 42 年にかけての、（A）（B）に対するルーゲの微妙な態度変更をあいまいにぼかすということは、すなわち彼の「絶対国家」論の出自と、彼のヘーゲル哲学批判を暗闇に放置することに通ずる。

（32）A. Ruge, Die wahre Romantik und der falsche Protestantismus, ein Gegenmanifest, in: *Deutsche Jahrbücher*（以下 DJ. と略記）5 Jg.（'42.7）S. 673ff.

（33）A. Ruge, Der christliche Staat, in: *DJ.* 5 Jg.（'42.11）S. 1065.

（34）Vgl. A. Ruge, Karl Streckfuß und das Preußentum, in: *HJ.* 2 Jg.（'39.11）S. 2100.

（35）A. Ruge, Europa im Jahre 1840, in: *HJ.* 3 Jg.（'40.4）S. 715ff.

（36）A. Ruge, ibid., S. 737.

（37）Vgl. A. Ruge, ‚Die evangelische Landeskirche Preußens und die Wissenschaft', in: *HJ.* 3 Jg.（'40.9）S. 1831f.

（38）A. Ruge, Politik und Philosophie, in: *HJ.* 3 Jg.（'40.12）S. 2331.

（39）A. v. Cieszkowski, *Prolegomena zur Historiosophie*, Berlin 1838, S. 9.

（40）Vgl. A. Ruge, Politik und Philosophie, in: *HJ.* 3 Jg.（'40.12）S. 2331f.

（41）A. Ruge, Die Hegelsche Rechtsphilosophie und die Politik unsrer Zeit, in: *DJ.* 5 Jg.（'42.8）S. 758ff.

(42) Vgl. Peter Wende, *a.a.O.*, 67ff.

(43) Vgl. A. Ruge, Politik und Philosophie, in: *HJ.* 3 Jg. ('40.12) S. 2343.

(44) G. W. F. Hegel, *Grundlinien der Philosophie des Rechts,* Hamburg 1955, S. 274.

(45) M. Bakunin, Die Reaction in Deutschland, in: *DJ.* 5 Jg. ('42.10) S. 1002.

(46) Vgl. P. Wende, *a.a.O.*, S. 70.

(47) H. Rosenberg, *a.a.O.*, S. 288.

(48) A. Ruge, Die Hegelsche Rechtsphilosophie und die Polotik unsrer Zeit, in: *DJ.* 5 Jg. ('42.8) S. 760.

(49) (50) A. Ruge, Vorwort. Eine Selbstkritik des Liberalismus, in: *DJ.* 6 Jg. ('43.1) S. 4ff.

(51) A. Ruge, *ibid.*, S. 10.

(52) A. Ruge, *ibid.*, S. 1.

(53) (54) A. Ruge, *ibid.*, S. 10.

(55) A. Ruge, *ibid.*, S. 12.

(56) この点につき田中治男は、「自由主義」の自己批判は、「ルーゲにとってあるべき民衆意識確立の手続きであることを越えて、『自由主義』一般の批判ないし否定となったかぎりにおいて、重大な行き過ぎを犯している」(前掲論文、『思想』601号、58頁)と解釈している。だがしかし、たんに民主主義を主張しただけでは、けっしてルーゲが「行き過ぎを犯している」とはいえない。なぜならば、当時のドイツにおいては「ブルジョア民主主義革命」を標榜してけっして「行き過ぎ」なかったからである。また、よしんばルーゲが「行き過ぎ」たとして、いったいどこへ行き過ぎたのか。自由主義と民主主義が相容れぬ対立概念であるとか、自由主義の次に民主主義が、その次に共産主義がくると考えることはありえないのだから、また、ルーゲがこの時点以降、共産主義に向かったというわけでもないのだから、田中の見解にあっては、ルーゲの行き着いた地点がどこなのか判明しない。

(57) Vgl. F. Mehring, *Geschichte der deutschen Sozialdemokratie,* Band 1, S. 147.

(58) Vgl. D. McLellan, *Marx before Marxism,* pp. 130f.（西牟田久雄訳『マルクス主義以前のマルクス』、勁草書房、1972年、199頁以下）また本文にあるフランス人思想家たちへのルーゲ自身の言及は、1846年になって出版された次の著作にみられる。A. Ruge, *Zwei Jahre in Paris. Studien und Erinnerungen,* Erster Teil, Leipzig 1846.

(59) A. Ruge, *Zwei Jahre in Paris,* Zweiter Teil, S. 91.

(60) Vgl. F. Mehring, *Geschichte der deutschen Sozialdemokratie,* S. 148f.

(61) K. Marx/F. Engels, *Die deutsche Ideologie,* Berlin 1960, S. 16.

第3章 ヘーゲル左派思想の大衆化
——光の友協会・自由信仰教会——

ルーゲによって代表されるヘーゲル左派の急進主義が領邦教会とプロイセン政府に対する反対闘争をプロイセンの内外で貫こうとしていた1840年代初期に、この批判運動（主としてキリスト教批判）に同調する勢力が領邦教会内部とその教区民の中から出現し、さらに1845年ごろには、カトリック教会内からも共和主義的急進主義に向かおうとする勢力が抬頭してくる。前者はプロテスタントにおける分派「光の友協会（Lichtfreunde）」であり、後者はカトリックにおける分派「ドイツ・カトリック教会（Deutschkatholische Kirche）」である。この両分派は、社会的には中小都市の市民層および下層民の支援を受けて拡大するが、指導者はたいがい下位中産階層的な社会改革を目指す下級の平牧師層である。また両派とも、地理的にはプロイセン領ザクセン、シュレージェン両州を発祥の地とし、ほどなくプロイセン中央政府およびピエティストのロマン主義的反動勢力と衝突し、四八年革命ののちまで運動を発展させていく。本章ではその急進主義2宗派のうち、光の友協会を中心に据えて論をたて、それによって、ヘーゲル左派の批判哲学が通俗化され民衆レヴェルにゆきわたっていく過程を考察したい。ただしこの急進主義宗派は、Vormärzだけでなく、革命時およびその後にまで大衆運動を維持するから、本章ではおよそ1852〜53年ごろまでの時期を扱うことにする。

第1節　合理主義信仰運動の形成

1840年2月、プロイセン領ザクセン州のマグデブルクで、一つの宗教上の事件がおこった。この事件は、同月7日付の『マグデブルク新聞（*Magdeburg Zeitung*）』紙上で、マグデブルク聖霊教会の牧師ジンテニス（W. F. Sintenis）が、教会での十字架像礼拝を偶像崇拝として弾劾したことに端を発する。この新聞記事はすぐさま同市教区教会々議およびその周囲にいるピエティスト神学者たちを怒らせ、彼らはジンテニスがキリストの神性を公然と否認したとして、彼の罷免を要求した。だがしかし、ジンテニスには、彼を支援する多くの教区民がいた。また、マグデブルク市の相当数の市民が、さらにマグ

デブルク市参事会までも、彼を支援する側に立ったのである。同市参事会は、この1件について、ベルリン中央政府にあてて、ジンテニス救済を請願した。民衆に感謝され支持されているジンテニスを免職にすれば、必ずや市民の反感をかい大衆的な抗議行動を誘発することになるというのが、請願理由であった。この訴えを考慮した宗務文教大臣アイヒホルンは、自身がピエティストの保守派に共鳴していたにもかかわらず、マグデブルクの教会々議に対し、ジンテニスの懲戒免職を禁じた。アイヒホルンとしては、この騒擾が、同市近辺だけでなく、ザクセン州を越えて他州へ拡大するのを恐れたのである。これによって、ジンテニス攻撃の推進者であった教会々議議長のドゥレーゼケ（J. H. B. Dräseke）およびピエティスト神学者のトゥールック（A. Tholuck）やホイプナー（H. L. Heubner）らの方が、マグデブルク市民の非難を受けて孤立してしまった。ザクセン州の一都市で生じたこの事件・論争は、しかしヘングステンベルクを首領とする福音教会主流派（ピエティスト）の反撃と、ジンテニスに共鳴する合理主義神学者や牧師たちの結束とをおしすすめ、その後、両者間での活発な言論闘争を捲きおこすのである。

　ジンテニスを積極的に支持する牧師の一人レーベレヒト・ウーリヒ（L. Uhlich）は、事件ののち教区民へ合理主義信仰を説いてまわり、ザクセン州内各地で支持者を獲得し、1ヶ年ほどの間に「ザクセンのオーコンネル」と称されるにいたった。アイルランドの政治家で、アイルランド旧教徒解放を目指し、1829年にこの法令を実現させたダニエル・オーコンネル（D. O'Connel）にあやかったこのニックネームは、ウーリヒがいかに合理主義的民衆に支持されていたかを物語るものである。ウーリヒはまた、たんに民衆の支持を得るだけでなく、諸大学の神学教授たちとも連帯を得ようとした。その努力の一つとして、1841年6月に、学者と牧師の連合が成立する。すなわち、同月29日に牧師ウーリヒ、ジンテニス、ケーニヒ（C. B. König）らは、マグデブルク近郊のグナーダウで、神学者ヴェグシャイダー（J. W. Wegscheider）、ニーマイヤー（A. H. Niemeyer）らと会合し、次のような声明を発した。

　「我々牧師はいったい、牧師職の安楽椅子に身をまかせ、哲学者・文学者・法学者・医師そのほかの人々が真理にかかわる問題にとりくみ、精神的自由の勝利を努力して戦い取るまで待っているべきなのか。否、我々は牧師である。したがって空文句と宗規、慣例とそのほかの既成のつまらぬものに反対し、精神にかかわる問題にとりくまねばならない。そのためには孤立すべき

でない[(1)]。

　この声明は、ジンテニス事件以後のピエティストたちの反撃に対し、ザクセン州全土で合理主義者の連合を形成する布石となった。それを裏書きするかのように、彼らは次回のハレ会議で「プロテスタントの友（Protestantische Freunde）」という団体を設立し、福音教会主流派と政府ピエティスト官僚に対抗する組織運動を開始した。

　彼らがこのように反政府的・反教会的な方向で結束を固めるにいたった理由の一つには、前章でみたようなプロイセン国家の政治的反動化があげられる。その直接契機は、1840年に親ヘーゲル的で合理主義思想に寛大な宗務文教相アルテンシュタインが亡くなり、また古くさいが合理主義に無頓着なフリードリヒ・ヴィルヘルム三世が亡くなったあとをうけて、かのロマン主義的新王フリードリヒ・ヴィルヘルム四世が即位し、新文相には、これまた合理主義を憎むアイヒホルンが就任したことである。新王即位後、プロイセンおよび中小諸邦の諸大学・教会ではピエティスト勢力が急成長してきた。ベルリン大学の神学部教授ヘングステンベルクと文相アイヒホルンは、教会と大学から自由主義者・合理主義者を排除するのに奔走しはじめる。とりわけベルリン大学では、アルテンシュタインの庇護を受けていたヘーゲル学派が追放されはじめ、かわってロマン主義者のシュタールとシェリング（F. W. J. v. Schelling）が招かれる。とくに後者はヘーゲル哲学に対抗して『啓示の哲学（Phiolosophie der Offenbarung）』を講義する。そのような過程で各地の合理主義的な神学・哲学・歴史学教授やギムナジウム教師、そして牧師たちが、経済的保証や職業を奪われるという危険にさらされていく。当時彼らは、1830年代を通じて、教会儀式や教義を合理主義的な流儀で解釈し、その簡素化ないし省略化をすすめてきた。だが今、ヒエラルヒーの頂点から勢力を伸ばしはじめた新ピエティストが、そのような簡素化を猛烈に非難しはじめたのである。彼らは、使徒信経（Apostolikum）の強制や教会教義の無条件承諾などの手段を用いて、信条の自由・良心の自由を圧迫した。

　彼らは第1に諸大学の神学部・哲学部などから反対派を放逐し、続いて民衆（教区民）と一体となって勢力を拡大していた平牧師・ジャーナリストらを寸断しにかかった。ザクセン州の市町村では、教区民が自ら希望する聖職者をそこの牧師に指名するという慣習的な権限を保持しており、それは教会々議などの公的任命機関によっても認められてきた。しかし、今やピエティストはこの慣習にも、おおいに危機感を抱くようになったのである。

ベルリン教区のボス的存在であったヘングステンベルクは、ザクセンの田舎で着々とすすめられる反対派の連合に対し、さしあたっては『福音教会新聞』紙上で反駁するだけであった。その間にウーリヒら「プロテスタントの友」は、敵対者たちがそう呼び、また民衆にもそう呼ばれるようになった「光の友協会」として集会の定期的開催を試みた。それはまず1841年9月20日に、ハレで実現する。この第2回会議には、すでにプロイセン・アンハルト・ザクセンから56名の神学者が参加している。この会議では、宗教における理性の優位が謳われ、教会の自律性、精神の自由のために、ピエティスト官僚・学者への対抗が決意されている[2]。

　この会議で指導者たちは、運動を大衆の中へ浸透させるため、組織内への非聖職者の加入を呼びかけた。指導部のこの企画は大成功をおさめる。すなわち、1842年5月のライプツィヒ大会では約200名、同年9月のケーテン大会約150名、翌43年6月のケーテン大会約300名、同年9月のケーテン大会約400名、44年5月のケーテン大会約600名、同年9月のケーテン大会約800名、そして45年5月のケーテン大会約3000名というように、参加者数が増大する。また階層別にみると、主に中産階級の人々、たとえば医師・大学教授・実業家・官吏・判事などが多く加わっている。

　光の友協会が民衆に歓迎されたこと、あるいは合理主義が市民に共鳴を得たのは、むろん大学の学者たちの為せる技でなく、平牧師たちの努力によるものである。ヴェグシャイダー、ニーマイヤー、ゲゼニウス（F. Gesenius）らにとって、合理主義とはけっしてアカデミックなものでなく、実生活に密着していなければならなかった。そのような考えの教授たちに教えを受けた光の友協会の牧師たちは、さらに一歩すんで、学者間の神学論争や、実践に直結しない神学談義に三くだり半をつけ、民衆の救貧・啓蒙活動と合理主義信仰とを一体化させたのである。

　ところで、光の友協会が勢力を拡大し民衆を獲得するにあたって最も成功をおさめた第1の理由は、ウーリヒのリーダーシップである。彼が合理主義信仰運動において為した最大の貢献は、大学内に閉ざされたままだった神学理論を、雄弁と情熱と感傷とを媒介にして、平易な、大衆的な、日常の生活と言葉にそのまま結びつく思想にかみくだいた点である。光の友協会拡大の第2の理由は、ザクセン・シュレージェン両州の社会・経済上の先進的性格である。この地方は東プロイセンのユンカー的農業的土壌と区別され、バーデン・ヴュルテンベルクやラインラントと同様に産業（織物業・炭鉱・機械

生産）が急速に発展し、産業ブルジョアジーの成長がみられた。またこの階層と上層の有産・知識人層が旧来の手工業職人、新興の工場労働者らの下層民衆と対立し、その間にあって下位中間諸層（手工業親方・小商人・下級官吏ら）が揺れ動いていた。だが彼らはみな、絶対主義下ないし復古体制下で勢力を維持してきた旧来の貴族階級に対しては共同の利害に立っていたのであり、それを光の友協会の合理主義思想が代弁し得たのである。光の友協会拡大の第三の理由は、1842年以降に定期大会を開いたケーテンの地の利である。この地は、ザクセン州の大都市マグデブルクとザクセン王国の大都市ライプツィヒ間に敷設された鉄道路の要所であって、遠隔地の支持者を容易に1ヶ所に集めることができたのである。

　以上の理由から、光の友協会の機関誌『プロテスタントの友による宗教善導誌（*Blätter für religiöse Erbauung von Protestantischen Freunden*)』への購読申込数が2100部（42年）から5000部（43年）へと増加する。また43年には、ハレで光の友協会関係の学者たちが独自に研究団体を結成し、牧師たちの合理主義運動に厚みを加えていく。[3]

第2節　ヘーゲル左派からの思想的影響

　光の友協会の指導的牧師たちに思想的な影響を及ぼしたのは、たんにハレ大学の神学教授ばかりではない。それはほんらい合理主義信仰運動の始動期・形成期の現象である。彼らに対する宗教観念上のより重大な影響は、1820年代30年代を経て、ベルリン大学を牙城にして発展してきたヘーゲル学派から及ぶことになる。前章で既述したように、この学派は、とりわけ1835年以降、その急進勢力であるヘーゲル左派が、神学・哲学論争のかたちでロマン主義的ピエティズムと対決してきた。彼らは、ハレ大学の神学者と同様、哲学にあってはカントからヘーゲルにいたるドイツ観念論を土台にしており、また神学にあってはドイツ啓蒙主義の先駆者たるクリスティアン・ヴォルフ（C. Wolf）以来の、宗教を理性に従属させようとする合理主義を基礎にしていた。この合理主義神学は19世紀に至り諸大学の神学者、たとえばヨハン・レーア（J. Roehr）、ブレットシュナイダー、パウルス（H. E. G. Paulus）そしてヴェグシャイダーらが継承し、キリスト教における奇蹟信仰とか原罪説などにみられる非合理性を排撃してきた。

　こうした神学教授たちが主としてアカデミックな論壇・教壇でロマン主義

をおとなしく批評してきたのに対し、ヘーゲル左派の若い学徒たちは、大学からやがて政治の場へ出ていき、失職の危険と直面しながら、ロマン主義を激しく攻撃する。前章の繰り返しになるが、その過程をかいつまんで列記すれば次のようである。まず1835年にシュトラウスがテュービンゲンでかの『イエスの生涯』を公刊し、37年にはヘスがシュトゥットガルトで『人類の聖史—スピノザ学徒による—（*Die heilige Geschichte der Menschheit. Von einem Jünger Spinozas*)』を、ついで38年にはルーゲがライプツィヒで例の『ハレ年誌』を創刊、40年にはB・バウアーが『ヨハネ福音史の批判（*Kritik der evangelischen Geschichte des Johannes*)』を、そして41年にはフォイエルバッハが『キリスト教の本質（*Das Wesen des Christentums*)』を公刊して、反キリスト教的・反ロマン主義的批判運動を軌道に乗せた。

　彼らの批判運動中で光の友協会指導者たちに影響を及ぼしたのは、信仰運動という関係上、まずはシュトラウス、バウアー、フォイエルバッハら宗教批判の系譜であった。キリスト教の絶対的価値と聖書の真実性を疑ったシュトラウス、キリスト教それ自体を否定するにいたったバウアーとフォイエルバッハは、光の友協会結成直前にこうした批判を行っている。なかでもバウアーは、1839年にヘングステンベルクに対して、「彼は世俗的な疑念や学問の荒廃に対して身を支えることのできるような、何か確乎不動のものを産出するのに、もっぱら従事してきた」という表現にはじまって、ヘングステンベルクの旧約聖書観・不死信仰観そのほかを、『ヘングステンベルク博士へ（Herr Dr. Hengstenberg)』なる文書で反駁した。[4] 当時ベルリン大学で講師をしていたバウアーは、そのため文相アルテンシュタインの助力でボン大学へ移らねばならず、結局はそこをも辞するはめに陥った。

　またフォイエルバッハは、1828年以降エルランゲン大学の私講師となってのち、1830年にニュルンベルクで『死と不死についての考察（*Gedanken über Tod und Unsterblichkeit*)』を匿名で出版した時から、すでに批判的態度の兆しをみせていた。そのようなことで大学の職を離れざるをえなくなったフォイエルバッハは、それでも1835年に『反ヘーゲル批判（*Kritik der Antihegel*)』を『科学的批判年誌』上で発表し、さほど体制離れをみせなかった。だがその後、1838年末に『ハレ年誌』上で『＜積極＞哲学の批判』を、翌年同誌に『ヘーゲル哲学批判（*Zur Kritik der Hegelschen Philosophie*)』を発表し、哲学的にも政治的にも急進化しはじめる。そして1841年にかの『キリスト教の本質』を発表してプロイセン政府との対立を決定づけたのである。

84

神と人間とに関する彼の有名なテーゼを、ここに引用しよう。

「宗教、少なくともキリスト教は、人間が彼自身に対してとる態度であり、あるいはより適切に述べれば、人間が自身の本質に対してとる態度である。しかし自身に対する態度は、他者の本質に対する態度となっている。神的本質とは、人間的本質以外の何ものでもない[5]」。(傍点原文イタリック)

このようにして、フォイエルバッハが神の否定を説き、同時にバウアーが『共観福音書批判（*Kritik der evangelischen Geschichte der Synoptiker*)』を著わしてキリスト教と決裂した 1841 年に、まさしく光の友協会がザクセン州で誕生したのである。したがってその指導者、たとえばグスタフ・アドルフ・ヴィスリツェヌス（G. A. Wislicenus）がヘーゲル左派、なかんずくフォイエルバッハに傾倒していったことは、さして矛盾なく理解できる。

1803 年生まれのヴィスリツェヌスは、6 歳で父を亡くし、11 歳で母を亡くし、少年期をハレのフランケ孤児院で過ごした。ハレ大学に入学してのちは、非合法化されていたブルシェンシャフトに加わり、熱狂的なドイツ・ナショナリストになった。また一方で彼は、ヴェグシャイダーやゲゼニウスの影響下で神学的合理主義の信念を培いもしたのである。彼は、1825 年に、ブルシェンシャフトの非合法活動に加わったという罪で投獄され、二九年に特赦をうけ出獄した。その後 1830 年代を通じて、青年ドイツ派の文学作品、ついでヘーゲル左派の宗教批判の書を読み、やがて牧師となって教会改革に乗り出す。1841 年にハレ郊外のラウレンティウス教会の牧師となったヴィスリツェヌスは、理論面ではフォイエルバッハを、実践面ではルーゲを信奉しつつ、ヘーゲル左派の主張した「意識の変革」を通じて民衆の政治的革命化を志す。彼のフォイエルバッハ的批判主義とルーゲ的急進主義は、光の友協会内外の穏健な学者や有産市民たちには受け入れられなかったが、しかし下層の職人や労働者にはおおいに支持されていくことになる[6]。

ヴィスリツェヌスの思想が光の友協会支持者たちに広く受け入れられたのは、1844 年 5 月 29 日にケーテンで開かれた大会においてであった。600 名あまりの参加をみたこの大会に臨んだヴィスリツェヌスは、『聖書か精神か（*Ob Schrift? Ob Geist?*)』と題する演説を行い、その中で、光の友協会の至高の権威は聖書でなく人間であり、その活ける精神であると述べた。さらに彼は、この活ける精神、たえず躍動し発展する精神にとって、固定化された教義は足枷だ、この精神は権威主義に縛りつけられることなく、自由信仰のうちにのみ活路をみいだすと語った[7]。そしてまた、同年 9 月、800 名あまり

の参加をみた大会では、従来神学者にかかわってきた宗教論議を民衆にかかわる問題として取りあげるべく、ヴィスリツェヌス的教会改革が確認されるにいたる。また同年秋、ハレの市参事会員たちが、光の友協会を支持するかのように、国会に対し種々の減税、封建的遺制の廃止などの合理主義的改革案を陳情している。ザクセン州におけるこうした市民層の動きに対し、プロイセン中央政府は、フランクフルトの中央調査委員会（連邦会議所属）をはじめ諸邦諸都市の警察署を通じて大がかりな情報収集を行い、弾圧の口実を探りだした。

　1844年当時といえば、ヴィスリツェヌスに感化を与えたヘーゲル左派は、ドイツ領内ではほとんど活動不能の状態にあった。ブルックベルク（現バイエルン州アンスバッハ郡内）で隠棲するフォイエルバッハは別として、ルーゲ、ヘス、それに青年マルクスはパリでかの『独仏年誌』の発行を計画して初号でつまずき、バウアーはもはや政治的なものを直接目的としないでおこうと考えるに至った。マックス・シュティルナーはライプツィヒで同年10月に『唯一者とその所有』を刊行するも、直ちに発禁処分を受けた。これはひとえにプロイセン政府の激しい弾圧の結果であった。そのような雲行きの本国でヘーゲル左派思想を掲げて大衆運動を展開する光の友協会を、ルーゲらが賞讃せぬはずがない。ルーゲらは、この団体にみられる神学的合理主義に対し、それがいまだ組織化されていない1840年以前には、批判こそすれ支持はしなかった。だがいまやルーゲらは、自ら望んで果たせなかった民衆の政治化・大衆運動の創出を実現させ、ヘーゲル左派思想の通俗化を通して民衆レヴェルでの反政府的団体に成長しはじめた光の友協会に、共感を示すようになる。国外にいるルーゲらのほかに国内では、ヘーゲル左派の後継者たちが続行する比較的穏やかな名称の雑誌、たとえば、以前の『ハレ年誌』への協力者であったツェラー（L. Zeller）の『神学年誌（*Theologische Jahrbücher*)』、シュヴェーグラー（A. Schwegler）の『現代年誌（*Jahrbücher der Gegenwart*)』、ノーアック（L. Noack）の『思弁哲学年誌（*Jahrbücher für speculative Philosophie*)』などが、光の友協会の反教会的・反政府的運動を支持している。[8]

第3節　ドイツ・カトリック教派との連合

　光の友協会内でヴィスリツェヌスらを中心にヘーゲル左派思想が普及され

ていた 1844、45 年ころ、キリスト教のいま一つの勢力であるカトリック教会の内部にあっても、プロテスタント内と同様の合理主義的反対派が組織的行動を開始した。そのきっかけは、1844 年の夏にラインラントのトリーアで開かれた僧服博覧会である。これが催されたとき、カトリック主流派は、この行事を教皇権至上論者たちの示威行動に利用した。このラインラントは、ナポレオン占領時代からひときわカトリック勢力の強大な地であり、1830 年代後半には、すでに述べてあるように、この勢力がベルリンの中央政府を相手にいわゆる「雑婚問題―ケルン教会論争」（1836 ～ 41 年）で反目しあったほどである。だがこの宗派は、1840 年以降になると、ロマン主義の仲立ちで争いを避けるようになってきた。それと同時にこの派内にも、むろん反ロマン主義の芽が日々成長し、この博覧会を機に、こんどは宗派内の紛争をおこしたのである。その火つけ役となった人物は、シュレージェンで助任司祭をしていて停職にされたヨハネス・ロンゲ（J. Ronge）であり、その火種は、トリーアの司祭アーノルディ（Arnoldi）あての同年 10 月 1 日付公開書簡であった。この書簡でロンゲは、ローマ教皇庁を専制ヒエラルヒーの頂点とみなし、これにしたがうことを拒絶した。そして同年 12 月に、シュレージェン州で急進的民主主義者ロベルト・ブルーム（R. Blum）とともに、ローマ教皇庁から分離・独立した「ドイツ・カトリック教会」を創立したのである。[9]

　この教派は、光の友協会と同様、いやそれ以上に、宗教運動を政治運動へ移行させることを意識的に追及した。そこでこの合理主義信仰運動二派は、同一目標を掲げて連合の歩み寄りをみせる。その際彼らにとって、プロテスタントとかカトリックとかいう異宗教の問題は取るに足らぬことであった。肝心なのは反ロマン主義であり反権威主義であって、両派の提携を歓迎したゲルヴィヌスやルーゲらも、そのような宗教的対立を越えた地平に、ドイツの民主主義的統一を期待していたのである。たとえば、48 年以降自由主義左派に移るがこの頃はまだ穏健自由主義者であったゲルヴィヌスすらも、1845 年に『ドイツ・カトリック教派の使命（Die Mission der Deutschkatholiken）』を発表し、その中で、合理主義を環とした 2 派の連合は、セクト主義に陥らないかぎり、大規模な宗教連合を形成し、ドイツ国民に真の教会を準備し、政治的自由を叶え得るようになるだろうと述べている。[10]こうした期待が当時の下位中産的知識人の多くに抱かれたことは疑いない。その点については、フリードリヒ・エンゲルスが 1851 年になって、ドイツ・

カトリック教会と、光の友協会の発展組織である自由信仰教会（Freie Gemeinde）の連合を次のように回想していることからもうかがえる。

「…この新たな両宗派は、一方がカトリック地域、他方がプロテスタント地域で一時急速な普及をみたが、両派には、その起原が異なることを除いては、違いがなかった。両派の教説に関しては、教義のいかなる固定化も害悪だという最も重要な点で、きわめて一致していた。この確定性を欠いている点が両派の存在の核心をなしている。さらに両派は、大教会堂を建てて、全ドイツ人がその庇護のもとに集合し得るようにすると主張していた。このようにして両派は、宗教的な形態において、かの時代のいま一つの政治思想であったドイツ統一の思想を代表していたが、それでもけっして互いに一致することはできなかった[11]」。

2派連合への期待は、さらにまた、ザクセン・シュレージェン両州の下層労働者の間でも抱かれた。彼らがそのような考えに向かったのは、1844年のシュレージェン織布工暴動などで、光の友協会の牧師たちが最大限の救援活動を行い、これに反し政府筋が銃で窮民の要求を蹴ちらしたという事実が存したからである。またこれにより、合理主義信仰2派の唱える下位中産階層的平等主義と相互扶助の精神が空文句でなかったことが証明されたからである。二派連合がそのようにして歓迎されていったメルクマールとして、1845年7月30日にブレスラウで催された6000名の集会がある。この集会でウーリヒは次のように演説した。

「我々は教義（Dogma）も象徴も望まない自由な人間であるから、権威主義的信仰の鎖からの解放を望む。……一言で述べれば、我々は自由を望む[12]」。

ウーリヒのこの演説が、たとえプロパガンダの効果しかもたないにせよ、ドイツ・カトリック教派の本拠地で行われたということは、両派の連合が実際的に大衆の眼前で示されたことを意味している。また光の友協会自体が、1841年以来、運動の絶頂に達したことを示唆している。したがって、この盛り上がりに対してプロイセン政府や福音協会が危機感をもったことはいうまでもない。たとえば、ピエティストの一人でハレ大学神学教授のゲーリケ（H. E. F. Guericke）は、次のような警告を行っている。

「教会内におけるこのようなジャコビニズムが、遅かれ早かれ国家に対しても同様に公然と現われるだろうということは、当然のことである。なぜなら、神の言葉への、すなわち神への服従を拒絶する者は、現世政府への服従をも拒絶するであろうから[13]」。

これと同じく、ベルリン大学のヘングステンベルクらもまた、光の友協会を宗教とは全く異質な、宗教をたんに政治宣伝に利用しているにすぎない団体とみなし、これを攻撃の主たる材料にする。ピエティストのこうしたみかたは、この合理主義信仰2派に関しては正しいであろう。聖書を、キリストの神性を否定してなおかつ宗教を云々する者たちを、正統信仰の信者たちが正義と認めなかったのは、ごく自然であるといってよい。1844年〜45年段階の光の友協会は、まさしく政治団体化していたのである。それも、ヘーゲル左派のごとき一部知識人によるものでなく、中小都市の民衆に根付いた、彼らを大量動員しうる政治的急進主義団体へと発展していたのである。

　そのような光の友協会に対し、プロイセン政府は、1845年8月10日、集会禁止の策に出た。この法令はたしかに半分は効果を発揮したが、半分は逆効果を招くことになった。すなわち、一方で光の友協会内の穏健派をたじろがせつつ内紛の種を植えつけ、他方で内部の急進派の結束を強化し、市民層の騒擾を招いたのである。逆効果の例として、ブレスラウでは市民の抗議声明が作成され、これは52の市町村を回り、1ヶ月以内に主として次の職業の人から署名を得た。大学教授・学生・医師・法律家・公官吏・地主・実業家である。このような教養や財産のある市民層にまで反対された政府は、光の友協会を一網打尽にすることを差し控え、軍隊などの強行手段を用いず、指導者を一人ずつ片付けていくというなしくずし策をとることになる。

　だが、隣のザクセン王国では、同国にも拡大していた合理主義信仰運動に対し、軍隊による強行策に出た。この点については旧東ドイツの研究者カール・オーベルマンが次のように述べている。

　「反教会的反対運動は、革命的な民衆運動を根本的に強化した。1845年8月12日に、ドイツ・カトリック教派の執拗な敵対者であるザクセンのヨハン公がライプツィヒに滞在したとき、公の宿舎前で大群衆が示威行動を行い、公に対する嫌悪を大声で公然と叫んだが、公はそこで軍隊を出動させた。9人の死者を出したこの血なまぐさい事件は、民衆に不穏な感情を増大させた。ライプツィヒの守備隊は3倍に増員されねばならなくなったのである。そののち14日して、ザクセン政府はあらゆる国民集会の禁止令を発した。そのわけは、外務大臣が8月17日にすでに発表していたように、それらの集会が『絶えず騒動の中に人心を維持させる根本的な手段を提供している』からであった」。

　プロイセンとザクセンで共通の敵と対峙し、ともに非合法化されつつあっ

た合理主義信仰2派は、ここにあからさまに政治的要求を掲げて急進化の一
途をたどることになる。

第4節　光の友協会の政治的急進化

　1845年8月の集会禁止令をうけた光の友協会は、爾後の方針をめぐり、
指導部内で相違が生じてくる。それは、代表者で区別すればウーリヒ派とヴィ
スリツェヌス派、思想でみれば穏健な神学的合理主義とヘーゲル左派的民主
主義、支持者層でみれば中産市民と下層貧民の間での対立激化を予示してい
る。

　この団体は、1841年の結成直後、主としてウーリヒの指導にかかっていた
が、ヴィスツェヌスの浮上によって、以前の指導路線に大きな変更があら
われる。それはこの2人の有能な指導者の来歴・個性にかかわるものでもあっ
た。これについてアメリカの研究者ビーグラーは、次のように説明している。
「ウーリヒが温和な、理解しやすい心情性および常識上の合理性を注入する
ことによって、合理主義をかみくだき大衆化している間に、一方でヴィスリ
ツェヌスは、焦点を合理主義的思考の帰結へと転ずることによって、それを
乗り越えたかのようにみえた。…ヴィスリツェヌスと彼の友人たち…は、彼
らのレヴェルにまで『大衆をひきあげる』ことが任務であって、知識人が民
衆的諸勢力によって無理に『大衆のレヴェルに引き下げ』られるのを許すこ
とではないと信じていた[16]」。

　庶民的感覚と平牧師の境遇から現状を捉え、敵をヘングステンベルクやア
イヒホルンのロマン主義者だけに限定しようとし、様々な職業・身分の人々
で統一戦線を構えようとするウーリヒと、ヘーゲル左派思想で神と政府に刃
向かい、共和主義を志向して敵の強大化をも恐れぬヴィスツェヌスとの間に
は、たしかに深い溝が横たわっていた。しかし、彼ら2人の間で不協和音が
さほど表面化しなかった理由は、従来の広範な市民層の支持と、ピエティス
トによる十把ひとからげ的な攻撃が続いていたからである。1844年5月に
ケーテン大会でヴィスリツェヌスが行った『聖書か精神か』の演説とその反
響は、なるほどウーリヒ派にとって大変な試練となった。だがそれでもヴィ
スリツェヌスとウーリヒは決裂することなく、共同してロマン主義を攻撃し
ていく。それは、1845年春におこった、いわゆるヴィスリツェヌス事件の
際に観察される。

聖書批判を行ったヴィスリツェヌスは、45年4月30日にトゥールックとホイプナーを首席とするヴィッテンベルクの特別調査委員会へ出頭し釈明するよう、州教会々議から命令された。これを拒んだ彼は、こんどは5月8日にマグデブルクの教会々議で弁明するよう命ぜられたが、やはり演説の撤回を拒んだ。その結果、ヴィッテンベルクの特別委員会は彼に無期停職を通知し、ここに光の友協会を中心とする市民たちの抗議行動が激化した。指導者の一人ケーニヒは、次の声明を発して抗議行動を鼓舞する。

　「闘いはいまや第3段階にはいった。……第1段階においては学者たちが諸大学で闘いをおこした。第2段階では牧師たちが説教壇から自由、正義、そして常識の諸原理を流布させた。……いまや第3段階において、民衆自身が……彼らの諸権利獲得の闘争に積極的に参加するため…政治的活動の場に登場している。……私とわが同僚たちは、民衆の声が……実は神の声なのだということを確信している。これが私の信念であり、そのために我々は闘っている」(17)。

　1845年5月15日、ケーテンで3000名の大会が開かれたが、これはヴィスリツェヌス支援の示威デモへと発展する。ウーリヒら穏健派の不安はつのるばかりだが、しかし成り行きに逆らえないのが実情であった。穏健派に属するケーニヒの分析にしたがうと、光の友協会運動のこの第三局面では、民衆が推進者の中核をなしているが、それは5月15日の大会でのヴィスリツェヌス支援の署名にもみられる。署名者498名中、職業を記した人びとは次のとおりである。

　神学者ないし聖職者　48、大学教授　3、ギムナジウム教師ないし教授　4、意思　14、博士（とだけ記入）　18、哲学博士　5、判事　2、弁護士　15、裁判試補　5、受験生ないし学生　21、教師　33、工場主　10、銀行家　11、金利生活者　6、卸商人および小売商人　45、手工業親方　31、中・下層の使用人　11、地主　6、経営者　7、士官　5、市長ないし市参事会員　6、地方裁判所判事　1、区裁判所判事　2、中・下級官吏　8(18)

　この時点ではいまだ有産市民層の一部から支持されていたヴィスリツェヌスは、しかし同年8月に集会禁止の圧迫をうけてのち、いっきょに左傾化の度合いを深め、彼らの間での支持を失っていく。そしてまた禁止令を機に、ヴィスリツェヌスやバルツァーは、福音教会から完全に分離し、ドイツ・カトリック教会のような独立教会を設立しようという動きに出はじめる。これに対しウーリヒ、ケーニヒ、ジンテニスらは、あくまでも福音教会内反対派

の位置にとどまって改革を続行する決意であった。組織運営上のこうした確執において、ヴィスリツェヌスは次のような公開書簡を発表した。

「特権的で独占的な僧侶身分は否である。この身分は己れの内に精神の死を懐き、坊主主義から解放されえない…！ それを為しうる者すべてに、この言葉が率直に示されねばならない…！ 因習的で衒学趣味をもった坊主くさい牧師作法、聖書の章句への従属、そしてお座なりな言葉や口まわしによる殊勝な塗油式などまっぴらだ！ 聖職者がいや応なしに着せられる僧服もまっぴらだ！それは、自由信仰の同胞教会では、陳腐なぼろきれにすぎず正反対の代物でしかない[19]」。

この発言は、自由信仰の同胞教会という、それまでヴィスリツェヌスが腹案として練ってきた独立教会の創設を宣言するものである。あるいはまたこの発言は、1845 年末にケーニヒスベルグで牧師ルップ（J. Rupp）が自由信仰教会を実際に創立したのを受けての宣言とも考えられる。これ以後ヴィスリツェヌスは、1846 年 4 月に、教会当局によって最終的に罷免処分をうけてのち、10 月 2 日にハレで独立教会たる自由信仰教会を設立する。また翌 47 年 1 月に、バルツァーがノルトハウゼンで自由信仰教会を設立し、光の友協会内における福音教会からの分離運動がすすんでいく。

一方、あくまでも分離に反対するウーリヒらは、依然として各地を旅行し支持者を獲得していくが、しかしプロイセン政府はこれを放置しなかった。1846 年 1 月以降、ベルリンの教会々議議長となって、同地の聖カテリーネ教会で牧師の職にあったウーリヒを排除にかかったのである。政府は、46 年に国王が第 1 回プロテスタント領邦教会総会を召集した時、その代表者を一方的に指名し合理主義者を締め出した。政府のこの策は明らかに次のことを目的としていた。すなわち、従来各市町村の会衆の手中にあった牧師任命の慣習的な権利を奪い、牧師と会衆の結束を断ち、それによって全国の教会をピエティストの支配下におくことであった。ゲッシェルのマグデブルク赴任はそのまえぶれである。

ウーリヒは、1846 年 10 月 31 日の宗教改革記念日に聖カテリーネ教会にて、ゲッシェルには屈しないと意思表示し、翌年 1 月 14 日にはハレの友人エンゲルケ（L. Engelke）にあてて次のようにも発言している。

「教会々議総体、とりわけゲッシェルが私に攻撃を集中しております。…しかし私を勇気づけているものは、この闘いで私は孤独でないという事実です。…私の会衆の管理委員会、市参事会、市全体、世論、そして私の明晰な

良心…すべてが私を闘いで支援してくれます。…私は何事にも覚悟をしています。何が起こるかは神のみが知るところです」[20]。

　ゲッシェルらの圧力に屈せず合理主義信仰運動を遂行するウーリヒは、1847 年夏まで、どうにかその路線で延命できた。だがしかし、同年 9 月に、教会々議の一員であるヴァーゲナー（H. Wagener）が、ウーリヒに調査委員会で釈明せよと迫り、ウーリヒがこれを拒んだ時、彼はついに停職処分をうけるにいたった。このウーリヒ事件もまた市民の抗議行動を誘発したが、それは支持者のあいだで福音教会離反者が続出するという現象へと転化する。この分離運動は事件直後の 10 月から現れはじめ、ウーリヒ自身がついに福音教会を脱退すると決意した 11 月 30 日以降、激しさを加えていく。「ザクセンのオーコンネル」が福音教会を去るや、彼にしたがう離反者数は、1846 年 1 月までに 8000 ～ 9000 名に達したのである。だが彼らの大半は下層民であり、ウーリヒをも含めたこれらの離教者は、けっきょく同胞の待つ自由信仰教会に加入していく[21]。ここに、以前の光の友協会指導者の大半と、下層の支持者たちが新たな宗教的政治団体たる自由信仰教会に移り、光の友協会の運動は実質上の終焉をむかえたのである。

第 5 節　自由信仰教会への移行

　ウーリヒの福音教会脱退が象徴するものは、1840 年以降展開されてきた合理主義信仰運動が、いよいよ完全に反政府的な政治運動に合流しきったという点である。その時期も一八四八年三月革命直前ということで、ウーリヒ、ヴィスリツェヌス両派が民主主義運動へと領導していくにふさわしい気運になっていた。彼らの運動は、組織的には自由信仰教会を基盤に、各地で民主主義団体を結成していくことにより、革命勃発後、いわゆる自由信仰運動としていっそうの飛躍をみるにいたる。だがそのまえに、このような組織上での移行時に浮上してきた諸問題について、いますこし詳しく調べることにする。

　第 4 節で述べたように、自由信仰教会の直接契機は、プロイセンの教会当局によるヴィスリツェヌスとエドワルト・バルツァーへの弾圧であった。すなわち、まずはヴィスリツェヌスが、1844 年 5 月の演説『聖書か精神か』を直接の原因として、1845 年 5 月に牧師職を奪われてしまった。またバルツァーは、1845 年の夏にハレでモーリッツ教会の牧師に選ばれたとき、教

会々議の反発をうけて職に就くことができなかった。その後ノルトハウゼンで聖ニコライ教会の牧師に選ばれたときにも同様のことがおこった。このヴィスリツェヌス事件とバルツァー事件は、福音教会による光の友協会への抑圧を象徴していたが、これに集会禁止令という政府の抑圧が加わって相乗作用をおこし、独立教会創設への動きが激化したと考えられる[22]。ヴィスリツェヌスは、1846年10月2日、30余名でハレにて自由信仰教会を設立した。その時の理論的基軸はもはやヴェグシャイダーらの神学的合理主義の次元にはなく、明白にヘーゲル左派的宗教批判（フォイエルバッハ）・政治批判（ルーゲ）の位相にあった。すなわち、たとえ合理主義だとか、理性的だとか形容してみても、宗教信仰は所詮、人間が神に従属するという根本的な関係を維持せねばならないから、そのようなものを退けて自然と人間の繋がり、知識・科学、人間主義を歓迎しよう、という位相である。またそれを政治的実践によって獲得しようという位相である。ヴィスリツェヌスは述べる。

　「信仰を堅持しようとする者は教会に留まらねばならないし、それ以上さらに、教会にあって旧来の権威の復興を主張せねばならない。そのわけは、教会内外の合理主義が、合理主義的な自由信仰の諸教会で、たとえ遅々としていようとも、しかしたえまなく、現に信仰の、認識への解消へと向かっているからである[23]」。

　彼はこの発言を『教会改革（*Kirchliche Reform*)』という新生自由信仰教会の機関誌で行った。以後、この雑誌には、光の友協会時代のいわゆる教会改革を主張する論説よりも、そうしたたんなる社会内の一領域での改良でなく、絶対主義プロイセン国家を民主主義的に変革しようと企てる論説が多く載っていく。

　ヴィスリツェヌス指導下のハレ自由信仰教会は、福音教会からの分離・独立を果たしたこの時点以降、けっして福音教会への復帰を望まず、それだけに従来彼を支援してきた有産市民層を去らせる結果を招いた。だがそのかわりに、この下位中産的急進団体には、別の階層、つまり下層労働者層が多く加入してくる。さらにまた、1847年10月には、ハレでもう一つの自由信仰団体が設立され、ヴィスリツェヌス派と同調する。それはハレの市参事会員グスタフ・シュヴェチュケ（G. Schwetschke）の指導によるものである。彼は福音教会からの分離運動を推進し、同市に存在したドイツ・カトリック教派と合同して「統一自由信仰キリスト教々会（Vereinigte Freie Christliche Gemeinde)」を創設した。この組織もまた、異宗教同士の合同がよく表現し

94

ているように、宗教信仰などはたんなる外見上の結合環にすぎないと理解していたように考えられる。したがって教会でなく、ドイツ諸邦に散在する民主主義者の団体とほとんど変わらない機能を果たすことになるのであった。

　1846年以降ハレで振張しはじめた自由信仰運動は、すぐさま次の諸都市に飛び火する。まずは、既述したように、バルツァーがプロパガンダを継続するノルトハウゼンである。同地で彼は、1847年1月5日に、「自由信仰プロテスタント教会（Freie Protestant Gemeinde）」なる団体を組織した。これは、その名が示すとおり、プロテスタント教会としての存続を主張している。その支持者たちも、なるほど福音教会を去りはしたものの、けっして信仰を棄てるという意味でそうしたのではない。この事情でノルトハウゼンの自由信仰教会は、ハレの2団体とちがって、キリスト教（プロテスタント）自体を拒否せず、政府に対し執拗に宗教団体としての公認を求めていく。こうした姿勢が民衆を引きつけたのであろうか。同教会は市民的諸団体（歌唱協会・読書協会・婦人協会など）の支援をえて、同年夏までにノルトハウゼン住民のほぼ10パーセントにあたる1000名を獲得したのである[24]。

　ハレ、ノルトハウゼンに続いて、ハルバーシュタットでも自由信仰教会が設立される。それは、ヴィスリツェヌスと兄弟のティモテウス・ヴィスリツェヌス（T. Wislicenus）が指導して47年6月9日に設立した「自由信仰福音教会（Freie Evangelische Gemeinde）」である。この団体はノルトハウゼンと同様である。さらには、公認宗教団体になろうとして請願運動を行った点も似ている。このキリスト教的2団体は、プロイセン国教会を離脱して、なぜ再び公認を受けようとしたのか。その原因の一つに、プロイセン政府が反政府的宗教運動へ懐柔策を投げかけたことがある。それは、1847年3月30日に発せられた「信教自由法（Toleranzedikt）」という勅令であった。この法は、たてまえは、1794年に公布されたプロイセンの「一般国法（Allgemeines Landrecht）」第2部第2章の諸規定に則って、諸宗派に国家的寛容の措置を講ずるという内容のものである。だが本音は、主義主張において微妙な差異を含んだ自由信仰運動とその支持勢力を揺振るねらいで発動されたものである。この勅令によると、既成教会は3種に区分される。第1は福音教会・改革教会そしてローマ・カトリック教会、すなわちヨーロッパ諸国で国教的地位にあるもの。第2は、以上の正統派から外れてはいても、この勅令の許容範囲にあって、正規の認可を受けたもの。第3は、この勅令の許容限度を超え出ており、宗教団体としては存在を認められないものである[25]。バルツァー

やT・ヴィスリツェヌスが指導する自由信仰教会はまさに第2種の教会たらんと欲し、ハレの2団体は第3種に向ったわけである。前者ならば、政府の宗務上の指揮系列に従いさえすれば組織を維持できるのだが、後者は警察権力の直接干渉を受けることになる。

ところで、以上の自由信仰運動に加え、最後にこれに合流したウーリヒは、1847年末に福音教会を脱退してのち、マグデブルクにて「自由信仰キリスト教々会（Freie Christliche Gemeinde）」を指導しはじめた。最も遅れての活動とはいえ、マグデブルク市民に多大な信望のあるウーリヒの指導にかかるだけに、この教会はすぐさま自由信仰の他教会をぬいて最大級の力量を獲得する。これによって、翌48年初頭に至り、自由信仰教会はハレ・マグデブルクを最大のものとして、ノルトハウゼン・ハルバーシュタット・ケーヒニスベルク・マールブルク・ノイマルクト・ハンブルクに拡大した。深まる社会・経済危機の中で、政府のロマン主義反動政策が徹底化するほどに、自由信仰運動の結束が強固になり、民主主義諸団体との連合が日程にのぼってきたのである。その際、自由信仰教会の以上のような振張は、この団体がもはや本質的にはキリスト教的でなく、せいぜいその外被が隠れみのとして付着していたくらいのものであったことを物語っている。光の友協会から自由信仰教会への移行におけるそうした宗教離れの傾向は、たとえば彼らの機関誌『教会改革』のタイトルが、1848年初頭になって端的に『改革（*Reform*）』と改められたことに表されている。信仰の自由・教会の刷新などは、この段階ではスローガンの役割を果たさなかったのである。

またこれと同時並行的に、人間を神から解き放ちむしろ自然に関連付けたものの、社会・経済的存在としての人間をそれほど論じなかったフォエルバッハ思想からの離反・発展的修正が生じてきた。たとえばヴィスリツェヌスは、1848年初頭に『改革』誌上で、「現実的な時事問題に、とりわけ社会的諸関係に移行しなければならない」と宣言したが[26]、その後、これよりもさらに明確にフォイエルバッハを拒否する匿名論文が発表された。

「我々はフォイエルバッハとバウアーを棄て、プルードンの『貧困の哲学』でもって我々の欠陥を補わねばならない。…我々は生産し消費する人間を研究せねばならない。…（いままで）人間は生活所関係から切り離された人間を解放しようとしてきたし、『精神』と『国家』を自由にしようとしてきた、最も身近なもの、すなわち身体（der Leib）すらまったく自由でないというのに」[27]。

この引用文は、すでにドイツ革命に突入した48年ごろのものだが、自由信仰教会が、ヘーゲル左派思想を土台にしてプルードンそのほかのフランス社会主義思想に接近したのは、いったいどのような根拠からであろうか。その一因としては、1830年代の西南ドイツでブルジョア旺盛のフランスに注目し、議会制的なドイツ統一を指向していたロテックら自由主義左派、あるいは既述したハイネ、グツコウら青年ドイツ派のフランス志向からの感化が考えられる。また他の原因として、ヴィスリツェヌスらの信奉してきたフォイエルバッハその人が、1843年に『哲学改革のための暫定的テーゼ(*Vorläufige Thesen zur Reformation der Philosophie*)』で発表した次の構想に依拠したためかもしれない。

　「哲学のありかた、それは哲学者のそれであり、逆もありうる。…真の哲学者、生活・人間と一体となった哲学者は、ガリア＝ゲルマン人の血統の者であらねばならない。…我々はフランス人を母にドイツ人を父にもたなければならない。心情（des Herz）——それは女性的な原理、有限性に対する感覚、唯物論の座である——はフランス的性向であり、頭脳——男性的な原理、観念論の座——はドイツ的性向である。心情は革命的、頭脳は改革的である。頭脳は物ごとを成就し、心情は活動させる」。（傍点原文隔字体）

　「ガリア＝ゲルマン（Gallo=germanisch）」同盟という着想は、こののちもルーゲによって「独仏知識人同盟」という構想の中で豊富化されていくように、けっしてヘーゲル左派と無縁でなくむしろその逆であった。したがって、自由信仰教会内でたとえプルードンやルイ・ブランの思想が論議されたとしても、ヘーゲル左派、なかんずくキリスト教批判と人間主義におけるフォイエルバッハ、政治的急進主義におけるルーゲの影響力が依然として土台に存続したのである。

第6節　三月革命期の自由信仰教会

　三月革命が勃発すると、ザクセン・シュレージェン両州を中心とする自由信仰教会は、社会的勢力としては主として下位中産階層と下層労働者の代弁者として中央の運動に参加し、また政治的勢力としては立憲主義的な民主主義中央派から共和主義的な左派までの自由主義・民主主義の代表として確約する。だがそれに先立って、まずはウーリヒらがマグデブルクで革命派としての第一声をあげた。1848年3月15日〜16日、すなわちウィーン革命勃

発（13 日）とベルリン革命勃発（18 日）の中間に、マグデブルクで警察と教会当局に対する民衆の示威行動が行われた。この行動は、マグデブルク市民が日ごろ抱いていた被抑圧感情と革命的気運の高まりによって生じたにせよ、その時のスローガンには「ウーリヒ万歳」があった。したがってこの行動は、同市の自由信仰教会が起こしたか、あるいはすくなくともその支持者たちが中核となって起こしたものであろう。このころウーリヒに続く自由信仰運動者には、医師デトロイト（Detroit）、司法官ヴァイヒゼル（Weichsel）、ギムナジウム教授パックス（Pax）、牧師ドゥーロン（R. Dulon）、神学得業士シューンホーフ（H. Schünhoff）、牧師ザクセ（Sachse）たちがいた。彼らはさしあたり、ウーリヒの立憲主義的で穏健な民主主義運動に従っていた。そのためかマグデブルクにおける三月革命運動は、広く有産市民を含めた、反封建統一線戦とでも表現できる批判勢力を獲得した。

これに対しヴィスリツェヌスが活躍するハレでは、マグデブルクと正反対の急進的な自由信仰教会が存在したためか、あるいはそれ以外の民主主義勢力が突出したためか、いずれにせよ革命直後の 4 月に、民衆がはやくも左右両派へ分裂しはじめた。ヴィスリツェヌスはむろん左派に属した。また自由信仰教会メンバーは、これと別の政治団体「人民協会（der Volksverein）」を組織して、両団体で民主主義運動をすすめる。ダイレクトに政治運動に突入した自由信仰者たちは、このように、一方で宗教団体を存続させ、これをベースキャンプにして別のところで政治団体にも加入するという組織戦術をとった。この方法によって、ハレのほかノルトハウゼンでも「民主主義市民協会（der demokratische Bürgerverein）」という別組織が生まれた。これを指導する人物は、自由信仰者のバルツァー、ブルクハルト（E. Burkhardt）らである。さらにハルバーシュタットでも、T・ヴィスリツェヌスらの自由信仰者たちが「政治協会（der politische Verein）」という新設団体に加入していく。

このように自由信仰運動が民主主義精力と結びついていく過程は、自由信仰教会と連合するドイツ・カトリック教派においても同様にみられる。たとえばブレスラウの「民主主義協会（der demokratische Verein）」は、同派のフォークトヘル（Vogtherr）とホフェリヒター（Hofferichter）とが設立し、ドレスデンの団体「祖国協会（der Vaterlandsverein）」にも同派が多数加わっている。

ところで、その自由信仰 2 派は、たんに地元のザクセン・シュレージェン

両州で運動するだけでなく、すすんで中央に進出する。彼らは、1848 年 5 月のプロイセン国民議会議員選挙で当選者を出し、穏健自由主義者中に混じって左派に属した。また同年 10 月にベルリンで開かれた第 2 回ドイツ民主主義者大会へも代表者を派遣している。このような中央進出はしかしたえず地元での広汎な支持を前提としなければならない。したがって自由信仰者たちは、市町村・郡・州など各段階での連合体を創出し、その頂点に全国組織を位置づける必要があった。ヴィスリツェヌスらはこの必要性を感じて、1848 年 9 月に「ザクセン民主主義者地区協会（Kreisverein sächsischer Demokraten)」を結成した。この連合体の指導部「地区中央委員会 (Kreisausschuss)」で代表者となったヴィスリツェヌスは、さらに他の地域へ組織網を拡大しようと努める。また彼は、地区単位での民主主義者大会の開催にも尽くし、その努力は翌 49 年 3 月に実った。同月 4 日にハレで自由信仰者たちが開いた民主主義者大会には、当時フランクフルト国民議会議員であったルーゲなども列席している。

　さて、このようにしてザクセン州で民主主義陣営の強化に努めた自由信仰教会は、ドイツ革命全体の中ではどのような政治的位置にあったといえるか。それを見定めるために、かのフランクフルト国民議会の政治的諸勢力に一弊を与えてみよう。この議会で最大多数派を形成したのは、ガーゲルン（H. F. v. Gagern）の率いる穏健自由主義者たちである。ガーゲルンは以前に全ドイツ・ブルシェンシャフトの創設に寄与した人物であるが、48 年には、ドイツの革命的転覆でなく、諸邦君主との妥協路線を歩んだ。議会に対し彼がヨハン大公をドイツ帝国摂政に推したり、オーストリアを排除したプロイセンの世襲帝権を擁護した点が、それを示している。またこの多数派は、歴史的に回顧すれば、かのダールマン的自由主義（保守派）の延長線上にあり。48 年にはフランクフルト国民議会だけでなく、革命の第一成果たるプロイセンの自由主義内閣へもカンプハウゼンやハンゼマンを送り込んでいる。この立憲主義者にして世襲皇帝論者たちの一派「カジノ（Casino)」派には、そのほか、1841 年に『ドイチェ・ツァイトゥング（*Deutsche Zeitung*)』を創刊したバッサーマン（F. D. Bassermann）とマティ（K. Mathy）、ラインの産業資本家メヴィッセン（G. v. Mevissen）、歴史家ドロイゼン（J. G. Droysen)」らが属した。またオーストリア・バイエルンなどの出身者が多い右派「カフェ・ミラニ（Café Milani)」派にはラトヴィッツ（J. Radvitz）、フィンケ（G. F. v. Vincke）らがいて、左派「ドイチェ・ホーフ（Deutscher

Holf)」派と極左派「ドネルスベルク（Donersberg）」派には、ドイツ・カトリック教派の創設に関与したロベルト・ブルーム、ヘーゲル左派出身のルーゲらの人民主権論者がいた。[32]

　自由信仰教会指導者たちの政治的傾向は、フランクフルト国民議会における以上の政治的振幅内におさまるであろう。たとえばヴィスリツェヌスらハレの一群は明らかにドネルスベルク的である。これに対しウーリヒらマグデブルク派にはついていけないといった中央左派的な位置にあったと考えられる。人脈では、ヴィスリツェヌスの共和主義の方向でノルトハウゼンのバルツァーや、マールブルク自由信仰教会の創立者にして同市の「民主主義・社会主義協会（der demokratisch-sozialistische Verein）」会長のバイルホッファー（K. T. Bayrhoffer）らが連なり、ウーリヒの立憲民主主義の方向では、パックスやヴァイヒゼルが連なっている。

　自由信仰教会内で両極を形成するこの2派は、片や封建的賦課の無償解放と人民主権国家の樹立を要求し、片やそれを行き過ぎとして敬遠したのであるが、両派とも共産主義に対しては一致して反対の態度を示していた。ラインラントのケルンを中心にドイツ各地で運動を展開していた共産主義者同盟の活動家たちは、1848年6月のフランクフルトと10月のベルリンで民主主義者大会に出席し、自由主義者・民主主義者たちとともに三月運動の一翼を担った。その際彼らは、自らのプロレタリア独自の要求や私有財産への攻撃を極力おさえ、民主主義陣営の一角に位置を定めた。こうした方針は共産主義者同盟にとってプラスでもあり、またマイナスでもあったが、プラス面としては、共産主義者が絶対主義打倒の民主主義統一戦線に一応参加しえたことである。それ故、自由信仰教会の急進的民主主義者たちは、いかに理論面で批判的であろうとも、同一の大衆運動に溶け込んでくる共産主義者を一方的に拒むことはせず、民主主義者大会でも同一のテーブルにつくことができたのである。[33]

　三月革命期において民主主義左派に与していた自由信仰教会（ことにハレ）は、革命が敗北するや、いやまさる弾圧にさらされることになった。彼らへの圧力は、1850年3月11日付で政府が、『法的自由と秩序とを危険にさらすような集会・結社法の乱用防止について』なる法令を発動してのち、激しくなる。自ら民主主義の代表として革命を戦いぬいたヴィスリツェヌスらにしてみれば、大勢として反革命の勝利が確定し、集会禁止にあったとしても、それで批判の刀をさやに収めることはできなかった。

「諸政府は自由信仰教会に敵対しているが、その理由はこれが敵対的な意味において政治的だからである。また諸政府は教会（die Kirche）には支持を与えているが、その理由はこれが彼らに味方する意味で政治的だからである。…したがって教会もまたたしかに一つの政治結社と名づけて然るべきである。あるいは、いかにもそれが結社などではないにせよ、少なくとも一つの政治的な機関であって統治機関である。それは、自由信仰教会が民主主義者の結社である以上に、はるかに統治機関である」[34]。

ヴィスリツェヌスがこのように鋭く政府・教会批判を続行したところで、しかし自由信仰教会中の穏健派は、ふたたび革命前の啓蒙主義路線にたちかえっていく。すなわち、急激な政治的変革でなく、人民大衆の教化・陶冶を通じて長期にわたる精神的解放を遂行していこうと、宗教団体たる自由信仰教会の再建に着手した。それと同時に、いままで政治活動に奔走していた民主主義者たちも、ブルームに加えられたような政府の弾圧を逃れるため、すすんで自由信仰教会に加入していく。とはいえ自由信仰教会は、これまた依然としてフォイエルバッハ的キリスト教批判を民衆へ浸透させる機関として機能したのである。1848年12月から翌49年3月まで、ハイデルベルクの議事堂で行われたフォイエルバッハの『宗教の本質に関する講演（Vorlesungen über der Wesen der Religion)』は、その後にも出版されているが、自由信仰教会などの大衆組織によってこそ、ドイツ民衆にかみくだかれて流布されたのである。

自由信仰教会は、三月革命敗北によって、もはや直接に政治の領域では活動しえなくなったが、その分だけいっそう精力的に、他の社会的諸領域で活動するようになる。その点をも含め、次に、先行組織光の友協会と後続組織自由信仰教会が1840年代〜50年代前半に踏み込んだ諸領域について検討する。

第7節　自由信仰教会の活動領域

ザクセン・シュレージェン両州で自由信仰2派が介入した社会的諸領域には、第1に教会、第2に学校、第3に手工業者協会、第4に体育協会、第5に婦人協会がある。

第1の教会は、主として先行組織である光の友協会が先鞭をつけた領域であり、自由信仰教会の段階では政治的急進化の方向で直接的課題からはずれ

ていく。だが絶対主義プロイセン国家と正統信仰の福音教会とは密接不可分な支配機関となっていた。したがって自由信仰教会段階での教会改革は、絶対主義打倒の政治改革において間接的に追い求められたと諒解しうる。光の友協会段階では、使徒信経とか権威主義的な画一的信条などを批判し、協会に代議制度を導入し立憲的体制を確立し、それによって信仰の自由、学的研究の自由、言論の自由などを獲得しようとした。それに対し自由信仰教会段階では、キリスト教自体を疑い、したがって教会そのものの存在を否定し、政治改革を教会改革に優先させたのである。

この領域における活動では、旧来のプロテスタント対カトリックという宗派間の対立を解消し、保守的正統信仰対進歩的合理主義信仰の対立を際立たせることによって、広範な平信徒たちを改革運動に動員しえた点が特徴的である。たとえば、プロテスタント出身のウーリヒがドイツ・カトリック教派の発祥地ブレスラウで6000名を前に演説し、異宗派間の共同行動の礎を築いている。またヴィスリツェヌスが、フォイエルバッハのキリスト教批判と人間主義を教会内外で唱え、あるいは理性宗教を強調し、民衆の声を神の声だと言い放ち、教育と啓蒙を通じて意識の変革を志したのも、まずは教会改革を出発点としてであった。

自由信仰教会が教会についで手がけた第2の領域は学校である。ここでの改革は、1717年以来プロイセンに存在し1794年の『一般国法』で法的に基礎づけられた初等教育学校（Volksschule）の教師たちとの連合によってすすめられていく。学校教育の改革において自由信仰者たちがまず望んだことは、教会と学校の分離であった。プロテスタントにせよカトリックにせよ、学校における宗教的規制は児童・生徒の自発性・創造性を抑制しているという判断から、彼らは、1830年代を通じて行われてきた合理主義的教育改革を推進した。それはたとえば、1837年に幼稚園（Kindergarten）をカイルハイム近郊ブラッケンブルクで創始したかのフレーベル（F. W. A. Fröbel）の汎神論的教育理念や、教員養成の面で科学的な基礎づけを行おうとするディースターヴェク（F. A. Diesterweg）、学校教科書に合理主義精神を吹き込んだディンター（G. F. Dinter）らの教育観を普及させるというかたちで行われる。だがロマン主義的宗務文教相のアイヒホルンの妨害で、ディースターヴェグやディンターの理念は常に学校から排除されていき、それ故自由信仰者たちは、この領域でも改革の前提として政治制度の変革を軸に据えねばならなかった。そのようにして教育改革を唱えて三月運動をすすめた人々には

自由信仰教会のほか、シュレージェンのドイツ・カトリック教派ヴァンダー、ライプツィヒの同派メンバーでフランクフルト国民議会議員のレスメースラー（E. A. Rössmässler）、エルバーフェルトの同派メンバーであるケルナー（H. J. A. Körner）らがいる。

　第3の手工業者協会（Handwekerverein）の領域では、自由信仰者と下層労働大衆との結びつきが強くみられる。自由信仰運動は、その先行期にあたる1841年〜45年段階において、中小都市の有産市民や教養ある階層に多数の支持を得ていた。それが1844年〜45年のヴィスリツェヌス事件を境として、また46年〜47年の農業危機に始まる経済的動揺を背景として、下層労働大衆の支援を多く受けるようになる。その過程で、自由信仰教会への組織だった支持団体の一つとして手工業者協会ないし労働者協会（Arbeiterverein）が浮上してくる。1830年代の、相互扶助や教育・社交を主要目的とした手工業者協会は、空腹の40年代に入ってしだいに政治的な議論をたたかわす場としても重要性をもってきた。その傾向は、親方層と職人・徒弟層との利害対立がさほど表面化せぬまま、三月革命に至るまで発展していくのである。だが一方で、手工業職人中にはもはや親方になれる道を断たれ、経済的にも保障のないまま、しがない渡り職人としてドイツ諸邦を転々とし、あるいは英仏の先進資本主義諸国で社会問題に直面し、労働者運動に加わるものがでてくる。彼らは、肌身に染み付いたツンフト観念からなかなか解き放たれず社会的理念で保守性を残していても、政治的理念の方では、ドイツ領内に留まる仲間たちよりも数歩先んじることができた。その理由はなによりも、イギリスのチャーティスト運動やフランスの初期社会主義思想の影響下で、彼らが有産市民層の利害と区別された労働大衆の利害を先取りして認識しえたからである。このように労働者独自の利害を意識する職人・労働者は、プロイセン領内にあっては工業化が進展しているライン・ヴェストファーレンやザクセン・シュレージェン地方などにわずかにみられた。光の友協会や自由信仰教会、それにドイツ・カトリック教派は、このような職人たちとも結びついて、彼らの政治的発言を代弁したのである。またこの領域で自由信仰者たちは、共産主義的な職人たちにもかなり信頼されていった。

　自由信仰教会が介入した第4の領域である体育協会（Turnverein）は、1811年にベルリンで体育場（Turnplatz）を設立したヤーン（F. L. Jahn）、フリーゼン（K. F. Friesen）らによって創始された体育運動の後継団体であ

る。この運動は自由主義勢力と結び、あるいはそれ以上に民族的な理念を鼓舞したことによって、1819年に禁止された。民主主義を宣伝するヤーンらが圧迫されたのは、ドイツ連邦をリードするオーストリアが多民族国家であったこと、諸侯が小邦に分裂したままのドイツの現状に満足していたことによるものと考えられる。だがヤーンらは、1842年に禁止令が解かれるまで非合法的に活動を続け、解禁後においてもけっして基本線を譲らなかった。そればかりか、1847年ころには、ヤーンらと主義を異にした、より急進的にして共和主義的な体育運動が進捗し、体育家たちの間で次のような文書『体育家教理問答（der Turner-Cathechismun）』が流布した。

「（問）体育家の目標は何か。

　（答）あらゆる自由な人々の、したがってあらゆる体育家の目標は、将来に暴君を締めつけることになる大きな鎖の一環になることである。

　（問）これらの暴君とはだれのことか。

　（答）ドイツの諸侯とその周囲に群がる下賤の徒輩、スパイ、そしてそのほかの官僚的な犬どもである。

　（問）どのようにしてこれらの暴君を制圧できるか。

　（答）奴らから諸国民を奴隷化する方策を奪うことによってである。……」[37]

　1845年以降に急進化してきた体育運動に対し、自由信仰教会のE・バルツァーは、1846年11月に『教会改革』誌上で、論説『体育家（die Turner）』を発表し、次のように分析している。ドイツの体育運動には歴史的にみて3形態が確認される。その第1は古代の体操場（die Gymnasien）、第2は中世騎士階級の馬上槍試合（die Turniere）、そして第3はナポレオン支配期の体育運動（die Turnbewegung）である。これらの体育運動に対しバルツァーは、第1、第2のものを貴族主義的なもの、特権階級の独占物として批判し、また第3のものを反仏的で民族主義的すぎると評する。彼が諒解する体育運動とは特定層によって排他的に担われるものでなく、なによりも国民に、民衆に親しめるものでなければならず、支配の道具ではなく人間解放の手段であるべきだった。[38]

　この観点から自由信仰者たちはすすんで体育運動に加わる。たとえば1845年には、ザクセンでフランツ・ヴィーガルト（F. Wigard）が、ブルームと組んで「ドレスデン・アルゲマイネ体育協会（Dresdener Allgemeine Turnverein）」を設立し、体育運動の連合化を企てた。また三月革命期には、48年7月にハーナウで「民主主義体育同盟（Demokratischer Turnerbund）」

が結成されている。この同盟は、バーデンで同年4月に第一次バーデン蜂起を指導したヘッカー（F. Hecker）や彼の思想上の先輩シュトルーフェ（G. Struve）らの息がかかっており、その理念はバルツァーら自由信仰者たちの考えと若干異なっている。バルツァーらは体育運動を民衆の教育と啓蒙、つまり意識変革の手段と考えたが、ヘッカーらはこれを端的に政治行動の手段と解していたからである。自由信仰者と他の政治的急進主義者たちとの間におけるそうした見解の相違は、しかし革命の渦中にあっては取るに足らぬものであって、両者は反封建を同一の運動に溶け込んでいった。

　自由信仰者たちが介入した第5の領域は婦人協会（Frauenverein）である。ドイツにおける婦人解放運動は、1848年にようやく足場を築き、1860年代に勢いをつけ、1894年以降、ヘレーネ・ランゲ（H. Lange）が中心となって婦人協会の連合化がすすんだ。その後1902年からは婦人参政運動が組織的に行われ、ヴァイマール憲法第22条でようやく婦人参政権が得られる。ドイツにおける婦人解放のこうした歴史で、自由信仰者たちはその草創期にこの運動に助力を与えたのである。

　自由信仰運動への婦人支持者が増え出したのは、1844年のシュレージェン織布工暴動のあと、あるいは光の友協会から自由信仰運動への移行後である。ウーリヒらは、光の友協会の時代からすでに、ドイツ・カトリック教派とともに、組織内での男女同権を前提としていた。またシュレージェン暴動の背後にあった社会経済的動揺は、男子労働者にかぎらず、婦人労働者をも等しく社会問題に直面させていたのである。このような事情から、婦人の地位向上、男女平等の教育、職場確保などを要求する女性活動家たちが自由信仰運動に加わってきた。彼女たちは、他の市民的諸団体（歌唱協会・読書協会など）に加わるほか、自ら婦人協会を設立し、三月革命では独自の要求を掲げて民主主義運動に合流したのである。そのような女性の代表としては、革命後の50年10月にハンブルクの自由信仰教会に加入したマルヴィーダ・フォン・マイセンブーク（M. v. Meysenbug）がいる。彼女は若くしてシュライエルマッハー主義からフォイエルバッハ主義に転じ、のちにはロシアの亡命作家ゲルツェンと親交を結ぶ女性である。[39]またエミリー・ヴェステンフェルト（E. Wüstenfeld）は自由信仰者たちと協力して婦人教育に努め、私立大学を設立している。そのほか、革命中にハーナウで「民主主義婦人協会（Demokratischer Frauenverein）」を指導したヘンリエッテ・ボック（H. Bock）、ライプツィヒのドイツ・カトリック教派の活動家ルイス・オットー

ペーターズ（L. Otto-Peters）なども、自由信仰者と協力して婦人解放を志した。

　以上で、1840年代から50年代初期にかけて自由信仰者たちが取り組んだ社会的諸活動を考察してみたが、本章をしめくくるにあたり、最後にこの運動の結末をみておこう。すなわち、1841年に運動を創始し四五年以降に急進的民主主義団体としての性格を強め、1848～49年に民主主義左派として人民主権まで主張し、そして革命後ふたたび宗教団体として民衆の啓蒙に努め、かつ諸々の社会運動を継続した自由信仰指導者たちがその後どうなったかという点である。まず左派の代表格ヴィスリツェヌスは、キリスト教批判の論文を発表したという理由で、1853年に2ヶ年の懲役刑を宣告されるが、合衆国へ亡命する。ついでウーリヒは、1852年までに計16回訴えられ、総額にして132ターラーの罰金と60ターラーの裁判費用支払を科される。バルツァーは、彼が代議員をつとめたプロイセン国民議会が納税拒否に賛成したという廉で同議会もろとも1850年2月に内乱罪で告訴され（無罪）、1851年に教会批判の廉で20ターラーの罰金刑をうける。さらには1852年に、偽造紙幣を保持しているはずだとの理由で家宅捜索を受ける。これによって自由信仰教会の重要書類が警察の手中に落ちた。[40]

　1850年3月の集会禁止令以後、ザクセン州の自由信仰運動は、他州ではむろんのこと州内の他の都市でも、集会を開催できなくなった。このような抑圧の過程で自由信仰教会は、第1に州間・都市間の交流を断たれ、第2に個々の社会領域での息の根を止められ、最終的には指導者個々人への政治的圧迫（選挙権剥奪・国外追放）[41]、経済的圧迫（職場追放）を受け、やがて諸政府にとって取るに足らない少人数の私的サークルへと後退していく。

〔注〕
(1) Ferdinand Kampe, *Geschichte der religiösen Bewegung der Neuern Zeit*, Bd. 2, Leipzig 1853, S. 166f. in: J. Brederlow. *Lichtfreunde" und ,,Freie Gemeinden" religiöser Protest und Freiheitsbewegung im Vormärz und in der Revolution von 1848/49*, München Wien 1976, S. 26.
(2) Vgl. J. Brederlow, *ibid.*, S. 26.
(3) この学者団体には文学史家ハイム（R. Haym）、神学者ニーマイヤーとシュヴァルツ（K. H. Schwarz）、哲学者ヒンリヒス（H. F. W. Hinrichs）、歴史学者ドゥンカー（M. Duncker）らの知識人に加えて、牧師ヴィスリツェヌス（G. A. Wislicenus）とバルツァー（E. Baltzer）が加わり、フッテン、レッシング、

ハインリヒ一世、フリードリヒ大王らを論じた。Vgl. J. Brederlow, *ibid.*, S. 47f.

(4) B. Bauer, *Herr Dr. Hengstenberg. Kritische Briefe über den Gegensatz des Gesetzes des Evangelium*, Berlin 1839, S. 4.

(5) L. Feuerbach, *Das Wesen des Christentums*, Stuffgart 1974, S. 54. 舩山信一訳『キリスト教の本質』上巻、岩波文庫、69 頁。

(6) ザクセンにかぎらず、1840 年代前半においてフォイエルバッハの宗教批判が及ぼした影響について、ヴェストファーレンの社会主義者カップ（F. Kapp）は、1845 年 12 月、次のように語っている。「…フォイエルバッハには、この地方（ヴェストファーレン―引用者）で崇拝者と敵対者の途方もない大群がいます。後者のうち、わけても牧師たちは、彼らにがまんならない人物について、『彼はフォイエルバッハそっくりに恥じ知らず』だと評しています。…フォイエルバッハはこの地方の多くの家庭では平和の攪乱者なのです。両親は彼を呪い忌々しく思っていますが、息子や娘たちは彼を讃美し愛しております」。Friedrich Kapp an Johanna Kapp, in: *Vom radikalen Frühsozialisten des Vormärz zum liberalen Parteipolitiker des Bismarcksreichs, Briefe 1843-1884*, hg. v. H-U. Wehler, Frankfurt a.M. 1969, S. 48, またフォイエルバッハの影響は 1842 年には遠くロシアにまで及んでいる。たとえばゲルツェン（A. I. Gertsen）は流刑地ノヴゴロドにて、友人オガリョフ（N. P. Ogarev）から送られた『キリスト教の本質』を読んで感激し、ベリンスキー（V. G. Belinskii）も独自に『キリスト教の本質』にとりくんでいく。

　フォイエルバッハ思想は同時代の知識人にも多大な影響を及ぼしたが、ここに２例を示す。カール・グリュン（K. Th. F. Grün）とヨーゼフ・ディーツゲン（J. Dietzgen）である。

　1839 年ベルリン大学で博士号を取得したグリュンは、その後バーデン大公国マンハイムでジャーナリストとなり自由主義的改革の論陣を張った。1842 年、出版規制のためバーデンからケルンへ逃れ、社会主義に関心を示した。1844 年、パリに移って独仏の社会主義的知識人・活動家を糾合するべく奔走した。同時に、自ら『フランスとベルギーの社会運動』（1845 年）を刊行した。また、親近感を抱くフォイエルバッハとプルードンの思想をベースに自らの社会主義思想を展開した。その際グリュンは、歴史の主体を旧来の小生産者・職人階層に設定した。1848 年革命は、ヨーロッパ社会がそれまで何とか維持してきた共同的連帯性を最終的に破壊した。そのような行為は許されるものではない、と考える人々の代表としてフランスのプルードン、ドイツのヴァイトリングがいたが、グリュンもその一人だった。村上俊介「カール・グリュンにおけるプルードン主義―マルクスとの対立に即して」『専修大学北海道短期大学紀要』第 16 号、1983 年、参照。

　家業の皮なめし業を受け継ぐもののドイツ哲学やフランス経済学に通じていったディーツゲンは、三月革命に参加し 1849 年に渡米した。51 年に帰国後フォイエルバッハと知り合い生涯交流した。一九六七年末からはマルクスと交

流した。1880年代に再度渡米した。ディーツゲンは、マルクスと別個に唯物論的社会哲学を構築したほか、キリスト教を超えて自然と人との共生思想を打ち出したフォイエルバッハ思想に裏打ちされた人間論哲学をも構築した。かようなディーツゲン思想の最大の特徴は、観念論と唯物論を止揚するべく独自の人間論的議論を展開した点である。森田勉「ヨゼフ・ディーツゲン著『科学的社会主義』訳者まえがき」『社会思想史の窓』第92号、1992年、参照。

(7) この演説については、R. M. Bigler, The Politics of German Protestantism, p.212f. に内容の説明がある。

(8) ヘーゲル左派と光の友協会の関係については、H. Rosenberg, *ibid.*, S.45 で詳論されている。この箇所でローゼンベルクは、ヘーゲル左派のことを「本質的には、俗流合理主義とまったく同類であった」と解釈し、両者の親近性を強調している。

(9) 僧服博覧会とその後のカトリック内の争いについては、K. Obermann, *Deutschland 1815-1849*, Berlin 1976, S.152f. を参照。

(10) Vgl. H. Rosenberg, *Politische Denkströmungen im deutschen Vormärz*, S.45.

(11) F. Engels, *Revolution und Konterrevolution in Deutschland*, Berlin 1963, S.57. 村田陽一訳『革命と反革命』大月文庫、37頁。

(12) L. Uhlich, Vortrag bei der Versammluung protesrantischer Freunde in Breslau, am 30. Juli 1845, Breslau 1846, S.4, in:R.M. Bigler, *ibid.*, p.221.

(13) F. Kampe, *Geschichte der religiösen Bewegung der neuern Zeit*, Bd.2, Leipzig 1853, S.195, in: J. Brederlow, *ibid.*, S.33.

(14) Vgl. H.Rosenberg, *ibid.*, S.44.

(15) K. Obermann, *ibid.*, S.153.

(16) R. M. Bigler, *ibid.*, p.210.

(17) C. B. König, Der rechte Standpunkt, II, Magdeburg 1841-44, SS. 8-10, in: R. M. Bigler, *ibid.*, p.215.

(18) Deutsche Zentralarchiv, Historische Abteilung II,Merseburg,Rep 77, Tit 416, Nr.37, Bd.2, Bl.48-57, in: J. Brederlow, *ibid.*, S.44, Fussenote 76.

(19) Rudolf Haym, Die protestantischen Freunde in Halle (*Jahrbücher der Gegenwart* iv, 1846, S.835f.), in: J. Brederlow, *ibid.*, S.50.

(20) Das Ketzergericht zu Magdeburg: Nebst vollständiger Mitteilung aller der Stellen aus Uhlichs Schrigten welche nach dem Urteil des Konsistoriums zu Magdeburg Ketzereien enthalten, Beleuchtet von einem Geistlichen, Leipzig 1847, S.16, in: R. M. Bigler, *ibid.*, p.225.

(21) 福音教会からの分離運動については、1848年1月5日付マグデブルク警察署長カムプツ（v. Kamptz）の報告（ⅰ）と、48年2月4日付州教会々議の報告（ⅱ）がある。

(ⅰ)「福音離教者数は、もっか8000から9000名に達している。このうち教養階

級に属する者は 200 名ほどである」。

（ⅱ）「自由信仰者たちは、その大部分が労働者および日雇い労務者の階級から獲得されている。彼らは税免除（福音教会に支払う聖式謝礼ほか—引用者）というえさにきわめてとびつきやすく、また教会の諸税を重苦しい負担と感じている」。

Deutsche Zentralarchiv., Historische Abteilung II, Merseburg, Rep 77,Tit 416, Nr.8, Bd., Bl.98 （Bericht des Polizeidirektors von Magdeburg an den Innenminister,5.1.1848）, Bl.48 （Das Provinzalkonsistorium an den Lulturminister, 4. 2. 1848）, in: J. Brederlow,ibid., S.62.

（22）1840 年以降のプロイセンで国家（政治）と教会（宗教）がロマン主義的反動として強く結びつくにいたった点を強調したルーゲの発言を、もう一度引用しよう。「ロマン主義に対する青年ヘーゲル派（ヘーゲル左派）の論戦は、キリスト教に対する隠された論戦以外の何ものでもなかった」。A. Ruge, Die wahre Romantik und der falsche Pritestantismus, ein Gegenmanifest, in: DJ.5 Jg. （1842.7）, S.677. またその傾向が、ヴィスリツェヌス事件やバルツァー事件のおこった 1845 年当時にどうであったかをエンゲルスが語っている。「1845 年のドイツでは、すべての邦で、ローマ・カトリックかあるいはプロテスタントか、または両者が、国法の基本的な構成要素とみなされていた。したがって、これらすべての邦では、承認された宗教あるいは両派が、政府官僚機構の本質的な構成要素を形成していた。それ故、プロテスタントの、あるいはカトリック正統派への攻撃、僧侶政治への攻撃は、政府それ自体への隠れた攻撃を意味していた」F. Engels, *Revolution und Konterrevolution in Deutschland*, Berlin 1963, S.57. 村田陽一訳『革命と反革命』大月文庫、37 頁。

（23）G. A. Wislicenus, Kurze Nachricht über die Freie Gemeinde in Halle （*Kirchliche Reform*, Jg.II 1847, S.5f.）,in: J. Brederlow, *ibid.*, S.51.

（24）（25）Vgl. J. Brederlow, *ibid.*, S.53f.

（26）G. A. Wislicenus, Vorwort （Reform,Jg.III 1848,S.1）,I n: J. Brederlow, ibid., S.70.

（27）Anonym, Der Theologe auf den Trümmern Seiner Habe （*Reform*, Jg.III, 1848, S.85ff.）, in: J. Brederlow, *ibid.*, S.71.

（28）社会主義・共産主義と自由信仰運動との接近はある程度相互的であった。その一例として、1846 年 11 月の『義人同盟中央委員会の同盟員への呼びかけ』に、次の一節がある。「幾多の共産主義者がドイツ・カトリック教派や光の友協会に寄せている期待は、実現されないと思われる—我々はそれらにけっして重きを置いていない。—古い、朽ちかけた建物を繕おうとするのは、無駄な骨折りというものだ」。Ansprache der Volkshalle des Bundes der Gerechten an den Bund, 11. 1846, in: *Der Bund der Kommunisten, Dokumente und Materialien*, Bd.1 1836-1849, Berlin 1970, S.432. この引用から察すると、同盟首脳部の警告にもかかわらず、多くの共産主義者や労働者が自由信仰運動に参加

したり賛意を抱いたりしていたことがわかる。

(29) L. Feuerbach, Vorläufige Thesen zur Reformation der Philosophie, in: *Anekdota zur neuesten deutschen Philosophie und Publicistik*, Bd.2, hg. v. A. Ruge, Zürich u. Wintertur 1843（Nachdruck, Glashüten im Taunus 1971）, S.76.

(30) 自由信仰運動の支持者が有産・教養市民から、下位中産・下層労働大衆に移行していく過程は、次にあげるライプツィヒのドイツ・カトリック教会の会員構成の変化において確認できる。

職業・階層	1845 年	1847 年
手工業親方	48	49
手工業職人	72	97
機械工	9	10
旅館経営者	3	4
庭師・漁師	6	6
手仕事及び工場労働者	25	47
卸商	19	29
識者	11	13
工場主	6	6
職業の記述無し	28	9
婦人	59	67
計	285	337

G. Kolbe, Demokratische Opposition in religiösem Gewande und antikirchliche Bewegung im Königsreich Sachsen, Diss. Phil. Leipzig 1964, Anhang III, in: J. Brederlow, *ibid.*, S.79 Fussnote 131.

(31) 自由信仰教会とドイツ・カトリック教派がザクセン・シュレージェン両州でいかに大衆の支持を得ていたかを測るバロメーターは、1848 年 5 月上旬に行われたプロイセン国民議会議員選挙での彼らの当選者数である。ザクセン州では自由信仰教会のウーリヒ（ノイハルデンスレーベン代表）、パックス（マグデブルク代表）、バルツァー（ノルトハウゼン代表）が選出され、ハレ代表として立候補したG・A・ヴィスリツェヌスは、光の友協会時代の協力者ニーマイヤーに敗れた。またシュレージェン州ではドイツ・カトリック教派の説教師オットー（Otto）、シェル（F. J. Schell）、ヴァンダー（F. W. Wander）、そして教授エーゼンベック（N. v. Esenbeck）、実業学校教師ベーヌシュ（Behnsch）、フライブルク市裁判所判事ツェンカー（Zenker）らが当選している。Vgl.J.Brederlow, *ibid.*, S.86, Fussnote 13.

また、1848 年 10 月にベルリンで開かれた民主主義者大会へのザクセン州代表 21 名中、自由信仰教会員は次の人々である。「ザクセン民主主義者地区委員会」代表G・A・ヴィスリツェヌス、ハレ「人民協会」代表ベンファイ（R.

Benfey)、ハルバーシュタット「政治協会」代表 T. ヴィスリツェヌス、ノル
トハウゼン「民主主義市民協会」代表 E. ブルクハルト。Vgl. J. Brederlow,
ibid., S. 93.

(32) フランクフルト国民議会の諸勢力については次の文献を参照。工藤保「フ
ランクフルト国民議会について」、『世界史研究』（熊本大）、第 25 号、1960 年、
11 頁以下。柳沢治「ドイツ革命（1848 ～ 49 年）と市民層の分裂―西ドイツに
おける最近の成果から―」、『思想』613 号、1975 年、104 頁以下。

(33) 自由信仰教会と共産主義者同盟の一致した戦術としては、1848 年末から主
張された納税拒否闘争がある。この戦術はノルトハウゼン・ツァイツ・ナウム
ブルク・ヴァイセンフェルスの自由信仰教会で決定された。一方、ケルンで発
行されるマルクスらの『新ライン新聞』（*Neue Rheunsche Zeitung*)）紙上でも、
11 月 9 日にラインラントの民主主義者に対し、納税拒否のよびかけを行って
いる。Vgl. K. Marx, Aufforderung des Rhenischen Kreisausschusses der
Demokraten zur Steuerverweigerung,in: K. Marx / F. Engels, *Über
Deutschland und deutsche Arbeiterbewegung*, Band 2, Berlin 1970, S.289. 邦訳
『マルクス・エンゲルス全集』第 6 巻、大月書店、32 ～ 33 頁。

(34) G. A. Wislicenus, Sind die Freien Gemeinden politische Vereine?（*Reform*,
JgV, Nr.24,1850) ― Zit. nach Staatsarhiv Magdeburg, Polozeipräsidium
Magdeburg, Rep C 29, Til IVr Nr.6, Bl.20, in: J. Brederlow, *ibid.*, S.100.

(35) Vormärz における手工業職人の組合運動については、島崎晴哉『ドイツ労
働運動史』青木書店、1963 年、159 頁以下参照。

(36) Vormärz におけるドイツ国外での手工業職人の政治運動については、
Ernst Schraepler, *Handwerkerbünde und Arbeitervereine 1830-1853*, Berlin
New York, 1972, S.29ff. 参照。

(37) Wernmuth-Stieber, *Die Communisten-Verschwörungen des neunzehnten
Jahrhunderts*, Berlin 1853（Nachdruck, Hildsheim 1969)、S.167. なおプロイセ
ンのこの二人の警察官吏ヴェルムートとシュティーバーは、共産主義者がわず
かでも関与したものを一様に「共産主義者の陰謀」に扱っている。したがって、
彼らにとって共産主義を共和主義・民主主義などの概念上の区別がきわめて不
明瞭な場合もみうけられる。当時の警察にしてみれば民主主義的な運動は大な
り小なり反国家的にみえ、共産主義的にさえみえたのであろう。

(38) Vgl. J. Brederlow, *ibid.*, S.68f.

(39) マイセンブークについては、良知力『向う岸からの世界史、一つの四八年
革命史論』未来社、1978 年、9 ～ 13 頁参照。

(40) Vgl. J. Brederlow, *ibid.*, S.112f.

(41) マルクスからエンゲルスへの 1851 年 10 月 19 日付書簡によると、50 年代
初期にはかなりの数の自由信仰 2 派が合衆国（ペンシルヴェニア州など）へ逃
れている。Vgl. *Karl Marx-Friedrich Emgels Werke*, Bd.27, Berlin 1970, S.363.
邦訳『全集』第 27 巻、312 頁。

第4章　シュティルナーのヘーゲル左派批判

　マックス・シュティルナーのヘーゲル左派批判は、ドイツとかヨーロッパといった思想圏の枠には収まらない内容・要素を背負っていた。本書「はしがき」に記したことであるが、イスラム思想圏の影響を内部処理した後のヨーロッパに、16世紀からもたらされたアフリカ・アメリカ文化（非ヨーロッパ的思考）の影響である。ヘーゲル哲学（ドイツ観念論の系譜）をヨーロッパ思想圏の生え抜きとすれば、ヘーゲル左派はアフリカ・アメリカ文化を自らの思想圏に反映させていた。フォイエルバッハ（「奇跡に関して」1839年、腐肉や汚物から発生する昆虫、エジプトのスカラベ）、マルクス（「ライン新聞」307号、1842年、キューバ先住民の黄金）、シュティルナー（『唯一者とその所有』：『唯一者』と略記、1844年、聖書を投げ捨てたインカ最後の皇帝アタワルパ Atahualpa）など。

　そのような非ヨーロッパ的思考にダイレクトに反応した思想家はマックス・シュティルナーだった。シュティルナーの認識に従えば、「世界史の形成は本来全くコーカサス種族に属するものであって、その世界史はこれまで、二つのコーカサス時代を経てきたように思われる。その第1期において、我々は自らの生まれながらの黒人性〔Negerhaftigkeit〕」を相手に辛苦格闘しなければならなかった。そしてこれについで第2期には、モンゴル性〔Mongolenhaftigkeit〕（中国性）が続くのだが、これも同様にやがておどろくべき結末をとげずにはいないだろう。黒人性は古代をあらわす。つまり事物（鶏のついばみ、鳥の飛翔、くしゃみ、雷鳴稲妻、聖なる樹々のざわめき、等々）への従属の時代である【die Zeit der Abhängigkeit von den Dingen（vom Hahnenfrass, Vogelflug, vom Niesen, von Donner und Blitz, vom Rauschen heiliger Bäume usw.）[(1)]】」。そのような非ヨーロッパ的思考を特徴づける要素は以下の2つであろうと、私は考える。①非超越的で還元不可能な物質性、②物質（mater）の唯一性および儀礼を介した反復性[(2)]。シュティルナーの『唯一者』には、キリスト教を否定したインカ皇帝アタワルパなど、非ヨーロッパ的要素が散見される。この特徴を「シュティルナーのヘーゲル左派批判」と題して吟味することが本稿のテーマである。

また、個別的ながらフォイエルバッハ（1804〜72）との関係でみると、フォイエルバッハが独自に模索していたアルター・エゴ（alter-ego, 他我）への道をすすむのに、シュティルナーの非ヨーロッパ的思考はその触媒となった、ということが検討課題となる。フォイエルバッハ研究者の川本隆によると、フォイエルバッハ思想におけるアルター・エゴ概念の内的変化の経緯は以下のようである。

　「フォイエルバッハの著作で最初に『他我』が登場するのは1828年の教授資格取得論文『理性論』である。そこでは『友人は他我なり』（GWI-16 ①12頁）というストア派ゼノンの言葉が引用されている。（中略）感覚においては個々の人格が分離しているため、この他我はネガティヴにとらえられる[3]」。

　「ところが、このような理性の優位を揺るがすような『他我』概念が、『ライプニッツ論』（1837年）に登場する。28年でネガティヴにとらえられた他我が、ここではポジティヴになる。（中略）『理性的他我』とは異なる『感性的・受苦的他我』というべきものである[4]」。

　それでは、上記2点の解明に向けて、『唯一者』の内容分析に入ることとする。引用文につけた（　）は『唯一者』片岡啓治訳（全2冊）からの引用頁数である。第2分冊には（2-○○頁）と記してある。ドイツ語版（レクラム文庫、Max Stirner, *Der Einzige und sein Eigentum*, Reclam 1972.）については（S.○○）と記してある。

第1節　反文明的態度

1. 古い人びと・新しい人びと

　『唯一者』において、「古い人びと」とはキリスト教以前の父祖たちのことであり、「新しい人びと」とはキリスト教時代の人びと、キリスト者のことである。私なりに分類するならば、古い人びとはヘブライズム時代人であり、新しい人びとはヘレニズムに感化された後の時代人である。フォイエルバッハは非キリスト教世界、オリノコ河畔などの先住民を知るに至ってシュティルナーの「古い人びと」がよぎったはずである。「古い人びととは彼らなりに、この世界と世俗の諸関係（たとえば、自然的血縁）は真実なるものであり、彼らの非力な自我はその前に額づかねばならぬ、という気持ちで暮らしていた。であるのに、古い人びとが最大の価値を置いたまさにそのものを、キリ

114

スト者は、価値なきものと却け、古い人びとが真実と認めたものに、キリスト者は、空なる偽真の烙印を押す」。(22頁)

「事物の背後に事物をこえてあるような本質・思想をのみ相手として、非精神的なもの・事物には一切かかずらおうとしなかった精神—古い人びとが働かせたのは、そういう精神ではなかった。彼らはまだそれをもたなかったからである」。(26-27頁)

「君は、至るところに神々を見た古き人びとに、自らを比べてみる気になりはしないか。だが、神々は、わが親愛なる新しき人よ、精神たちではないのだ。神々は、世界を幻しに堕しめもせず、それを精神化(幽霊化)したりもしなかった」。(47-48頁)

「前キリスト教ならびにキリスト教時代は、一の相い反する目標を追いもとめた。すなわち、前者は現実的なるものを理想化しようとし、後者は理想的なるものを現実化しようとする。前者は『聖なる精神』を求め、後者は『光明化された肉体』を求める」。(2-316頁)

「だがキリスト教も古代も等しく、神的なるものにかかずらっているのであって、そのため両者は、相い対立する道をたどって結局はそのことに帰着してしまうのだ」。(2-319頁)

シュティルナーの思う「古代」とは「キリスト教以前の父祖たち」の世界であり、古典古代世界(ギリシア・ローマ)と完全に一致するわけではない。エジプト・シリアが関係する。そこを考慮しておかないとシュティルナーを誤解することになる。「私の事柄を、無の上に、私はすえた(Ich hab' Mein' Sach' auf Nichts gestellt)」のフレーズにおいてシュティルナーが投げ棄てたもの、それは真・善・美・聖(なるもの)つまり「新しい人びと」の基本観念なのだった。シュティルナーが保持し続けたもの、それは若きマルクスの注目したキューバの先住民やフォイエルバッハの注目したオリノコ河畔の先住民に備わるものだった。

2. 愛国者

「人あって、一個の良き愛国者【Patrioten】たる実を示さぬとき、彼は祖国【Vaterland】との関係において、自らのエゴイズムを露わすことになる」(40〜41頁、S.32.)

さて、「祖国との関係において、自らのエゴイズムを露わすことになる」事態について、私は家父長的な祖国愛への拒絶、家父長制以前の中央集権に

あらがう社会的抵抗「愛郷心（Patriophil、パトリオフィル）」への回帰を想定している。「パトリオフィル」は、私の造語である。「パトリ」は郷土を、「フィル」は愛を意味し、合わせて「郷土愛・愛郷心」となる。それは政治的・国家的であるよりも社会的、あるいは文化的な概念であり、権力的であるよりも倫理的な規範概念である。「パトリオフィル」とは、国家を愛することよりも、それを産出する基盤である社会を愛することに意義を有する。二者択一的に結論付けるならば、国家（civitas）の前に社会（societas）がある。「パトリ」は、組織形態でいえば、政治的な国家（nation state）でなく風土的なクニ（regional country）に近い。ナショナリズムを「中央参加型祖国愛」と訳すならば、パトリオフィルは「地域存在型郷土愛」となる。

　パトリオフィルは古代ギリシア・ローマの父権・家父長権（paternitas）と相対的に区別される。たとえば、先史地中海社会の母権（maternitas）に優越する文明的支配権でなく、紀元前後に輪郭をあらわにするローマ皇帝権（imperium）＝中央集権にあらがう社会的抵抗権＝地域的カウンターパワーである。

　従来の先史・古代地中海史においては、前期バッハオーフェン（『母権論』1861 年）にならって母権社会（氏族共同体）から父権社会（家族・都市国家）への移行という了解がオーソドックスだったが、私は、後期バッハオーフェン（『古代書簡・第 1 巻』1880 年）にならって、その中間に母方オジ社会を挿入している。母方オジ権（avunculat）は男権ではあるが父権ではない。父が自氏族の外にいる母中心の氏族社会では、息子たちは大人になるまで母たちの兄弟に教育を受けることになる。そこで氏族社会では、ことの成り行き上、母の息子たちと母方オジたちとの親密な関係が成立し持続することになるのであった。[5]

　私は、後期バッハオーフェンにならって、①母権社会から③父権社会への過渡期に②母方オジ社会が存在したとみる。①から③の間に母（mater）と母方オジ（avunculus）が氏族（gens）の協調関係を維持し、やがてそれに族外婚的関係にあった別氏族の父（pater）が対立し家族（familia）支配を確立して③家父長（paterfamilias）となった。しかし共和制下における家父長には②母方オジ権（avunculat）の印象が大なり小なり残存していた。この②段階における家父長は郷土主義者（patriota）として迫りくる中央集権（imperium）・家父長支配（paterfamilias）にあらがうこととなった。

　ところで、語源から考察しても、②段階の pater は、いまだ③段階の

pater の概念を示すに至っていない。ギリシア語で「父」を「パテラス（pateras）」といい、ラテン語で「父」を「パーテル（pater）」という。pater の第一要素「pa」の意味は「守る」で、第二要素「ter」の意味は「人」である。双方合わせて「守る人」「保護者」となる。pater は最初から「父」といった性別を示していたのではない。私の理解では、母権社会では母たちが pater であり、母方オジ権（avunclat）社会では母方オジ（avunclus）が、あるいは母方オジの母方オジ（avus）が pater であったとしてよい。pater が「氏族的首長（氏族パーテル）」でなく「父（家族パーテル）」という概念を得るには、「父」が存在し、父を軸とした「家族（familia）」が存在することを前提とする。ギリシア古代史に照らすと、先住農耕ペラスゴイ人社会に北方からインド・ヨーロッパ語族のギリシア人が波状的に浸入する幾世紀の過程を経て、紀元前 8 世紀ころ、それまで自然的に営まれてきた氏族共同体（gens）であるコーメー（kome）が解体してポリス（polis）が人為的に形成される出来事、「集住（シュノイキスモス synoikismos）」を象徴的な画期とする。

　迫りくる中央集権（imperium）・家父長支配（paterfamilias）にあらがった氏族的首長（pater）は、古代エジプトでいえばやがて初期王権よって抑圧されていくことになる「ノモス（nomos）」にふさわしく、古代中国でいえば共有地に支えられた「邑＝社稷（しゃしょく）」に似つかわしい概念である。シュティルナーが言う「祖国との関係において、自らのエゴイズムを露わすことになる」事態を私なりに解説するならば、パトリオフィリスト（愛郷者 Patriophilist）の歴史貫通的な出現を指す。なお、この問題については、本書第 8 章でも取り扱う。

3. 家族

　「ご要望のような共同性の一つとして、まず第一に提示されるのは、家族だ」。（2-99 頁、S.241.）

　ここでは、Familia の前の gens, clan を知らないシュティルナーが際立つ。家族は文明の産物、シュティルナーの区切りでは「新しい人びと」時代の産物に過ぎない。その前「古い人びと」時代には氏族社会があった。ヤコブはイサクとリベカの子であり、リベカの兄弟ラバンの甥である。つまりラバンはヤコブの母方オジである。また、ヤコブはラバンの子ラケルと結婚する。つまりヤコブとラケルは母方交叉イトコ婚の関係にある。ヤコブは母方オジ

（avunclus）であるラバンのもとで必要な年月を働いたのちラケルと結婚した。

　「古い人びと」にかかわる氏族社会（先史社会に根を有する）と「新しい人びと」にかかわる家族社会（文明社会の根本をなす）の各々の特質を比較すると、以下のようになる。

・先史社会（ソキエタス）は、①共同所有に基づき、権力支配＝従属といった政治がない社会。②直系に相続されない（母系集団が共同で相続）。③子の所有がない（母系集団が共同で相続）。④土地所有がない（母系集団が共同で相続）。いっぽう文明社会（キヴィタス）は，

①財産に基づき、政治のある社会。②父系において、家父長から長子へと直系で相続される。③家父長による子の所有がある。④家父長による土地所有がある。

・先史の生活者は、例えば太陽は周期的に滅亡するか力を喪失すると考えた。神はけっして永遠なのではない。神もまた死ぬことがある。しかし、何らかの儀礼を執り行うことで、神は蘇生する。

・古代のオリエント諸民族のもとでは、自らの神（聖獣）や親ないし親の世代を食するというのは、さほど奇異な行為でなかった。紀元前5世紀ギリシアの歴史家ヘロドトスは、老いた親を食する慣習を記録している。神を食することによって、キリストが最後の晩餐で述べたような結果が得られると信じられたのだった。

・先史社会は以下の三つの要素から成立っている。原始労働（物質的生産）・トーテム信仰（儀礼）・氏族制度（人間組織）。先史の生活者たちは儀礼を生産に先行させる。トーテム神は儀礼によって出来（しゅったい）する。社会制度は儀礼によって生まれる。先史の人たちは、あらゆる事柄・行為を儀礼でもって開始するのである。その際、儀礼はすべてを産み為す大地および女性・母性の聖化をもって意義を有することになるのだった。母権的儀礼（cultus）は，先史社会では人々の労働＝農耕（cultus）を組織する制度だった。母権は儀礼であり制度であり、そしてモラルであった。[7]

　シュティルナーが区分した社会を私なりに解説すると以上の通りだが、そのような解釈が成り立つとすれば、シュティルナーのヘーゲル左派批判は西欧近代社会批判の大枠に当てはまることといえる。

第2節　他なる自我

4. 他なる自我

「私が私の恋人ではなく、この私の『他なる自我（anderes Ich)』ではない
のと同断に、私は私の心ではない。まさに、我々が、我々の内に住まう精神
ではないがゆえに、まさにそのゆえにこそ、我々は精神をわれわれの外に据
えねばならなかったのだ」。(44頁、S.34.)

「私は、神でもなければ人間一般でもなく、最高存在でもなければ私の本
質でもない (Ich bin weder Gott, noch der Mensch, weder das höchste
Wesen, noch Mein Wesen.)」。(45頁、S.35.))

フォイエルバッハはシュティルナー「他なる自我（anderes Ich)」概念に
であって、それまでにも用いてきた「アルター・エゴ (alter-ego)」概念を
再構成したはずである。この出逢いをさして、私はフォイエルバッハのシュ
ティルナー・ショックと呼ぶことにしたい。シュティルナーは「つまり、私
は人間より以外の何ものでもなく、汝も人間以外の何ものでもない、ゆえに
私と汝は同一なり (Ich und Du dasselbe)、ということだ。」(2-40頁、S.196.)
と言い放つ。だが、フォイエルバッハの場合、汝には人間のほか自然もはい
ることとなった。その「汝＝自然」という観点はシュティルナーとフォイエ
ルバッハを分かつ決定的な要素である。

5. 愛

「エゴイスト的なる愛つまりは私の愛は、聖でもなければ非聖でもなく、
神的でもなければ悪魔的でもありはしないのだ【Kurz die egoistische
Liebe, d.h. meine Liebe ist weder heilig noch unheilig, weder göttlich noch
teuflisch.】。／『信仰によって限定された愛は，真ならぬ愛である。愛の本
質に矛盾しない唯一の限定とは、理性、知性による愛の自己限定である。知
性の厳酷、その法則をないがしろにする愛は、理論的には一の虚偽の愛であ
り、実践的には一の破壊的な愛である』〔原注・フォイエルバッハ、『キリス
ト教の本質』394頁〕従って、愛はその本質からすれば、理性的である、と
いうわけだ！　と、フォイエルバッハは考える。これにたいし、信仰者はこ
う考える。愛はその本質からして、信仰的である、と。前者は非理性的愛に
反対し、後者は非信仰的愛に反対する。(中略) フォイエルバッハが愛の理
性性をもって愛の『自己限定』と名付けるとき、それは幻の詐術だ。信仰の

ものも同じ権利をもって、信仰性をその『自己限定』と名付けることだろう。非理性の愛は、『虚偽』でもなければ『破壊的』でもありはしない。その愛は愛として己の務めをなしているだけのことなのだ」。(2-213〜214頁、S.328.)

「愛」に関係するシュティルナーの『キリスト教の本質』理解は、一面的である。なるほどフォイエルバッハは、一方では「愛の理性性」を強調している。しかし他方では「肉」と絡んだ「非理性の愛」をも力説しているのである。フォイエルバッハは次のように明言する。「聖者がもっぱら形像のなかで尊敬され、神がもっぱら聖者のなかで尊敬されるのは、人びとが形像そのものや聖者そのものを尊敬するからである。ちょうどそれと同じように、神がもっぱら人間の肉のなかで尊崇されるのは、人間の肉そのものが尊崇されるからである。神が肉になり人間になるのは、すでに根底において人間が神であるからである」[8]。

いやいや、神への愛だろうが他者への愛だろうが、およそ聖なる概念にすぎない「愛」それ自体が唯一者にとって拒絶の対象なのだから、シュティルナーにとってはフォイエルバッハを受け入れることなどできない。「フォイエルバッハが愛の理性性をもって愛の『自己限定』と名付けるとき、それは幻の詐術だ。信仰のものも同じ権利をもって、信仰性をその『自己限定』と名付けることだろう。非理性の愛は、『虚偽』でもなければ『破壊的』でもありはしない。その愛は愛として己の務めをなしているだけのことなのだ。」というシュティルナーの訴えは、フォイエルバッハには強烈なカウンター・パンチとなったはずである。こうして、フォイエルバッハが独自に模索していたアルター・エゴ（alter-ego、他我）への道をすすむのに、シュティルナーの「古い人びと」的思考はその触媒となったのである。

第3節　ソキエタスとキヴィタス

6. 社会

「社会改革家たちは、一の『社会の法【Gesellschaftsrecht】』なるものを私に説教する。そのとき、個体は社会の奴隷となり、社会がこの者に権利をあたえるときにのみ、つまり、この者が社会の法律に従って生き、それゆえ——忠誠であるときにのみ、権利をもつこととなるのだ。私が何らかの専制のもとで忠誠であるのだろうと、ヴァイトリング風の社会でそうであるのだろうと、それはつまり、どちらにせよ私が私の権利ではなく疎遠な権利を所

有しているにすぎないというそのかぎりで、同じような権利喪失状態ということなのだ。（中略）ただ君の権力だけが、君の力だけが、君に権利をあたえるのだ」。(2-53頁、S.206.)

　ヴィルヘルム・ヴァイトリング（1808～71）の術語法では「社会（コムニタス）」は反国家（キヴィタス）、反文明だが、シュティルナーにはそこが見えていない。シュティルナーには「社会（コムニタス）」と「国家（キヴィタス）」の区別ができていない。ヴァイトリングの「社会」にはシュティルナーの「古い人びと」が住む。

　「それらの社会はつねに、人格、強力な人格、いわゆる『道徳的な人格』、つまりは亡霊であり、個体はつねにそれにたいして、しかるべき狂気を、亡霊恐怖を感じてきたのであった。かかる亡霊として、それら社会は、実にいみじくも『民族【Volk、訳者の片岡は「国民」と訳している】』〔訳注・多数、愚者の意味がある〕、場合に応じて『小民族【Völkchen、訳者の片岡は「小国民」と訳している】』との名を冠せられる。族長制【Erzväter】（とくにイスラエルの）民族【訳者の片岡は「国民」と訳している】、ヘレネの民族【訳者の片岡は「国民」と訳している】、等々、そして最後に——人間国民、すなわち人類（アナハルシス・クルーツは、人類『国民【Nation】』を夢想した。）ついで、この『民族』【訳者の片岡は「国民」と訳している】がそれぞれ分化され、それぞれの特殊社会をもち、またもたねばならぬ、すなわち、スペイン民族【Volk、訳者の片岡は「国民」と訳している】、フランス民族【Volk、訳者の片岡は「国民」と訳している】、等々であり、それらの内部にふたたび、身分、都市、つまりはあらゆる種類の団体があり、その最後に極端に細分化されたところに——家族、という小民族【kleine Völkchen、訳者の片岡は「小国民」と訳している】が位置する」。(2-87頁、S.231.)

　「キリスト教徒【Das Christenvolk、訳者の片岡は「キリスト教国民」と訳している】は、二つの社会をもたらした。それの持続は、その信徒【Volk、訳者の片岡は「国民」と訳している】の存続に比例する。この二つの社会【Gesellschaft】とはすなわち、国家【Staat】と教会【Kirche】である」。(2-89頁、S.233.)

　「社会というものが、私と君とによって創られるのでなく、一の第三者によって創られ、その第三者が我々2人から社会というものを創り出すのであるということ、まさにこの第三者が創造者・社会の創り手である、ということだ」。(2-97頁、S.239.)

シュティルナーには「古い人びと」がつくる社会【Gesellschaft】と、「新しい人びと」がつくる社会との相違が見えていない。古代ギリシアにおいてはシュノイキスモスがこの2種の社会を切り分けた。ギリシア古代史に照らすと、先住農耕ペラスゴイ人社会に北方からインド・ヨーロッパ語族のギリシャ人が波状的に浸入する幾世紀の過程を経て、紀元前8世紀ころ、それまで自然的に営まれてきた氏族共同体（gens）であるコーメー（kome）が解体してポリス（polis）が人為的に形成される出来事、「集住（シュノイキスモス synoikismos）」を象徴的な画期とする。「社会（コムニタス）」と「国家（キヴィタス）」の区別ができていないシュティルナーには、ヴァイトリングを有効に批評し得るはずがない。

7. 盗み

　「何人にも所属しないものは、盗まれるわけにはいかない。海から汲んでくる水は、盗むわけではない。従って、所有は盗みではなく、所有によってはじめて盗みが可能となるのだ。ヴァイトリングもまた、万物を万人の所有とみなすがゆえに、ここに帰着しなければならないのだ」。(2-145頁、S.278.)

　「盗み」には2種類ある。social（社会的盗奪）と privat（私的盗奪）である。その区別をせねばヴァイトリング批判足りえない、シュティルナーはその点が無自覚だ。ここであらためてヴァイトリングの考えた「盗む（stehlen）」を捉え直すと、次のようになる。まず、大地は、いかなる理由があれ永久的に私化することはできず、もしそれを行なえば「盗み」ということになる。これがまず第1点。次いで、神のものたる大地に自ら働きかけて獲得したものを自らが消費するという意味での大地の利用、これは占有権（Besitzrecht）の行使であって「盗み」ではないこと。だから自らの労働によらないもの、すなわち他者の生産物を一方的に消費するという意味での大地の利用、これは―その時々の合法・違法に関係なく―あきらかに所有権（Eigenthumsrecht）の行使であって、まさしく「盗み」であること、すなわち「所有（Eigenthum）」と「盗み」とは同根であること。これが第2点めの重要事である。そして第3に、自らの労働による生産物を、他者の所有権の犠牲とされた場合、その者は、神と自然法とに基づく正義の権限として、逆盗奪しうること、すなわち占有権の復権としての逆盗奪はむしろ所有を否定したところに成立するということである。[10]

　ヴァイトリングを批判してシュティルナーの言う「万物を万人の所有とみ

122

なす」発想は、当のヴァイトリングには無関係なのである。それからまた、モーゼル河畔の森林で自家用の枝木を拾う農民に注目した若きマルクスは、この枝木をキューバ先住民の黄金と比べたが、その際、シュティルナーの言う「海から汲んでくる水」と比較してもよい。

8. この人間・真の人間

「道徳的愛は、人間を、この人間のためにこの人間を愛するのか、それとも、道徳のために、人間なるもののために、ゆえに—人間ハ人間ニトッテ神デアル【homo homini Deus】、のだから—神のために、愛するのか。」（78頁、S.63.）

「私は、地球が星である、まさにそのようにして、人間であるのだ。地球が、『真の星』であろうとするなどという課題を提起するとしたら、それはまさしく笑止の沙汰であろう。同ようにして、一個の『真の人間』であることを使命として私に課するのもまた、笑止の沙汰であるのだ」。（2-44 ～ 45頁、S.199.）

フォイエルバッハの「この〇〇」はシュティルナーのこの主張とぴったり重ねている。フォイエルバッハは次のように述べる。「フォイエルバッハにとっては個体が絶対的な存在者—すなわち真の現実的な存在者—である。（中略）この人間、この『唯一者』、この『比較することができない者』、このイエス・キリストが排他的に神である。このカシワ、この場所、この森、この雄牛、この日が神聖なのであって、その他のカシワ、その他の場所、その他の森、その他の雄牛、その他の日が神聖なのではない。そのために宗教を廃棄するということは、その宗教がもっている神聖化された対象または個体と、それと同一な類に属する他の世俗的な個体的同一性を証明すること以外の何物をも意味しない。聖ボニファティウス（Bonifatius, 672 ～ 754）は神的なカシワの木、ガイスマルのカシワの木を倒したのであるが、彼はすでにそのとき我々の先祖にこの証明をしたのである[11]」。フォイエルバッハは明白に抽象的な「〇〇なもの」を拒否し、具象的な「この〇〇」を唱えている。ただし、その具象物を神聖とみるか否かが、2人の別れ道だ。

第4節　物質主義

9. 肉

「教理問答の諸教義は、いつしか我々の原則となって、もはやいかなる拒

絶も許さなくなる。それの思想もしくは―精神が、唯一の権力を握り、『肉』の抗弁にもはや耳を傾けられることはない。しかし、にもかかわらず、私は、『肉』によってしか精神の圧制を打ちやぶることはできない。というのは、人間は自らの肉にも耳を傾ける時にのみ、自らに全的に耳を傾けるのであり、彼が自らに全的に耳を傾ける時にのみ、彼は悟性的でありあるいは理性的であるからなのだ」。(83-84 頁、S.68.)

　フォイエルバッハは次のように述べる。「ホメロスの神々はちょうど人間と同じように肉体を持っている。しかしホメロスの神々が持っている肉体は、人間の肉体が持っている制限と負担とを捨て去っている肉体である」。

　「宗教の根原にあっては、神と人間との間の質的な区別または本質的な区別は全く存在しない。そして信心深い人間は、この同一性に対して決していきどおりを感じない。なぜならば、信心深い人間の悟性はなお彼の宗教と調和しているからである。こうしてヤーヴェは古代ユダヤ教においては単に実存の方からみて人間的個体から区別された本質（存在者）にすぎなかったのである。しかるに質的には、すなわち彼の内的本質の方からみれば、ヤーヴェは完全に人間に等しかった。ヤーヴェは人間がもっている情熱と同じ情熱をもち、人間がもっている特性と同じ人間的な特性をもち、人間がもっている身体的特性と同じ身体的特性さえもっていた[12]」。

　「肉」の問題はヘーゲル左派に先立つ思想家集団「青年ドイツ派」から引きつがれてきた。本書『ヘーゲル左派という時代思潮』第1章第3節「〔肉体の復権〕とキリスト教批判」に詳しく解説してある。

　「『肉』によってしか精神の圧制を打ちやぶることはできない」というシュティルナーは、デカルトの立場を然るべく批判している。「デカルトの『われ思う、ゆえにわれあり（cogito, ergo sum）』とは、『人は思惟するときにのみ、生をうる』という意味を持つ。思惟する生とはすなわち、『精神的生』だ！【Denkendes Leben heisst: ≫ geistiges Leben ≪!】生きるのはただ精神であり、精神の生がすなわち真の生なのだ。同様にしてこのとき自然においても、『永遠の法則』、精神、もしくは自然の理性が、自然の真の生となる。ただ思想のみが、人間においても自然においても、ひとり生きて、他のすべては死ぬのだ！　かかる抽象へ、普遍的なるものの若しくは生命なきものの生へと、精神の歴史はいたらねばならぬのだ。精神であるところの神が、独り生きるのだ」。(114 頁、S.94.) この問題でシュティルナーは、ビューヒナーら青年ドイツ派の圏内にある。

10. 悪徳に代える美徳

「革命は、既存のもの一般にむけられたのではなく、既存のこのもの、ある特定の存在にたいしてむけられたのだ。（中略）つまり、それは悪徳に代えるに美徳をもってしたにすぎないのだ」。(146頁、S.121.)

悪徳も美徳も「徳」という概念＝本質に過ぎない。革命は「徳」一般にむけられたわけでない。シュティルナーに先立って、この点を明白に語った人物として、フランス革命期の思想家マルキ・ド＝サドがいる。「悪徳の栄え」と「美徳の不幸」の中で、サドはこう記している。

クレアウィル「やれやれ！　人間が動物より何らかの点で優れているのなら、どうして動物もまた、何らかの点で人間より優れていないのでしょう？・・・おお、不幸な人類よ、お前の己惚れは何たる無軌道ぶりを発揮してしまったのだ！　いつになったらお前は、かかる愚かな迷いから覚めて、お前自身のなかに一匹の獣を、お前の神の中に人類の無軌道ぶりの極致を、見出すようになるのだ？　現世の道は、美徳の許へも悪徳の許へも自由に通じる融通無礙な道にすぎないことを、いつになったら納得するのだ」。

この世の中＝人間社会で、善とか美とか徳とかは、いったいだれが決めるのか？　神か？　否、自然だ。この世に美徳があるとすればそれは自然が望んだからであり、この世に悪徳があるとすればそれも自然が望んだからだ。だから我々はただ、自然が我々に与えてくれた熱情のままに行為して差支えなく、まちがっても神などという不自然に従ってはならない。神は、不自然にも、美徳しか人間に要求しないが、自然はその名のとおり、美徳をも悪徳をも人間に要求する。人がたとえば悪徳の途をつき進み殺人を犯したとする。そしてもしこれを指して美徳の神が犯罪だと決めつけたところで、その神はけっして殺人者を死刑にすることはできない。なぜなら美徳（神）が悪徳（殺人）を為すことはありえないからだ。こうして神は、その不自然さを晒け出すことになる。

サド、あるいはサドの小説に登場する主人公たちは、肉体をいとおしむ。肉体に無限の価値をおく。彼、彼女らは、あるときは肉体を物理的にいじめて、これをよろこばせる。またあるときは言葉＝会話による限りない想像力でもって、肉体をよろこばせる。そうしておいて、神とか国家とか法律とかが勝手に悪と命名した行為にふけることで、魂をあるがままの自然に従わせる。美徳も悪徳もありはしない。

ドイツ・リアリズム文学の先駆ゲオルグ・ビューヒナー（1813～37）も

彼の有名な戯曲『ダントンの死』（1835年）の中で、革命家ダントンと娼婦マリオンのプライベートな語らいを次のように記している。

マリオン「馬鹿馬鹿しいことね、どんなことに悦びを感じようと、結局は同じことでしょう。肉体の悦びも、キリスト像や花や子供の玩具を見て感じる悦びも、みな同じ感情なのよ。楽しみをいちばんよく味わえる人が、いちばんよくお祈りするものなんだわ（Wer am meisten geniesst betet am meisten）」

ダントン「きみの美しさをぼくはなぜすっかり自分の中につかまえられないんだろう、なぜすっかり包んでしまえないんだろう？」

マリオン「ダントン、あなたの唇には眼がついているのよ」

ダントン「エーテルの一部になって、きみをぼくという流れに浸らせてみたい。きみの美しい肉体の波うつたびに、ぼくの身を打ち砕いてみたい」[14]

ビューヒナーにしても、徳に美醜の区別などありはしない。ということは、徳という抽象概念は無用なのだ。シュティルナーと通じるところがある。

第5節　唯一者

11. 自己性・自己所有者

「『自由はただ夢の国にのみ住まう【Freiheit lebt nur in dem Reich der Träume!】』のだ！　これに反し、自己性【Eigenheit】は、これは、私の全存在、全実在【mein ganzes Wesen und Dasein】である、それは私自身であるのだ。私は、私が免れてあるところのものから自由であるが、私の力のうちにあり私が力を及ぼしうるところのものの所有人【Eigner】であるのだ。私が自らを所有することをわきまえ、私を他者に投げ与えぬかぎりは、私はいついかなる状況のもとでも、私に固有なるもの〔Mein eigen〕であるのだ」。(2-10頁、S.173)

「ある特定の自由を目ざす衝動は、つねにある新たなる支配への意図を内包している【Der Drang nach einer bestimmten Freiheit schliesst stets die Absicht auf eine neue Herrschaft ein】」。(2-13頁、S.176)

シュティルナーが説く「自己性【Eigenheit】」は、私を神に投げ与えず、むしろ神を支配する、すなわち神を否定する存在である。

「ゆえにこそ、君らは、君らの神々、偶像よりも君ら自身に心を向けるがいいのだ。君らのうちにひそむものを、君ら自身から引きだし、それを白日

のもとへと露わし、君ら自身を開示するのだ【Darum wendet Euch lieber an Euch als an eure Götter oder Götzen. Bringt aus Euch heraus, was in Euch steckt, bringt's zu Tage, bringt Euch zur Offenbarung】」。(2-15 ～ 16 頁、S.178.)

「君らのうちにひそむもの」は、フォイエルバッハの意味での「本質」ではない。具体的な、身体的な、唯一的な事柄である。

「そしてこのエゴイズム、この自己性、それによってこそ彼らは古い神々の世界【die alte Götterwelt】を免れ、その世界から自由になりえたのだ。自己性が一つの新しい自由を創出したのだ【Die Eigenheit erschuf eine neue Freiheit】」。(2-18 頁、S.179.)

「古い神々の世界」はすなわち呪術性・アニミズム（魂）によって特徴づけられる。そこを「免れ」るということは、魂（アニマ）の浮遊する聖霊世界から物質世界への離脱を意味する。石塚流に表現するならば、それは、フェティシズム世界への移行を意味する。[15]

12. 私の力（Gewalt）

「私の自由は、それが私の――力〔Gewalt〕であるときにはじめて、完璧となる。しかもこの力によって、私は、一の単なる自由人であることを止め、一の自己所有者となるのだ」。(23 頁、S.184-184.)

「だがどうして、私自身を、権能ある者、仲介者、自己自身と宣言することが、私に禁じられたままでありえようか。ゆえに、そのとき、かく謳われるのだ。

私の力は、私の所有である。

私の力は、私に所有をあたえる。

私の力は、私自身であり、その力によって私は私の所有である、と」。(50 頁、S.203.)

「ただ君の権力だけが、君の力だけが、君に権利をあたえるのだ。（たとえば、君の理性が、君にそれをあたえうるのだ。）」(53 ～ 54 頁、S. 206.)

「私の力」と聞けば、ヨーロッパ社会思想史上で、ホッブズやルソーの自然状態論を連想する。それは、近代的な意味での自然法思想の成立を前提としている。つまり、宗教改革以降、神の意志を強調するローマ・カトリック教会の権威が失われると、神の意志でなく人間の本性を土台として新たに自然法思想が生まれてきた。イギリスではホッブズが、この自然法理論から社

会契約説を導き出した。彼によると、人間は古代においては政府も国家も持たず、法も秩序もない自然状態にあり、「万人の万人に対する闘争」の状態にあった。そこで人間は、理性、すなわち自然法の教えるところに従って相互に契約を結び、代表者を設定して各人の主権を預け、この主権者つまり国王（君主）の定める法律によって平和と自己保存を維持すべきであるとした（主著『リヴァイアサン』1651年）。さらに、フランスのルソーは、主権の不可分なこと、それは譲渡もできないこと、代表もされ得ないことを主張し、独自の社会契約説を提起した。（主著『社会契約論』1762年）

　シュティルナーの「私の力」は社会契約前の「万人の万人に対する闘争」状態や、不可分にして譲渡もできない主権に似通っている。〔他我(alter-ego)〕を介して全体と一致する単位である〔単人〕で構成される社会であり、それは〔アフリカ・アメリカ〕的である。「単人」については以下の拙著を参照。『革命職人ヴァイトリング――コミューンからアソシエーションへ』社会評論社、2016年、412-413頁。

13. 連合（Verein）

　「エゴイストたる私にとって、この『人間的社会』の福祉などは何ら心にかかわるものではなく、私はその社会のために何ものをも犠牲とせず、ただそれを利用するだけだ。しかし、その社会を完璧に利用しうるためには、私はこのものをむしろ、私の所有・私の創造物に転化させ、つまりはそれを覆滅し、それにかえるにエゴイストの連合をもってするのだ」。(2-41頁、S.196.)

　19世紀前半ヨーロッパにおける「連合」と聞けば、第一にサン゠シモン、フーリエ、プルードンが連想される。

　サン゠シモン（1760〜1825年）は未だ労資の対立というものをさほど意識せず、大きく働く者と働かない者、利益をもたらす者（産業者）とそれに寄生する者の2階級に分類を行なう。彼によれば、新しい社会は前者が後者に代わって政権を担当し、産業者が自由に活動できるような社会である。そこでは、従来のような民衆を支配する道具としての国家は消滅し、産業者による富の生産とその自主管理をコントロールするような非政治的機関が残されるのみである。

　シャルル・フーリエ（1772〜1837年）は、秩序なき産業と不平等な財産所有に基づいた資本主義社会では悪徳しか栄えないとし、これに代えて「ファランジュ」と称する一種の共同社会を建設するよう説く。この理想社会では、

生産的余剰は一定の比率によって各構成員に配分され、したがって私的所有は廃されず、またその構成員は、サン゠シモンの産業社会の場合と違って、小所有者、職人など旧来の生産者である。これら小生産者の分業と協業とによって生産力を高め、人間の諸情念を解放し、物心両面において実り豊かな社会を実現することが、フーリエの理想であった。

　ジョゼフ・プルードン（1809 ～ 65 年）は、フランスの現状を分析するにあたって、ルソー主義には立たず、一種の進歩史観に立つ。すなわち、人類はまず宗教的な革命において神の前における平等を獲得し、ついで哲学的な革命を通じて理性の前における万人の平等を獲得した。そしてさらに、フランス大革命に見られるような政治革命によって、法の前における万人平等を実現した。そこで、残る革命としては、資本に対する労働の優位を確立し、労働者（貧者）も資本家（富者）もなく、万人が「普遍的な所有者」つまり経済的に平等な単一の階層に解消するような、経済革命があるだけだ、と結論する。彼は、経済的に平等な人間どうしの結合を考えるが、これも一種の契約である。とはいえこれは、ロックに見られるような政府（統治者）と市民（被統治者）の間の同意によるもの（服従契約）でなく、またルソーのような全体（主権者たる人民＝一般意志）と個（国家の構成員たる人民）との間の同意によるもの（結合契約）でもなく、同格の 2 者の間、個と個の間の契約、いわゆる「水平契約」である。プルードンに独得のこの契約は、何を、どれ位の期間に亘って取り結ぶかを最初から規定した双務的なものであって、主権が国家権力として機能することもない（ルソーとの違い）。

　プルードンが構想する社会では、農業と工業とが相互に連合する（連合契約）。この農工連合は、経済的な機能と同時に地方自治的な政治的機能をも果たす。中央の政府（本来の政府ではなく、たんなる管理局）は、この地方的な、自主管理的な農工連合に従属する[16]。

　以上の共同、連合とシュティルナーの連合との決定的な違いは、前者の担い手が相互性をもつのに対し、後者の担い手がエゴイズムに立っていることである。

　「連合の目的は、まさに——自由ではないからだ、連合はそれとは逆に自己性のために、しかもただ自己性のために、自由を犠牲とするのだ。自己性に関していえば、国家と連合との間の相違には顕著なものがある。国家が自己性の敵であり虐殺者であるとすれば、連合は自己性の子であり共働者である」。(2-233 頁、S.344.)

「唯一者として、君が君自身を主張しうるのは、ただ連合においてのみなのであって、それというのも、連合は君を所持することなく、君がこれを所持し、君のためにこれを有用ならしめるからなのだ。／連合において、そしてただ連合においてのみ、所有は承認されるのだ」。(2-239-241 頁、S.349.)

フォイエルバッハはシュティルナー「連合」概念にであって衝撃を受け、それまでにも用いてきた「アルター・エゴ (alter-ego)」概念にエゴイズムを積極的に挿入するという方向をとり、合わせて「聖」の意味を非キリスト教的に解消したはずである。シュティルナーの力はすさまじい！

16. 唯一者

「私は自分を何か特殊的なものとみなすのではなく、唯一的なものとみなすのだ。私は、たしかに他者と類似性をもちもするだろう。しかしそれは、単に比較あるいは反省とみなされるにすぎず、事実的には私は比較不能であり、唯一的であるのだ。私の肉体は彼らの肉体ではなく、私の精神は彼らの精神ではないのだ」。(187 頁、S.153.)

この一文に出会ったフォイエルバッハは、エゴイズムを肯定的に捉え返し、それまでにも用いてきた「アルター・エゴ (alter-ego)」概念にエゴイズムを積極的に挿入するという方向をとったはずである。研究者の滝口清栄は次のように説明する。「唯一者、エゴイストは『利己心 (Selbstsucht)』の立場とは端的に異なる。功利性すなわち快楽への傾向は、シュティルナーからすれば、ものに憑かれた状態ということになろう。(中略)シュティルナーの『エゴイスト』はもっぱら意志決定の自己性、自己意志を貫く形式である。[17]」また、研究者の尾崎恭二は次のように考えている。「彼の言うエゴイスムスは、その原理に関していえば我欲や利己主義などではないのである。そのことは、記述のように、彼が我欲 (Selbstsucht) や我欲に囚われたエゴイスムス (利己主義) に対して一貫して最も低い位置を与えていたことから容易に推察できよう。[18]」そのようなカウンター・パンチを受け、フォイエルバッハは、『キリスト教の本質』(1841 年) から『宗教の本質』(1845 年) の間にエゴイズムを受容していった。[19]

むすび

古代＝呪術性・アニミズム（魂）、これをシュティルナーは「黒人性」と

称している。それと、新しい時代＝聖性（das Heiliege）・キリスト教（霊）・人間なるもの（フォイエルバッハ『キリスト教の本質』）とをもろともに否定した後、シュティルナーにおいて将来的に浮き上がってくる原理は物質性である。真善美・聖信徳愛、ようするに〔本質〕観念を否定するならば、残るは、本章の冒頭に記した「①非超越的で還元不可能な物質性、②物質（mater）の唯一性および儀礼を介した反復性」である。私なりの研究ではこれを「フェティシズム」と称する。[20]

　シュティルナーは、私の観点から見るとフェティシストである。ところで、そのシュティルナーに批判されて以降、フォイエルバッハは『宗教の本質』（1846 年）、『宗教の本質に関する講演』（1851 年）で、俄然、自然信仰をフェティシズム的な表現でもってポジティヴに記し始める。

　「ただし現実においてはまさに逆に、自然は神よりもいっそう先に存在する。すなわち具体的なものは抽象的なものよりもいっそう先に存在し、感性的なものは思惟されたものよりもいっそう先に存在している。もっぱら自然的に事が進む現実においては、模写が原像に続き、形像が事象に続く。しかるに、神学の超自然的奇跡的な領域においては原像が模写に続き、事象が形像に続く」[21]。

　「それ故に、害悪の根源はまた善の根源であり、恐怖の根源はまた喜悦の根源であります。｜交互！｜ したがって、それ自身同一の原因をもっているものを、人間の心情はなぜ自分のなかでも結合してはいけないのでしょうか」[22]。

　非ヨーロッパ先住民文化については、18 世紀、J=J・ルソー（1712 〜 78 年）等の「ボン・ソヴァージュ」（文明によって汚されていない「善き野生」）称揚を通じてヨーロッパに紹介されていた。ロマン派の文学者フリードリヒ・シュレーゲルは、1808 年に至って、名著『インド人の言語と叡智について』を発表した。その中で彼は、『バガヴァット・ギーター』『マヌ法典』『ラーマーヤナ』などの抜粋をはじめて原典から独訳した[23]。シュティルナーが非ヨーロッパ世界に目をむける素地はこうして整っていったのである。

　19 世紀を経過する過程にあって、一方で、非ヨーロッパ世界を遅れた、劣った地域とみなす傾向が増大していたが、他方では、アメリカ先住民イロクォイ社会における「歓待の儀礼」に代表される「野生のおおらかさ」に惹きつけられる傾向も増大していた[24]。のちに画家ゴーギャンはタヒチへと移り住み、画家ピカソはアフリカ彫刻に触発されてキュビスム絵画に取り組むようにな

る。そのような傾向は 19 世紀ヨーロッパ思想界にも浸透していたのである。シュティルナー『唯一者』出版・発禁およびフォイエルバッハ「アルター・エゴ」概念のシュティルナー的換骨奪胎はかような文脈に登場してきたと、私は考察するのである。

〔注〕

(1) シュティルナー、片岡啓治訳『唯一者とその所有』現代思潮社、第 1 分冊、1967 年、88 頁。Max Stirner, *Der Einzige und sein Eigentum*, Reclam, 1972. S.71-72.

(2) 「①非超越的で還元不可能な物質性、②物質（mater）の唯一性および儀礼を介した反復性」という概括をするについて、以下の文献を参考にした。ウイリアム・ピーツ、杉本隆司訳『フェテッシュとは何か―その問いの系譜』以文社、2018 年。

(3) 川本隆「質料としての他我」、フォイエルバッハの会編『フォイエルバッハ―自然・他者・歴史』理想社、2004 年、114 頁。

(4) 川本隆「質料としての他我」、115 頁。

(5) 石塚正英『バッハオーフェン―母権から母方オジ権へ』論創社、2001 年、参照。

(6) アンドレ・マルティネ、神山孝夫訳『「印欧人」のことば誌―比較言語学概説』ひつじ書房、2003 年、279 頁。

(7) 石塚正英『儀礼と神観念の起原』論創社、2005 年、参照。

(8) Ludwig Feuerbach, *Das Wesen des Christentums,* Reclam, Stuttgart. 1974, S.520. 舩山信一訳『キリスト教の本質』岩波文庫、第 2 分冊、322 〜 323 頁。

(9) 石塚正英『革命職人ヴァイトリング―コミューンからアソシエーションへ』社会評論社、2016 年、186 頁以降、参照。

(10) 同上、243 頁以降、参照。

(11) *Wigand's Vierteljahrsschrift*, Zweiter Band, Leipzig, 1845. S.197. 舩山信一訳「【唯一者とその所有】に対する関係におけるキリスト教の本質」、『キリスト教の本質』、第 2 分冊、353 〜 354 頁。

(12) Ludwig Feuerbach, *Das Wesen des Christentums*, Reclam,, S.165, S.302. 舩山信一訳『キリスト教の本質』第 1 分冊、215 頁、第 2 分冊、29 頁。

(13) 澁澤龍彦訳『マルキ・ド・サド選集』第 5 巻「悪徳の栄え・悲劇物語」桃源社、1964 年、139 頁。

(14) G. Büchner, Danntons Tod. Erster Akt. *Georg Büchner Werke und Briefe. Gesamtausgabe*, Insel-Verlag Leipzig 1968, S.25.

(15) 石塚正英『フェティシズム―通奏低音』社会評論社、2014 年、参照。

(16) 石塚正英『近世ヨーロッパの民衆指導者』社会評論社、2011 年、参照。

(17) 滝口清栄『マックス・シュティルナーとヘーゲル左派』理想社、2009 年、

115 頁。

(18) 尾崎恭一「シュティルナー哲学のプロブレマーティク」、石塚正英編『ヘー
ゲル左派—思想・運動・歴史』法政大学出版局、1992 年、所収。

(19) 滝口清栄、同上、147 〜 169 頁、参照。

(20) 世界各地に散見される「フェティシュ信仰・儀礼」については以下の文献
に詳しい。Charles de Brosses, *Du Culte des Dieux Fétiches*, 1760. シャルル・
ド＝ブロス、杉本隆司訳『フェティシュ諸神の崇拝』法政大学出版局、2008 年。
James George Frazer, *The Golden Bough*, London, 1890-1936. ジェームズ・フ
レイザー、石塚正英監修・神成利夫訳『金枝篇』（全 10 巻）、国書刊行会、
2004 年〜現在第 7 巻まで刊行。

(21) Ludwig Feuerbach, *Gesammelte Werke*, hg. v. W. Schuffenhauer,
Akademie-Verkag, Berlin, Bd.10, 1969, S.28. フォイエルバッハ、舩山信一訳「宗
教の本質」、同『フォイエルバッハ全集』福村出版、1975 年、第 11 巻、32 〜
33 頁。

(22) *Ibid.*, S.37. フォイエルバッハ、舩山信一訳『宗教の本質に関する講演』第 4
講、第 11 巻、228 頁。

(23) 石塚正英「始まりとしての八分休符」、同『身体知と感性知—アンサンブル』
社会評論社、2014 年、参照。

(24) 石塚正英「母方オジ権と歓待の儀礼」、世界史研究会編『世界史研究論叢』
第 5 号、2015 年。

第5章　汎神論から他我論への展開
——中後期フォイエルバッハ——

　本書のはしがきで、私は以下のように記した。「初期のフォイエルバッハは、1830年代をとおして神と自然の同一性を軸とする汎神論的自然観を重視した。中後期のフォイエルバッハは、非キリスト教圏を対象とした時点で、キリスト教に起因する汎神論的自然観・世界観の通用しない地域文化のあることを悟った。彼は、たとえば南米オリノコ河畔先住民の自然神に注目したが、それは汎神でなく物神（Götze）であった。そのようなフォイエルバッハを初期から後期まで途切れなく考究の射程に入れずして、21世紀という現代におけるヘーゲル左派論を語りつくしたことにはならない。私は、フォイエルバッハに特化して、良知と廣松の立ち止まったところから先に進んでみた。その一端をここにまとめてみた[1]」。本章と次章は、その報告となる。

　一八世紀フランスの比較宗教学者・百科全書執筆者シャルル・ド・ブロス（Charles de Brosses, 1709-1777）が1760年ジュネーヴで出版した著作『フェティシュ諸神の崇拝』によれば、文明以前において人と自然は相互的・交互的に交わっていた[2]。19世紀イギリスの民俗学者・人類学者エドワード・バーネット・タイラー（Edward Bernett Tylor, 1832-1917）が1871年にロンドンで出版した著作『原始文化』によれば、人びとは自然のただ中にあって呪術、技術を介して交渉しつつ先史から文明へと進化・進歩してきた。19世紀ドイツのキリスト教批判者・哲学者ルートヴィヒ・アンドレアス・フォイエルバッハ（Ludwig Andreas Feuerbach, 1804-1872）が1851年に出版した著作『宗教の本質に関する講演』によれば、先史や辺境に暮らす人びとはキリスト教的な超越神でなく森羅万象の自然神を介して〔他我（alter-ego）＝もう一人の私〕としての人間・自然と相互的に交流した。けれども、ド＝ブロスやタイラー、フォイエルバッハが注目した人間と自然の関係は、文明（時代・地域）においては委縮し仮死状態となった。例えば、中世キリスト教的ヒエラルキー世界では、超越神による人間支配と、その人間による自然支配がシステム化したのである。

　さて、そのような傾向に対して、19世紀20~30年代の若きヘーゲル哲学徒にして、神の息吹は宇宙大に広がり人の心中にも存在するとしたドミニコ

会修道士ジョルダーノ・ブルーノ（Giordano Bruno, 1548-1600）に感化され
つつ汎神論的立場をとったフォイエルバッハは、1830 年に『死と不死につ
いての思想』を匿名で出版してキリスト教批判を敢行し、神の超越性を否定
し、自然との関係における人間精神を強調した。さらに 50 〜 60 年代に至り、
『宗教の本質に関する講演』などを発表して、人間のみならず自然をも〔他
我（alter-ego）＝もう一人の私〕とみなす議論を強化した。現代風に表現す
れば、人間による自然の支配から人間と自然の共生への転換を目指したので
ある。これを私は、19 世紀後半におけるヨーロッパ宗教哲学の一特徴と評
価する。

　本章では、生涯を通して自然を崇敬したフォイエルバッハを事例にして、[3]
19 世紀後半におけるヨーロッパ宗教哲学、〔それとは違う神話世界〕の一特
徴を際立たせてみたい。それはまた、未だ十全には達成されていないフォイ
エルバッハ思想の統一的全体像を求める努力でもある。

第 1 節　それとは違う神話世界を求めて

　19 世紀初頭のドイツにおいて、キリスト教（カトリック）を批判してイン
ドの神々を崇敬するに至った一人の芸術家がいる。作曲家ルートヴィヒ・ヴァ
ン・ベートーヴェン（Ludwig van Beethoven, 1770-1827）である。彼のカトリッ
ク離反とインド諸神崇拝は、20 代後半以降の聴力喪失という自身の経験と
深く関連していた。彼は、1815 年に次の記述をなした。「ブラマ（Brahma）、
その精神はブラマ自らの中にのみこまれている。力強きもの、ブラマは空間
のどの部分にも現存している。（中略）汝（Du）はあらゆる讃美と敬慕のま
とたれ！　汝（Du）は真の至福バガヴァーン（Bhagavan）、すべての法則の
本体であり、あらゆる叡智の形像であって、全世界を現実のものたらしめ、
万物を担うものである」。ベートーヴェンはインドの神々を「空間のどの部
分にも現存している」存在、つまり汎神としつつ、「汝」と呼び掛けて記述
する。インドの創造神ブラマ、至高神バガヴァーンに対し尊敬の呼称「おん
み（Sie）」でなく親愛の呼称「汝（Du）」で語りかけて崇敬するのである。[4]
どちらかといえば、いと高き、至高の神でなく、フォイエルバッハ風に表現
するならば、〔他我＝もう一人の私〕としての神々なのである。

　現在のアフガニスタン・パキスタン国境に位置するカイバル峠を越えて北
インドに入ったアーリヤ人たちは、最初に発見した荒ぶる流れをシンドスと

呼んだ。これがインダス川であり、インドの語原ともなった。この地に入ったアーリヤ人たちは、変転著しい自然を目のあたりにして、その不可思議な現象を神格化し、なかでも火神アグニ、太陽神ヴィシュヌ、雷神インドラを崇拝した。ベートーヴェンが名を挙げる「ブラマ」とはインドの創造神・太陽神「ブラフマン」のことで、「バガヴァーン」とは「バガヴァット」と同じく、「森羅万象」「至高存在」の意味である。古代インドはしたがって、キリスト教的一神教出自の汎神論とは違う次元で、神格化された自然に起因する汎神論的な神話世界だったと解釈できるのである。

　ベートーヴェンは既存のキリスト教を嫌った。とりわけカトリックを嫌った。彼はこう告白する。「人間よ、自らの力でおまえ自身を助けよ（Mensch, hilf dir selbst.）」。神は神に救いを求める者を救うのであって、自らを助ける者を助けるのではないから、キリスト教の神はたしかにベートーヴェンの眼中になかったようである。自然神、あるいは端的に自然それ自身が、彼のalter-ego なのだった。彼は、キリスト教とは違う神話世界を求めていたのだった。ベートーヴェンはこのようにしてインドの創造神ブラマ、至高神バガヴァーンに対し尊敬の呼称「おんみ（Sie）」でなく親愛の呼称「汝（Du）」で語りかけて崇敬するのである。

　それは、翻訳を通じてインド思想をドイツに紹介したシュレーゲル兄弟を中心とするロマン派文学者集団や、ヘーゲルを一員とする汎神論的哲学派を育む時代思潮とも関係していた。

　ベートーヴェン死後、ドイツのキリスト教神学界において大きな価値転倒の運動がおこった。それは、ヘーゲル学派中の宗教哲学的左派、ダーフィット・フリードリヒ・シュトラウス（David Friedrich Strauß, 1807-1874）が巻き起こしたものである。シュトラウスは、テュービンゲン大学のバウルのもとで神学を学び、やがてベルリンへ出てヘーゲル晩年の講義を聴いた。そして彼は、ヘーゲル弁証法を学ぶことによって、むしろ師の哲学体系（宗教哲学）に挑戦し、キリスト教の絶対的価値を否定したのである。シュトラウスによれば、キリスト教は神の啓示の一部分にすぎず、それは歴史的発展上の特定の段階における一産物であって、けっして絶対的な価値を保持してはいない。また、福音書の物語は歴史的事実・真実ではあり得ず、神話である。あるいは原初のキリスト教徒が無意識に創り出した共同体精神、その物語の舞台となっている民衆や時代の精神なのである。このように、ヘーゲル弁証法を駆使することによってシュトラウスは聖書の超自然的解釈を排斥したの

である。

　こうして、例えばベートーヴェンのインド神話的汎神論が、また例えばシュトラウスの神話的聖書解釈が登場してくる 19 世紀前半期ドイツにおいて、フォイエルバッハの他我的自然信仰論は萌芽するのだった。

第2節　中後期フォイエルバッハの自然信仰論

　自然はそれのみで存在しており、けっしてどのような知にも信仰にも依存していない。また、人間は自然を土台として存在しており、自然と人間以外には何も存在しえない。ところで、神とは、人間の自己疎外によって生じた産物であり、それは人間の本質にほかならない。人間がいないところに神はいない。キリスト教において人間は自分自身の本質と対立し、神という名のもとに、それに従属している。この自己疎外された人間をヘーゲルは本来の人間と規定し、人間を類と個、本質と実存とに分裂させてしまっている。その際この分裂は宗教において貫かれており、この宗教においてこそ人間の本質は神へと奪われているのだ。だから宗教を否定することが必要となってくる。ただし、ここに記された神とは、とりわけキリスト教の神に過ぎない。以上の要点は 1841 年に出版した『キリスト教の本質』段階における主張である。

　その後のフォイエルバッハは、こう述べる。かつてキリスト教徒に蹴散らされてしまった古代人の神がみ、野生人の神がみは、キリスト教の神と違って、石塊とか樹木、泉、山羊といった自然そのものである。古代人・野生人は、これら自然神になるほど拝跪するものの、ときと場合によってはこれらを打ち叩きもする。崇拝するが攻撃もし、攻撃したあと和解する。1857 年に出版した『神統記』においてフォイエルバッハは述べる。古代人や野生人のもとでは「あらゆる対象が人間によってただ神として尊敬される。この立場はいわゆるフェティシズムである」。「動物に対する尊敬の根拠は動物そのものの中に横たわっていないだろうか？」「神がみを動物的に表象し模写している人は、無意識的に動物そのものを尊敬しているのである[8]」。

　フォイエルバッハによれば、そのような古代人や野生人の信仰は宗教以前のもの、あるいはそこから宗教が派生する根原にあたるものである[9]。その段階では、神と人間との質的な区別は一つもない。フォイエルバッハにおいては、人間と神との関係はもともと交互的であるもの同士の内的関係であり、

138

したがっていかなる事態が生じようとも神は人間を超越し得ない。ときに人間は神に拝跪するが、ときに神は人間の強請に従う。ユダヤ教・キリスト教に代表される、宗教の本格的開始は、神と人間との交互的関係が支配・被支配の垂直な関係に固定された段階である。ただし、交互的関係そのものが破壊されたり消滅したりしているのではない。宗教、とりわけユダヤ教・キリスト教のような一神教においては、神と人間との交互性は人びとの信仰心の深層に留まり、その垂直な主客関係が表層で現象したのである。

　本来なら、つまり古代人や野生人の交互的信仰世界においてなら、人間と神との転倒した関係（拝跪一辺倒）は容易に正立（交互連環）へと回復する。そうした古代人・野生人の信仰を、フォイエルバッハはゲッツェン・ディーンスト（Götzendienst、物神崇拝）と称するが、比較宗教民族学の用語では、これをフェティシズムという。正立への回復を伴うかぎりでの転倒、それは自然の成り行きである。場合によっては快楽であり至上の悦びなのだ。こうした信仰を讃えるフォイエルバッハは言う、「唯物論が神がみの根拠にして起原である（Der Materialismus ist der Grund und Ursprung der Götter.）」と。
(10)

　ところで、フォイエルバッハは前述のごとく、1830年代をとおして神と自然の同一性を軸とする汎神論的自然観を重視した。その汎神論(11)（Pantheismus）という術語は、18世紀におけるその語の成立事情（汎神論論争＝スピノザ論争）からいって、キリスト教思想圏にかかわる（狭義の定義）。その語は厳密には非キリスト教世界に妥当しない。汎神（論）は非キリスト教世界には類推・類似（広義の定義）として存在するのみである。例えば、ベートーヴェンにおけるインド諸神のように類推的に存在する。しかし、元来キリスト教の神（神観念）がありえない世界には、キリスト教の汎神（pan-theos）もありえない。古ゲルマンの樹木神や古日本の風の神のようなアニミズム（宿る神）ならば存在するが、それは個別の神々（多神）にかかわるのであって、森羅万象にあまねく遍在する（顕現する）一神にかかわるのではない。

　『宗教の本質に関する講演』におけるフォイエルバッハの議論では、キリスト教の神は「言葉が形であるのと同じ意味での形像」であり、キリスト教は形像崇拝（Bilderdienst）という物神崇拝である。超越神であろうが理神(12)であろうが、汎神であろうが、フォイエルバッハは自然を貶めるようなキリスト教の神をいっさい許容していない。彼は我と汝（他我）の関係に自然をも加えているが、その自然（自然神）はキリスト教神の息吹といった汎神で

第5章　汎神論から他我論への展開──中後期フォイエルバッハ──

139

なく、自然＝森羅万象それ自体である。

フォイエルバッハは、たとえば南米オリノコ河畔先住民の自然神に注目したが、それは汎神でなく物神（Götze）であり、私の議論ではフェティシュ（Fetisch）である。フォイエルバッハはフェティシュをときに Götze というドイツ語で言い表した[13]

フォイエルバッハの Götzendienst は、私の議論では Animismus（アニミズム）でなく Fetischismus（フェティシズム）である。中後期のフォイエルバッハを問題にするのであれば、汎神論は、非キリスト教世界に関連する彼の研究対象には妥当しない。かわって強まったのは非キリスト教的自然信仰に対する寛容論である。その側面は以下の文章に端的に表明されている。

「しかし人間学は信仰と迷信との区別に頭を悩ましたりしない。なぜなら、人間学は一神教を信仰として宣言し多神教を迷信として宣言するような有神論の偏狭な党派的立場に立っていないからである。人間学は人類全体に注意を払っている。人類全体においては、唯一神・排他的な神・それのみが真実の神は、たんに、時間的にも空間的にも多くの神々と並ぶ一つの神・多くの中の一つの神として現れるにすぎない。したがって人類全体においては、不寛容な一神教は平和的かつ社交的に、たんに人類の多神教の一つの特殊な様式として明示されるにすぎない[14]」。

ジョルダーノ・ブルーノに代表される狭義の汎神論は一神教にかかわるのだから、人類の多神教世界にキリスト教的汎神論を当てはめようとすると不具合が生じ、それは不寛容ともなる。そのようにフォイエルバッハは主張していると解釈できる。

以上の議論は、はたしてフォイエルバッハ自身の思想は汎神論的か否か、という問題とは相対的に別個である。非キリスト教圏の物神（Götze）という研究対象を汎神論的に考究したか否か、という問題である。私は、これまで、後者を問題にしてきた。そして、後者の問いにおいて、答えは「否」であると、私は結論づけている。物神（Götze）という研究対象を――ド＝ブロス著作『フェティシュ諸神の崇拝』に学んだ私にすれば――フォイエルバッハは、フェティシズム的観点で考究したのである。前者の問題、はたしてフォイエルバッハ自身の思想は汎神論的か否か、という問題に関して、私は、学問的に断定できる研究蓄積をもっかのところ持ち合わせていない。ただし、次のことは指摘できる。フォイエルバッハは、非キリスト教圏を対象とした時点で、キリスト教に起因する汎神論的自然観・世界観の通用しない地域文

化―ベートーヴェンの崇敬したブラマやバガヴァーン―のあることを悟ったことである。

その際、非キリスト教圏の自然諸神を、いや、自然そのものを、フォイエルバッハは〔他我＝もう一人の私 alter-ego〕として把握した。例えば、肉体（自然）は精神（人間）の持ち物、のごとき主客的区別はしない。端的に、「肉」としての人間を称える。この傾向は、19世紀前半のフランスですでにサン＝シモン派が示していた。さらには、そのサン＝シモン派に影響されたドイツの文学者集団、カール・ゲオルク・ビューヒナー（Karl Georg Büchner, 1813-1837）ほかの青年ドイツ派がこの傾向を促進させていた。いわゆる「肉体の復権」である⁽¹⁵⁾。

19世紀前半におけるこうした傾向を背景にして、フォイエルバッハは、〔我と汝〕双方にとっての身体を考える。我にとって我の身体は我の感覚・知覚の主体であり、我の欲求や願望の発信源である。しかし汝にとって我の身体は汝の感覚・知覚の対象であり、汝の欲求や願望の向かう先である。そこで我の身体と汝の身体は対立するのでない。我と向かい合ったもう一人の我、つまり他我（alter-ego）の意味をもつ。我と汝という二つの個別＝個人が〔我と他我という対を単位とする普遍＝単人〕に転化している⁽¹⁶⁾。その転化を実現しているのが生身の身体、我の身体、汝の身体なのである。そのような意味で、フォイエルバッハの捉える人間は、身体的存在であると言える。

ところで、フォイエルバッハにおける汝には、すでに記したように、自然が入る。身体は自然そのものである。自然は、したがって、身体がそうであるように、一種の存在者（Wesen）である。裸の自然はたんなる物在（Ding）にすぎないが、我＝汝の関係にある自然は存在者である。

さらにフォイエルバッハは、『宗教の本質』（1845年）の中で、先史や辺境地帯の人びとによって神に選定された自然を "Sache" という語で表現し、これを神の原像と理解する。いわく、「現実においてはまさに逆に、自然は神よりもいっそう先に存在する。すなわち具体的なものは抽象的なものよりもいっそう先に存在し、感性的なものは思惟されたものよりもいっそう先に存在している。もっぱら自然的に事が進む現実においては、模写が原像に続き、形像（Bild）が事象（Sache）に続き、思惟が対象に続く。しかるに、神学の超自然的奇跡的な領域においては原像が模写に続き、事象が形像に続く」。ここに記された "Sache" は、いわゆる自然神のことであるが、もともと "Wesen"（存在者）であって、その意味からすると人間＝身体と一緒である。

〔我と汝〕の関係である。[17]

　まさしく、フォイエルバッハ宗教哲学における、汎神論から他我論への展開である。そのような展開を可能にした要因として、18世紀から発展してきた博物学や人類学へのフォイエルバッハの接近がある。[18]次節では、フォイエルバッハ宗教哲学における汎神論から他我論への展開を今少し綿密に検討することを目的に、18世紀フランスのシャルル・ド＝ブロス、19世紀イギリスのエドワード・バーネット・タイラーの諸学説を検討する。キーワードはフェティシズム、アニミズム、それにトーテミズムである。

第3節　原初的信仰の規範——フェティシズム、アニミズム、トーテミズム

　前節の最後に、「フォイエルバッハ宗教哲学における汎神論」と記した。くどいようだが、汎神論はキリスト教圏、一神教世界における信仰形態である。森羅万象にあまねく存在する神の息吹は単数である。それに対して、中後期のフォイエルバッハが注目した非キリスト教圏における諸神は原初的な自然信仰、多神教世界に係っている。端的に述べると、キリスト教（一神教）批判に踏み切ったフォイエルバッハにとって、一神教的汎神論は矛盾である。そこで、意識的にか否かはともかく、彼は、17～19世紀ヨーロッパに紹介されてきた非キリスト教圏の原初的自然信仰、および古代ヨーロッパに存在したプレ・キリスト教的「異教」にそなわる他我論的様相に惹き付けられていった。そこで、本節では、とくにタイラーのアニミズム学説を援用することで、フォイエルバッハ宗教哲学におけるキリスト教的汎神論から非キリスト教の他我論への展開を確認してみる。

　タイラーは、1856年にメキシコとキューバなどアメリカ大陸を旅行し、現地の先史文化を見聞し、ほどなくイギリス人類学の礎を築くこととなる。そこで彼が主唱した「アニミズム（animism）」は、著作『原始文化』によく示されている。

　「魂（soul）とその他の霊（spirit）とのよく似た性質は、実際のところ、最も粗野な段階から最も開化した段階まで、アニミズムに通常みられる点の一つである。」[19]タイラーにすれば、人間の魂と諸物の霊とは似通っている。両者を媒介する術語として、タイラーは存在者「アニマ（anima）」を持ち出す。アニマは、大きい括りでは精霊であるが、疑似人格者というか存在者であって、アニマを介して人間は諸物と相互交流する。諸物が動物であればな

おのこと、魂（人間）と霊（自然）の関係は、フォイエルバッハ的に言うところの、〔我と汝〕の関係にある。

　タイラーのこのアニミズム説に対して、その後幾つかの修正説が提出された。一つはイギリスの人類学者ロバート・マレット（Robert Ranulph Marett, 1866-1943）が説いたマナイズムあるいはアニマティズムである。これは人格的なアニマでなく、非人格的なマナに力を見いだす説である。交流するのは存在者同士というよりも、単なる「気（マナ）」の行き来である。とにかく、これらはすべて自然界のここかしこに〔宿る〕精霊である。

　それに対して一八世紀にド・ブロスが説いたフェティシズムにおけるフェティシュ（fetisch）は物自体であり、いわば物神である。フェティシュは、ある物から別の物へと移動したり、居場所をかえて処々に宿るということはない。その意味で。フェティシュは移動する霊魂の一種であるアニマやマナとは違う。ド・ブロスは『フェティシュ諸神の崇拝』において、次のように言う。

　「大半の野生人同様、アフリカ先住民も、神化された人間の偶像崇拝を知らない。彼らのもとにあっては、太陽あるいはフェティシュが、ほんとうの神がみなのである（Les Nègres ainsi que la plupart des Sauvages ne connoissent point l'idolatrie des hommes dèïfiès. Chez eux le Soleil, ou les Fètiches sont les vrayes Divinitès.[20]）。

　ド＝ブロスがアフリカその他について見出したフェティシュは、氏族や部族単位のものもあれば個人単位のものもある。フェティシュの主要な動きは人とのあいだの崇拝と攻撃という交互運動である。それに対してタイラーのアニマは低きから高きに向かって進化する、進歩する。アニミズムはやがてトーテミズムとなり、さらにはエジプトにみられるような多神教となり、ついには一神教となる。アニマはトーテム神、唯一神にまで発展する。「トーテム崇拝の起源はもちろん神話の領域にあるが、社会区分、婚姻制度その他はトーテム崇拝と結びつき、ある文化の段階において、人類の法律や風習の非常に重要な部分をなしていた。氏族動物（the clan-animals）などが宗教儀礼の対象であり、実際に守護神（patron-deities）として遇される限り、トーテム崇拝はもはや宗教の領域に入っているのである[21]。」

　フォイエルバッハは、同時代人タイラーが使用する旅行記・観察記録などと同類の資料を用いている。彼は、学説としてのアニミズムやトーテミズムを知らなくとも、それらが生み出された源泉資料には接していた。したがっ

て、キリスト教批判を敢行し自然崇拝に目を向けてのちの彼には、ド＝ブロスのフェティシズムとタイラーのアニミズム・トーテミズムに近しい原始信仰観・自然信仰観をポジティブに構築しても不思議ではないといえる。その傍証ともいえるフォイエルバッハの議論、「模写から原像へ」という原点回帰としてのフェティシズムを以下に引用する。

「もっぱら自然的に事が進む現実においては、模写が原像に続き、形像が事象に続く。しかるに、神学の超自然的奇跡的な領域においては原像が模写に続き、事象が形像に続く[22]」。

「必要の威力の前では神の尊厳性および威力でさえも弱まる。もし異教徒の神々が異教徒を助けないならば、そのとき異教徒は自分の明白な（手でとらえることができる）神々そのものを打ち壊し放棄するということは、なんら不思議なことではない[23]」。こうして、自然信仰に対するフォイエルバッハの視座は、キリスト教的汎神論から非キリスト教的他我論へと展開していったのである。

第4節　フォイエルバッハからフッサールへ

フォイエルバッハの説く他我論（alter-ego）は、〔人間（我）と人間（汝）〕〔人間と自然〕に関係している。この観点における他我論は、その後20世紀に入って、エドムント・フッサール（Edmund Husserl, 1859-1938）の議論にも登場する。

「最初のてがかりを与えてくれるのは、他者、すなわち他の自我という言葉の意味である。他者（アルター）とは、他我（アルター・エゴ）を意味している。そして、ここで含意されている我（エゴ）は、私の原初的な固有領分の内部で構成された私自身であり、しかも、唯一性をもった心理物理的統一体として（原初的な人間として）、「人格的」自我として、私の唯一の身体において直接支配しつつ、また直接的に原初的世界に作用を及ぼしている私自身である[24]」。

このキーワードはフォイエルバッハのものでなく、すでにデカルトやカントが論じてきている。ここでのフッサール引用文の書名にしても『デカルト的省察』となっている。ゆえに、この術語自体のさらなる哲学史的検討をなすことはできる。しかし、それは本書での課題からずれ始める。あくまでもフォイエルバッハの他我論に特化するならば、ここではむしろ社会発展にお

ける〔段階と類型〕を引き合いに出すべきと思う。[(25)]

　人類社会の歴史は単系的な発展をたどるとは限らない。人類社会の発展には段階の区分のみならず類型の相違というものがあり、もし段階の進んだＡ社会とそれの遅れたＢ社会が併存するとしても、各々類型を異にする社会同士であれば、ＢはけっしてＡの辿った歴史段階をあとから繰り返すことにはならないのである。非欧米のアニミズム的野生的生活圏は、欧米の人間中心的、合理主義的、物質進歩主義的な地域に遅れている。しかし、中後期フォイエルバッハが自然信仰論を検討するに際しては、単系的段階区別と多系的類型区別は類型を分けて考えねばならない。

　つまり、中後期フォイエルバッハが注目した共生的感性的多様性をもって一類型とする物神的ないしアニミズム的圏域は、初期フォイエルバッハが相手にしていた人間中心的理性的単一性をもって一類型とするキリスト教圏域とは、そもそも別個の価値で動いてきたのである。初期フォイエルバッハが依拠してきた、スピノザやブルーノ以来のキリスト教的汎神論は分析の道具箱にしまわれた。かわって、フェティシズム的・アニミズム的自然崇拝を分析できる道具を中後期フォイエルバッハは新たに作り出したのだ。その際、キリスト教的コンテキストで汎神論と一緒にあった他我論は、物神的コンテキストで打ち棄てられることなく、分析のツールとしておおいに役立ったのである。

　そればかりではない。9・11と3・11とを経験したこんにち、社会システムとしての〔近代の瓦解〕に直面した人類がどのように振る舞うべきかのモデルを導くツールとして、フォイエルバッハの他我論は、フッサールのいう〔間主観〕ともども我々の考究対象であり続けている。フォイエルバッハ研究は終わったどころの話ではない。[(26)]

〔注〕
（1）フォイエルバッハ思想を初期から後期に区分するに際して私が指標とする著
　　作を以下に挙げる。
　　　初期と中期を区切る著作の一つは「奇跡に関して」（1839年）であり、例え
　　ば以下の文章に示される。「奇跡はそれ自体において理性に矛盾する。それ故
　　に理性的な奇跡と非理性的な奇跡との間にはなんらの限界も設定されない。反
　　対に、或る奇跡が理性に矛盾することがいっそう多ければ多いほど、それだけ
　　いっそう多くその奇跡は奇跡の概念にふさわしい。奇跡信仰はそれ自体におい
　　て迷信的な信仰である」。L. Feuerbach, Über das Wunder, *Ludwich*

Feuerbach Gesammelte Werke, Bd. 8, hg. v. W. Schuffenhauer, Akademie-Verkag, Berlin, 1969, S. 305. この引用文において初期フォイエルバッハは、奇跡の存在根拠は理性であるとしている。さて、先史世界や野生世界には合理、理性は存在せず、したがって奇跡の迷信も存在しない。

　中期を代表する著作は『キリスト教の本質』（1841 年）であり、例えば以下の文章に示される。「宗教の起原にあっては、神と人間との間の質的な（qualitativer）または本質的な（wesentlicher）区別は豪も存在しない。そして信心深い人間は、このこの同一性に憤りを感じない。彼の悟性（Verstand）はなお彼の宗教と調和しているからである。こうしてヤーヴェは、古代ユダヤ教においては、たんに実存（Existenz）からみて人間的個体から区別された存在（Wesen）にすぎなかった。だが質的には、すなわち内的存在からみれば完全に人間に等しかった。人間がもっている情熱と同じ情熱をもち、人間がもっている特性と同じ人間的な特性を持ち、人間が持っている身体的特性と同じ身体的特性さえもっていた。人々は後世のユダヤ教においてはじめてヤーヴェを人間から鋭く分離し、神人同感同情説（Anthropopathismen）に対して、もともとの意味とは別の意味を想定するために、比喩の中に逃げ込んだのである。」。L. Feuerbach, Das Wesen des Christentumus, *Ludwig Feuerbach Gesammelte Werke*, Bd.5, S. 336.

　また、中期を代表する著作としてもう一点、「異教における人間の神化とキリスト教における人間の神化との区別」（1844 年）を挙げる。例えば以下の文章に示される。「私が光の中で神を崇敬するのは、もっぱら光自身が私にとって最も立派な存在者、最強の存在者として現われるからである。もちろん後に反省の中で、人間がすでに光を超越し、光の神性または太陽の神性を疑う場合には、人間は神学の中で、第一のものを第二のものにし、根原的な神を導出された神にする、すなわち事象（Sache）をたんなる 形像（Bild）にする。しかし民族の単純な宗教的感覚は神学的な反省が行なうこの区別立てを至るところでかつ常に廃棄する。民族は常にふたたび根原的な神に復帰する。すなわち民族はふたたび形像を、それが根原的にそれであったところのもの、すなわち事象にする」。*Ludwig Feuerbach Gesammelte Werke*, Bd.9, S.414.「第一のもの」、「事象」、「根原的な神」は自然信仰＝原初的信仰を指し、「第二のもの」、「形像」、「導出された神」はキリスト教を指す。ここで、キリスト教の本質はあきらかに原初的信仰の本質と峻別されている。

　後期を代表する著作は『宗教の本質に関する講演』（1851 年）であり、例えば以下の文章に示される。「動物への尊敬の根拠は動物そのものの中に横たわっていないだろうか」。*L.F.G.W.*, Bd.6. S.366. キリスト教的汎神論では説明のつかない〔それとは違う神話世界〕を究明するフォイエルバッハである。詳しくは、以下の拙著を参照。「フェティシュなフォイエルバッハ―フェティシズム論摘要」、『歴史知とフェティシズム―信仰・歴史・民俗』理想社、2000 年、249 ～ 282 頁。

(2) シャルル・ド＝ブロスのフェティシズム論については、以下の拙著を参照。『フェティシズムの思想圏――ド＝ブロス・フォイエルバッハ・マルクス――』世界書院、1991年。『フェティシズム―通奏低音』社会評論社、2014年。

(3) 前期フォイエルバッハに関する研究成果は、マルクスとの関連を含めるならば、ふんだんに蓄積されてきた。最新の成果は以下のようである。服部健二『四人のカールとフォイエルバッハ』こぶし書房、2015年。川本　隆『初期フォイエルバッハの理性と神秘』知泉書館、2017年。柴田隆行「フォイエルバッハの実践 (1) ルーゲとの往復書簡から見えるもの」、『季報唯物論研究』第128号、2014年8月。同「(2) 不死信仰の秘密を暴く」第129号、2014年11月。同「(3) エゴイズムの倫理」同130号、2015年2月。同「(4) 自然科学と革命」第131号、2015年5月。同「(5) カール・グリュンの理論と実践」第133号、2015年11月。同「(6) 幸福を求めて」第135号、2016年5月。

それに対して、中後期フォイエルバッハ思想に関係する研究は未だに乏しい。こうした状況下で、身体論に特化した以下のものは重要であろう。河上睦子『フォイエルバッハと現代』御茶の水書房、1997年。同『宗教批判と身体論――フォイエルバッハ中・後期思想の研究』御茶の水書房、2008年。

(4) A. Leitzmann, *Ludwig van Beethoven, Berichte der Zeitgenossen, Briefe und persoenliche Aufzeichungen*, Zweiter Band, Insel-Verlag zu Leipzig, 1921, S.252f. ベートーヴェン、小松雄一郎訳編『音楽ノート』岩波文庫、1972年（初1957年）、44頁。

(5) Anton Schindler, *Biographie von Ludwig van Beethoven.* Zweiter Theil, Münster, 1871, S.171. A. Leitzmann, Ludwig van Beethoven, Berichte der Zeitgenossen, Briefe und persoenliche Aufzeichungen, Zweiter Band, Insel-Verlag zu Leipzig, 1921, S.252f.

(6) ベートーヴェンのインド諸神崇拝について、詳しくは以下の拙著を参照。『身体知と感性知―アンサンブル』社会評論社、2014年。とくに第8章「始まりとしての八分休符」。

ところで、ベートーヴェンが青年期を過ごした19世紀初頭のドイツでは、インド思想が翻訳紹介さ出していた。とりわけ、ロマン派のシュレーゲル兄弟はしきりにインド思想に注目していく。長尾雅人・服部正明「インド思想の潮流」、長尾雅人責任編集『世界の名著1　バラモン教典・原始仏典』中央公論社、1969年、9〜10頁に、以下の記述がある。

「フリードリヒ・シュレーゲル（1772〜1829年）は、パリに滞在する間に、サンスクリットを学ぶ好機を得た。インドから故国への帰還にあった英国人A・ハミルトンが、英仏戦争のためにパリに抑留されたからである。ハミルトンに学び、さらに数年間パリでインド古典研究に専念したシュレーゲルは、1808年に至って、名著『インド人の言語と叡智について』を発表した。そのなかで彼は、ジョーンズの洞察を激賞しつつ、サンスクリットこそ印欧語のなかで最も根源的な言語であることを立証しようとつとめ、その言語によって記された

インドの哲学・宗教の高貴な精神性を強調した。同時にこの書は、はじめて原典から独訳された『バガヴァット・ギーター』『マヌ法典』『ラーマーヤナ』などの抜粋をふくみ、ドイツにおけるインド古典研究の濫觴を飾ったのである」。

(7) シュトラウスのキリスト教批判について、詳しくは以下の文献を参照。シュトラウス『イエスの生涯・緒論』世界書院、生方卓・柴田隆行・石塚正英・石川三義との共訳、1994 年。

(8) L. Feuerbach, Theonogie, *Ludwich Feuerbach Gesammelte Werke*, Bd. 6, hg. v. W. Schuffenhauer, Akademie-Verkag, Berlin, 1969, S. 201, S. 366.

(9) フォイエルバッハは 1848 年に、「ルドルフ・ハイムあての返答」でこう記していた。「我々の意味ではなんら宗教ではないもの、まさにそういうものが最初の宗教であり根原的な宗教なのである」。*Ludwig Feuerbach Gesammelte Werke*, Bd.10.S.338. 蛇足だが、私がはじめてフォイエルバッハを読んだ 1970 年春、最初にこの引用文が目にとまり、メモを執った。

(10) L. Feuerbach, Theonogie, *Ludwich Feuerbach Gesammelte Werke*, Bd. 7, 1969, S. 92.

(11) 川本 隆『初期フォイエルバッハの理性と神秘』知泉書館、2017 年、参照。

(12) *Ludwig Feuerbach Gesammelte Werke*, Bd.6, S.211.

(13) 例えば、『宗教の本質に関する講演』第 9 講、以下の文章に読まれる。「ある民族の感官が到達するところまで、その民族の神も到達する。人間の感官、まなざしが星にまで高まらないところでは、人間はまたいかなる天体をも神にしない。そして人間がオスチャーク人やサモエード人のように腐肉さえ吐き気を催さずに食べ死んだ鯨をうまそうに食べるところでは、人間の神々も無意味な、美的でない、吐き気を催すような偶像である」。*Ludwig Feuerbach Gesammelte Werke*, Bd.6, S.89. ここに記された腐肉偶像は、紛うかたなくフェティシュである。

(14) フォイエルバッハ『神統記』第 18 章、*Ludwig Feuerbach Gesammelte Werke*, Bd.7. S.128.

(15) 詳しくは以下の拙著を参照。『身体知と感性知—アンサンブル』社会評論社、2014 年。とくに第 1 章「カリカチュア風俗史家フックスとその時代」。

(16) 単人とは、一人であって一人でない単位、他我（alter-ego）のことである。詳しくは以下の文献を参照。石塚正英『革命職人ヴァイトリング』社会評論社、2016 年、412 ～ 413 頁。『身体知と感性知—アンサンブル』、第 2 章「身体論を軸としたフォイエルバッハ思想」。

(17) *Ludwig Feuerbach Gesammelte Werke*, Bd.10, S. 28.

(18) 例えば、1851 年に刊行された『宗教の本質に関する講演（*Vorlesungen über das Wesen der Religion*)』には、少なくとも以下の著作が引用されている。ドイツの哲学者マイナース（Christoph Meiners, 1747-1810）著『諸宗教の一般的批判的歴史（*Allgemeine kritische Geschichte der Religionen*, 2Bde., Hannover, 1806-1807)』、アメリカの歴史家・政治家バンクロフト（George

Bancroft,1800-91) 著『合衆国の歴史 (*A History of the UnitedStates*)』（全10巻、1834-74 のうち最初の数巻）、イギリスの探検家クック （James Cook,1728-79) の第3航海 (1776-79) の記録『太平洋への航海 (*A Voyage to the Pacific Ocean*,1784)』、イギリスの東洋学者マースデン （William Marsden,1754-1836) 著『スマトラ島の自然および住民に関する記述 (*Natürliche und bürgerliche Beschreibung der Insel Sumadra*)』（出版年不明）、デンマークの神学者バストルム （Christian Bastholm,1740-1819) 著『野生状態および粗野状態における人間に関する知識のための歴史的諸報告 (*Historische Nachrichten zur Kenntnis des Menschen inseinem wilden und rohen Zustand*)』（出版年不明）、フランスのイエズス会宣教師にしてカナダ探検家のシャルルヴォア （Pierre François Xavier de Charleyoix, 1682-1761) 著『パラグアイ史 (*Histoire du Paraguay*)』（出版年不明）、フランスの著述家バンジャマン・コンスタン （Benjamin Constant de Rebeque, 1769-1830) 著『宗教について―その源泉・諸形態および諸発展において考察された (*De la religion considèrèe dans sa source, ses forms et ses dèveloppements,* Paris, 1825-31)』、ドイツの東洋学者シュトゥール （Peter Feddersen Stuhr,1787-1851) 著『東洋の異教的諸民族の宗教組織 (*Die Religionssysteme des heidnischen Völker des Orients*)』（出版年不明）、イギリスのアメリカ先住民研究家ヘッケウェルダー （John Gottlieb Ernestus Heckewelder,1743-1823) 著『アメリカ先住諸民族の歴史・習俗・習慣に関する報告 (*Nachricht von der Geschichte, den Sitten und Gebräuchen der indianischen Völkerschaften*)』（出版年不明）。

(19) Edward B. Tylor, *Primitive culture : researches into the development of mythology, philosophy, religion, language, art, and custom,* Vol.2, p.101.

(20) *Du culte des dieux fétiches, ou, Parallèle de l'ancienne religion de l'Egypte avec la religion actuelle de Nigritie,* 1760, p.19-20. なお、個々に引用した箇所は、マルクスが1842年の春にド・ブロス著作のドイツ語版からメモを執った、いわゆる「フェティシズム・ノート」に含まれている。詳しくは以下の文献を参照。石塚正英「マルクスの『フェティシズム・ノート』を読む―ド゠ブロス仏語原典・ピストリウス独語訳版を座右にして」、同『フェティシズムの思想圏』所収。

(21) Edward B. Tylor, *Primitive culture,* Vol.2, p.213.

(22) *Ludwig Feuerbach Gesammelte Werke,* Bd.10. S.28.

(23) *Ludwig Feuerbach Gesammelte Werke,* Bd.10. S.92.

(24) エドムント・フッサール、浜渦辰二訳『デカルト的省察』岩波文庫、2001年。その「第五省察」198頁。

(25) 社会発展における〔段階と類型〕について、ここで私はロシアの思想家ニコライ・ミハイロフスキー （1842～1904年）を参考にしている。以下の文献を参照。石塚正英「社会発展の段階と類型」、同『歴史知とフェティシズム』理想社、2000年、207頁以降所収。

(26) 言わずもがなのことだが、中後期フォイエルバッハ思想を複数の研究者で検討しなければ、最終的なフォイエルバッハ思想の全体像は見通せない。例えば、自然を〔もう一人の私〕とみなす場合、研究者によってはこれを自然の疑人化と解釈する。しかし疑化とは非人間をあたかも人間と仮定することだ。その構えはフォイエルバッハにおける〔もう一人の私〕とは異なる。1989年創立のフォイエルバッハの会（事務局 東洋大学社会学部柴田隆行研究室）を必要とするゆえんである。

第6章　自然的・感性的身体観
—— フォイエルバッハ ——

第1節　ヘーゲルに逆らう

　フォイエルバッハはキリスト教の聖者信仰に例をとって、生身の人間ない
し感性的な身体を高く評価する。「聖者がもっぱら形像の中で尊敬され、神
がもっぱら聖者の中で尊敬されるのは、人びとが形像そのものや聖者そのも
のを尊敬するからである。ちょうどそれと同じように、神がもっぱら人間の
肉の中で尊崇されるのは、人間の肉そのものが尊崇されるからである。神が
肉になり人間になるのは、すでに根底において人間が神であるからである⁽¹⁾」。

　フォイエルバッハはヘーゲル哲学に多くを学んだとされるが、こと身体論
に関しては師ヘーゲルに逆らっている。ヘーゲルは言う。「人格としての私は、
自身が直接に個別者（unmittelbar Einzelner）である。もっとすすんだ規定
で言うと、まず第一に私は、この有機的な肉体において（in diesem
organischen Körper）生きている存在であり、内容からして普遍的な、不可
分の外的現存在であり、さらにもっと規定されたすべての現存在の実在的可
能性である。だが、人格としての私は同時に、ただそうすることが私の意志
である限りで、ほかのものと同様（wie anderen Sachen）、生命と肉体（mein
Leben und Körper）をもつと言える。（中略）肉体は、直接的な現存在であ
る限りでは、精神に相応しくない。肉体は精神の、意志ある器官となり、活
気ある手段となるためには、まずもって精神によって占有取得されなければ
ならない（muß er erst von ihm in Bezitz genommen）⁽²⁾」。

第2節　肉体の復権

　フォイエルバッハはヘーゲルのような二元論を採用しない。肉体は精神の
持ち物、のごとき区別立てはとらない。端的に、「肉」としての人間を称える。
この傾向は、19世紀前半のフランスですでにサン゠シモン派が示していた。
さらには、そのサン゠シモン派に影響されたドイツの文学者集団、ゲオルク・
ビューヒナーほかの青年ドイツ派がこの傾向を促進させていた。いわゆる「肉

体の復権」である[3]。

19世紀前半におけるこうした傾向を背景にして、フォイエルバッハは、「我と汝」双方にとっての身体を考える。我にとって我の身体は我の感覚・知覚の主体であり、我の欲求や願望の発信源である。汝にとって我の身体は汝の感覚・知覚の対象であり、汝の欲求や願望の向かう先である。しかし、そこで我の身体と他者の身体は対立するのでない。我と向かい合ったもう一人の我、つまり他我（アルター・エゴ）の意味をもつ。我と汝という二つの個別が〔我と他我という対を単位とする普遍〕に転化している。その転化を実現しているのが生身の身体、我の身体、汝の身体なのである。そのような意味で、フォイエルバッハの捉える人間は、身体的存在なのである[4]。

第3節　形像（Bild）が事象（Sache）に続く

ところで、フォイエルバッハにおける汝には、当然ながら、自然が入る。身体は自然そのものである。自然は、したがって、身体がそうであるように、一種の存在者（Wesen）である。裸の自然はたんなる物在（Ding）にすぎないが、我＝汝の関係にある自然は存在者である。疑人化しているのではない。

さらにフォイエルバッハは、先史や辺境地帯の人びとによって神に選定された自然を"Sache"という語で表現し、これを神の原像と理解する。いわく、「現実においてはまさに逆に、自然は神よりもいっそう先に存在する。すなわち具体的なものは抽象的なものよりもいっそう先に存在し、感性的なものは思惟されたものよりもいっそう先に存在している。もっぱら自然的に事が進む現実においては、模写が原像に続き、形像（Bild）が事象（Sache）に続き、思惟が対象に続く。しかるに、神学の超自然的奇跡的な領域においては原像が模写に続き、事象が形像に続く[5]」。ここに記された"Sache"は、いわゆる自然神のことであるが、もともと"Wesen"（存在者）であって、その意味からすると人間＝身体と一緒である。〔我―汝〕の関係である。

このようにしてフォイエルバッハは、例えばキルケゴールの〔単独者〕でなく、「我と汝」を基本とする類的存在としての人間を讃えた。ライプニッツを読んだときに知ったはずの術語を用いて、フォイエルバッハは、他者の中に自己を見通す論理〔他我（alter ego）〕の論理を前面に出したのである。

またフォイエルバッハはキリスト教の神をも否定して、もっぱら人間たちだけからなる共同・共生を意欲する。彼にとって、例えば「神は愛である」

とのフレーズは、「愛は神的である」というように、主語と述語を転倒して語るべきであった。あるいはまた、神を自然か、さもなくば人間それ自体に置き換えるべきなのである。フォイエルバッハにとって、我・汝の関係は、人と人のみならず、人と自然、自然と自然の関係でもあった。

　しかし、フォイエルバッハの人間観・身体観は 19 世紀には受け入れられなかった。この世紀から 20 世紀にかけては、むしろキルケゴールのキリスト教的構えから始まってドイツの哲学者ニーチェの無神論的ニヒリズム的構えに至る、実存的人間観が流行することとなった。

〔注〕

(1) L. Feuerbach, *Das Wesen des Christentums*, Reclam, Stuttgart, 1974, S. 520, フォイエルバッハ、舩山信一訳『キリスト教の本質』第 2 分冊、岩波文庫、322 〜 323 頁。

(2) G.W.F.Hegel, *Grundlinien der Philosophie des Rechts*, hg. v. J.Hoffmeister, 4te Aufl. Hamburg 1955, S.59f.　ヘーゲル、藤野渉・赤澤正敏訳「法の哲学」『世界の名著・ヘーゲル』中央公論社、1968 年、242 〜 243 頁。

(3) ヨーロッパ思想界において肉を称える人びとはほかにもたくさんいる。マルキ・ド＝サド、ニーチェなどはその代表である。例えば、ニーチェは次のように言う。「肉体への信仰は魂への信仰よりも基礎的なものである。後者は、肉体の非科学的な観察に潜むアポリアから発生したものである。（なにかが肉体を離れるというのだ。夢・が・真・理・で・あ・る・とする信仰――）」、ニーチェ、三島憲一訳「遺された断想（1885 年秋〜 87 年秋）」『ニーチェ全集』第 2 期第 9 巻、白水社、1984 年、153 頁。

(4) フォイエルバッハの〔他我（アルター・エゴ）〕概念については、以下の文献を参照。川本隆「フォイエルバッハの『ライプニッツ論』における物質――「混乱した表象」の発展的意義」、『東洋大学大学院紀要』第 35 集、1999 年 3 月。川本隆「フォイエルバッハの他者論の可能性――『ライプニッツ論』における alter ego をめぐって」、『社会思想史研究』第 25 号、2001 年 9 月発行、北樹出版。

(5) L. Feuerbach, Das Wesen der Religion, in; L. *Feuerbach Gesammelte Werke*, Bd., 10, S.28. 舩山信一訳「宗教の本質」、『フォイエルバッハ全集』第 11 巻、福村書店、1973 年、32 〜 33 頁。

第7章　フォイエルバッハと日本の古代信仰

　第3章において、ヘーゲル左派のひとりフォイエルバッハが、1848年12月から翌49年3月まで連続して、ハイデルベルクの議事堂で「宗教の本質に関する講演」を行い、その内容はその後に出版され、自由信仰教会などの大衆組織を介してドイツ民衆に流布されたと記した。ところで、その連続公開講演は、フォイエルバッハ自身にとって、それまでの汎神論的ドイツ哲学・ヘーゲル哲学からの飛翔という画期を刻印する実践となった。初期フォイエルバッハから中後期フォイエルバッハへのこの思想的転回は、すでに1840年代前半に開始してはいたが明確ではなかった。中期からの南米先住民など非キリスト教世界への研究フィールドの開拓、および三月革命渦中における実践という環境変化が、その動きを不可逆的にしたのだった。

　ところで、そのようなフォイエルバッハの探究心は、極東の島国である日本の神話的・儀礼的伝承まで自身に引き寄せるに至っていた。日本に生まれ育った私としては、実に興味深いものがある。本章では、やや補論的な位置になろうかと思われるが、「フォイエルバッハと日本の古代信仰」と題して、当該の諸問題を検討することにしたい。

第1節　日本の宗教との出逢い

　中後期のフォイエルバッハは、非キリスト教圏を対象としたが、彼が注目した異教の一つに、日本の宗教がある。たとえば、1851年に『フォイエルバッハ全集』第8巻として刊行した「宗教の本質に関する講演」の第24講に、次の一節が記されている。

　「日本人は彼らの皇帝をたいへん崇高なものと思い込んでいます。そのために日本では『第一級の高官たちでさえ、自分たちの眼をいっそう高く向けることを許されないで、たんに皇帝の両足を見ることが許されるという幸福を享受するにすぎない』のであります。」Die Japaner halten ihren Kaiser für so erheben, daß "selbst nur die Großen der ersten Klasse das Glück genießen, des Kaisers Füße sehen zu dürfen, ohne indes ihren Blick höher richten zu dürfen.[1]"。

　フォイエルバッハは日本の宗教のどのような特徴に関心を示したかということの分析はあとまわしにして、ここではまず、彼がどのような径路から日本の宗教に関する情報を入手したか、ということについて考えてみたい。ここに引用した「宗教の本質に関する講演」第24講中の一節には引用符が付いている。しかし、出典は記されていない。フォイエルバッハは「日本の皇帝」崇拝にまつわるこの一節を、何から、どこから引用したのだろうか。

　ところで、日本の皇帝（ミカド、ダイリ）について多少とも記したヨーロッパの文献に、ジェームズ・フレイザーの大作『金枝篇（*The Golden Bough.* 1890-1915)』がある。このイギリス人民俗学者は、日本の宗教・日本の民俗についての資料を、主に次の文献から採集した。

　　・W. G. Aston, *Shinto* (the Way of the Gods,) , London 1905.
　　・*Nihongi, Chronicles of Japan from the Earliest Times to A. D. 697,* 1896 (tr. by W. G. Aston) .
　　・M. Revon, *Le Shintoïsme,* Paris 1907.
　　・*Memorials of the Empire of Japon in the XVII.and XVIII. Centuries,* edited by T. Rundall (Hakluyt Society, London, 1850) .
　　・Kaempfer, "History of Japan," in John Pinkerton's *Voyages and Travels* (London, 1808-1814) .
　　・*Manners and Custums of the Japanese in the Nineteenth Century ; from recent Dutch visitors to Japan, and the German of Dr. Ph. Fr. von Siebold,* London 1841.

　フレイザーは、「ミカド」について詳述するとき、次のようにしてシーボルト、アストン、ルヴォンを参照している。

　「日本の神聖な皇帝であるミカドあるいはダイリ（中略）は、神がみと人びとを含めて全宇宙を支配する神としての太陽女神の受肉（an incarnation of the sun goddess）である。（あるオランダ人またはシーボルト）

　ミカドは『現身神』または『受肉神』（Akitsu Kami）という称号をその民どもから受け（中略）日本のあらゆる神がみの上に至上権を要求する。（アストン）

　たとえば646年の公式布告の中で皇帝は『宇宙を支配する受肉神』として記されている。（ルヴォン）[2]」

　フォイエルバッハの『宗教の本質に関する講演』刊行は1851年のことだ

から、もし彼がフレイザーのように「ミカド」を探して読みあさったかもしれない文献を挙げれば、シーボルトとかケンペルであろう。この予測はあたっている。しかし、フォイエルバッハはそれらのミカド論を、直接には別の文献から拾った。それは、1840年代、50年代にドイツのシュトゥットガルトで刊行されていた日刊紙『外国（*Das Ausland*）』に掲載された、日本関係の論説である。この新聞については、わが邦フォイエルバッハ研究者の故澤野徹による堅実な調査報告がある。澤野は、『専修大学社会科学研究所月報』第336号（1991年6月）に「ミュンヘン大学図書館所蔵L・フォイエルバッハの遺稿」を発表したが[3]、その中の32-2番に"Japan-Religion"Exzerpte aus Ausland./4Bl., pag. A-Bとの記述がある。澤野はその後ミュンヘン大学図書館の許可を得て、上述の遺稿のコピーを入手し、手書き草稿を解読して活字に組み、さらにそれを日本語に訳し、『専修大学社会科学研究所月報』第355号（1993年1月）に掲載した[4]。

第2節　『外国』紙上の記事「日本」と遺稿

　いま問題にしている『外国』紙の第283号〜288号（1845.10.10〜1.15）に[5]、ノイマン（Neumann）と称する人物による「日本（Japan）」と題する論説が掲載されている[6]。6回に分載されたその論説の内容を、日本の古代宗教ないし日本人の宗教観に関連する範囲で、簡単に紹介しよう。ただし、その大半はフォイエルバッハが抜粋した箇所に含まれる。これを読めば、彼はけっきょく、間接的にシーボルトとケンペルから日本の宗教に関する知識を得ていたことがわかる。

　シーボルトの『日本』によると、1542年に初めてポルトガル人が日本のどこかに漂着した。そして翌1543年10月か11月に、ポルトガル人が種子島に上陸した。さらに、1549年8月15日にイエズス会士フランシスコ・ザビエルが日本にやって来てキリスト教を伝えたが、日本人はこれを容易に信仰した。元正天皇の御代である720年、舎人親王らダイリ（内裏）のために『日本紀』を編んだが、日本の諸事情はこの『日本紀』と、それからシーボルトの『日本』、ケンペルの著作などで正確につかむことができる。日本帝国の創立者、すなわち精神的武士にして天の支配者の神武天皇は、天の太陽の優れた知性あるいは天の光の偉大な聖霊の五世代目の跡継ぎとされている。日本のカミ宗教、カミのミチは、あらゆる民俗の原始宗教と同じく、あ

る様式で自然崇拝を存続させている。それは、天体と自然のうちに数多くの神性と人格化を認め、そして、日本人の考え方によると、それらはあらゆる存在の始まりの前に、この世で最初の存在者として大地を支配した、としている。最初のダイリである神武は最高位の太陽神の直系の子孫なので、彼と彼の帝位継承者は天子、ミカド、あるいは尊子と呼ばれ、それ自身神として崇拝されている。国家のために特別の活動をなすか敬虔な生活を貫くかすると、死後カミとして崇拝されることがある。神殿には神像はまったく置かれず、ただ鏡が置かれているだけである。カミ宗教のあらゆる祭儀と儀式は、元来、自然諸力と自然現象の神格化と関連し、特に天空の諸現象に関連している。[7]

　以上の要約は『外国』所載のノイマン論説についてのものだが、その重要な部分はすべてフォイエルバッハの遺稿中に読まれるのである。かつまた、その内容・要点は、フォイエルバッハの「宗教の本質に関する講演」の内容・要点と深く結びついているのである。では、その内容・要点とはいかに。

第3節　フォイエルバッハの比較宗教学的研究法

　『外国』紙のノイマン論説に付いている脚注の一つをみると、「カミ儀式の叙述にあたって、ケンペル第1巻251頁と、シーボルト氏の第3分冊中にあるすぐれた研究が利用されている[8]」とあり、また別の箇所には「シーボルトが著作『日本』の第12分冊で印刷した日本の歴史地図は、ダイリの年代記よりもずっと不完全であり、それゆえこちらは参考にできない[9]」と注記されている。そのことからも判断できるように、日本の宗教についてフォイエルバッハのニュース・ソースはケンペルとシーボルト、なかんずく後者であった。

　ところで、フォイエルバッハは『外国』紙のノイマン論説に日本の古代信仰＝カミ宗教を読み知って、どのような印象を受けたであろうか。澤野解読・翻訳の遺稿「日本の宗教」を一読したかぎりではいまひとつ鮮明とならないが、これを「宗教の本質に関する講演」と比べてみるとはっきりしてくる。そこで、まずは「講演」の内容について、以下に概要を説明しよう。

　この著作には、フォイエルバッハの時代に入手可能な、相当な数の民族学的文献が引用・参照されている。その一部を列挙すると以下のようである。

　・マイナース（C. Meiners）『諸宗教の一般的批判的歴史（*Allgemeine*

kritische Geschichte der Religionen, 2 Bde., Hannover, 1806-1807)』

・マースデン（W. Marsden）『スマトラ島の自然および住民に関する記述（*Natürliche und bürgerliche Beschreibung der Insel Sumadra*)』（出版年不明）

・シュトゥール（P. F. Stuhr）『東洋の異教的な諸民族の宗教諸組織（*Die Religionssysteme der heidnischen Völker des Orients*)』（出版年不明）

・マルティウス（K. F. Phil. v. Martius）『ブラジル先住民たちの法治状態（*Rechtszustand der Ureinwohner Brasiliens*)』（出版年不明、マルティウスは1817〜20年にブラジル探検隊に加わる）

・ガルシラソ（Garcilaso de la Vega）『ペルーのインカの歴史（*Historie des Yncas de Perou*)』（出版年不明）

・ゾンネラー（P. Sonnerat）『東インドおよび中国への航海（*Voyageaux Indes orientales et á la Chine*)』（出版年不明）

・バウムガルテン（Baumgarten）『アメリカの諸民族および諸地方の一般史（*Allgemeine Geschichte der Völker und Länder von America*)』（出版年不明）

・ヘッケヴェルダー（J. G. E. Heckewelder）『アメリカ先住諸民族の歴史・習俗・慣習に関する報告（*Nachricht von der Geschichte, den Sitten und Gebräuchen der indianischen Völkerschaften*)』（出版年不明）

以上の諸文献を、フォイエルバッハはどのように引用ないし参照しているか。例えばイギリスの東洋学者マースデンの著作を典拠とした箇所をみると、次のようになる。この著作によれば「スマトラ人はワニやトラに対して宗教的な尊敬を抱いていて、自分たちがそれを食べる代わりに、自分たちをワニやトラに食べさせるほどであります。スマトラ人がトラを呼ぶときにはけっして普通の名称でそうせず、ご先祖さま（Vorfahren）とかご老公（Alten）と呼びます」。また、ペルーの歴史家ガルシラソの著作を典拠とした箇所では次のようになっている。ペルーの太平洋岸にある群島「チンチャの住民は、自ら述べているところによると、彼らにとっては海が栄養の源泉であったから、海を神として尊敬しました」。さらには、イギリス生まれのアメリカ先住民研究家ヘッケヴェルダーの著作を典拠とした箇所では、フォイエルバッハは自らの講演で最も強く訴えたかった内容のことを述べている。すなわち、

「自然は、自然宗教の立場においてはただ実践的に最初の存在者であるだけではなくて、理論的にもまた最初の存在者、すなわち人間がそこから自分の根原を導き出すような存在者であります。こうして例えば、先住民たちは今もなお大地を自分たち総体の母とみなしています。かれらは、それゆえ、

159

自分たちのことをメトクテニアケ（Metoktheniake）すなわち大地から生まれた者（Erdgeborene）と呼んでいるのです」。[12]

フォイエルバッハは、『宗教の本質に関する講演』のここかしこで、自然宗教と自然神について語っている。それを、あるときはエジプトやシリアなどオリエントの神がみの中に見いだし、またあるときは先ギリシアや古代ローマの多神教世界に関連させるのだが、それとともに、またあるときは、フォイエルバッハの時代に世界各地からドイツへ伝えられた様ざまな野生信仰、土着宗教に関連させる。このようにしてフォイエルバッハは、キリスト教以外の、古今東西の諸宗教を引き合いに出しつつ、けっきょくのところ、ある一連の結論を導くことになる。それは次の3点に要約できよう。(1) 人間（Wesen）にとって神とみなされるものは、自然の中に物在（Ding）として存在する。(2) そのような諸もろの物在中から、人びとはこれこそ己れの神であるとして、個別の自然あるいは自然の一断片を選びとる。(3) それは超自然・超越神（Gott）と一致するのでなく、人間（Wesen）と一致し、そうなった自然はもはやたんなる自然（Ding）ではなく神（Sache）なのである。DingとWesenとSacheとの関係は以下のような図で示しうる。

以上の3点に照らしてみれば、フォイエルバッハのいう自然宗教とは、けっして、人間の外に立つ自然を神とみなしこれに畏怖の念を抱き、あるいはこれに犠牲を捧げる、といった宗教を指すのでないことがわかる。彼が自然宗教の本質に関係すると考えるものは、神とは人間（＝存在者）と同等か、あるいは人間の中に入った存在者にして、その限りで人間と同一、という捉え方である。フォイエルバッハは、キリスト教については人間と神との分離を云々するが、古今東西の異教については人間と神との同一性を強調し、それをキリスト教批判のモチーフとする。そのような問題意識で以て世界各地の民族宗教・民間信仰を観察するのである。ヨーロッパ以外の諸大陸の先住民にしてみれば、神は永遠の昔から人間とともにあるか、または人間それ自体である。例えばパタゴニア人は、彼らの神と崇める星辰を「『かつての先住民たち』と思い込み、グリーンランド人は太陽・月・星辰を『特殊な機会に天に移された自分たちの先祖』と思い込んでいる。古代のメキシコ人たちはまた、彼らが神がみとして尊敬した太陽および月は、か

つては人間であったろうと信じていた[14]」。

しかし、ユダヤ・キリスト教世界では、神はしだいに人間＝自然から隔絶し超越していき、ついには全知全能の絶対者となった。けれどもマルティン・ルターが登場するや、キリスト教の神はふたたび人間の中に入ることとなるのであった[15]。フォイエルバッハは、その意味で明らかにルターの後継者すなわち19世紀の宗教改革者ということになる。とはいえフォイエルバッハは、自らの宗教改革において、ルターのことは脇役ないし後援者に配するだけであり、主役としては非ヨーロッパ諸大陸の先住諸民族および彼らの土着信仰をすえるのであった。

では、そのようにして開始されたフォイエルバッハの宗教改革が現実に目指すべき目標は何であるか。それは、世界中にあまた存在する諸民族の土着信仰に生きづく自然崇拝、Ding としての自然でなく Sache としての自然を崇拝する自然崇拝の現代的再生である。そのような意味での自然崇拝は、南米のオリノコ河畔やインドのインダス河畔、北アフリカのナイル河畔に住む古代人や野生人のもとで観察されるだけでなく、極東の島国でも観察されるのではないか。フォイエルバッハは、Ding としての自然ではなく Sache としての自然を崇拝する自然宗教を、はたして古代日本の宗教にも発見したであろうか。その点に関して、フォイエルバッハの遺稿「日本の宗教」において検討してみたい。

第4節　遺稿「日本の宗教」の分析

遺稿訳者である澤野徹の推定によれば、フォイエルバッハはノイマン論説「日本」からの抜粋を、1845年の秋から1847年の秋の間に行なっている。ヘーゲル左派の時代である。この頃フォイエルバッハは、論文「宗教の本質」（1845年）を執筆していたか、し終えていたかである。この論文で彼はこう述べている。「自然の中で自分を啓示する神的存在者とは、人間に対して神的存在者として自分を啓示し表現し強請する自然自身以外の何物でもない。古代のメキシコ人は、自分たちの多くの神がみのもとに塩の神をもっていた[16]」。自然崇拝についてのこの発想を、フォイエルバッハは啻にメキシコの宗教に対してのみならず、日本の古代宗教に対しても堅持したとみなしてよい。

フォイエルバッハの遺稿「日本の宗教」は、全部で6葉からなる。そのうち第2葉の最後の数行に、神武天皇は太陽の第5世代目の跡継ぎであるとの

記述が含まれている。また第3葉の最後の数行にも、日本の最初の内裏である神武は最高位の太陽神の直系の子孫だとあり、さらには、神武の後継者はミカドと呼ばれ、それ自身神として崇拝されている（selbst als Gottheiten verehrt)」とある。この数節を抜粋したフォイエルバッハは、おそらく古代日本の天皇は神人、つまり人となった神ないし人の姿をした神であると納得したであろう。『神道』(1905年)の著者アストンが20世紀初に言うには、「神道は人間崇拝をほとんどもっていない。『古事記』、『日本紀』、および『延喜式』には、このような要素はほとんどない」。その点はノイマン論説と矛盾しない。ノイマンによれば、神武は古代日本の英雄的な人物が神格化したものでなく、太陽神＝自然神の五代目の跡継ぎなのである。我々の諒解では（ⅰ）アマテラス→（ⅱ）アマノオシオミミノミコト（天忍穂耳命）→（ⅲ）ニニギノミコト（邇邇芸能命）→（ⅳ）ホヲリノミコト（火遠理命）→（ⅴ）フキアヘズノミコト（葺不合命）→（ⅵ）神武となる。この神統記の端緒である天照大神は、記紀を読む限りでは自然界に存在する天体としての太陽と同一ではない。奈良朝の支配者は、そのような扱いを断じて許さなかった。いや、天武（位672～86年）、持統（位686～97年）の頃にはすでに皇祖神たるアマテラスの神威は絶大となっており、天皇はその絶大なるアマテラスそのものの化身であると考えられていた。しかしノイマンはそうした経過は知らず、日本の太陽神を自然神にみたてている。フォイエルバッハは、ノイマンによるそのような扱いをごく自然に受け入れたであろう。なぜなら、フォイエルバッハにとって根原的に存在するものは自然それのみだからである。

　「遺稿」第3葉の4行目（訳文では3行目）あたりに次の2文が記されている。「カミの宗教は、あらゆる民族の原始宗教と同じく、ある様式で自然崇拝を存続させている。それは天体と自然諸力のうちに数多くの神性と人格化を認め、そして、日本人の考え方によると、それらはあらゆる存在の始まりのまえに、この世で最初に現存した存在として大地を支配した、としている」。前者の一文を読んでフォイエルバッハは、日本の古代宗教はオリエントや先ギリシアの古代信仰と同一であり、かつまた中南米やラップランドの土着宗教と同一であるとみなしただろう。しかし、後者の1文、特に「そして」の前までの半分を読んで、ノイマン、あるいはその典拠となったケンペルやシーボルトと自分との差異を認識したことと思う。すなわち、フォイエルバッハの理解では、自然はたんなる物在・事物（Ding）としては何ら神性を備えていない。山羊崇拝者でない人びとにとって山羊はたんなる食べ物か、

生活とは無関係の代物かである。たんなる物在が存在者（Wesen）となって初めて神となるのである。そのような意味での自然、つまりWesenとなったDingすなわちSacheこそが、フォイエルバッハの理解する自然神なのである。人びとの能力を超えた、手におえない威力を発揮する自然を以てただちに神とみなすという構えは、フォイエルバッハの採らないものである。この構えは、のちにマックス・ミュラーが採用することになる。ミュラーのナチュラリズムによれば、太陽とか月、雷とか暴風雨といった自然現象はそのままで古代人の神となるのであり、自然それ自体の神格化で以って神々が誕生したことになるのである(22)。その流儀はノイマンの上記引用文と相通じるが、フォイエルバッハには首肯できないものだった。のちの著作『神統記』（1857年）においてフォイエルバッハは次のように述べている。「神がみそのものは、いかなる神化された自然的力または自然的物体でもなければ、いかなる人格化された自然的力または自然的物体でもない(23)」。

第4葉の3行目（訳文では同じく3行目）から、次の1文が記されている。「他の人間たちや各自然力あるいは自然現象には、一人のカミが内に宿っている(24)」。ここに記された「一人のカミ（ein Kami）」は、我々の諒解では霊魂・御霊のことであって、イギリス語ではspirit、ドイツ語ではGeist、ラテン語ではanimaと称するものである。けっして天に坐します神・神霊ではない。その点は世界各地のアニミスティクな宗教と共通しているので、フォイエルバッハにはとりたてて違和感はなかったであろう。また、その後に続く抜粋をみると、次の文章に目が止まる。「特別の活動により帝国と人間たちとの繁栄を促進し、あるいは敬虔な生活で傑出した者たちは、その死後、現人神であるミカドによって崇拝と熱愛に値すると世に布告される。言い換えれば、それらの者たちは、国の中で崇拝されるカミの数のもとに置かれるのである(25)」。ここに記されている「カミ」もまた、天に坐します神ないしその子孫である天皇ではなく、謂わばそれによって神格化を保証された人びとの霊魂である。けっしてミカドにとって代わるという意味での神ではない(26)。

ミカドにとって代わるという意味では、むしろ、同じ第4葉のその後に読まれる「鏡（Spiegel）」の方がいっそう重要である。ノイマンはこう述べている。「魂の規範的・倫理的振舞いと清らかさは精霊宗教（Geisterreligion）の究極目的である。それゆえ、寺院の中に神像（Idole）はまったく置かれず、ただ玉に一つの鏡を掛けているだけである。それは、この国の言い方では心臓（Herz）と呼ばれている。信者・礼拝者は、彼らが最高の存在の象徴とし

て崇めているその鏡に身体を曲げて近づき（中略）祈りと供物を捧げる[27]」。我々の諒解では、この「鏡」の元祖は八咫鏡と称して、神聖さにおいては天皇よりも高位である。なぜなら、そのヤタノカガミはアマテラスの象徴だからである。フォイエルバッハは、地上の他の地域に、神の象徴とされた物在の例を採集している。例えばのちの『神統記』には、北ドイツで信仰された馬頭にまつわる物在として、木製の馬頭の霊が出てくる。これは、元来は本物の馬頭から転化したものである。「北ドイツの多くの地方では農家において、木製の馬頭（die hölzernen Pferdeköpfe）が初めにはかつて実際の馬頭の代わりに現れた（中略）ということは、きわめて確実なことだった[28]」。

「遺稿」でいま一つ注目しておくべき箇所は、次の１文である。「新たに導入された仏教とはまだ混交していなかった古いカミ信仰によると、遺体は埋葬された。人は愛した故人に彼の武器、甲冑やその他の高価なものを持たせた[29]」。フォイエルバッハは、大地のことを母とみなし、自分たちのことをメトクテニアケつまり〔大地（母）から生まれた者〕と呼んでいるアメリカ先住民に注目したが、古代日本のカミ宗教においては、その大地にじかに遺体を埋葬する儀礼を確認している。そこにフォイエルバッハは、天空に飛翔する精霊のほか地下にもどる肉体をいとおしく思う古代日本人の宗教意識を見いだしたことだろう。

このように遺稿「日本の宗教」を分析し解釈してみると、フォイエルバッハは日本のカミ宗教に対して、２種の特徴を発見したと判断して差支えなかろう。すなわち、一方ではアマテラスを天体（太陽）と考えたり大地を聖域の一つと考えたりするような、自然崇拝のなごりをカミ宗教に発見した[30]。また他方では、不可視のアマテラスの象徴である鏡や、もろもろの物在・人間に「宿るカミ」といった、精霊崇拝のヴァリアントをカミ宗教に発見したのである。このように自然崇拝と精霊崇拝という２側面を兼ね備えた「日本の宗教」のうち、フォイエルバッハはむろん前者すなわち自然崇拝のなごりとしてのカミ宗教にこそ注目したのである。なるほど、「宗教の本質に関する講演」第24講では「日本の皇帝」にしか言及しなかった。しかし、1845〜47年当時の彼の問題関心、および1848〜49年の講演内容から判断するかぎり、フォイエルバッハは、日本のカミ宗教をなによりもまず他の諸大陸の宗教と同様に、自然崇拝から派生したものと評価したであろう。すなわち、「講演」は、ほかならぬ全世界の古代的・野生的諸民族のもとで花開いた自然崇拝とその文化を称えることを主な内容としていたのだった。

164

では、いったいフォイエルバッハは、自然崇拝のどのような特徴を称えたのであるか。その問題に関する私なりのオリジナルな見解を表明して、本章のむすびとしたい。

第5節　自然崇拝のフェティシズム的性格

すでに図解をまじえて説明したように、フォイエルバッハが注目する意味での自然崇拝においては、神的存在は自然物の中から選択される。崇拝者は、共同であれ個人であれ、自らの神を自らの手で選ぶ。こうして選びぬかれた神は、したがって姿を現している神がみである。「な視たまひそ！」と直視を禁じられることはあっても、それは可視のものがみだからこそ禁じられるのである。それから、崇拝者によって神に選ばれたものがみには、崇拝者を加護することが義務づけられる。そのことを怠ると、神は強請を受ける。それでも実行できないとあらば、神は打ち叩かれるか棄てられるか、はたまた殺されるかする。

要するにフォイエルバッハが宗教一般の発端においた自然崇拝というのは、未だ本来の意味での宗教でなく、神は未だ人間と同等というか、一時的に—つまり崇拝されている限りでのみ—人間よりも高位の存在でしかないのである。主客というか主従といったものは交互的であって、そのような関係は固定されていない。こうした信仰形態を、私はまず最初はフォイエルバッハでなく、啓蒙期フランスの比較宗教学者シャルル・ド゠ブロスの著作『フェティシュ諸神の崇拝（*Du Culte des Dieux fétiches,* 1760）』を読んで熟知した。そして、このフェティシュ信仰つまりフェティシズムの観点からフォイエルバッハの宗教論を読みなおしてみたならば、19世紀におけるキリスト教批判の急先鋒であるフォイエルバッハが、なんとフェティシズム的自然信仰の讃美者だったことがはっきりしたのである。フォイエルバッハは、なぜ世界各地—日本をも含め—の古代的・野生的信仰を調査したか、それらに含まれるどのような特徴を称えたのか、という問いかけに対して、私は次のように応えたい。フォイエルバッハの他我相関的唯物論は、自然（他我）を存在者とみたてた上で、人びとは人間（存在者）と自然（存在者）の交互的・相互的依存において初めて生存できるのだという立場を採用し、かつその立場を無自覚的にせよ実行していたのが諸大陸に生きづく古代的・野生的信仰者だということなのである。フォイエルバッハは、そのような古代的・野生

的信仰にみられるフェティシュ的性格を最大限称えたのだった。[33]

☆　　　　　☆

　石牟礼道子『苦海浄土』（1973年）の第4章「天の魚」に「九竜権現さま」
の節があって、次の文章が読まれる。

「ほう、これは—」（石牟礼）

「はい、竜のうろこでござす」（江津野杢太郎少年の婆さま）

「竜の—」（石牟礼）

　　　　＜中略＞

「数知れぬ魚共がうろこは、わしも漁師で見とりますばってん、こがんし
たうろこはありまっせんで、竜のうろこでござっしゅ。鬼より蛇より強うし
て、神さんの精を持っとる生きものでござすそうで、その竜の鱗ちゅうて、
先祖さまからの伝わりもんでござす。天草から水俣に流れて来ましたとき、
家もつくっちゃれん、舟もこしらえてやれんで、この神さまばつれてゆけ、
運気の神さまじゃけんと親がいうてくれて、一緒におつれ申してきて、運気
の神さんでござす。ひきつけを、ようなおしてくれらす。なあ、ばあやん」（爺
さま）

「はい、ひきつけも、ようなおさす。息子も孫も三人づれ、ひきつけのときゃ、
この神さんにゃ、えらいお世話になりました。

　この神さんな正直者もんばい。なおらん子にゃ、嘘はいいなはらん。なお
らんいいちなはるよ。杢がなあ、杢がひきつけたときゃ、なおらんいいなはっ
た。びちりとも動きなはらんじゃったもん。

　なんのなおろうかいなあ。水俣病じゃもね。いくら神さんでも知っとりな
るもんけ。知っとりなさるはずはなか、世界ではじめての病気ちゅうもね。
昔の神さんじゃもね。昔は、ありえん病気だったもね」（婆さま）[34]

　江津野の婆さま・爺さまは、心やさしいフェティシストである。江津野の
家では、「竜のうろこ」に神性を与えているのは、この心やさしい老夫婦だっ
たのである。野生的世界に生きる狩猟民たちは、杢太郎の病いを治さないよ
うなフェティシュなら打ち叩くだろう。その点だけ、杢の婆さま・爺さまは、
信仰者よりも被信仰者に近い。いずれにせよ、根本のところでは、2人の老
人は海に生き海に生かされる自然崇拝者として、野生的ないし古代的フェ
ティシストと同種の神を信仰している。そのような神こそ、我らがフォイエ
ルバッハのいう「宗教の本質」に触れている神＝自然＝存在者なのではなか
ろうか。

〔注〕

(1) L. Feuerbach, Vorlesungen über das Wesen der Religion, *Ludwig Feuerbach Gesammelte Werke*, hg. v. W. Schuffenhauer, Bd. 6., Akademie-Verlag Berlin, 1984, S. 253. 舩山信一訳『フォイエルバッハ全集』福村出版、1973 年、226 頁。

(2) J. G. Frazer, *The Golden Bough, A Study in Magic and Religion*, part II, Taboo and the Perils of the Soul, Macmillan 1990. (1st Edition 1913), p. 2-3.

(3) ミュンヘン大学蔵フォイエルバッハ遺稿に関しては、次の文献をも参照。寺田光雄「ミュンヘン大学所蔵 L・フォイエルバッハ遺稿目録」、『埼玉大学紀要』社会科学編、第 36 号、1988 年。

(4) 澤野徹「L・フォイエルバッハの遺稿『日本の宗教』」、『専修大学社会科学研究所月報』第 355 号、1993 年。これには手書き原稿が写真製版で添付されている。

(5) *Das Ausland* は、1845 年 10 月 10 日現在で 283 号を数える日刊紙で、Ed. Widenmann を編集人とし、シュトゥットガルトのコッタ社から刊行された。

(6) Prof. Neumann は、遺稿訳者の澤野徹の考証によれば、「おそらくオリエンタリスト Karl Friedrich Neumann (1793-1870) と推定される。『専修大学社会科学研究所月報』第 355 号、2 頁。

(7) Vgl. Neumann, Japan, in *Das Ausland*. Nr. 283-288.

(8) *Das Ausland*, Nr. 288. p. 1149.

(9) *Das Ausland*, Nr. 288. p. 1150. なお、因にシーボルトは、『日本』の中では、ミカド・ダイリ等、天皇を指す言葉をドイツ語で表記するときは Kaiser とし、幕府の将軍 (Sjoo-gun) をドイツ語で表記するときは Oberfeldherr としている。Vgl. P. F. v. Siebold, *Nippon. Archiv zur Beschreibung von Japan und dessen neben-und schutzländern*, Leyden 1832 (Nachdruck, Kodansha Tokyo, 1975) Textband, S. 4.

(10) L. Feuerbach, Vorlesungen., in *L. F. Gesammelte Werke*, Bd. 6., S. 51. 舩山信一訳『フォイエルバッハ全集』第 11 巻、1973 年、246 頁。

(11) L. Feuerbach, ibid., S. 67. 邦訳、同上、268 頁。

(12) L. Feuerbach, ibid., S. 98. 邦訳『フォイエルバッハ全集』第 12 巻、12 頁。

(13) フォイエルバッハの宗教論における自然 (Ding)・人間 (Wesen)・神 (Sache) の関係については、石塚正英『フェティシズムの信仰圏—神仏虐待のフォークローア』世界書院、1993 年、97 〜 100 頁参照。

(14) L. Feuerbach, das Wesen der Religion, in *L. F. Gesammelte Werke*, Bd. 10., S. 31. 舩山信一訳『フォイエルバッハ全集』第 11 巻、36 頁。

(15) ルターが神を人間の心中に入れたということは、神が超越的存在であることを必ずしも彼が否定したということでなく、その超越神に接するのは、一切の中間項（偶像・ヒエラルキー）を否定して、じかに人の心中で、内面ではじめて可能だということである。

(16) L. Feuecbach, Das Wesen der Religion, in *L. F. Gesammelte Werke*, Bd. 10., S. 9. 邦訳、『全集』第11巻、10頁。

(17) 澤野徹「L・フォイエルバッハの遺稿『日本の宗教』」、『専修大学社会科学研究所月報』第355号、1993年、8頁、17頁。

(18) 澤野、同上、9頁、17～18頁。

(19) アストン、安田一郎訳『神道』青土社、1988年、44頁。

(20) 松前健『日本の神々』中公新書、1974年、136頁参照。

(21) 澤野、前掲論文、9頁、17頁。

(22) 石塚正英『フェティシズムの信仰圏』第1章「宗教の起原」参照。

(23) L. Feuercach, Theogonie, in *L. F. Gesammelte Werke*, Bd. 7., 1985, S. 268. 舩山信一訳、『フォイエルバッハ全集』第14巻、1976年、132頁。

(24) 澤野、前掲論文、11頁、18頁。

(25) 澤野、同上、11頁、18頁。

(26) アストン、前掲書、四四頁参照。

(27) 澤野、前掲論文、11頁、18頁。なお、鏡についてシーボルトは次のように述べている。「カミの座には著しい単純性が支配している。人びとは神像をおかず、ただ神の象徴として御幣（Goheï）があるだけである。それ以外には、霊の純粋性と透明性を指し示す鏡が一枚おかれている。（中略）神道（Sintoo）にあって鏡は純粋性の象徴なのである」。Siebold, *ibid.*, Textband, S. 759.

(28) L. Feuerbach, Theogonie, in *L. F. Gesammelte Werke*, Bd. 7., S. 295f. 邦訳、『フォイエルバッハ全集』第14巻、176～177頁。

(29) 澤野、前掲論文、15頁、19頁。

(30) ちなみに、シーボルトは「カミ宗教」の独自性保持について、次のように分析している。「この民族的祝祭が形成されるのに、釈迦や孔子の教義が明白に影響を及ぼしはしたが、しかし全体的にみて古いカミ祭儀の独自の特徴は保持し続けている」。Siebold, *ibid.*, S. 738.

(31) ド＝ブロス著作の概要については、石塚正英『フェティシズムの思想圏―ド＝ブロス・フォイエルバッハ・マルクス』世界書院、1991年、第2章「ド＝ブロスのフェティシズム論」参照。

(32) 「日本の原始フェティシズム」（第3章）という叙述を含む、石塚正英『フェティシズムの信仰圏』を参照されたい。

(33) 「フォイエルバッハの原始信仰論」（第4章）という叙述を含む、石塚正英『フェティシズムの思想圏』を参照されたい。

(34) 石牟礼道子『苦海浄土―わが水俣病』講談社文庫、1972年、169～170頁。

〔付記〕本稿起草にあたっては、専修大学の故澤野徹助教授にひとかたならぬご厚意を頂戴した。記して感謝致すものである。

第8章　マルクス左派の超家族論

『季報唯物論研究』第61号（1997年7月）に、私は「マルクス左派のアソシアシオン論」を寄稿したが、【マルクス左派】という私の造語については『社会思想史の窓』第87号（1991年8月）掲載の小論文「いま、ときはマルクス左派に微笑んでいる」で初めて使用した、以下のように。

「資本主義が産業資本主義から金融資本主義へ、或いは修正資本主義から多国籍資本主義へと転変してきたのに対応して、或いはそれに対峙して、マルクス主義はボルシェヴィズムや人民民主主義から、ついにここへきて、マルクス左派へと転変していくのである。（中略）マルクス左派は、おそらくコミューンでなく、かつてマルクスがフーリエに学んだ、あの、アソシアシオンを近未来の社会的基盤に、ダイレクトに据えることだろう。或いはまたマルクス左派は、かつてサン＝シモンが、資本主義にマッチするような射程でなく、むしろ社会主義へと、人類史の未来へと向かって唱えた意味での産業主義を再確認することだろう。いや、それよりも何よりも、マルクス左派は、いかなる意味であれ、政党をまずもって解体し尽くすことから行動を起こすだろう[(1)]」。【マルクス左派】はヘーゲル左派のマルクスに結びつく。

　さて、「マルクス左派のアソシアシオン論」で、私は次の項目を検討した。政党の廃絶、インターナショナルからトランスナショナルへ、家父長制家族の廃絶、一元主義（monism）から多元主義（pluralism）へ、等々。本章では、そのうち「家父長制家族」について突っ込んだ議論をしたい。象徴的に述べれば、【マルクス左派】の立場から推論すると、ラテン古語 pater という語に父という意味が備わる以前、この語は「保護者（pa＝守る・ter＝人）」ではあるが性別を有せず、pater には父以外の男性（母方オジ avunculs）や母親も含まれていた。したがって、pater には反家父長的概念が含まれる。その際、最晩年のマルクスが構想した家族の歴史においては、①先史＝氏族→②文明＝家族→③ポスト文明＝ポスト家族（超家族）というシェーマが想定でき、①と③には政治的権力にあらがう pater が、そして②には政治権力と化したpaterが想定できるということである。以上が本章の執筆目的である。

第1節　造語「パトリオフィル（愛郷心，patriophil）」の説明

　ここでpaterと並ぶ、今一つのキーワードを説明する。「パトリオフィル（愛郷心，patriophil）」である。これは私の造語である。「パトリ」は郷土を、「フィル」は愛を意味し、合わせて「郷土愛・愛郷心」となる。それは政治的・国家的であるよりも社会的、あるいは文化的な概念であり、権力的であるよりも倫理的な規範概念である。「パトリオフィル」とは、国家を愛することよりも、それを産出する基盤である社会を愛することに意義を有する。二者択一的に結論付けるならば、国家（civitas）の前に社会（societas）がある。「パトリ」は、組織形態でいえば、政治的な国家（nation state）でなく風土的なクニ（regional country）に近い。ナショナリズムを「中央参加型祖国愛」と訳すならば、パトリオフィルは「地域存在型郷土愛」となる。ナショナリストやパトリオティストを「愛国者」と訳すならば、パトリオフィリスト（patriophilist）は「愛郷者」となる。

　パトリオフィルは古代ギリシア・ローマの父権・家父長権（paternitas）と相対的に区別される。たとえば、先史地中海社会の母権（maternitas）に優越する文明的支配権でなく、紀元前後に輪郭をあらわにするローマ皇帝権（imperium）＝中央集権にあらがう社会的抵抗権＝地域的カウンターパワーである。

　従来の先史・古代地中海史においては、前期バッハオーフェン（『母権論』1861年）にならって母権社会（氏族共同体）から父権社会（家族・都市国家）への移行という了解がオーソドックスだったが、私は、後期バッハオーフェン（『古代書簡・第1巻』1880年）にならって、その中間に母方オジ社会を挿入している(2)。母方オジ権（avunculat）は男権ではあるが父権ではない。父が自氏族の外にいる母中心の氏族社会では、息子たちは大人になるまで母たちの兄弟に教育を受けることになる。そこで氏族社会では、ことの成り行き上、母の息子たちと母方オジたちとの親密な〔オジ‐オイ〕関係が成立し持続することになるのであった。

　私は、後期バッハオーフェンにならって、①母権社会から③父権社会への過渡期に②母方オジ社会が存在したとみる。①から③の間に母（mater）と母方オジ（avunculus）が氏族（gens）の協調関係を維持し、やがてそれに族外婚的な関係にあった別氏族の父（pater）が対立し家族（familia）支配を確立して③家父長（paterfamilias）となった。しかし共和制下における家父長

には②母方オジ権（avunculat）の印象が大なり小なり残存していた。この②段階における家父長は郷土主義者（patriota）として迫りくる中央集権（imperium）・家父長支配（paterfamilias）にあらがうこととなった。

　ところで、『母権論』以降の後期バッハオーフェンは、いかなる種類であれ、およそ秩序というものがまだ登場する以前の、両性関係としての「プロミスキテート（Promiskuität）」を捉える。この術語を彼は、ルイス・ヘンリー・モーガンから学んだ。これは乱婚とは違う。乱婚は一夫一妻制など何らかの性秩序・性道徳を前提としている。何らかの規律が乱されるから、破られるから乱婚となるのである。しかしモーガンの言うプロミスキティーでは、破るべき性秩序・性道徳は未だ存在しないのである。プロミスキティーは、氏族社会には概ね存在していたが、家族の出現とともに潰え去った。プロミスキティー段階の男女関係に、バッハオーフェンは人間社会の素晴らしさを発見したのである。それに対して、ギリシア・ローマの文明期に出現する家族においては、もはやプロミスキティーという自然的男女関係は失われている。こうしてバッハオーフェンは先史研究におけるモーガニアンとなったのであったが、同じ影響は、同時期に先史研究を開始した老マルクスにも及んだ。

　マルクスが「氏族」を知るのはモーガン読書（1881.5〜82.2）においてである。モーガンは『古代社会』（1877年）の中でおおよそ以下のような学説を披露している。人類はおよそ以下のような史的展開をなしてきた。①先史社会から②複数の氏族を含む部族社会→③その解体期→④文明社会（都市国家）への移行である。それを社会組織で区分すると、①ホルド（群）→②母権的クラン（氏族）→③母方オジ世帯的クラン→④ファミリア（家父長家族）とポリス（政治社会）。婚姻制度で区分すると、①無規律性交婚（プロミスキティー）→②集団婚→③対偶婚→④一夫一妻制。以上の区分はモーガン学説を私なりに整理したものであるが、当たらずとも遠からず、と思う。そのうち、②③を特徴づけるのが「氏族」である。その氏族社会は先史に属する。その段階における pater は郷土主義者（patriota）として迫りくる中央集権（imperium）・家父長支配（paterfamilias）にあらがうこととなった。

　ところで、語源から考察しても、氏族段階の pater は、いまだ家族段階の pater の概念を示すに至っていない。ギリシア語で「父」を「パテラス（pateras）」といい、ラテン語で「父」を「パーテル（pater）」という。pater の第一要素「pa」の意味は「守る」で、第二要素「ter」の意味は「人」である。双方合わせて「守る人」「保護者」となる。pater は最初から「父」

といった性別を示していたのではない。[4] 私の理解では、母権社会では母たちが pater であり、母方オジ権（avunclat）社会では母方オジ（avunculus）が、あるいは母方オジの母方オジ（avus）が pater であったとしてよい。pater が「氏族的首長（氏族パーテル）」でなく「父（家族パーテル）」という概念を得るには、「父」が存在し、父を軸とした「家族（familia）」が存在することを前提とする。ギリシア古代史に照らすと、先住農耕ペラスゴイ人社会に北方からインド・ヨーロッパ語族のギリシア人が波状的に浸入する幾世紀の過程を経て、紀元前 8 世紀ころ、それまで自然的に営まれてきた氏族共同体（gens）であるコーメー（kome）が解体してポリス（polis）が人為的に形成される出来事、「集住（シュノイキスモス synoikismos）」を象徴的な画期とする。[5]

　迫りくる中央集権（imperium）・家父長支配（paterfamilias）にあらがった氏族的首長（pater）は、古代エジプトでいえばやがて初期王権よって抑圧されていくことになる「ノモス（nomos）」にふさわしく、古代中国でいえば共有地に支えられた「邑＝社稷」に似つかわしい概念である。

第 2 節　歴史貫通的なパトリオフィル

　中央集権的政治権力（王権・帝権）にあらがう村落的首長の社会的・文化的概念は、その後の文明社会ないし政治的国家において死滅せず、通奏低音のごとく潜在してきた。その種の規範概念はいわば歴史貫通的であって、近現代にも見通すことができる。むろん、母方オジ権社会が悠久の時代を生き延びてきたわけではない。古代地中海世界で「守る人」「保護者」を意味した術語 pater を、政治的な国家（nation state）から風土的なクニ（regional country）を守る「パトリオフィル（patriophil）」なる造語でもって現代世界に復活させるということである。[6] 復権の兆しは、日本でも、例えば以下の事例において確認できる。

　一つは、日本美術運動の指導者岡倉天心による英文著作『東洋の理想（*The Ideas of the East with Special Reference to the Art*）』（1903 年）冒頭に読まれるフレーズ「アジアは一なり（Asia is one）」である。その言葉の天心なりの意図は、インド・中国・日本などのアジア諸地域間に見られる、文化的な次元での理念的通時性共時性を称えることなのであった。その言葉を記した天心の真意は、ナショナルな侵略と正反対の内容、パトリオフィルの精神を

備えていたと結論づけられる。

　一つは、1930年代40年代の政治状況に影響力を有した思想家権藤成卿の主著『自治民範』（1932年）に読まれる以下の議論に確認できる。「君民の共に重んずる所は社稷である。社稷を重ぜざる民は民ではない。社稷を重ぜざる君は君ではない」「君を主とするから、暴君政治の弊が起る。民を主とするから、賤民政治の弊が起る」「憲法即ちコンスチチューションといふ語は、本質といふ意味である。國の本質は、社稷の外にはない」。以上の引用中、社稷はパトリオフィルと共鳴する。

　いま一つは、19〜20世紀の博物的奇才である南方熊楠の思想に確認できる。とくに彼の「神社合祀に関する意見」の中に読まれる。「神社合祀は、第一に敬神思想を薄うし、第二、民の和融を妨げ、第三、地方の凋落を来たし、第四、人情風俗を害し、第五、愛郷心と愛国心を減じ、第六、治安、民利を損じ、第七、史蹟、古伝を亡ぼし、第八、学術上貴重の天然紀念物を減却す」。以上の引用中、1906年に発令された神社合祀はパトリオフィルの抑圧、ナショナリズムの強化に通じる。

第3節　老マルクスの氏族社会研究

　議論の半径を決めるブーメランがあまりにも遠くに飛びすぎている。一気に手元へと急旋回させよう。

　ここで、氏族社会についてマルクスに多大な感化を及ぼしたモーガンの『アメリカ先住民のすまい』（1881年）に記された「歓待の儀礼（Law of hospitality）」を紹介する。これは氏族社会では常識的な相互愛であり、私の造語ではパトリオフィルである。氏族社会では、村の要所に共同の備え（食料倉庫など）がある。構成員は余剰が生じたなら、倉庫に収める。困ったときにはそこから持ってくる。他所に狩りに出かけたものの生活物資に欠乏した男たちは、他所の村でそれを受け取る。女たちは氏族内にとどまって倉庫を管理し、他所からやってくる夫たちを共同で迎える。倉庫は母たちから娘たちに相続される。こうした歓待の儀礼は共同倉庫のみならず、個別のテントにも貫かれた。現在のような単婚家族ではないのである。母たちの共同が経済単位である氏族社会（ソキエタス）を特徴づける儀礼である。

　老いたマルクスは、モーガン学説に中に氏族社会（ソキエタス）を見通した。ということは、私の表現になる「迫りくる中央集権（imperium）・家父長支

配（paterfamilias）にあらがった氏族的首長（pater）」についても、類似の概念をどこかで読み知ったか聞き知ったか、していたのではないだろうか。術語 pater における先史＝氏族的概念から文明＝家族的概念への転倒をうすうす感じ取ったのではなかろうか。死期の近づいたマルクスは、少なくともフェティシズム概念については、そのような概念の転倒・転回を確認している。

　フェティシズム概念について、若い頃のマルクス、ヘーゲル左派時代のマルクスは、1842 年 10 月 25 日付『ライン新聞』第 298 号において、次の発言を放っていた。

　「ごくひろい意味での封建制度は、精神的な動物の国であり、区分された人類の世界である。この世界は、みずから区別する人類の世界に対立するものであって、後者（みずから区別する人類の世界、すなわちフェティシズムの世界）においてはたとえ不平等があるかにみえても、実はそれは平等がおりなす色模様にほかならない。未発達な封建制度の国やカースト制度の国（つまり区分された人類の世界）では、人間は文字どおりカーストに分割されており、偉大なる聖なるもの、すなわち聖なる人間の（des großen Heiligen, des heiligen Humanus）高貴な、自由に相互に交流し合う構成分子が、切りさかれ、たたき切られ、強制的に引き裂かれているところであるから、これらの国ではまた動物崇拝、すなわち本来的な姿での動物崇拝が存在する。」[11]

　ここでマルクスは、「カーストに分割され」た、「強制的に引き裂かれ」た時代に特徴的な動物崇拝よりも以前に存在した、「偉大なる聖なるもの」「聖なる人間」の時代に特徴的な或るひとつの精神運動を、語らずして語っている。これはヘーゲルにでなく、ド＝ブロスに感化された若いマルクスの思想的炎のほとばしりである。それこそまさしく、彼が 1842 年 7 月 10 日付、11 月 3 日付論説で力説した「フェティシズム」なのだ。しかし、このポジティブな概念は、『資本論』に行き着く過程でネガティブな方向にすっかり萎縮してしまう。

　だが、マルクスは『資本論』第 1 巻を起草するのに、19 世紀後半における原始社会研究、先史学の名著を、彼は幾冊か読んでいる。例を挙げれば以下のものである。ダーウィンの『種の起原』（ロンドン、1859 年）、ダウマーの『キリスト教古代の秘密』（第 1 巻〜2 巻、ハンブルグ、1847 年）、ニーブールの『ローマ史』（改訂一巻本、ベルリン、1853 年）、W・ハウィットの『植民とキリスト教、ヨーロッパの全植民地における原住民の取扱いの歴史』（ロ

ンドン、1838 年）、モムゼンの『ローマ史』（第 2 版、第 1 〜 3 巻、ベルリン、1856 〜 57 年）。

　だが、以上の文献だけでは、とうてい先史は掴めない。マルクスが本格的に先史の実態を知るようになるのは、『資本論』第 2 巻以降のための読書を行なった際のことである。その読書とは特に、マウラー、コヴァレフスキー、モーガンの諸著作についてのものであり、なかでもとりわけマルクスはモーガンに惹きつけられる。それと同時に人類の先史社会を論じた幾つかの新研究、バッハオーフェンやラボックの諸著作を知って、それらを熱心に読みすすめる。その過程でマルクスはふたたび、あのド゠ブロスとその著作『フェティシュ諸神の崇拝』に接することになる。こうして老マルクスは、フェティシズム概念についてその先史的復帰をなしたのだった。その方向への契機を与えたのはモーガン（1818 〜 81）とバッハオーフェン（1815 〜 87）である。文明段階におけるキー概念の先史段階における再検討は、pater にも及んではいなかっただろうか。氏族的類型の共同体に関する布村一夫『原始共同体研究』から、参考個所を引用する。

　「西北インディアンのうちの北方群であるトリンキット、ハイダ、ツィムシャンの諸部族にあっては、18 世紀末には、経済単位であったのは母系氏族ではなくて、大家族共同体であって、これはときに 200 人をこす成員をふくんでいた。初期の白人観察者によると、氏族は崩壊の状況にあり、母系氏族はすでに地域的・集住的な性格（氏族は血縁的な共同体であるが、占有する地域をもっていて、地縁共同体ともいえるが、血縁性が先行する）をうしなっていた。それでも 19 世紀の中ごろには、ツィムシャン部族の社会制度の基礎は氏族原則であり、胞族はなおも族外婚的であった。しかも家族関係がつよまり、夫方居住婚にうつって、これが社会における女の支配的な地位を終結させ、家族共同体の構造をかえたのである。19 世紀末には家族共同体は平均して 30 〜 40 人をふくみ、血縁の兄弟たち、母かたの従兄弟たち、甥たち（姉妹たちの息子たち）、彼らの妻子から成りたっていた。姉妹たちが婚出して夫方居住婚にはいるが、その息子たちが伯叔父方住居制にうつる。これがこの家族共同体の甥たちである。しかも母の兄弟である伯叔父から甥たちへと相続されるが、これは母娘相続と父子相続との中間にあるもので、母系相続のうちにふくまれる。（中略）ハイダ族は、19 世紀末には、長屋にすんで母系的兄弟的家族をもっていたのである[12]」。

　ようするに氏族の系譜は母たちから娘たちへと繋がれるが、相続は母の兄

弟（母方オジ）たちから母の男児（甥）たちへと受け継がれる。それが、母系的だが兄弟（母方オジ）的ということの内実である。父たちは母子の氏族外にいる、あるいは母子は父たちの氏族外にいて、オジ・オイ関係が基軸となっている族外婚組織である。この社会は母系集団が全体的に共同で財産を相続するのであって、父系で直系相続するのでない。また、この社会は母系集団が全体的に子どもたちを共有するのであって、単独の父が子どもたちを所有（独占）するのでない。紐帯は緩やかであり、しなやかである。氏族社会は母たちか、あるいは母方オジたちの保護下にあった。pater たる地位に、妻方氏族の外で生活する「父」はいまだ絡んでいなかった。自氏族の甥たちにとっての pater たるに過ぎなかった。それが、ギリシア・ローマの文明期に差し掛かると、氏族組織を脱出した有産男子たちが都市を形成し妻子もろともに家族員として隷属させることとなった。いわゆる家父長制家族の登場である。そのような家族組織は、21 世紀の今日まで生き延びてきたが、ここに来てようやくスクラップ＆ビルドの動きを開始したと思われる。その動きを次節で追いかけ、本章の結論を導きたい。

第 4 節　21 世紀社会へのスクラップ＆ビルド

2017 年はもしかすると、トランプ派あるいはアンチ・トランプ派というような括りの世代形成の始まりとなるかもしれない。2017 年 12 月 31 日付『毎日新聞』社説を見ると、「トランプ政治元年」とか「国際政治の軸足が動いた」とかの見出しが読まれ、トランプ著『グレート・アゲイン』から次の一節が引用されていた。「米国は必要なら本当に軍事力を使う。そう人々に知らしめれば、米国の待遇は変わる。尊敬をもって処遇されるようになる」。

アメリカをふたたび偉大にするという趣旨の"American First"をスローガンに掲げたドナルド・トランプは、共和党有力者が何といおうと現状に不満を抱く有権者から支持を得て大統領選を制し、2017 年 1 月 20 日、第 45 代アメリカ合衆国大統領に就任した。以後も彼の言動は、一貫して、国民に対するポピュリズムを煽った、あるいは国民が求めるポピュリズムに応えたものであるといえる。そこに私は、ナショナルな政党政治の終焉とトランスナショナルな結社運動の浸透を見通している。かつてファシズムの時代には一党独裁という方向で政党の解体が生じた。現在は、生活様式や価値観の多様化、ボーダーレス化を通じて、国民代表という政党の解体が現象している

と分析できる。

　仮に2017年「トランプ政治元年」を我々の現代史の始まりと仮定したとして、我々の現代史は【トランプ派＝日本と同盟関係にあるアメリカによる世界の軍事再編】から始まるのだろうか。それとも、【アンチ・トランプ派＝核兵器全廃を軸とするトランス・ナショナルな反軍拡諸勢力の連携】から始まるのだろうか。

　いずれにせよ2017年は、過去に遠のくのでなく、将来にあらたに形成される諸情勢の画期をなすことだろう。それもこれも、超ユニークな個性の持ち主、裸の王様のごときドナルド・トランプのファンファーレを契機としている。その意味で彼は、たとえハラスメントなどの疑惑があったとしても、いやそうであればなおのこと、世界史に名を残す人物であることは、間違いないだろう。

　ところで、20世紀までの世界を三角形で表し、21世紀からの世界を台形で表し、前者を上に、後者を半ば重なるように上下に合わせてみる。

△…〜20世紀　▲…21世紀〜

　そのうえで、この合成図で、〔軍事〕、〔家族〕、〔政党〕の3項目それぞれにおける20世紀から21世紀への変化を説明してみたい。右の三角形3種を、下から見てほしい。〔政党〕においては、三角形3層のうち、政党は中間に位置する。20世紀まで、政党は政治的国家（三角）の下部に位置していた。それは、21世紀を通過する間に解体されて結社にとってかえられ、社会的組織（台形）の一角に位置する。〔家族〕においては、三角形3層のうち、家族は中間に位置する。20世紀まで、家族は血縁組織（三角）の下部に位置していた。それは、21世紀を通過する間に解体されて実体（家族）から関係（超家族）にとってかえられ、社会的組織（台形）の一角に位置する。一番

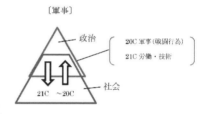

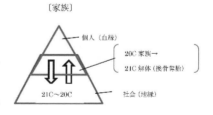

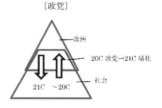

第8章　マルクス左派の超家族論

177

上の〔戦争〕ないし〔軍事〕については、三角形3層のうち、軍事は中間に位置する。20世紀まで、軍事は政治（三角）の下部に位置していた。それは、21世紀を通過する間に担い手を民間にとってかえられ、社会経済的組織（台形）の一角に位置する。戦闘行為を支える軍事は民間（科学技術・企業活動）が担うこととなる。軍事技術や戦闘員の諸国間売買移転は日常化する。すでに民間軍事会社は多数存在している。中小の国家歳入を越える資本を動かすビッグビジネスは、社内外に軍事部門を備えることだろう。

　3種の三角形すべてに記されている矢印に注目されたい。これまで、我々は下から上への動きに意味を見いだしてきた。〔政党〕においては、参加型民主主義である。台形から三角形への参加・参入である。私は、これにかえて存在型民主主義を唱えている。三角形から台形への降り立ちを重視する。〔家族〕では、これまで婚姻制度を通じて、我々は下から上への動きに意味を見いだしてきた。私はこれにかえて、自由な諸個人〔超家族〕による協同生活を構想している。一番上の〔戦争〕ないし〔軍事〕については、国家単位の自衛（専守防衛）としての力（国家的な力）の行使から個人単位の正当防衛としての力（社会的な力、あるいは文化による抵抗）の行使へと、ベクトルの上下をひっくり返す。

　国際社会では保護主義と覇権主義がセットになって勢いを増している。その筆頭はトランプのアメリカである。彼の唱える「強いアメリカ」「アメリカ・ファースト」はその動向を象徴している。その標語は、すでに調停機能を喪失している国連をあざ笑うかのような印象を内外に与えている。けれども、一九世紀末から今日までの国際政治史を振り返れば、トランプの登場はけっして想定外ではない。パックス・ブリタニカ崩壊とビスマルクによる武装平和→2度の世界大戦とその後の集団安全保障体制→米ソ冷戦・南北対立とその後のアメリカ主導グローバル外交→イギリスのEU脱退とトランプ・プーチン・習近平の軍事的覇権外交激化。その現象を指して、私は社会システムとしての〔近代の瓦解〕と称する。経済現象としては、前世紀後半からの大量生産・大量消費・大量廃棄という自然収奪、および前世紀末から顕著となった出口なしの経済不況で特徴づけられる資本主義そのものの瓦解を指す。

　revolutionとは、回転を意味する。かつて共産主義者や社会主義者はこれを資本主義システムの外部から引き起こそうとして失敗した。いま、あらためて、目的地を見出さないまま、内部崩壊としての回転が始まっている。その際、社会システム瓦解には人間による自然支配の破綻、〔テクノ・システ

ムの瓦解〕が伴っていると考える。原発事故による放射能汚染など、地球大
での環境問題の深刻化がそのことを物語っている。意識ある人びとは、そこ
に目的地設定の突破口を見いだすことだろう。その意識ある人びとの一角に
【マルクス左派】は存在するだろう、と私は読み解く。

第5節　存在型民主主義とその後の超家族

　前節に記した「存在型民主主義」について、本節で詳論する。生存権は国
家によって保障されるのでなく国家を支える人びとによって保障される。こ
の発想は、これまで意味あるものとして称揚されてきた「参加型民主主義」
を超えるもので、いわば「存在型民主主義」である。「参加」と言う場合、
すでにして参加していく対象が他者によって用意されている。投票日が近づ
くと、政府や地方自治体が参政権を行使して政治に参加するよう呼びかける。
そこには市民（世界市民・地球市民）はいない。国民としての市民がいるだ
けである。参加型民主主義のアポリアは、民主主義のパラドクスとして周知
のところである。参加型民主主義は、軍事力を備えてプリマスに上陸したピ
ルグリム・ファーザーズの時代から存在するが、たいがいは、「そこをどい
てくれ、おれが座るんだから」の態度で民主主義をちらつかせるだけだった。
そのような態度で民主主義を日本に導入すると、たいがいは日本国憲法第
99条「天皇又は摂政及び国務大臣、国会議員、裁判官その他の公務員は、
この憲法を尊重し擁護する義務を負う」が有名無実と化すのだった。それが
参加型民主主義の隠された特徴である。

　【マルクス左派】にすれば、今後は、参加する（権利としての）民主主義
でなく存在する（生存としての）民主主義に還るのではないか。「存在型民
主主義」―別名「be動詞連合」―は還る対象であって、新たに創出する対
象ではない。それはすでに日本国憲法草案（マッカーサー草案）に記されて
あった。ただし、草案の段階で削除されてしまったのだった。【マルクス左派】
は、現行第14条の条文「すべての国民は法の下に平等であって（云々）All
of the people are equal under the law.」を、以下に示すGHQ草案に差し
替えて、この条文の文字通りの再生を「地球市民憲法」―マルクス左派的に
述べれば「be動詞連合憲法」―として求めると思われる。

　Article 13. All natural persons are equal before the law.「すべての自然
人（地球市民）は法の（あるなしの）前に平等である」。

第9条精神を継承した地球市民憲法は、世界社会フォーラムなどを通じて、アフリカほかの諸地域に受け入れられている。[13]

☆

【マルクス左派】とは、議論を組み立てる上でのいわばレトリックであって、なにか前衛的な党派や思想家集団を私がつくろうというわけではない。しかし、新時代をもたらす思潮としては、それは生まれ出づるものと期待したい。

若い頃のマルクスはヘーゲリアンであって、ヘーゲル「法の哲学」にならって家族を政治的国家の土台とみなし自然的に捉えていたとするならば[14]、老いたマルクスはモーガニアンとなって、氏族をこそ自然的に捉え、家族については人為的＝家父長制的に捉えていたと考えられる。けれども老マルクスは、文明期になって過ぎ去ってしまった先史時代を、まるきりの過去とみることはしなかった。晩年に勢いづいた古代史・人類学研究は、その傍証となる。【マルクス左派】としては、彼が構想する家族の歴史においては、①先史＝氏族→②文明＝家族→③ポスト文明＝ポスト家族（超家族）というシェーマが想定できる。むろん、マルクス自身が③について最晩年にどの程度まで構想したかは判明しない。マルクス生誕200年の画期に、マルクス左派が③を理論構築することになるのである。

構築のヒントは、例えばシャルル・フーリエのアソシアシオン論にある。彼は豊かな商人の家に生まれ、自らもフランス革命期に貿易商として活動を開始したが、まもなく破産に追い込まれた。その後王政復古期にも商業活動を再開して、またもや失敗した。そこからやがて商業に対する批判が始まり、ついに資本主義の批判へと突き進む。フーリエは、秩序なき産業と不平等な財産所有に基づいた資本主義社会では悪徳しか栄えないとし、これに代えて、ファランジュと称する一種の協同生産・生活組織を建設するよう説く。この理想社会では、生産的余剰は一定の比率によって各構成員に配分され、したがって私的所有は廃されず、またその構成員は、サン＝シモンの産業社会の場合と違って、小所有者、職人など旧来の生産者である。これら小生産者の分業と協業とによって生産力を高め、人間の諸情念を解放し、物心両面において実り豊かな社会を実現することが、フーリエの理想であった。そこには、情念で愛し合う人たちの紐帯＝〔愛の新世界〕は鮮明だが[15]、経済単位としての家族は存在しない。仕事上のリーダーは個々に男女複数いるがファランジュの統率は協業におけるリーダー間の連携によって実現する。

マルクス左派的に形容するならば、指導的な pater は男女複数存在するが、

家父長的な pater は一人もいない。経済単位としてはファランジュと称する存在型協同体があるだけで、経済単位としての家族はありえない。子どもたちも有用労働に携わり、扶養家族など論外である。資本主義的な〔規模の経済〕を廃棄し３Ｒ（リユース・リデュース・リサイクル）を意識した〔オンデマンド経済〕に立脚した上での、この協同組織体（アソシアシオン）を21世紀の存在型民主主義社会として活用できないだろうか。マルクス左派であれば、そのように考えるのではなかろうか。なお、本書が公表される前年の2018年に、私は『マルクスの「フェティシズム・ノート」を読む─偉大なる、聖なる人間の発見』を社会評論社から刊行している。ヘーゲル左派時代の若きマルクスは、私の提唱する【マルクス左派】と触れ合っているのだ。

　以上の考察をもってマルクス生誕200年を記念する。

〔注〕

(1)　以下の拙著に再録。『ソキエタスの方へ』社会評論社、1999年、12～13頁。

(2)　詳しくは以下の拙著を参照『バッハオーフェン─母権から母方オジ権へ』論創社、2001年。

(3)　バッハオーフェンはモーガンとの間で、1874年から81年にかけて双方合計12通の往復書簡を交わしていた。Vgl., *Johann Jakob Bachofens Gesammelte Werke*, X, Briefe, Schwabe & Co.Verlag, Basel/Stuttgart,1967.

(4)　アンドレ・マルティネ著・神山孝夫訳『「印欧人」のことば誌─比較言語学概説』ひつじ書房、2003年、279頁。

(5)　「集住」前後のギリシア社会の変遷については、以下の拙文を参照。「集住─ギリシア都市の起原」、石塚正英編著『世界史プレゼンテーション』社会評論社、2013年、14頁。

(6)　この造語を、私は以下の講座で初めて使用した。「小川未明の郷土愛─霊碑文に注目して」くびき野カレッジ天地びと、第303講、2017年4月。その後以下の拙著で公表した。『地域文化の沃土・頸城野往還』社会評論社、2018年。その第7章「小川未明の愛郷心（パトリオフィル）─戦前・戦中・戦後の作家遍歴を踏まえて─」。

(7)　詳しくは以下の拙著を参照。『地域文化の沃土・頸城野往還』第4章「岡倉天心「アジアは一なり」のパトリ的な意味」

(8)　権藤成卿『自治民範』平凡社、1927年、278～279頁。

(9)　『南方熊楠全集』第7巻、平凡社、1971年、参照。

(10)　モーガン、古代社会研究会訳『アメリカ先住民のすまい』岩波文庫、1990年、89頁以降、参照。

(11)　*Marx-Engels-Werke*, Bd.1. S.115. 大月書店版『マルクス・エンゲルス全集』第1巻、133～134頁、カッコ内は石塚、一部改訳。

（12）布村一夫『原始共同体研究』未来社、1980 年、479 ～ 480 頁、482 頁。

（13）詳しくは、以下の拙著を参照。『アソシアシオンの世界多様化―クレオリゼーション』社会評論社、2015 年、94、212 頁。

（14）生方卓「唯物史観と初期マルクスの家族論」、代表著者大井正『マルクス思想の学際的研究』長崎出版、1983 年、131 頁、参照。なお、本書はマルクス没100 年を記念して刊行された。

（15）シャルル・フーリエ著、福島知己訳『愛の新世界』作品社、2013 年、参照。

第Ⅱ部　年表・三月革命人（1762 ～ 1895）

　第二部は、〔その後のヘーゲル左派〕までを包み込む「ヘーゲル左派という時代思潮」の叙述意図に特化しつつも、三月前（Vormärz）から三月革命（Märzrevolution）へ、という大きな括りを最大限に意識して編集された年表である。そのねらいを達成するために、ここでは次のような編集方針が採られている。

　第1に、ドイツ三月革命を担った人びと—彼らをここでは＜三月革命人＞と名づける—の行動の仔細（1830 ～ 1849 年）を明らかにすること。

　第2に、三月革命人が直接・間接に体験したところの政治的・思想的前史（18 世紀末～ 1829 年）を明らかにすること。

　第3に、三月革命人が革命後（1850 年～世紀末）に為した諸活動を追跡することによって、ビスマルク外交（ドイツ統一）、アメリカ民主主義（南北戦争）、パリ・コミューンへ等々への三月革命人の評価、参加を明らかにすること。

　第4に、三月革命人の諸活動をヨーロッパ的な視野から把握するため、少なくとも仏・伊・露、それに英国における同時代人の活動を明らかにすること。

　以上の方針にのっとり、ここでは時代の上限を 1762 年（フィヒテ生年）、下限を 1895 年（エンゲルス没年）とし、とりわけ次の事項を特記する。——ドイツ古典哲学（フィヒテ、シェリング、ヘーゲル）、ロマン主義文学（シュレーゲル兄弟，ノヴァーリス），青年ドイツ派文学（ハイネ，グツコウ），ヘッセン人権協会（ビューヒナー，ヴァイディヒ）、青年ドイツ派結社（ハーリンク、マール）、追放者同盟（フェネダイ、シュスター）、義人同盟（ヴァイトリング、シャッパー）、ヘーゲル左派（シュトラウス、バウアー、ヘス、フォイエルバッハ、ルーゲ）、共産主義者同盟（マルクス、エンゲルス）、光の友協会・自由信仰教会（ウーリヒ、ヴィスリツェヌス）、プルードン（仏）、ブランキ（仏）、マッツィーニ（伊）、バクーニン（露）、ゲルツェン（露）。

　なお、年表作成にあたっては、私自身のこれまでの研究分野以外のところでは、関連文献の巻末に付いている年譜の数々を参照して短を補った。また、ヘーゲル左派については 40 年来の共同研究者であり、シュタインやフォイエルバッハ研究者である柴田隆行氏の多大な助力を得ている。

183

	古　典　哲　学	シュトルム・ウント・ドランク＆ロマン主義文学
1762	**フィヒテ**，ザクセン領オーバラウジッツのランメナウに生まれる（5）。	
63	カント，『神の存在の唯一可能な照明根拠』。	**ジャン・パウル**（本名ヨハン・パウル・フリードリヒ＝リヒター），バイロイト近郊ヴンジーデルに生まれる（3）。**カロリーネ**（後W．シュレーゲルの，次いでシェリングの妻）生まれる。**ドロテーア**（M．メンデルスゾーンの娘，後F．シュレーゲルの妻）生まれる。**ヘンリエッテ**（ベンヤミン＝デ＝レモスの娘）生まれる。
64	**カント**，『自然神学と道徳の諸原則の判明性』。	
65	**カント**，王立図書館副館長に就任。	
66	カント，『視霊者の夢』。	
67		A．W．シュレーゲル，ハノーファーに生まれる（9）。
68		Z．ヴェルナー，ケーニヒスベルクに生まれる。
69		
70	**ヘーゲル**，シュトゥットガルトに生まれる（8）。**カント**，ケーニヒスベルク大学の正教授に就任（それまで私講師）。	F．**ヘルダーリン**，ヴュルテンベルク公国ネッカー河畔のラウフェンに生まれる。**ゲーテ**，シュトラースブルクに滞在中のヘルダーを訪問，重大な影響を受ける。
71		ラーヘル・ファルンハーゲン・フォン・エンゼ生まれる。
72		F．シュレーゲル，ハノーファーに生まれる（3）。**ノヴァーリス**（本名ゲオルク・フィリップ・フリードリヒ・フォン・ハルデンベルク），マンスフェルトのオーバーヴィーダーシュテットに生まれる（5）。
73		**ゲーテ**，戯曲『ゲッツ・フォン・ベルリヒンゲン』。**ヘルダー**，『ドイツの芸術』。**ヴァッケンローダー**生まれる。L．**ティーク**生まれる。
74	**フィヒテ**，プフォルグ王立学校入学。	**ゲーテ**，『若きヴェルテルの悩み』。
75	**シェリング**，シュトゥットガルト近郊レオンベックに生まれる（1）。	
76	**カント**，ケーニヒスベルク大学で教育学講義を開始。	E．**ホフマン**，ケーニヒスベルクに生まれる（1）。J．**ゲレース**，コブレンツに生まれる（1）。

そ の ほ か ＆ 諸 外 国	内 外 情 勢	
J．J．ルソー，『社会契約論』，『エミール』。後者出版が理由で逮捕令が出，国外に亡命。	ロシア、エカチェリーナ2世即位（―96）。	1762
	フベルツスブルク和約（プロイセンのシュレージェン領有確定）。 パリ条約。	63
ヴォルテール，『哲学辞典』。 F．ゲンツ生まれる（5）。	イギリス，砂糖条令。	64
ロシアの万能学者ロモノーソフ（1711―）没。	イギリス，印紙条令。	65
レッシング，『ラオコーン』。 スタール生まれる（4）。	イギリス、大ピット内閣成立。	66
ケネー，『重農主義』。	スペインにて，ジェスイット教徒追放。	67
シュライエルマッハー生まれる（11）。	第1次露土戦争（―'74）。	68
ナポレオン，コルシカ島の貴族の家に生まれる。	フランス，コルシカ併合。	69
ベートーヴェン生まれる（12）。 ドルバック，『自然の体系』。	フランス，東インド会社解散。 ジェームズ・クック，オーストラリア東岸上陸，イギリス領と宣言。	70
R．オーウェン生まれる（5）。	ロシア，クリミア半島占領。	71
フォス等，ゲッティンゲン詩人同盟を結成。 ハイドン，交響曲＜告別＞。	第1次ポーランド分割。	72
メッテルニヒ，コブレンツに生まれる（5）。 ディドロ，『運命論者ジャック』（―'75）執筆。	プガチョフの乱（―'75）。 ボストン茶会事件	73
ケネー（1694―）没。	フランスにて，ルイ16世即位（―'92）。	74
プライス，『市民的自由について』。	第1次マラータ戦争（―'82）。 法王ピウス6世，ユダヤ人令で差別強化。	75
A．スミス，『国富論』。E．ギボン，『ローマ帝国衰亡史』第1巻。T．ペイン，『コモン・センス』。	アメリカ13州独立宣言（T・ジェファーソン他起草）（7）。	76

	古 典 哲 学	シュトルム・ウント・ドランク&ロマン主義文学
77		**H．v．クライスト**，フランクフルトa．O．に生まれる。
		フーケ，マルク・ブランデンブルクに生まれる。
78	**フィヒテ**，レッシング読書で感激する。	**ヘルダー**，『民謡』(—'79)。**ブレンターノ**、コブレンツ近郊に生まれる。
79		
80	**フィヒテ**，イエナ大学神学部入学。翌年，ライプツィヒ大学に転学。	
81	**カント**，『純粋理性批判』。	**シラー**，『群盗』完成，翌年1月上演。
		シャミッソー生まれる。
82	**ガルヴェ/フェーダー**，『ゲッティンゲン書評』	**ジャン=パウル**，『グレンラントの訴訟』。
83	**カント**，『学として現れうる将来の各々の形而上学のためのプロレゴメナ』。	**シラー**，『フィエスコの反乱』完成，翌年上演。
84	**シェリング**，ニュルティゲンのラテン語学校へ入学，5歳年長のヘルダーリンも在学。	**シラー**，『たくらみと恋』上演。
	カント，『ベルリン月刊誌』に論文『啓蒙とは何か』発表 (12)。	**ヘルダー**，『人類の歴史哲学のための理念』(—'91)で雄大な人類発展を叙述。
		アルニム，マルク・ブランデンブルクに生まれる。
85	**カント**，『道徳の形而上学の基礎づけ』。	**ノヴァーリス**，一家でヴァイセンフェルスへ移住。
86	**ヘーゲル**，エピクテトスの『要録』，ロンギノスの『崇高について』の翻訳を試みる。	この頃**スピノザ論争**（汎神論論争）さかん，**ヘルダー**と**ゲーテ**，ヤコービに反対してスピノザおよびレッシング（汎神論）の側に立つ。
	カント，『自然科学の形而上学的原理』。	**ゲーテ**，戯曲『タウリス島のイフィゲーニ』。
87		**ゲーテ**，『エグモント』。
		シラー，『ドン・カルロス』。
88	**カント**，『実践理性批判』。	**ハーマン**（1730—）没。
	ヘーゲル，テュービンゲン大学に入学し，ヘルダーリンと交わる (10)。	**シラー**，『オランダ独立史』刊行，年末からイエナ大学で歴史を講義，就任講演『世界史とは何か，またその研究目的は何か』。
89	**ヘーゲル**，テュービンゲン大学にてフランス大革命の勃発に熱狂。またこの頃カント，ヤコービ，ルソー等の主要著作の学習に専念。	**ゲーテ**，戯曲『タッソー』。
		F．シュレーゲル，前年よりプラトンを中心とするギリシア哲学の学習に専念。

そ　の　ほ　か　＆　諸　外　国	内　外　情　勢	
ラヴォアジェ，『燃焼の理論』（―'78）。	アメリカにて，星条旗制定。 ラファイエット，植民地軍を指揮。	77
ルソー（1712―）没。ヴォルテール（1694―）没。	バイエルン継承戦争（―'79）。	78
A．ミュラー，生まれる。レッシング，『賢者ナータン』。	クロンプトン，ミュール機発明。	79
P．K．マールハイネケ生まれる。	露帝エカテリナの主唱による対英	80
ベンサム，『道徳および立法の原理序説』。	海上武装中立同盟。	
カートライト，ロンドンにて「立憲協会」設立。	ウィーン人口 20 万人。	
ドーム，『ユダヤ人の市民的改善について』。	墺帝ヨーゼフ 2 世による信仰寛容	81
レッシング（1729―）没。	勅令。	
ドイツ学芸の全盛時代。	ローマ教会，墺帝の勅令に反発。	82
ダランベール（1717―）没。	ロシア，クリミア汗国併合。	83
M．メンデルスゾーン，『エルサレム，あるいは宗教的 力とユダヤ精神』。	ベルリン人口 14 万 1 千人。	
マブリ，『アメリカ政府論』。	ニューヨーク銀行設立。	84
ディドロ（1713―）没。	マサチュウセッツ銀行設立。	
H．F．v．ピュックラー・ムスカウ生まれる（10）。	カートライト，力織機発明。	85
L．ベルネ，フランクフルトa．M．に生まれる（5）。	マサチュウセッツ等で暴動発生。	86
モーツァルト，＜フィガロの結婚＞。	普王フリードリヒ・ヴィルヘルム 2	
M．メンデルスゾーン（1729―）没。	世即位（―'97）。	
	ベルリン人口 15 万人。	
モーツァルト，＜ドン・ジョヴァンニ＞。	フランスにて名士会開催，三部会召	87
	集の布告。	
モーツァルト，交響曲＜ジュピター＞。	フランスにて高等法院廃止。	88
F．リスト生まれる。N．I．ツルゲーネフ生まれる。	サン・タントワーヌ街のレヴェイ	89
A．シェイエス，『第三階級とは何か』。	ヨン事件（4）およびバスティー	
F．N．バブーフ，『永久土地台帳』。	ユ襲撃（7）によりフランス大革	
ドルバック（1723―）没。	命勃発。人権宣言可決（8）。ア	
	シニア紙幣発行（12）。	

	古 典 哲 学	古 典 主 義 ・ ロ
90	フィヒテ,『宗教と理神論に関するアフォリズム』起草（夏），『カント純粋理性批判からの説明的な抜粋の試み』に着手(秋)。 シェリング, テュービンゲン大学へ入学, ヘーゲル, ヘルダーリン, シェリング3者の交流。 カント,『判断力批判』, この実績で総長に昇進。	F. シュレーゲル,兄アウグするゲッティンゲン大学に入 ノヴァーリス, イエナ大学へ ジャン＝パウル,『ヴーツ先
91	フィヒテ,「ライプツィヒ新聞」に『公衆によせる』を寄稿（2）。ケーニヒスベルクのカントを訪問（7）。	F. シュレーゲル, ライプツ ノヴァーリス, イエナ大学で プツィヒ大学へ移る。
92	シェリング, 学士論文『人間の悪の始元に関する創世記第三章の最古の哲学問題解明のための批判的哲学的試論』。 フィヒテ, ハレにて『あらゆる啓示の批判の試み』を匿名で公刊（3）, それをカントがフィヒテの作として紹介（8）。	F. シュレーゲルとノヴァー F. シュレーゲル, ドレスデ
98	フィヒテ,『フランス革命に関する公衆の判断を訂正するための寄与。第1部』（春, 第2部は9月）。 ヘーゲル, テュービンゲン大学神学部卒業,『民族宗教とキリスト教』執筆開始（―'95）。 シェリング, H. パウルス編集『メモラビリエン』誌に『神話・歴史的伝説, および最古の世界の哲学説について』を発表（9）。	ノヴァーリス, ヴィッテンベ シラー,『優美と品位につい ジャン・パウル,『不平のな の生涯』。
94	フィヒテ, イエナ大学助教授となる。4月に『知識学すなわちいわゆる哲学の概念について』刊行。5月から公開講義「学者の使命について」, 私講義「全知識学の基礎」（各々出版）。	F. シュレーゲル, ライプツ ギリシア文芸史について学習, 学派』起草。 ゲーテとシラーの交友開始。
95	シェリング, 秋からニートハンマー編集の「哲学雑誌」に『独断論と批判論についての哲学的書簡」を連載。 フィヒテ, ニートハンマーの『哲学雑誌』に協力。 ヘーゲル, シェリングに影響され始める。『イエスの生涯』（5―7）,『キリスト教の実定性』（11―）起草。 カント,『永久平和のために』刊行, その反響はヨーロッパ各地に及び, 各国の雑誌がこれを論評。	シラー,『人間の美的教育に 学と情感文学について』。 ゲーテ,『ヴィルヘルム・マ ノヴァーリス, イエナでフィ る。秋からフィヒテ研究を開 A. W. シュレーゲル, シラン』誌と『アルゲマイネ・リグ』の共同編集者としてイエ L. ティーク,『ヴィリアム

マ　ン　主　義　文　学	そ の ほ か ＆ 諸 外 国	内　外　情　勢	
スト・ヴィルヘルムの在学 学し，法律学を専攻。 入学。 生』。	バーク，『フランス革命についての考察』。A. スミス（1723—）没。 A. ラジーシチェフ，『ペテルブルクからモスクワへの旅』で農奴制を批判し，シベリア流刑となる。	フランス革命政府，国有財産の売却（3）。 アメリカにて，首都をフィラデルフィアに定める（—1800，ワシントンへ）。	90
ィヒへ移り，読書にふける。 シラーの講義を聴く。ライ	F. L. ヴァイディヒ，ヘッセンに生まれる。モーツァルト（1756—）没。ウルストンクラフト，『女性の権利の擁護』。	フランスにて立法議会成立（10）。 フランスにてユダヤ制限全廃。	91
リスの最初の出会い（1）。 ン旅行の際シラーと会う(5)。	A. ラジーシチェフ，『人間，その死および不死について』を，流刑地シベリアで著わす。	オーストリアでフランツ2世即位（—1835，1804年以降墺帝フランツ1世）。 フランスで共和制宣言(9)。	92
ルク大学へ転学。 て』。 い学校教師マリア＝ヴーツ	W. ゴドウィン，『政治的正義，およびそれが道徳と幸福に及ぼす影響に関する論究』を刊行し，その中で極端にオプティミスティカルな個人主義的アナーキズムを唱える。	第2次ポーランド分割。ジャコバン派独裁（6），フランス恐怖政治（10—'94.7）。 第1回対仏大同盟（—'97）。 アメリカにて逃亡奴隷法。	93
ィヒからドレスデンへ移る。 文学へ進み，『ギリシア文	W. F. ジンテニス生まれる。 コンドルセ，『人間精神進歩史』。 ギボン（1737—）没。 コシチューシュコ，ポーランドで蜂起するが敗北，2年後渡英，渡米。	フランスにてヴァントーズ法。 アメリカにてウイスキー反乱。	94
ついての書簡』，『素朴文 イスターの修業時代』。 ヒテ，ヘルダーリンに接す 始。 一の招きに応じて『ホーレ テラトゥア・ツァイトゥンナに赴く（12）。 ・ロヴェル氏の物語』。	バブーフ，ジェルミナール（4）とプレリアル（5）の両蜂起の敗北をみて，少数者の計画＝陰謀があってこそサンキュロットの大衆蜂起に目的意識性を付与しうる，と結論。『護民官』第35号に「平等派宣言（Manifeste des plébériens）」を掲載。	第3次ポーランド分割（ポーランド王国滅亡）。 フランスにて総裁政府成立（—'99）。 アメリカ，スペインと条約を結びミシシッピ川の航行権を獲得。 ベルリン人口16万人。	95

	古 典 哲 学	古 典 主 義 ・ ロ
96	フィヒテ，『哲学雑誌』にてカントの『永久平和のために』を書評，また『自然法の基礎』出版（第2部は翌年）。 シェリング，『哲学雑誌』に『自然法の新しい演繹』を送付（3）。 ヘーゲル，『キリスト教の精神とその運命』執筆開始。	F．シュレーゲル，ライプツ 『ドイチュラント』誌に協力， フィヒテとも交わる。『共和 オルマール論』起草．L．テ
97	フィヒテ，『哲学雑誌』第5巻以降をニートハンマーと共同編集，これに『知識学の新しい叙述の試み』等を寄稿。 シェリング，『最新哲学文献概観』執筆，翌年にかけて『哲学雑誌』で発表。また『自然哲学への理念』第1部出版。 ヘーゲル，『ユダヤ教の精神』，『愛』，『信仰と存在』等のフラグメントを起草。フランクフルトa．M．で家庭教師の職に就く。 カント，'93年発表の『単なる理性の範囲内における宗教』のため教壇を追われていたが復職。	F．シュレーゲル，ライヒャ するためベルリンへ赴く。L． ツ，ラーヘル・レーヴィン， イエルマッハーらと交わる。 ノヴァーリス，イエナにてA． 夫妻と会う。ライプツィヒに ゲーテ，『ヘルマンとドロテ ジャン・パウル，『貧民の弁 H．ハイネ，デュッセルドル ヤ人。
98	カント，『大学各部の争い』を刊行して迫害の経過を公表。 フィヒテ，『道徳論の体系』刊行，またF．K．フォールベルク『宗教の概念の発展』を『哲学雑誌』に載せ，これを契機にして無神論論争おこる。 シェリング，『世界霊魂について』刊行，また8月にドレスデンでシュレーゲル兄弟，ノヴァーリス，フィヒテなどのロマン主義サークルに接する。ゲーテと交わる。 ヘーゲル，『ヴュルテンベルクの最新の内情について』執筆。世襲王制を批判し，国会や代議制などの自由主義的改革を主張。	F．シュレーゲルら，ベルリ 1800，6の第6号まで）。 ノヴァーリス，『アテネーウ をノヴァーリス名で発表。 仰と愛』，フラグメント集 シュレーゲル兄弟，カロリー シェリング等がドレスデンで ティーク，ゲーテの『ヴィル た『フランツ・シュテルバル
99	ヘーゲル，父死亡，ロマン派のいるイエナへ向かう（1）。 シェリング，『自然哲学の体系の第一の企図』等を出版。 フィヒテ，ドレスデンの宗務局によってとがめられたがこれに反発し，イエナ大学を辞職（7），ベルリンで講演，著述活動に入る。	F．シュレーゲル，『ルチン へ，同地でロマン派の主たる ノヴァーリス，『ハインリヒ・ （青い花）』に着手。 シラー，『ワレンシュタイン』 ヘルダーリン，『ヒュペーリ
1800	フィヒテ，『人間の使命』，『閉塞された商業国家』。 シェリング，『先験的観念論の体系』，『思弁的物理学雑誌』編集（—01）。	ノヴァーリス，ヤコブ・ベー に『夜の讃歌』発表，健康を F．シュレーゲル，イエナ大 を講義。

マ ン 主 義 文 学	そ の ほ か ＆ 諸 外 国	内 外 情 勢	
ィヒの出版業者ライヒャルトの ノヴァーリスと交わる。ゲーテ, 主義の概念』,『ヤコービのヴ ィーク,『金髪のエックベルト』。	K．フォーレン生まれる。 バブーフら平等党の反乱計画露見。翌 年バブーフ処刑されるが，盟友ブオナ ロッティは流刑となる。	ナポレオンのイタ リア遠征（4）。 オランダでユダヤ 人解放。	96
ルトの『リチューム』誌に協力 ティーク，ヘンリエッテ＝ヘル ドロテーア・ファイト，シュラ ここに前期ロマン派成立。 W．シュレーゲル，カロリーネ てシェリングと会う。 一ア』。 護士ジーベンケース』。 フに生まれる（12）。両親はユダ	J．ゲレース,『世界平和論』でジャコ バン主義者としてデビュー，ゲレースら ラインラントのジャコバン主義者，ライ ン左岸共和国運動を開始し，ラインラン トの独立を指向（夏）。しかしカンポ＝ フォルミオ和約（10）でラインラントが フランスに併合され，運動挫折。 C．B．ケーニヒ生まれる R．オーウェン，スコットランドのニ ューラナークで紡績工場を経営。	普王フリードリヒ＝ ヴィルヘルム3世 即位（—1840）。 ナポレオンのヴェ ネツィア占領(3)。 カンポ＝フォルミオ 和約（10）。 イングランド銀行 の金支払停止。	97
ンにて『アテネーウム』創刊（— ム』にフラグメント集『花粉』 『ザイスの学徒』執筆開始。『信 『ディアロークとモノローク』発表。 ネ，ノヴァーリス，フィヒテ， 一時期をともにする。 ヘルム・マイスター』にならっ トの遍歴』。	J．ゲレース,『ダス・ローテ・ブラ ット』刊行（2．19—9．23），しか しフランスの圧力で発禁となり，続い て『リュベツァール』刊行(9．23 —'99．7) E．ガンス生まれる。 出版者コッタ,『アルゲマイネ・ツァ イトゥング』創刊（—1850）。 マルサス,『人口論』。	ナポレオンの支配下 にローマ共和国建設 （—'99），またスイス にヘルヴェティア共 和国建設(—1815)。ま たナポレオンのエジ プト侵入によりアブ キール湾の海戦勃 発，ロゼッタ石発見。	98
デ』刊行。ベルリンからイエナ メンバーと共同生活（秋）。 フォン・オフターディンゲン （'98—）。 オン』（'97—）。	L．ウーリヒ生まれる。父は貧しい仕 立屋。 ペスタロッチ，ブルクドルフに学校創 設。 ラプラス,『天体力学』。 A．プーシキン生まれる。	ナポレオン，ブリュ ーメル18日のクー デター（11）で第1 統領となる。	99
メを研究。『アテネーウム』誌 害す（夏）。 学の私講師として「先験哲学」	ゲレース,『パリ印象記』を刊行して ジャコバン主義・親仏的傾向からの離 反を宣言。以後数年してロマン派へ。 スタール,『文学論』。	フランス銀行設立。 マレンゴの戦（6）。 ベルリン人口17万。 ハンブルク人口13万。	1800

	古 典 哲 学	古 典 ・ ロ マ ン 主 義 文 学
01	**フィヒテ**，シェリングとの立場の相違を意識。 **シェリング**，『思弁的物理学雑誌』に論文『わが哲学体系の叙述』発表（5）。 **ヘーゲル**，『フィヒテとシェリングの哲学体系の相違』で，シェリングの同一哲学に味方する。	**ノヴァーリス**，肺疾患で没。F. シュレーゲルらその臨終に立会う（3）。 **シラー**，『オルレアンの少女』。 **ブレンターノ**，『ゴドヴィ』。 **ゲーテ**，『ファウスト』に着手。
02	**フィヒテ**，シェリングと絶交（1）。 **シェリング**，ヘーゲルと共同して『哲学批判雑誌』発行，また『ブルーノ』刊行（5）。 **ヘーゲル**，イエナ大学私講師として自然法学を講義。その後，自然哲学，精神哲学を講義。	**F. シュレーゲル**，ヴァイマールにてゲーテの仲介により悲劇『アラルコス』上演，その後パリにて近代文学と哲学を講演し，ロマン派文学およびドイツ古典哲学を解説。
03	**シェリング**，A. W. シュレーゲルと離婚したカロリーネとともにヴュルツブルクへ（5）。翌月カロリーネと結婚（6）。 **ヘーゲル**，幾度かゲーテを訪問。	**F. シュレーゲル**，雑誌『オイローパ』創刊（—'05）。**ヘルダー**（1744—）没。 **シラー**，『メッシーナの花嫁』。 **ジャン=パウル**，『巨人』（00—）。
04	**シェリング**，『哲学と宗教』出版，また新聞に『イマヌエル・カント』発表。 **フィヒテ**，翌年にかけて「現代の特徴」を講演（'06年出版），国際平和の連盟構想を提起。 **カント**（1724—）没。碑に「わが上の輝く大空，わが心のうちなる道徳律」（『実践理性批判』から）が刻まれる。	**F. シュレーゲル**，ケルンにて連続講演（—'07），「古代および近代文学の歴史」（'04. 6—'05. 4），「哲学の発展」（'04. 6—'05. 3），「世界歴史」（'05 夏—'06. 7），「哲学入門および論理学，付録・哲学諸体系批判」（'05. 11—'06. 8），「ドイツ語・ドイツ文学論および名作文学史」（'07. 6—8）。 **シラー**，『ヴィルヘルム・テル』。
05	**ヘーゲル**，ゲーテの推挙でイエナ大学員外教授に就任，冬学期に哲学史を講義。 **シェリング**，雑誌『学問としての医学年報』のために論文起草。 **フィヒテ**，エルランゲン大学教授となる。また「学者の本質について」を講義し，反ナポレオン的な「正義の戦い」を説く。	**シラー**（1759—）没。 **ウーラント**，**ケルナー**等，テュービンゲン大学で**シュヴァーベン詩派**の活動開始（—'08）。民謡，口承文学に向かう。 **ブレンターノ**および**アルニム**の民謡集『少年の魔笛』（—'08）。
06	**シェリング**，ミュンヘンに移り，学士院会員となる（5）。 **ヘーゲル**，イエナでナポレオンを見，世界精神	**F. シュレーゲル**，ノルマンディのオーベルジャンヴィル近郊のスタール夫人邸にて，夫人に近代ドイツ哲学を個人教授（11）。

その ほ か ＆ 諸 外 国	内 外 情 勢	
トラシ,『イデオロジー要論』。 ペスタロッチ,『ガートルートはその子をいかに教育するか』。	大ブリテン及びアイルランド連合王国成立（1）。 法王ピウス7世とナポレオンのコンコルダート（7）。 露帝アレクサンドル1世即位（—'25）。	01
A. ルーゲ, プロイセン北海岸リューゲン島で借地農の子として生まれる（9）。 L. ヴィーンバルク, アルトナに生まれる（12）。 シャトーブリアン,『キリスト教神髄』。	アミアンの和約（3）。 ナポレオン, 終身統領となる（8）。 サルディニア王ヴィットリオ・エマヌエレ1世即位（—'21）。	02
ベートーヴェン,＜クロイツェル・ソナタ＞。 G. A. ヴィスリツェヌス, ザクセンに生まれる。 G. ファイン生まれる。 セイ,『政治経済学』。	アイルランドでエメットの反乱。 アメリカ, フランスよりルイジアナ購入。 ロシアにて, 貴族による自発的な農奴解放の許可。	03
ベートーヴェン, 交響曲第3番をナポレオンに因んで＜エロイカ＞と名付けるが, ナポレオンの権力欲に失望もする。 L. フォイエルバッハ, バイエルン王国のランツフートに生まれる（7）。 ジョルジュ・サンド（本名オーロール・デュパン）生まれる（7）。	フランスにて, ナポレオン法典（民法）成立（3）, またナポレオン皇帝となりフランス帝国成立。 オーストリアにて, 皇帝フランツ1世のもとにオーストリア帝国成立。 ロシア, フランスと断交。 ハイチ, フランスから独立。 ムガール帝国, 英人の保護下に入る。	04
J. フレーベル, テューリンゲンのグリースハイムに生まれる（7）。 G. シュトルーフェ生まれる。 K. ローゼンクランツ生まれる。 A. ブランキ, 南仏ニース地方ピュジェ・テ・エールに生まれる（2）。父はもとジロンド党員。 G. マッツィーニ, ジェノヴァに生まれる（7）。その頃カルボナリ党が組織される。	トラファルガー沖の海戦（10）, ナポレオン戦争の開始（—'15）。 アウステルリッツの三帝会戦で, ナポレオン, 墺, 露両帝の連合軍を破る（12）。これで8月に結成されていた第3回対仏大同盟が崩壊。	05
M. アルント, フランスのドイツ支配に反対を表明, スウェーデンへ数年間亡命する。 W. ファトケ生まれる。 G. パッペルス生まれる。	フランスの保護下にライン連邦成立（—'13）。神聖ローマ帝国滅亡（8）。 ナポレオンの大陸封鎖令（11）。	06

	古　典　哲　学	ロ　マ　ン　主　義　文　学
06	に遭遇したと感じる．その夜半，『精神現象学』を脱稿（10）．	
07	**ヘーゲル**，イエナ大学封鎖により，バンベルクへ移る．『精神現象学』出版（4）． **シェリング**，『精神現象学』の序文を読み，ヘーゲルとの交友を絶つ． **フィヒテ**，占領下のベルリンにて「ドイツ国民に告ぐ」を講演（'08年出版）．	**クライスト**，喜劇『アンフィトリオン』，『こわれ甕』． **F．シュレーゲル**，ケルン講演を続行．
08	**ヘーゲル**，ニートハンマーの仲介でニュルンベルクのギムナジウムの校長となる．	**ゲーテ**，『ファウスト』第1部刊行，またこの年，エルフルトとヴァイマールにてナポレオンと会見し，その偉大さに信服（10）． **F．シュレーゲル**，カトリックへ改宗． **クライスト**，『ヘルマンの戦い』で反ナポレオン感情を吐露．
09	**シェリング**，『哲学著作集』第1巻に『人間的自由の本質およびそれと関連する諸対象に関する哲学的諸探究』を収める．9月に妻カロリーネ（1763—）没．	**F．シュレーゲル**，オーストリア政府の宮内秘書官となる（3）．『オーストリア新聞』創刊（6）．
10	**フィヒテ**，講演論集『知識学，その一般的な輪郭の叙述』出版．この年創立のベルリン大学初代哲学部長に就任．	**F．シュレーゲル**，ウィーンにて「近代史」を講演，帝政の超越的価値を力説（2）．『オーストリア評論』創刊（3）．
11	**フィヒテ**，ベルリン大学総長に就任（—'12）．就任演説「大学の自由を攪乱しうる唯一のものについて」（'12年出版）． **ヘーゲル**，41歳にして20才のマリー・トゥヘルと結婚．	**F．シュレーゲル**，『近代史』出版． **F．v．バーダー**，F．シュレーゲルと緊密に交際． **ゲーテ**，自伝『詩と真実』に着手（—'33）．**クライスト**（1777—）自殺． **F．フーケ**，『ウンディーネ』．
12	**ヘーゲル**，『論理学』（第1巻・客観的論理学第1編有論）刊行． **シェリング**，『フリードリヒ・ハインリヒ・ヤコービ氏の神的なる事物に関する著作に対する	**F．シュレーゲル**，ウィーンにて『ドイチェス・ムゼーウム』創刊（—'13）．「古代・近代文学史」講演（2—4，'14出版）． **ゲーテ**，テプリッツにてベートーヴェンに会

その ほ か ＆ 諸 外 国	内 外 情 勢	
H．ラウベ，シュレージェンのスポロッタウに生まれる（9）。 M．シュティルナー，バイロイトに生まれる（10）。 J．S．ミル，ロンドンに生まれる（5）。	ベルリン人口16万人。 イギリス領ケープ植民地成立（1）。	06
K．シュタイン，ドイツのブルジョア的改革に関する政治綱領 『ナッサウ建白書』執筆（6）。 R．ドゥーロン，ブレーメンに生まれる。 E．シューラー，ダルムシュタットに生まれる。 R．ブルーム，ケルンに生まれる（11）。 シスモンディ，「中世イタリア共和国史」（―'17）。	ワルシャワ大公国，ヴェストファーレン王国成立。 プロイセンにて行政・軍制改革（―'10）。 イギリスにて，奴隷廃止法案通過（3）。	07
ベートーヴェン，交響曲第5・第6番＜運命＞，＜田園＞。 T．ムント，ポツダムに生まれる（9）。 W．ヴァイトリング，マグデブルクに生まれる（10）。 K．F．ケッペン，E．シュクリバ，K．ゾルダン生まれる。 フーリエ，『四運動および一般運命の理論』で壮大かつ奇抜な構想を展開。	アメリカにて，奴隷貿易の禁止。 イベリア半島戦争（―'14）。 ロシア，スウェーデンと戦いフィンランド奪取。	08
W．ヴォルフ，シュレージェンに生まれる（6）。 B．バウアー，ザクセン領内アイゼンベルクに生まれる（9）。 ハイドン（1732―）没。T．ペイン（1737―）没。 P．J．プルードン，ブザンソンに生まれる（1）。	ナポレオン，オーストリアに侵入（オーストリア戦争）メッテルニヒ，墺外相となる（―'21）。	09
ベートーヴェン，＜エグモント序曲＞。 A．ミュラー，『国家学要論』で国家有機体説を唱える。 サヴィニー，ベルリン大学初代総長に就任。 A．ヴィリヒ，ポーゼンに生まれる（　）。	ナポレオン，墺皇女マリー・ルイズと結婚。この頃極盛時代。	10
ヤーン，ベルリン近郊ハーゼンハイデにて体操場開設（6）。また『ドイツ・ブルシェンシャフトの組織と設立』執筆（12）。 ニーブール，『ローマ史』。 K．グツコウ，ベルリンに生まれる（3）。 ベリンスキー，フィンランドの港スヴェアボルクで生まれる（6）。 L．ブラン，マドリードに生まれる（10）。	イギリスにて，ラッダイト運動（―'12）。 オーストリアの国庫破産。 フランスで経済恐慌。 ヴェネゼエラ，パラグアイ，エクワドル独立。	11
M．ヘス，ボンのユダヤ人の家庭に生まれる（1）。 H．バウアー，フランケンに生まれる。 K．v．デッカー，『近代的作戦から見た小戦闘。または小戦闘における三種の武器全部の応用と使用に関する論述』。	ナポレオン，モスクワに侵入（6―10）。 スペインにて，自由主義的憲法「聖法典」制定。	12

	古 典 哲 学	ロ マ ン 主 義 文 学
12	F．W．J．シェリングよりの記念』刊行。	い（7），その天才的個性に驚嘆，この頃よりナポレオン観に変化が現われる。
13	**ヘーゲル**，『論理学』（第1巻客観的論理学第2編本質論）刊行。 **シェリング**，『ドイツ人のためのドイツ人による一般雑誌』創刊。 **フィヒテ**，講演「真の戦争の概念について」で反ナポレオン戦争を擁護。	**F．シュレーゲル**，メッテルニヒの委嘱により，ドイツ憲法草案作成に着手。
14	**フィヒテ**（1762–），妻ヨハンナが傷病兵を看護中に感染したチブスに自身も感染し，52歳で没（1）。	**F．シュレーゲル**，『ハンブルク不党派新聞』に論説を送り，ウィーン会議におけるオーストリア政府の立場を擁護。 **ゲレース**，雑誌『ラインのメルクール』編集（–'16）。反ナポレオン感情を昂揚。 **ゲーテ**，『エピメニデスのめざめ』。
	ロ マ ン 主 義 的 思 潮	自 由 主 義 的 思 潮
15	**F．シュレーゲル**，墺政府よりフランクフルト派遣使節団の参事官に任命される。また『ハンブルク不党派新聞』とコッタ社の『アルゲマイネ・ツァイトゥング』にて，ドイツの政治情勢について論評。 **ゲレース**，第2次パリ平和条約に反対し，プロイセン政府（シュタイン）公認の『ライニッシャー・メルクール』紙で反論を展開（11）。	ザクセン・ヴァイマール公国のイエナ大学にて**ブルシェンシャフト**の結成（6）。ナショナリズムの色彩をもって各地に運動拡大。標語「名誉・自由・祖国」。黒・赤・金の三色旗，ゲーテ，これを好意的に見まもる。 **K．フォーレン**，ギーセンにて兄A．フォーレンとともに「黒衣派」結成。この中からやがて最急進派「無条件派」が成立。
16	**ヘーゲル**，『論理学』（第2巻主観的論理学，あるいは概念論）刊行，10月にハイデルベルク大学正教授に就任。 **ゲーテ**，『イタリアの旅』（—17）。 **ゲレース**，『ライニッシャー・メルクール』を発禁にされ，以後プロイセンを攻撃（1—）。	この年に設立されたブルシェンシャフト…エルランゲン（8．27），マールブルク（12．3）。
17	**ヘーゲル**，『哲学的諸学問のエンチクロペディ』。アルニム，『王冠を守る人々』。 **H．ハイネ**，ロマン主義的な雰囲気に浸りながら，『ハンブルク・ヴェヒター』誌に初めて詩	**ワルトブルク祝祭**（10．18）。これに参加した大学はイエナ，ベルリン，エルランゲン，フライブルク，ギーセン，ゲッティンゲン，ハレ，ハイデルベルク，キール，ライプツィ

そ の ほ か ＆ 諸 外 国	内 外 情 勢	
ゲルツェン，モスクワで私生児として生まれる（4）。父は富裕な地主で母はドイツ人。グリム童話初版（12）。	プロイセンにて，ユダヤ人解放勅令公布。	12
G. モイラー，ボン近郊ベンスベルクに生まれる（2）。 G. ビューヒナー，ダルムシュタット近郊ゴッテラウに生まれる(10)。 K. シャッパー，ナッサウのヴァインバハに生まれる（12）。 アルント，『ラインはドイツの流れ』。 オーウェン，『新社会観』（—'16）。オガリョフ生まれる。 キェルケゴール，コペンハーゲンに生まれる（5）。	ライプツィヒの諸国民戦争で連合軍がナポレオンを破る（10）。ライン連邦解体。インドにてイギリス産業資本の支配確立。	13
サヴィニー，『現在の立法のための使命について』。 A. ベッカー，ヘッセンに生まれる。L. ブール生まれる。 H. デーレケ，シュロイジンゲンに生まれる。 サン＝シモン，『ヨーロッパ社会の組織』。 M. バクーニン，トゥヴェリ県プリェムーヒノに生まれる。 A. チェシコーフスキ，ポーランドに生まれる（12）。	ウィーン会議開催（9—'15.6），メッテルニヒ，その中心人物となる。タレーランの正統主義が基調となる。スティーブンスン，蒸気機関車製作。	14
そ の ほ か ＆ 諸 外 国	内 外 情 勢	
サヴィニー，『中世におけるローマ法の歴史』（—'31）。 シューベルト，＜野ばら＞。 F. ブオナローティ，ブリュッセルに住み，秘密組織を企図（—'30）。 J. P. ザーロモン，ロンドンにて死す。プロイセンのボン生まれで，同国およびイギリス（ロンドン）でヴァイオリニスト・作曲家・音楽興行師として活躍。	ナポレオンの百日天下（3—6）。普王フリードリヒ・ヴィルヘルム3世，憲法制定を約束（3.22）。神聖同盟成立（9）。第2次パリ平和条約(11.20)。ベルリン人口17万人。	15
ハラー，『国家学の復古』（—'25）。 H. エヴァーベック生まれる。 セリガ（本名F. Z. フォン・ツィブリンスキ），生まれる。 イタリア・ロマン主義の興隆（ジョヴァンニ・ベルシェほか）。	フランスにて，産業革命の開始（30年代に本格化）。イギリスにて経済恐慌（—'17）。ドイツにて凶作（—'17）。ウィーン人口25万人。プロイセン人口約1035万人。	16
G. ヘルヴェーク，シュトゥットガルトに生まれる（5）。 K. グリュン，リューデンシャイトに生まれる（9）。 F. ラムネー，『宗教無関心論』（—'23）で18世紀の理神論やプロテスタントを攻撃しカトリック的保守主義に立つ。	フランスにて制限選挙法成立（2）。イギリスにてブランキットの乱。	17

	ロ マ ン 主 義 的 思 潮	自 由 主 義 的 思 潮
17	編『愛の二曲』を発表（2）。	ヒ，マールブルク，ロシュトック，テュービンゲン，ヴュルツブルクの14校，総員468名。ここでハラー，コッツェブー，カムプツらの反動的著作が焼かれる。
18	**ヘーゲル**，プロイセン政府文相K.アルテンシュタインの招きに応じ，フィヒテの後任としてベルリン大学の教授となる（没するまで）。 **グリム兄弟**，『ドイツの伝説』（'16—） **ゲーテ**，『西東詩集』。	ワルトブルク祝祭に参加した14大学の代表者によってイエナで**全ドイツ・ブルシェンシャフト**設立が決議され，『全ドイツ・ブルシェンシャフト憲章』が採択される（10）。この年に設立されたブルシェンシャフト…ハレ（1.12），ブレスラウ（1.18），グライフスワルト（1），ライプツィヒ（6.7），ベルリン（6.18），ギーセン（8.13），キール（秋）。 **ベルネ**，雑誌『天秤』編集（—'21）。またユダヤ名レープ・バルーフを捨てキリスト教に改宗。
19	**F.シュレーゲル**，美術専門家として墺帝フランツやメッテルニヒに随行してイタリアを旅行（2—8）。 **ヤーコプ・グリム**，『ドイツ文法』。 **ゲーテ**，政治的に反動化の傾向を示す。 **ゲレース**，『ドイツと革命』。 **ハイネ**，ボン大学にてA.W.シュレーゲルの文学講義に傾聴，ロマン派に関心を抱きつつ古代ドイツを研究。	**メッテルニヒ**，ブルシェンシャフトの名による会合を禁止（2）。また学生のイエナ滞在をも禁止（5）。 **K.ザント**（無条件派）のコッツェブー暗殺事件（5）。 **レーニング**（シュヴァルバハのブルシェンシャフトに所属）のイーベル（ナッサウの枢機官）暗殺未遂事件（7）。**メッテルニヒ**，普王とテルピッツ秘約を交わしてプロイセンへも弾圧を拡大（8）。またカールスバードの会議で自由主義弾圧を決議（8—9）。 イエナのブルシェンシャフト，強制解散（11.26）。以後他の大学もしだいに解散ないし非合法化に向かう。

	ロ マ ン 主 義 的 思 潮	青 年 ド イ ツ 派 文 学
20	**F.シュレーゲル**，雑誌『コンコルディア』創刊（—'23.8）。これへの寄稿者を中心にいわゆる**後期ロマン派**成立，自身の『全集』刊行。 **シェリング**，エルランゲン大学教授となる。	**ハイネ**，ロマン派に魅了されつつも，同時にブルシェンシャフトにも関心を持つ。また夏に詩作『ロマンティーク』を草し，秋にゲッティンゲン大学へ入学。30年代に青年ドイツ派のリーダーとなるまでの思想遍歴に入る。
21	**ヘーゲル**，『法哲学要綱』刊行。夏学期から宗教哲学の講義を開始。	**ベルネ**編集の『天秤』発禁。 **ハイネ**，ベルリン大学へ入学しヘーゲル哲学を学ぶ。ファルンハーゲン夫妻と交わる。

そ　の　ほ　か　＆　諸　外　国	内　外　運　動	
バイロン，『マンフレッド』。 リカード，『経済学および課税の原理』ロンドン。 スタール夫人（1766—）没。	ブラジル人のペルナンブコ反乱おこる。 第３次マラータ戦争（—'19）。	17
K．マルクス，ラインラントのトリーアにユダヤ人弁護士の子として生まれる（5）。 L．H．モーガン，ニューヨーク州オーロラ近郊に生まれる（11）。 I．S．ツルゲーネフ生まれる（12）。 バイロン，『ドン・ジュアン』（—'24）。 カラムジン，『ロシア帝国史』（—'24）。 フランス・ロマン主義文学論争期（—'30）。 J．ヴァイデマイアー，ヴェストファーレンのミュンスターに官吏の子として生まれる。	アーヘン列国会議で五国同盟（ペンタルキー）結成。 またヨーロッパの自由主義運動の鎮圧を了解し合う（9）。 ザクセン・ヴァイマール，バイエルンで憲法制定。 ボン大学創立。 墺人口約3000万人。	18
W．マール生まれる。 ショーペンハウアー，『意志と表象としての世界』。 シューベルト，五重奏曲＜ます＞。 シスモンディ，『経済学新原理』。 プラド美術館，スペインのマドリードに開館。歴代スペイン王家のコレクションを展示。	ドイツ各地で反ユダヤ的騒動拡大。 ハノーファーで憲法制定。 イギリスでピータールーの虐殺により労働運動への弾圧。 フランスでウルトラが貴族院に選挙法改正を決議させ反動激化。 プロイセン人口約1098万人。 ベルリン人口18万人。	19
そ　の　ほ　か　＆　諸　外　国	内　外　運　動	
F．エンゲルス，バルメンで工場主の子として生まれる（11）。 ナポリでカルボナリ党の反乱（7）。シールヴィオ＝ペッリコ，カルボナリ党員として逮捕される。H．クリーゲ，生まれる（7）。 リエゴ，スペインにて自由主義的改革へ向けた蜂起を指導。これに続いてスペイン各地で革命運動が発生。マルサス，『経済学原理』。ブルシェンシャフトの非合法大会ドレスデンで開催（9）。	イギリスにて，カトー街の陰謀事件（2）。 ウィーン最終議定書65カ条。 アメリカにてミズーリ協定。 ロシアにてセミョノフ連隊の反乱。	20
ルーゲ，イエナ，ハレ，ハイデルベルク大学に学びブルシェンシャフトの非合法活動に入る。 オーウェン，『ラナーク州への報告』。サン＝シモン『産業的体系』。	ピエモンテの革命（3）。モルダヴィアの反乱。仏でウルトラ王党派内閣成立（12）。	21

	ロ マ ン 主 義 的 思 潮	青 年 ド イ ツ 派 文 学
22	**ヘーゲル**, 冬学期に初めて歴史哲学を講義。 **E. ホフマン** (1770—) 没。	**ハイネ**, フランス（大革命・人権宣言）にあこがれ, またレッシング, ヘルダーらに心酔。ユダヤ人文化学術協会に入会し, 民主主義的な政治思想に接する。ポーランドを旅行し, 『ポーランドについて』執筆。 **ベルネ**, パリへ向かい, その後再びドイツへ戻る。
23	**ヘニング**, ヘーゲル講義の補足的講義を行なう。これにより, また文相アルテンシュタインの保護により, ヘーゲル学派が形成される。	**ハイネ**, 『悲劇』発表（4）。翌年健康を害しベルリン大学を中退。
24	**L. フォイエルバッハ**, ベルリン大学にてヘーゲル講義を聴く。	**ハイネ**, ゲッティンゲン大学へ再入学（1）。マグデブルクにK. インマーマンを訪問して親交を結ぶ。秋にヴァイマールにゲーテを訪問。しかし好感を持てず。
25	**L. フォイエルバッハ**, ベルリン大学で神学から哲学（ヘーゲル）へ転向。 **ジャン・パウル** (1763—) 没。	**ハイネ**, ハイリゲンシュタットで洗礼を受けプロテスタントに改宗。名をハリーからハインリヒと改める（6）。翌月ゲッティンゲン大学卒業。イギリス等を旅行ののちハンブルクへ戻る。
26	**ヘーゲル**, 弟子のE. ガンスらとともに科学的批判協会を創設（7）。 **アイヒェンドルフ**, 『ある無能者の生涯』。	**ハイネ**, ハンブルクのカンペ社から『旅の絵』（第1巻）出版（5）。 **ベルネ**, ジャン・パウル追悼演説。
27	**ヘーゲル**ら, 『科学的批判年誌』創刊（1—'46）, ヘーゲル学派の本格的形成。 **F. シュレーゲル**, ウィーンにて「生の哲学」講演（3—5）。兄アウグスト・ヴィルヘルムのパンフレットがもとで, シュレーゲル兄弟決定的に絶縁。	**ハイネ**, 『旅の絵』（第2巻）刊行（4）。イギリス旅行ののちミュンヘンへ（10）。途中カッセルでグリム兄弟に, フランクフルトでベルネに, シュトゥットガルトではメンツェルに会う。またカンペ社から『歌の本』刊行（10）。ミュンヘンにて『政治年鑑』編集（11—'28. 6）。

そ の ほ か ＆ 諸 外 国	内 外 情 勢	
シャンポリオン，エジプト象形文字を解読。 プーシキン，『18世紀ロシア史についての覚書』執筆（未刊）。その中で農奴制を批判。 ブルシェンシャフトの非合法大会，前年のシュトライトベルク大会（9）に続き，オーデンワルトで開催（9）。	ギリシア独立宣言（1）。 英外相カニング，諸外国の自由主義運動を支援（—'27）。 プロイセン人口約1166万人。ベルリン人口20万人。	22
L. フォイエルバッハ，ハイデルベルク大学に入学。プロテスタント神学を研究。翌年ベルリン大学へ転学のためベルリンへ。 ベートーヴェン，＜荘厳ミサ＞。ティエール，『フランス革命史』 サン＝シモン，『産業者教理問答』。ラヴロフ生まれる。	フランス軍，スペイン革命に武力干渉（4）。 アメリカにて，対欧相互不干渉のモンロー宣言。	23
ルーゲ，ブルシェンシャフトの活動により逮捕（—'30）。 ツルゲーネフ，デカブリストから離れ西欧へ向かう。 ペステリ，『ルスカヤ・プラウダ』を草し，帝制廃止・土地の国有化・その公平な分配などを提言。 ブルシェンシャフトの非合法大会ハルツゲローデで開催（毎年9）。 バイロン（1788—），ギリシア独立戦争に加わり戦病死。	イギリスで結社法廃止，労働組合合法化。 フランスでルイ18世没，シャルル10世即位（—'30）。 アメリカ，ロシアと太平洋国境条約。	24
W. メンツェル，コッタ社の『リテラトゥーア・ブラット』編集。 ヴィスリツェヌス，ブルシェンシャフトの活動により逮捕（—'29）。 サン＝シモン，『新キリスト教』，この年（1760—）没。 ゲルツェンとオガリョフ，親交を結ぶ。またゲルツェン，デカブリスト事件に衝撃を受け，これを機に専制支配への反抗を開始。 オーウェン，渡米しインディアナ州でニューハーモニー建設。	ロシアでニコライ1世即位（—'55），デカブリスト事件発生（12）。 ドイツで産業革命開始。 プロイセン人口約1226万人。ベルリン人口21万人。	25
ブルシェンシャフトの非合法大会アウグスブルクで開催（秋）。 コント，実証哲学の講義を開始。作曲家ウェーバー（1786—）没。 ギゾー，『イギリス革命史』。カラムジン（1766—）没。 T. ジェファーソン（1743—）没。 ジョン・アダムズ（1735—）没。	フランスで最初の鉄道開通（サンテチェンヌ—リョン間）。	26
作曲家ベートーヴェン（1770—）没。 エルランゲン，バンベルクにおいて非合法下でのブルシェンシャフト大会が開かれ，ゲルマニア派（行動的左派）とアルミニア派（理念的右派）が分裂し，双方の抗争が拡大。 プルードン，貧窮のため印刷工をしながら勉学。 ブランキ，4，5，11月の3度学生デモに参加し負傷。 マッツィーニ，ジェノヴァ大学を卒業しカルボナリ党へ加入。また『インディカトーレ・ジェノヴェーゼ』に寄稿開始。	フランスのアルジェリア遠征（'39年征服完了）。 ロシアにて，ニコライ1世の反ユダヤ立法強化。 フィラデルフィア職工組合連合結成。 イギリス，ムガール帝国に対して従属を要求。	27

	ロ マ ン 主 義 的 思 潮	青年ドイツ派文学
27	**ヘーゲル**, フランスに旅行, 帰路ヴァイマールにゲーテを訪問。 **シェリング**, 創立されたミュンヘン大学に教授として招かれる。 **L. フォイエルバッハ**, ベルリン大学からエルランゲン大学へ。	
28	**F. シュレーゲル**, ウィーンにて「歴史哲学」を講演 (3—5)。 ドレスデンでティークと会う。同市のポーランドホテルで「言語と言葉の哲学」を講演 (12)。同年『生の哲学』刊行。 **L. フォイエルバッハ**, エルランゲン大学に学位論文『統一的・普遍的・無限的理性について』を提出し, 学位を得る。その後同大学私講師。	**ハイネ**, イタリアへ旅行。秋から『イタリアの旅』に着手。また『イギリス断章』において, 市民的自由の拡張と大衆の貧困の拡大とが表裏一体となっている点を指摘。
29	**F. シュレーゲル** (1772—), 心臓発作で急死 (1)。その知らせに接した**A. ミュラー** (1779—) も後を追って没。 **ヘーゲル**, ヴァイマールでゲーテに, カールスバードでシェリングに会う (9)。ベルリン大学総長に就任 (10)。 **ゲーテ**, 『ヴィルヘルム・マイスターの遍歴時代』('21—)。 **L. フォイエルバッハ**, エルランゲン大学でデカルト, スピノザを講義。 **B. バウアー**, ヘーゲルの推薦で『カント哲学以後の原理について』(ラテン語) を発表, 哲学賞を受ける。	**ハイネ**, ハンブルクに母と共に暮す (9)。『旅の絵』(第3巻) 刊行。**ハイネ・プラーテン論争**おこる。 **グツコウ**, ベルリンにて神学と哲学を学ぶ (—'30)。 **ヴィーンバルク**, キール, ボン, ブレスラウの各大学で言語学と哲学を修め学位を得る。
	ヘ ー ゲ ル 学 派	青年ドイツ派文学
30	**ヘーゲル**, 『哲学的諸学問のためのエンチクロペディ』第3版刊行。 **L. フォイエルバッハ**, ニュルンベルクで第一作『死と不死についての考察』を匿名で出版。この中で, 神の超越性を否定し, 人間精神の優位を強調。 **ルーゲ**, フランス七月革命によって特赦となり出獄 (6ヶ年の下獄)。 ※ヘーゲル右派・中央派…G. A. ガブラー, J. E. エルトマン, J. シャラー, F. T. フィッシャー, K. フィッシャー, F. Ch. フェルスター, L. D. v. ヘニング, P. K. マールハイネケ, K. L. ミシュレー, K. D. ローゼンクランツほか。 ※ヘーゲル左派…E. ガンス, D. F. シュトラウス, L. フォイエルバッハ, B. バウアー, E. バウアー, K. F. ケッペン, K. L. ナウヴェルク, E. マイエン, L. ブール, セリガ, G. G. ユンク, A. ルーテンベルク, A. ルーゲ, M. ヘス, M. シュティルナー, K. マルクス, F. エンゲルスほか (主として'35年以降に登場)。	**ハイネ**, 喀血し, 春にヴァンツベックで静養, 6月にヘルゴラント島へ移り, やがてパリの革命を知る。夏に『ヘルゴラント便り』を, またハンブルクへ帰って『ルッカの町』と『イギリス断章』起草。 **ピュックラー＝ムスカウ**, 青年ドイツ派に与するが, グツコウ, ヴィーンバルクらは彼を拒否。

そ の ほ か ＆ 諸 外 国	内 外 情 勢	
ブルシェンシャフトの非合法大会バンベルクで開催。 物理・天文学者ラプラス（1749—）没。 物理学者ヴォルタ（1745—）没。教育者ペスタロッチ（1746—）没。	英軍艦，小笠原諸島の父島に来航し，領有宣言（6）。	27
J．ディーツゲン，ケルン近くのブランケンベルクに生まれる。 作曲家シューベルト（1797—）没。 ブオナローティ，ブリュッセルにて『バブーフの平等党の陰謀』（2巻本）出版，新バブーフ主義の蘇生に尽力。 画家ゴヤ（1746—）没。 フィラデルフィアで史上初の勤労者党結成。	南ドイツ関税同盟，プロイセン関税同盟中部ドイツ通商同盟，各々成立。 露土戦争（—'29）。 ロシア・ユダヤ人間に「ハスカラ（啓蒙）」運動拡大。	28
ブランキ，『グローブ』紙の速記者になり，P．ルルーらと交際。 バクーニン，ペテルブルク砲兵士官学校に入学，しかし軍事教育になじめず悩み続ける。 ゲルツェンとオガリョフ，モスクワ大学（物理・数学科）に入学，ケッチェル，サゾノフらと急進的団体を結成，サン＝シモニズムその他を研究。 ベリンスキー，モスクワ大学（文科）に入学。在学中からニコライ体制を批判。チェルヌイシェフスキー（—1889）生まれる。 ギゾー，『フランス文明史』。フーリエ，『産業と連帯の新世界』。	フランスでポリニャック反動内閣成立。 イギリスでカトリック教徒解放令。D．オーコンネルら，アイルランド党結成。 ニューヨークで労働党結成。 A．ジャクソン，第7代大統領就任。	29
そ の ほ か ＆ 諸 外 国	内 外 情 勢	
ハンゼマン，プロイセン国王への『建白書』で自由主義的改革を提言。L．アルニム（1784—）没。 ブオナローティ，七月革命を機にパリに帰還。 ブランキ，革命勃発とともに人民の友協会に加入。 パリにおいて，ドイツ人亡命者が出版協会を設立し，フランス人の愛国的出版協会と関係する。 マッツィーニ，カルボナリ活動のため逮捕されサヴォーナ要塞へ。 コント，『実証哲学講義』第1巻刊行。 バザール，『サン＝シモン学説解義』（'29—）。 A．チェシコーフスキ，ポーランド蜂起に参加。 非合法下にあったブルシェンシャフト中，ゲルマニア派がアルミニア派を圧倒して優勢となる。また前年ヴュルツブルクで，この年ニュルンベルクで非合法大会開催（ともに復活祭に）。	フランス七月革命おこる。 七月革命の余波で，ドイツ諸邦に自由主義的騒乱。 ポーランド反乱（ワルシャワ革命）（11）。 ベルギー独立宣言。 オーストリア，この頃より産業革命に入る。 アメリカに初の鉄道開通（ボルチモア—オハイオ間）。 イギリスにてホイッグ党のグレー内閣（外相パーマストン）成立（—'34）。	30

	ヘーゲル学派	青年ドイツ派文学	急進的政治運動
31	**ヘーゲル**, 『科学的批判年誌』に『オーレルト＜観念実在論＞について』, 『ゲレース＜世界史の基礎, 構成, 時代序列について＞の批判』を寄稿。11月, コレラで急死 (1770—)。**ローゼンクランツ**, 『神学エンチクロペディ』ハレ。※ヘーゲルが力を注いだ科学的批判協会の構成…第1, 哲学部 (哲学, 神学, 法律学)。第2, 自然科学部 (医学, 数学を含んだ自然科学)。第3, 歴史学・言語学部 (言語学, 歴史学, 芸術学)。以上3部門のうち, 第1の哲学部がヘーゲル学派の中核。	**ハイネ**, H. ヘッセにあてた手紙ではじめてサン＝シモニズムに言及 (2)。パリへ向かう (5)。同市でアンファンタンらサン＝シモニストと交わる。『モルゲン・ブラット』紙へ寄稿開始 (7)。ベルネと再会 (10), しかし決裂。『フランスの画家』完成ののち『アウグスブルガー・アルゲマイネ・ツァイトゥング』に論説を連載 (のちの『フランスの状態』12—'32. 10)。しかしサン＝シモニズムについては沈黙を続ける。**グツコウ**, シュトゥットガルトでメンツェルの『リテラトゥーア・ブラット』紙に協力開始。	**G. ビューヒナー**, ダルムシュタットのギムナジウム卒業 ('25—)。シュトラースブルク大学医学部に留学 (11)。フランスを体験する。またポーランド革命に敗れたラモリーノ将軍らを同地で見送る (11)。**H. アーレンス, ラウシェンプラット, T. シュスター** (共に私講師), ゲッティンゲンにて暴動を指揮, 学生と市民が合流した叛徒がゲッティンゲン市庁舎を占領 (1. 8)。ハノーファー政府, 大学を閉鎖し, 1週間後に軍隊を出動してこれを鎮圧。指導者3人は国外に亡命。ブルシェンシャフト, フランクフルト大会 (9—10)。
32	**マールハイネケ**, ベルリンにてヘーゲルの『宗教哲学』を編集・刊行。この年よりヘーゲル全集 (全18巻) の刊行。**A. チェシコーフスキ**, ベルリンにてミシュレーのもとでヘーゲル哲学を学ぶ。3年後パリに移り住む。**L. フォイエルバッハ**, 『死と不死についての考察』刊行がもとで, エルランゲン大学を辞し, フランクフルトa. M. へ移る。**ルーゲ**, ハレ大学で私講師となり, 言語学と古代哲学 (プ	**ハイネ**, パリのサン＝シモニストが集会条例違反の理由で弾圧を蒙った時, 政府に反対する。またファルンハーゲン・フォン・エンゼあての手紙で, フランス革命とサン＝シモニズムに没頭中と告げる (5)。にもかかわらず, 公的にはそれを沈黙。またドイツ本国でのハムバッハ祝祭に関心を寄せる。**ベルネ**, 『パリ便り 1830—31』(—'34)。ドイツ民衆の覚醒を促す。**ムント**, ライプツィヒにて『文	**ハムバッハ祝祭** (5. 27), 言論・出版の自由期成祖国同盟の企画として開催。指導者・演説者はP. J. ジーペンプファイファー, J. G. A. ヴィルト, G. ファイン, K. H. ブリュッゲマン, L. ベルネ等。参加者は左派ブルシェンシャフト (ゲルマニア派) 大学生, 中産階層, 手工業職人, 婦人その他広い層に亙り, 亡命外国人も加わる。ヴュルツブルクでも**ガイバッハ祝祭** (5. 27) が開かれ, 以後レーゲンスブルク, アウグスブ

そ の ほ か ＆ 諸 外 国	内 外 情 勢	
J．G．A．ヴィルト，『インラント』編集（コッタ社から刊行）。またミュンヘンにて『ドイチェ・トリブーン』刊行（7）。 P．A．プフィツァー，『二人のドイツ人の交換書簡』。 K．W．シーブラー，『サン＝シモニズムあるいはサン＝シモンの教説とその弟子たち』ライプツィヒ。 アンファンタン，『教示』。11月に同じサン＝シモニストのバザールと決裂。 ユゴー，『ノートル・ダム』。スタンダール，『赤と黒』。 ドラクロア，＜1830年7月28日のバリケード＞。 プーシキン，『ボリス・ゴドノフ』。 ブランキ，ソルボンヌ大学の反政府デモに参加（1）。学生委員会の宣言を起草，逮捕される（−2．13）。7月にはラスパイユらとともに人民の友協会陰謀容疑で再逮捕される（−8．25）。 マッツィーニ，釈放されフランスへ亡命。結社アポファジメーニに加入（2）。『青年イタリア加盟者への一般的教示』を発表（6）。その後，青年イタリア党を結成（12）。	バーデン議会で言論・出版の自由が要求される（3．24）。 バイエルン議会，検閲廃止を決議（10．27）。 リヨンで絹織工の暴動（11）。 ヴァージニア州にて，奴隷制に反対するナット・ターナーの反乱（8−）。 ロンドン列国会議にて，ベルギーの独立承認。 パリ人口78万5千人。 プロイセン人口約1303万人。 ベルリン人口25万人。 パルマ，モデナ等でカルボナリ革命発生，オーストリア軍に鎮圧さる（2）。	31
ゲーテ，『ファウスト』第2部刊行，同年（1749−）没（3．22）。パリにおいて，ドイツ人亡命者が職人たちとともにドイツ人民協会を設立（2）。 J．G．A．ヴィルト，『ハムバッハでのドイツ人国民祭』，『ドイツの政治改革』刊行。 ロテック，バーデンワイラーの集会で「自由なき統一よりも統一なき自由を！」と発言してドイツの反動，とくにプロイセンの反動に抗議，また『最古の時代から1831年に至る全階層のための一般的世界史』（−'33）刊行。 K．ブレットシュナイダー，『サン＝シモニズムとキリスト教』。 F．フライリヒラート，『ミンデン日曜新聞』に詩作『ニグロの王様』連載。F．ゲンツ（1764−）没。 アンファンタン，集会条例違反を理由に投獄される（末）。 ジャンヌ・デジレとマリ・レーヌ，フランスで初のフェミニスト	メッテルニヒ，連邦議会に対し，反動策の「六ヵ条」を説き伏せる（6）。 ドイツ全土に集会・結社禁止令（7．5）。 ボローニャでカルボナリ革命企図（2）。オーストリア軍がこれを鎮圧。 パリで共和主義者の暴動，結社禁止の弾圧強化（7）。 イギリスにて第1次選挙法改正，有権者100万人に拡大するが，労働者は除外される（6）。	32

第二部　年表・三月革命人

	ヘーゲル学派	青年 ド イ ツ 派 文学	急 進 的 政 治
32	ラトン），それに J．パウル，ゾルガー，シュライエルマッハーらロマン派を講ずる。その間にヘーゲル著作を読み続ける。	芸談話雑誌』を共同編集。また『政治的および精神的発展におけるドイツ統一』発表。**グツコウ**，ハンブルクにて『愚かな女への阿呆者の手紙』を匿名で刊行（夏）。その中でサン＝シモニズムをあれこれと批判するが，根本においてこれに大きく影響されている点を示す。	ルク，ベルゲンで，また翌6月にイラー，ヴィルヘルムスバード等と開催される。ブルシェンシャフト大会がシュトで開かれ（12），その後この中の祖国同盟とが合同し，ドイツを革の奇襲作戦を計画。
33	**ヘス**，ひそかに家を出てオランダ，フランスへ。七月革命後のフランスにて社会主義思想を見聞。その後ドイツに戻り殆んど独学で哲学（スピノザ）研究に没頭。**L．フォイエルバッハ**，『ヴェルラムのベーコンよりベネディクト＝スピノザにいたる近代哲学史』刊行。この間，静かにではあるがヘーゲル学派の左右分解へ向けた動きが進行していく。	**ハイネ**，パリの雑誌『文学のヨーロッパ』に『ロマンティーク』を（『ドイツにおける文学の実状，スタール夫人以後のドイツについて』と題して）発表（春）。『サロン』第1巻の序文起草（10）。パリでアンデルセンと交わる。**ラウベ**，ライプツィヒにて『エレガンテ・ヴェルト』紙を編集（翌年まで）。またマンハイムにて『青年ヨーロッパ』（全3巻）刊行（―'37）。**ヴィーンバルク**，キール大学の私講師となる。**グツコウ**，法律を研究するためミュンヘンに滞在（春～初夏）。同市にて，パリでハイネと交流のあったA．レーヴァルトから，サン＝シモニストに関する直接的な知識を得る。またハイネの『ロマンティーク』に感化される。またチベットのダライ・ラマを題材に小説『マー・グール』刊行（秋）。	急進派知識人・職人たちがハイルクロースガルタハで奇襲決行を詳いたが，フランクフルトa．M．第1の目標に設定。そしてこれをルベルク，上ヘッセン，マールブル等でも蜂起し，さらにバーデン，ルク，ライン＝バイエルン，ナッ行動を拡大する計画を立てた。（3.この計画は，決行当日の朝，すで露見。4月1日―2日にかけてフランク派が集合（ハイデルベルクから6ブルクから9名，エルランゲンかティンゲンから3名，シュトラー5名，メッツから1名，ギーセンランクフルトから13名，そのほかそのうち，ラウシェンプラット，ブンゼン，ケルナーらの指揮する部を，ミカロウスキー（ポーランが指揮する部隊は警察本部を各々夜），しかし敗北して逃走。
34	**L．フォイエルバッハ**．『著作家と人間』。**B．バウアー**，ベ	**ハイネ**，『サロン』第2巻に含まれる『ドイツの宗教と哲学の歴史』となる『ルター以後のドイツ』を，パリの『両世界評論』紙に発表（11―12）。	**ビューヒナー**，フランクフルト警前年にシュトラースブルクで知りって，ドイツ（ヘッセン）で政治まずはギーセンにて　友人A．ベ

運　動	そ の ほ か ＆ 諸 外 国	内 外 情 勢	
はバーデンワ で集会が次々 ウットガルト 急進派分子と 命に導くため	新聞『自由女性』創刊（—'34）。 **ブランキ**，『15人裁判』執筆（1）。人民の友協会崩壊の のち，人権協会が結成され（6），のちにこれに加わる。 **W. ベンボウ**，イギリスで労働者ゼネ・ストを提案。 **ベリンスキー**，モスクワ大学を追放され（9），以 後，『モルヴァー』，「テレスコープ」誌に関与。 **ベンサム**（1748—）没。 詩人**スコット**（1771—）没。	ポーランド，ロシアの 直轄地となる。 ロンドン議定書（列国， ギリシアを承認）。	32
ブロン近郊の 細に計画して の警察襲撃を 合図にハイデ ルク，カッセ ヴュルテンベ サウへと革命 3）。しかし に警察当局に フルトに急進 名，ヴュルツ ら3名，ゲッ スブルクから から2名，フ 総勢約50名）。 ベルヘマン， 部隊は衛兵本 ドの元少佐） 襲った（3日	**ラーヘル・ファルンハーゲン・フォン・エンゼ** （1771—）没。 **アンファンタン**，サン＝シモニストを率いて東方遠 征（—'36）。目的はスエズ運河の建設と「女メシア」 の発見だったが，ともに失敗。 **ブランキ**，サント・ペラジ牢獄から出る（7）。 **ミシュレー**，『フランス史』（—'46）。 **マッツィーニ**，青年イタリア党の活動を理由に，サ ルディニアで欠席裁判を受け，死刑を宣告される （4）。ジュネーヴへ亡命（6）。 J. H. **ニューマン**，ピュージー，キーブルらととも にオックスフォード運動を展開。 **プーシキン**，『スペードの女王』。 **メンデルスゾーン**，〈交響曲第4番〉ロンドンで，自 身の指揮により初演。	ハムバッハ祭1周年記 念集会（5）。 ハノーファーにて自由 主義的新憲法成立。 イギリスにて一般工場 法制定。また奴隷廃止 協会設立。 スペインにてカルリス タ戦争（前王弟カルロ ス派と摂政クリスチナ 派との王位継承戦争）。 露土間でウンキャル・ スケレッシ密約。 チューリヒ大学創立。	33
察本部奇襲を その反省に立 行動を開始。 ッカーの紹介	スイスに亡命中のドイツ人（知識人・職人）がマッツィ ーニ指導下に**青年ドイツ派**（政治結社）を結成。またベ ルン郊外にて職人たち（K. シャッパーほか）が七月革 命を記念する集会（シュタインヘルツリ記念祭）	メッテルニヒ，ドイツ連 邦内での革命宣伝への 弾圧を各方面へ要請 （11）。	34

	ヘーゲル学派	青年ドイツ派文学	急進的政治運動（人権協会）
34	ルリン大学神学部講師となる。	グツコウ，短編『アムステルダムのサドカイ人』，『旅行記』，また春にメンツェル批判を開始し，絶交。ヴィーンバルク，『美学出版』刊行。その緒言で「汝，青年ドイツにこの一書を捧ぐ」と述べる。	でL．ヴァイディヒを知る（1）。ギーセンに人権協会を設立（春）。ダルムシュタットに支部を設立（5）。ヘッセン農民への煽動文書を起草。ヴァイディヒ，ビューヒナー起草の文書を，農民が受け入れやすいように修正し，これに『ヘッセンの急使』というタイトルを付ける（6）。ライン河畔バーデンブルク（ギーセン郊外）で煽動文配布の打合わせ。ヘッセン政府，これを察知（7）。ミンニゲローテ，ギーセン城門にて『ヘッセンの急使』携行中のところを逮捕される（8）。その直後，K．ツォイナー逮捕される。シュルツは亡命。ヴァイディヒ，オーバーグレーンにて煽動文書『ヘッセンのともしび』刊行（9）。マールブルクにて『ヘッセンの急使』第2版（400部）を刷らせる（12）。

	ヘーゲル左派	青年ドイツ派文学	人権協会
35	D．シュトラウス，テュービンゲンにて『イエスの生涯』（全2巻）刊行（—'36）。青年ヘーゲル派（ヘーゲル左派）の批判運動の基点。L．フォイエルバッハ，『科学的批判年誌』においてヘーゲル弁護論『反ヘーゲル批判』発表。こののちエルランゲン大学にもどって近代哲学史を講義。B．バウアー，シュトラウスの『イエスの生涯』に対し，ヘーゲル右派的な立場からこれを批判（—'37）。マルクス，ボン大学法学部に入学。	ベルネ，ラムネーの『信者の言葉』を独訳し，これが青年ドイツ派をはじめ，多くのドイツ人活動家，亡命者に伝わる。ハイネ，仏語版『ドイツについて』発表。グツコウ，フランクフルトにて『フェニックス』編集。シュライエルマッハーの『ルチンデに関する親密な書簡集』に序文を付けてハンブルクで出版。また政治小説『ヴァリィ』，悲劇『ネロ』発表。ムント，『文学の黄道帯』編集。また小説『マドンナ』発表。ヴィーンバルク，エッセイ『最新文学について』発表。メンツェル，『モルゲン・ブラット』紙上で青年ドイツ派を批判（9）。ドイツ連邦議会，メンツェルの告発に基づき，青年ドイツ派作家の全著作禁止を決議（12）。これにより青年ドイツ派解体。	ビューヒナー，オッフェンバハの裁判所にてシュルツ逃亡に関し事情を聴取される。その後ミンニゲローテの証人としてフリートベルクにて事情を聴取される。この頃戯曲『ダントンの死』執筆（1）。ビューヒナー，ダルムシュタット脱出，シュトラースブルクへ（3）。A．ベッカー，マールブルクで逮捕される（4）。またクレム，ヴァイディヒも拘引される。ヘッセン当局，ビューヒナー捜索を開始（6）。

そ の ほ か ＆ 諸 外 国	内 外 情 勢	
を催し，ドイツ手工業職人のために会合の場を準備していく。	フランス，アルジェリア併合。	34
シェリング，ヴィクトル・クーザンの『哲学的断片』（1833）第2版の独訳にヘーゲル批判の序文を載せる。	ドイツ関税同盟成立（12）。	
シュライエルマッハー（1768—）没（2）。	リヨンおよびパリで労働者，共和主義者の暴動（4）。	
C. ロテック，C. ヴェルカー，アルトナナにて『国家学辞典』刊行（—'43）。	イギリスにて国民的労働諸組合結成。	
マッツィーニ，スイスからサヴォア遠征を図るが失敗（2）。ベルンで青年ヨーロッパ結成，つづいて青年スイス結成。	アメリカにてホイッグ党結成。	
ラムネー，『信者の言葉』を発表し，パリにてローマ教会を批判。イギリスにてオーウェン主義者，『ザ・ニュー・モラル・ワールド』創刊（—'46）。マルサス（1766—）没。	プロイセン人口約 1351 万人。ベルリン人口 25 万人。	
ベリンスキー，『モルヴァー』に文学批評論文『文学的空想』を載せ，芸術の人民性を主張（秋）。		
ゲルツェン，国事犯として逮捕され流刑となる（8）。		

職人政治結社	そのほか＆諸外国	内 外 情 勢	
パリにおいてドイツ人民協会（合法組織）に代わって非合法結社ドイツ追放者同盟が結成される。指導者…J. フェネダイ，T. シュスター，機関誌『追放者』誌（34. 7—）。	G. シュトルーフェ，『刑事立法の根拠について』カールスルーエ。	メッテルニヒ，遍歴・集会・結社の禁止令（1）。	35
	ダールマン，『政治学』。	ドイツで，馬力による最初の鉄道開通（ニュルンベルク—フュルト間）。	
前年にマッツィーニ指導下でスイスに成立した結社青年ドイツ派は，カルボナリ的規律によってドイツの共和主義的統一を指向。指導者…G. ファイン，ラウシェンプラット，ハーリンクらの知識人，G. コンブス卜，K. クラッツ，E. シューラー，F. シュトローマイヤーら。	ゲルヴィヌス，『ドイツ文学史』。		
	K. インマーマン，『エピゴーネン』。		
	A. H. ホフマン，ドイツ民謡，伝説を蒐集，発見。	フランスで，民衆暴動への抑圧をねらった九月法成立。	
	ブランキ，人権協会崩壊のあと，バルベスと共に秘密結社家族協会を組織。	フランスで，パリ—ル・アーヴル間に鉄道開通。	
K. クラッツとF. G. エアハルト，『北方の光』刊行（1—9まで3号）。	バクーニン，軍務を退き，モスクワでスタンケーヴィチに会う。またプリェムーヒノでドイツ哲学に熱中。		
G. コンブスト，『ドイツ諸侯の内乱煽動分析についてのドイツ連邦アルヒーフからの正確な抜すい』。	ベリンスキー，『テレスコープ』に『ロシアの中編小説とゴーゴリの中編小説について』を発表し，文学におけるリアリズムを追究。	墺帝フェルディナンド 1 世即位（—'48）。	
		ハンブルクで反ユダヤ的民衆暴動。	

	ヘーゲル左派	青年ドイツ派文学	職人政治結社
36	**ルーゲ**, ハレ大学の私講師を辞す。 **L. フォイエルバッハ**, エルランゲン大学を再び失職。その後アンスバハのブルックベルクへ移る。『ライプニッツ哲学の叙述・発展および批判』。 **ヘス**, 処女作『人類の聖史—スピノザ学徒による—』執筆。 B. バウアー編『思弁神学雑誌』(ベルリン, —1838)。 **マルクス**, ベルリン大学法学部に移る。	**ハイネ**, パリの『両世界評論』紙およびシュトゥットガルトの『モルゲンブラット』紙に『フローレンスの夜』発表, またフランス政府より経済援助を受ける。 **グツコウ**, エッセイ『世紀交のゲーテ』。 **ムント**, 回想録『シャーロッテ・シュティーグリッツ』。 しかし, 青年ドイツ派自体は, 前年の著作禁止令のあおりをうけ, 分散, 解体していく。	スイスの**青年ドイツ派**政治結社, チューリヒ政府の大弾圧によって解散・追放させられ, 残存部隊は非合法化(8)。 パリの**追放者同盟**は, 指導者の中でもT. シュスターが中心となって共和主義的に発展(富者と貧者の階級対立を強調)。また手工業職人の流入が続き, その結果, 年末には職人たちを主要メンバーとするプロレタリア的・共産主義的な分派が形成され, 独立して**義人同盟**を結成。ただし, シュスターはこの新組織に属さず。

	ヘーゲル左派	義 人 同 盟	青年ドイツ派結社
37	**L. フォイエルバッハ**, ベルタ=レーウと結婚。ブルックベルクにて質素に暮す。 **ヘス**, 『人類の聖史—スピノザ学徒による—』をシュトゥットガルトで公刊。 **ルーゲ**, この頃激化したケルン教会論争(雑婚問題)でロマン主義的政治思潮を批判し, 啓蒙主義の立場からプロテスタント国家プロイセンを擁護。 **マルクス**, ヘーゲル哲学の研究に専念し, またベルリン大学にてB. バウアー, K. F. ケッペンほかのベルリンヘーゲル左派と交わる。 **エンゲルス**, エルバーフェルトのギムナジウムを, 終了直前に退学し, バルメンの父の事業を手伝い, 実業家への訓練を受ける。	先行組織である追放者同盟と袂を分かち, より民主主義的な職人結社として発展。 パリに本部を置き, やがてドイツ本国へと組織網を拡大していく。 指導者…植字工K. **シャッパー**, 仕立職人G. **ヴァイセンバハ**, 家具工K. **ホフマン**, 文士G. **モイラー**等, メンバー数約千人。 W. **ヴァイトリング**, '35年にパリで追放者同盟に加入していたが, '36年にウィーンへ行き, この年再びパリへ戻って義人同盟に加入。 G. **モイラー**, 『文学修業時代』。	前年の大弾圧ののち, 地下に潜んでいた活動家たちが, ハムバッハの共和主義理念を旗印にして再建に取りかかる。情報伝達機関誌として, A. ヴィルトの発行する『ドイチェ・フォルクスハレ』がある(—40年代初)。

そ の ほ か ＆ 諸 外 国	内 外 情 勢	
L. ランケ，ベルリン大学教授就任記念講演『歴史と政治の類似と差異について』。	イギリスで2度目の経済恐慌（—'39）。失業者あふれる。	36
ビューヒナー，『レンツ』，『レオンスとレーナ』，『ヴォイツェク』などを創作（〜夏）。秋，チューリヒへ向かう。	イギリスで普通選挙を目標とした労働者協会設立。	
J. G. A. ヴィルト，『ドイツ諸国民の正義』をランダウにて，『文化史断章』をカイザースラウテルン（'35—）にて刊行。	フランスでルイ・ナポレオンの反乱，失敗，アメリカ亡命。	
マッツィーニ，チューリヒ州当局の弾圧をのがれ，翌年までにロンドンへ亡命。	ポルトガルで九月党のクーデター，51年まで内乱状態。	
ブランキ，家族協会の弾薬密造が発覚し，バルベスらと共に逮捕される（火薬事件，3）。	ポーランド人亡命者，ポアチエ宣言を発し，ポーランド農民無償解放を宣言（12）。	
バクーニン，モスクワに出て**スタンケーヴィチ・サークル**でフィヒテを研究。		
N. A. ドブロリュボフ，ニジニ・ノヴゴロドの牧師の家に生まれる。ゴーゴリ，『検察官』初演。シェイエス（1748—）没。	パリでエトワール凱旋門竣工。	
W. ゴドウィン（1756—）没。オーウェン，『新道徳世界の書』。		
そ の ほ か ＆ 諸 外 国	内 外 情 勢	
ビューヒナー，チューリヒにてチフスで急死（2）。また**ヴァイ**ディヒもヘッセン当局の拷問に責められ，ダルムシュタットの牢獄で自殺（2）。	**ゲッティンゲンの7教授**，ハノーファー王エルンスト＝アウグストの憲法廃棄宣言に対して反論（11）。	37
ベルネ，『フランス人ぎらいのメンツェル』刊行，パリで没。（1786—）。ハイネ，『ドン・キホーテへの序』執筆（2）。またこの年『パリ新聞』を計画するが失敗。	ライプツィヒ＝ドレスデン間に鉄道開通。	
グツコウ，雑誌『テレグラフ』編集（—'48）。『セラフィーネ』刊行。ムント，論文『ドイツの散文文学』発表。	イギリスにて，ヴィクトリア女王即位（—1900）。いわゆるヴィクトリア時代の開幕。	
A. ユング，『最近の文学に関する書簡』ハンブルク。		
G. ユリウス編集『ライプツィガー・アルグマイネ・ツァイトゥング』創刊（—43）。E. シュクリバ（1808—）没。	ロシアで，ペテルブルク＝パウロフスキー間に鉄道開通。	
マッツィーニ，ロンドンにてJ. S. ミルらと交わる（9）。	アメリカで産業革命起こる。	
ブランキ，当局の監視下でバルベスらと共に**四季協会**組織化を企図。	ウィーン人口33万人。プロイセン人口約1410万人。	
バクーニン，スタンケーヴィチ・サークルにてヘーゲルを研究。またベルリン遊学を志向。	ベルリン人口28万人。	
ゴーゴリ，『死せる魂』。プーシキン（1799—），決闘で没。		
フーリエ（1772—）没。		

	ヘーゲル左派	義人同盟
38	**ルーゲ**，ハレ大学の同僚T．エヒターマイヤー（1805—'44）とともに，老ヘーゲル派の『科学的批判年誌』に対抗して『ハレ年誌』を創刊。これに『J．ゲレースからハインリヒ・レオへの回状』を載せる。この一文で，カトリック的ロマン主義者のゲレースとピエティズム的ロマン主義者のレオを含む反動思想の総体を批判。また同年，『プロイセンと反動』刊行。 L．**フォイエルバッハ**，『ピエール・ベイル論』，『哲学とキリスト教について』刊行。またルーゲ編集の『ハレ年誌』に協力。これに「＜積極＞哲学の批判」を載せ（12），反神学的，反ロマン主義的立場を表明しルーゲを掩護射撃。 B．**バウアー**，福音書の史実性を思弁的に正当化する試みとして『啓示の歴史の批判，旧約聖書の宗教』（2巻本）を刊行し，ヘーゲル右派の立場における神学研究の集大成を行なう。その後，左派へ移行。 **チェシコーフスキ**，『歴史知のプロレゴメナ』を公にして，ヘーゲル批判を拡大。 E．**マイエン**編集の『リテラーリッシェ・ツァイトゥング』創刊（—39）。 **ローゼンクランツ**，『ハレ年誌』で『L．ティークとロマン派』発表。	**ヴァイトリング**，義人同盟の人民本部メンバーとなり，綱領的文書『人類，そのあるがままの姿とあるべき姿』を起草，出版。これにより，ブルジョア的および小ブルジョア的諸団体に対する義人同盟のイデオロギー的自立がなる。だが組織上では，パリに当時存在したブランキ，バルベス，ベルナールらの四季協会の支部的役割を果たす。
39	**ルーゲ**の『ハレ年誌』，反ロマン主義の政治的傾向を強める。ルーゲ，年頭の論文『プロテスタント的近代国家において実現されたプロテスタンティズムと大学の自由』において，**シュトラウス**が『イエスの生涯』で示したキリスト教批判を擁護する。また秋以降，『カール・シュトレックフスとプロイセントゥーム』，『プロテスタンティズムとロマンティーク』を年誌に発表していく。年誌は年末からヘーゲル左派（ベルリン・グループ）の支援を受け，次第に同派の機関誌てき役割を果たしていく。 B．**バウアー**，ベルリン大学神学教授ヘングステンベルクに対し，『ヘングステンベルク博士へ』と題する一文をつきつける（夏）。これによりヘーゲル左派の立場からロマン主義者ヘングステンベルクを批判。 L．**フォイエルバッハ**，『ハレ年誌』に『ヘーゲル哲学批判のために』を発表。また『奇蹟について』を発表し腐肉昆虫発生論を記す。「昆虫たちは腐肉と汚物とから発生すると信じていた限り，その限り人々はまた実際に昆虫たちが腐肉と汚物とから発生するのを見ていたのである。」 **チェシコーフスキ**，『信用と流通』パリ。 **マルクス**，ギリシア哲学に取りくむ。博士論文『デモクリトスの自然哲	**ヴァイトリング**に指導されるパリ義人同盟の職人たちは四季協会に同調して武装蜂起に参加した（5）。ヴァイトリング自身は，この時点でパリを離れていたが，指導者中，K．シャッパーなどは政府軍（パリ警察）に逮捕される（11月釈放）。この事件以後，フランスを追放されたシャッパーが，ロンドンで同盟の再建に着

そ の ほ か ＆ 諸 外 国	内 外 情 勢	
ハイネ，『シュワーベン・シュピーゲル』起草。また雑誌『パリとロンドン』を起こそうとして失敗（3）。	イギリスにて，マンチェスター派が反穀物法協会を結成し，自由貿易を要求。	38
グツコウ，小説『ブラーゼドゥとかれの息子たち』。		
H．レオ，ハレにて『ヘーゲリンゲン』を公にし，ヘーゲル左派を無神論者として攻撃。		
K．バイルホッファー，『哲学の理念と歴史』ライプツィヒ。	英女王ヴィクトリアの戴冠式。	
マッツィーニ，イギリスで『ロンドンとウェストミンスター』誌などへの寄稿を行ない，また生活の資を得るためイギリス—イタリア間の貿易を企画。	ロンドン労働者協会，「人民憲章」発表。チャーティスト運動の開始。	
W．ラヴェットらのロンドン労働者協会，『人民憲章（チャーター)』を公刊（5．8），チャーティスト運動の開始。		
オブライエン，ブオナロッティの『バブーフの平等党の陰謀』を英訳。	プロイセンにて，ベルリン—ポツダム間に鉄道開通。	
バクーニン，ヘーゲルの『ギムナジウム講演』を露訳，これに解説を付けて『モスクワの観察者』に発表。		
K．デッカー，『模擬戦。別名，戦争の二次的作戦論』ブリュッセル。	大西洋で蒸気船運行開始。	
P．ルルー，『平等論』。		
シャミッソー（1781—）没。	第1次アフガン戦争。	
ハイネ，カンペ書店社主ユリウス・カンペへの公開状『文士の危機』起草。また『ルードヴィヒ・ベルネ覚書』をハンブルクで刊行。	イギリスにて，反穀物法同盟結成。	39
グツコウ，シュトゥットガルトで『最新文学史論』刊行。	プロイセンにて，少年労働の禁止。	
G．ヘルヴェーク，兵役を逃れてヴュルテンベルクからスイスへ亡命，民主主義運動に加わる。	五列強，ベルギーの永世中立保障。	
A．イェーゲル，『ロンドンのドイツ人。現代政治亡命者史論考』。		
K．E．ゴルトマン，『ヨーロッパ五頭政治』。	中央アメリカ共和国5国分立。	
L．ランケ，『宗教改革史』（—'43）。		
マッツィーニ，ロンドンで青年イタリア再建を企図。	第2次東方問題。	
プルードン，仏訳本でカントを読む。	フランス，アルジェリアの征服完了。	
レイ・ブラン，パリにて『労働の組織』刊行。		
ブランキ，バルベスら四季協会の蜂起（5）。ブランキは10月に逮捕。		
フロラ・トリスタン，イギリス旅行でチャーティズムに接し熱狂。翌年パリにて『ロンドン散策』を発表してチャーティストを称える。	フランスの有権者20万人。	
レイ・ナポレオン，パリにて『ナポレオン党員の意見について』刊行。		
グラノーフスキー，ザパトニキ（西欧主義者）となってベルリンからロシ		

	ヘ ー ゲ ル 左 派	義 人 同 盟	光 の 友
39	学とエピクロスのそれとの差異』執筆。 **エンゲルス**，3月から'41年まで，グツコウ編集の『テレグラフ』に寄稿。 **E. マイエン**，『ハインリヒ＝レオ，ハレかぶれのピエティスト』。 **E. ガンス**（1798—）没。	手する。	
40	6月に，開明的と思われた新王フリードリヒ・ヴィルヘルム4世が即位し，ヘーゲル左派はドイツ全土の自由主義勢力とともに，これを大いに歓迎。しかし，新王がすぐさま反動策に出るや，プロイセン批判へと向かい出す。 **ルーゲ**，6月以前には，一応プロイセン政府に期待を抱いてはいるものの，9月以降，とりわけ12月の論文『政治と哲学』では，理論面で現存国家（プロイセン）を批判。また同じ論文で，ヘーゲル哲学における未来志向の欠如をも批判的に論評。そのほか『現代の国家および国際法批判によせて』発表。 **K. F. ケッペン**，『フリードリヒ大王とその敵対者』を刊行し，プロテスタント国家プロイセンと啓蒙君主フリードリヒ大王を称えるも，ケッペンら（ベルリン大学内のドクトルクラブ）はプロイセン政府にとって危険集団化していく。 **B. バウアー**，マルクスと共著出版の計画を立てるが実らず。また『ヨハネ福音史の批判』**ブレーメン**，『プロイセン領邦教会と学問』ライプツィヒを刊行。 **L. フォイエルバッハ**，『キリスト教の教義論』（—'41）。 **シュトラウス**，『キリスト教信仰教義』。	四季協会の蜂起に連座してのち，パリにあってはG. モイラーのほか，仕立職人A. シェルツァー，医師H. エヴァーベック（カベ主義者）らが本部の再建に着手。 ドイツ本国への組織網拡大では，一定の障害にぶつかりつつも，ハンブルクなどで徐々に支部を増設。 **シャッパー**らロンドン支部，**ドイツ人労働者教育協会**を設立（—1918）。 指導路線では，パリおよびロンドンでは啓蒙的平和的なそれが，スイス（ヴァイトリンク）では依然としてブランキ的なそれが採用される。	**ジンテニス**（マグデブルスタント牧師），『マグツァイトゥング』に一文の中で，教会での十字架像崇拝として弾劾（2）。これに対し，マクデブル局（ドゥレーゼケら）とト神学者（トゥールックまた中央の**ヘングステン**『福音教会新聞』でジン理主義者への闘いを宣言，マグデブルク市会，ジン護し，ベルリン中央政府ス救済を請願。 宗務文教相**アイヒホルン**，免職によってマグデブル議が拡大するのを恐れ，に応じる。 **トゥールック，ホイプナ**ティストおよびドゥレー立。 だがヘングステンベルクのピエティストは，ザクこうした合理主義運動にい言論闘争を拡大させて
41	**L. フォイエルバッハ**，ライプツィヒのヴィーガント社から『キリスト教の本質』刊行（6）。	**ヴァイトリンク**，義人同盟の再建を企図	**ジンテニス，L. ウーリ**ケーニヒらのプロテスタ

協会	そ の ほ か ＆ 諸 外 国	内 外 情 勢	
	アへ戻る。 **ベリンスキー**，年末にモスクワからペテルブルクに移り，以後7年間『オチェチェストヴェンヌイエ・ザピスキ（祖国雑誌）』に協力。またこの頃から40年代にかけてヘーゲル左派的な革命的民主主義者へ移行。 **チャーティスト**，ウェールズ地方でストライキ指導。		39
クのプロテ デブルク・ を寄せ，そ 像礼拝を偶 クの教会当 ピエティス ら）が抗議。 **ベルク**らも テニスら合 テニスを擁 ヘジンテニ ジンテニス クに大衆抗 市会の請願 ーらのピエ ゼケらが孤 らベルリン セン州での 対する激し いく。	**シェリング**，ベルリン大学へ招かれる（ヘーゲル学徒，合理主義者の一掃）。 **ハイネ**，『アウグスブルガー・アルゲマイネ・ツァイトゥング』に，フランスの政治・芸術・民衆生活についての通信（いわゆる『ルテーツィア』）を連載（2－'43）。また『バッヘラッハのラビ』を未完のまま発表。 J．**フレーベル**，『自由な人間教育の段階での教会および礼拝の意義』チューリヒ。K．**フォーレン**（—1796）没。 **グツコウ**，『ルードヴィヒ・ベルネの生涯』。 **マッツィーニ**，ロンドンで**イタリア労働者連合**を組織。また『アポストラート・ポポラーレ』発行。 **ブランキ**，モン・サン・ミッシェル獄へ。 **バクーニン**，『哲学論』（第1部）を『祖国雑誌』に掲載。ゲルツェンの助力でクロンシュタット港からドイツに渡り，ベルリン大学でドイツ哲学（ヘーゲル，シェリング）を聴講。またツルゲーネフと交わる（夏以降）。 **ゲルツェン**，流刑先（ウラジミール）からモスクワへ帰り，ヘーゲル哲学に没頭。 **プルードン**，『財産とは何か』。**ルルー**，『人類論』。 **ビュレ**，『イギリスおよびフランスにおける労働者階級の悲惨について』。**カベ**，『イカリア旅行記』。 **オコナー**，**ハーニー**らチャーティスト，**全国憲章協会**を設立。 **カーライル**，『チャーティズム』。 J．v．**ゲレース**，『キリスト教的神秘主義』。	普王フリードリヒ・ヴィルヘルム4世即位（—'61）。 ドイツで経済的興隆。 フランスにて，スールトおよびギゾー内閣成立（—48）。 ロンドン四国条約（メヘメット＝アリの屈服。エジプトの支配のみ許容される）。 イギリス，中国（清）でアヘン戦争を起こす（—'42）。 イギリスで，鉄道路4500マイルに。 スペインにて，エスパルテロの軍事独裁。 ルイ・ナポレオン，ブーローニュで反乱，失敗して終身禁固刑。 ウィーン人口36万人。 プロイセン人口約1493万人。 ベルリン人口32万人。	40
ヒ，C．B． ント牧師，	**シェリング**，ベルリン大学で「啓示の哲学」を講義 (11)。 カンペ書店の全出版物がプロイセンで発禁となる (12)。	イタリアにて，復興運動起こる。	41

	ヘ ー ゲ ル 左 派	義 人 同 盟
41	これは同派のみならず，ドイツ内外の合理主義思想家に影響を及ぼす。**ルーゲ**，『キリスト教の本質』に大いに感化され，『ハレ年誌』へもフォイエルバッハの影響が目立ってくる。また5月頃からプロイセン政府の圧力が強まり，『年誌』とルーゲはライプツィヒからドレスデンへ移り，誌名も『ドイツ年誌』と変更。ドレスデンにて**バクーニン**と交わる。 **B. バウアー**，ボン大学からの排斥攻撃をかけられる。またヴィガント社から『無神論者にして反キリスト者たるヘーゲルに対する最後の審判のラッパ』を匿名で出版（11）。また『ハレ年誌』に『キリスト教国家と現代』を載せる（6）。 **ヘス**，『ヨーロッパ三頭政治』をライプツィヒのヴィガント社から刊行し，ヘーゲル左派の有力なメンバーとなる（1）。その際，ヘーゲルの思弁哲学に対し，A. チェシコーフスキ以来の行為の哲学を重視し，古典哲学（フィヒテ，ヘーゲル）を再検討する。またこの頃，**K. マルクス**と知りあう。10月には論文『ドイツ哲学の現代的危機』を，ベルリン大学ドクトクラブの機関誌『アテネーウム』第40号に発表。この中でヘーゲル左派の哲学を，ヘーゲル学説の必然的にして論理的な帰結であると結論。マルクス，『キリスト教の本質』を研究（7月頃）。 **エンゲルス**，秋からベルリン大学で講義を聴く。ベルリンヘーゲル左派（B. バウアー，E. バウアー，ケッペンら）と交わる。また『シェリングのヘーゲル論』，『シェリングと啓示』，『キリストにおける哲学者シェリング』を発表し，老シェリングを批判。またフォイエルバッハの『キリスト教の本質』を研究。	してスイス（ジュネーヴ）へ移る（5）。【手書き原稿切れ】 雑誌『ドイツ青年の救いを叫ぶ声』創刊。共産主義と革命的暴力とを宣伝。同志には，以前G. ビューヒナーと共にヘッセンで行動していた**A. ベッカー**，ローザンヌの手工業者協会を指導する職人**S. シュミット**，**S. ザイラー**等。 **A. ベッカー**，スイスにおける大衆組織（市民的団体，手工業者協会）の設立，ないしそれらへの加入を通じて同盟のイデオロギー的・組織的確立を企図。
42	『ライン新聞』，ケルンで創刊（1）。**M. ヘス**，副編集長となる。 **マルクス**，ボンでの読書においてフェティシズムを知る（ボン・ノート）。また，『ドイツ年誌』のために『プロイセンの最新の検閲訓令に対する見解』執筆（'43年に『アネクドータ』で発表）。 **B. バウアー**，ロマン主義的新文相アイヒホルンの策動によりボン大学を退く（3）。同大学での講師を志願していたマルクスも職をあきらめる。**マルクス**，『ライン新聞』に一連の論文を寄せる（4）。 いわゆる**自由人**グループ結成（E. マイエン，L. ブール，E. バウアー，K. ナウヴェルクほか）。 **エンゲルス**，『アレクサンダー・ユンク＜ドイツ現代文学講義＞』を『ドイツ年誌』で発表（7）。 **マルクス**，トリーアからルーゲに手紙を送り，ベルリン自由人を批判。	**ヴァイトリング**らのスイス支部，手工業者協会への影響力を強化。また機関誌『若き世代』などを通じて青年ドイツ派（この頃スイスで再建出した）との理論闘争，ヘゲモニー争いを展開（主としてフランス語系スイスにて）

第二部　年表・三月革命人

光の友協会	そ の ほ か ＆ 諸 外 国	内外情勢	
マグデブルク郊外で，ハレ大学の神学者**ヴェグシャイダー**，**ニーマイヤー**らと一同に会し，合理主義団体プロテスタントの友，いわゆる光の友協会を結成（グナーダウ会議）（6）。 **ウーリヒ**ら，ハレにて会議（60名ほど）。席上，聖職者のみならず，すべての合理主義者へ加入を要請（9）。これ以後，学校教師，実業家，労働者の加入が増えていく。 **ヴィスリツェヌス**，ハレ郊外のラウレンティウス教会の牧師となる。	**ムント**，小説『トーマス＝ミュンツァー』。 G．**ヘルヴェーク**，『活ける者の歌』。 A．H．**ホフマン**，『非政治的歌集』。この書名は検閲を意識してのもので，内容は反動批判。 F．**ディンゲルシュテット**，『世界主義的夜警の歌集』。 W．**ツィンマーマン**，『大農民戦争史』（3巻，—'43）。 J．G．A．**ヴィルト**，『16—19世紀ドイツの政治的・改革的傾向』。 F．**リスト**，『経済学の国民的体系』を公にし，保護貿易策を主張。 **マッツィーニ**，ロンドンでイタリア人移民労働者，亡命者の子弟に民族教育の学校を設立。 **プルードン**，パリでP．ルルーに会う。また『ブランキへの手紙』（4）。『所有者への警告』（6）草す。 L．**ブラン**，パリにて『1830—1840年の10年の歴史』刊行（—'44），また『労働の組織』刊行。 **カベ**，『わが共産主義者の信条』パリ。 **フーリエ**（'37没），『普遍的統一の理論』パリ，『四運動および一般運命の理論』パリ。 **キェルケゴール**，『イロニーの概念』。 W．**ラヴェット**ほか，国民協会結成（4）。	フランスにて，少年工保護法成立。 ロシアにて，土地付農奴の売買禁止。 イギリスにて，トーリー党（首相ピール，外相パーマストン）内閣成立。 イギリスにて，カリカチュア雑誌『パンチ』創刊。	41
ライプツィヒにて200名を越す大会を開催。この頃から，教会改革の枠を越えて政治運動へ向かう（5）。 ケーテンにて約150名の大会を開催（以後同地で定期大会が企画される）。学校教師の参加が目立つ（9）。	**ムント**，『現代文学史』。 L．**シュタイン**，『現代フランスの社会主義と共産主義』をライプツィヒで刊行（9月）。ドイツ国内の多くの知識人がフランス初期社会主義思想を知る。 F．**フライリヒラート**，詩集『信念の告白』。 G．**ヴェールト**，ケルンのロマン主義的文学サークルで創作活動に入る。 R．**ヴァーグナー**，反フランス的なドイツ・ナショナリズムの傾向を強める。 A．H．**ホフマン**，反動批判を理由にブレスラウ大学を追放される。	フランスで，ギゾー内閣，議会解散。 イギリスでチャーティスト運動激化。穀物法改正。デンマークで，国民自由党結成。	42

	ヘ ー ゲ ル 左 派
42	ただし，B．バウアーには好意的。 **マルクス**，ルーゲ宛て書簡でベルリン自由人を批判。 **ヘス**，ケルンにやってきたエンゲルスに対し，ドイツ哲学から必然的に生ずるはずの社会主義的・共産主義的帰結を教示。これを通じてエンゲルスを共産主義者へとオルグ(10)。またケルンに来たマルクスとも会う。 **マルクス**，フランス初期社会主義者の著作を読む(10)。 **エンゲルス**，論文『プロイセン国王フリードリヒ＝ヴィルヘルム4世』執筆(10，'43発表)。 ルーゲ編集の『ドイツ年誌』にバクーニンの論文『ドイツにおける反動』載る(10)。その中でバクーニン，「破壊への情熱は，同時に創造への情熱なのだ！」と記し，『年誌』の急進化に一役果たす。 **ルーゲ**，ヘルヴェークと共にベルリンを訪れる。その際，ベルリン自由人グループと決裂(11)。マルクス，『ライン新聞』にてルーゲ側を支持。ルーゲ，『真のロマンティークと虚偽のプロテスタンティズム—反対宣言』，『キリスト教国家』，『ヘーゲル法哲学と現代の政治』を各各『ドイツ年誌』に載せ，プロテスタンティズム，ヘーゲル哲学，プロイセン国家を全面否定し，**絶対国家**を提唱。 **ヘス**，『ライン新聞』取締役らの命令をうけ，パリ通信員となる。同市にて在フランス・ドイツ人労働者（義人同盟ほか）やフランス人活動家の集会に出席(12)。この年発表の論文『中央集権問題に関するドイツとフランス』，『ドイツとフランスにおける日刊新聞』，『イギリスにおける来たるべき破局について』，『フランスの共産主義者たち』，『ベルリンにおける＜自由人＞の同盟について』，『ドイツにおける前進』，『ドイツの諸政党』，『共産主義的原理の統治形態』。 **B．バウアー**，この年発表の著作『自由の大義と私自身の問題』，『共観福音批判』，論文『ユダヤ人問題』（『ドイツ年誌』）ほか。 **エンゲルス**，イギリスにて，同国の社会・政治問題，労働者の生活状態などを調査。またチャーティスト運動に参加。さらにイギリスの古典派経済学，フランスの初期社会主義・共産主義，ヴァイトリンクの著作などを研究し，自身の共産主義思想を形成(12–'44)。 **E．バウアー**，ベルリンにて『ブルーノ＝バウアーとその論敵』刊行。また『ライン新聞』で論文『中庸政策』を匿名で発表(6)。 雑誌『アテネーウム』およびL．ブール編集の『愛国者』発禁となる（ロマン主義的な国王と文相による反動政策の犠牲）。
43	**B．バウアー**，前年に強まったプロイセン政府による急進的新聞・雑誌への抑圧をみて，未だ革命の時期に到来していないと判断し，政治的な目標を持たない批判へと向かう。また『あばかれたキリスト教』が刊行と同時に没収される。 **E．バウアー**，『ドイツにおける自由主義の諸運動』チューリヒ・ヴィンタートゥール。

義 人 同 盟	光の友協会	そ の ほ か ＆ 諸 外 国	内外情勢	
ヴァイトリング，力作『調和と自由の保証』を自家出版（フィフィスにて）。この中で，ブルジョア的改良を一切拒否した社会革命を主張。またフランス初期社会主義（フーリエなど）を土台に未来協同社会を展望してゆく（12）。 同盟内外でこの著作が評価される（L.フォイエルバッハ，バクーニン，マルクスら）。 シャッパーらロンドン義人同盟，スイスと反対に啓蒙・教育的プロパガンダを推進。チャーティストと連帯。 エヴァーベックらパリ義人同盟（本部），やはり啓蒙路線を採用し，革命など遠い将来の事としてヴァイトリングに反対。	ウーリヒ，ザクセンのオーコンネルの異名が示すように，協会内で最大の指導者となり，民衆に合理主義思想を消化しやすくして伝達。ウーリヒの人気とケーテンの地の利（鉄道の要所）とによって，ドイツ各地から多くの大会参加者をみるに至る。	マールハイネケ，『キリスト教神学におけるヘーゲル哲学の意義についての公開講義入門』。 F. ベッカー，バーデンで議員となり，民主主義運動を推進。 サヴィニー，プロイセン法相となり，新離婚法成立。 チェシコーフスキ，『神と再生』ベルリン。 この頃からサン=シモニズム，フーリエ主義，それにルイ・ブランの思想がフランスに拡まりだす。 ブランキ，モン・サン・ミシェルから脱獄を企てるが失敗（1）。 プルードン，『所有者への警告』出版（1）。 デザミ，『共同社会の法典』を公にし，革命的共産主義を宣伝。 シャンボラン，『社会的窮乏，古代社会のそれ，現代のそれ』。 バクーニン，L. v. シュタインの『現代フランスの社会主義と共産主義』を読み，フランス社会主義に注目。また，ルーゲやヘルヴェークと交わる（10）。 ゲルツェン，流刑地ノヴゴロドにて，オガリョフからL. フォイエルバッハの『キリスト教の本質』を送られ，読んで感激する。 ベリンスキー，『批評論』発表。またL. フォイエルバッハの『キリスト教の本質』およびマルクスの初期の著作に触れる（—'44）。	プロイセン政府，自由主義的・急進的新聞・雑誌を発禁。 ハンブルグ大火発生。 スペインのバルセロナにて，織物労働者。最初の集産的な工場を経営。 南京条約締結，アヘン戦争終結。	42
メッテルニヒの諜報機関であるマインツ情報局の秘密報告では，この頃スイスに	機関誌『プロテスタントの友による宗教善導	パウルス，シェリングの'41—'42 年の講義メモを『ついに顕わとなった啓示の積極哲学』としてダルムシュタットで無断出版。シェリング告訴（'46 年にシェリング敗訴）。	イギリスでD. オーコンネルのアイ	43

	ヘ ー ゲ ル 左 派	義 人 同 盟
43	**ヘス**，3月末日をもって発禁となった『ライン新聞』にかえて，スイスでJ.フレーベルが編集する『スイスの共和主義者』誌へ寄稿。また5月にフランスからケルンへ戻る。 　　**R. プルツ**，『ライン新聞』に論文『現代年誌とドイツ年誌』を載せる（2）。 　　**ルーゲ**，『ドイツ年誌』の年頭緒言として『自由主義の自己批判』を発表。この中でドイツの自由主義を批判，フランス的民主主義への移行を宣言（1）。また同月，プロイセン国王の指示でザクセン政府が『年誌』を発禁とする。 　　**ルーゲ**，スイスにて『アネクドータ』（2巻本）を発行（チューリヒ・ヴィンタートゥール（3）。この中でフォイエルバッハ『キリスト教の本質』への好意的な評論を発表。またこれにはB. バウアー，L. フォイエルバッハ，K. マルクス，M. フライシャー，ケッペンらの論文が載る。そのほかルイ・ブランの『10年史』に寄せた序文を独立させ，『ドイツ人とフランス人の協調』と題して発行（チューリヒ・ヴィンタートゥール）。 　　**L. フォイエルバッハ**，『アネクドータ』に論文『哲学改革のための暫定的命題』を載せ，また同じくスイスで『将来の哲学の根本命題』出版（チューリヒ・ヴィンタートゥール）。またライプツィヒで『キリスト教の本質』増補版刊行。 　　**ヘルヴェーク**，スイスにて『スイスからの21ポーゲン』を編集（7）。これにはB. バウアー『現代のユダヤ教徒とキリスト教徒の自由になりうる能力』，ヘス『社会主義と共産主義』，『行為の哲学』，『一のそして完全な自由』，ナウヴェルク『ポーランドの将来とグローヴスキー伯』のほか，ヘルヴェーク，L. ゼーガーの詩が載る。 　　**エンゲルス**，『スイスの共和主義者』誌に『ロンドン便り』（4通）を発表（5−6）。またロンドンにて義人同盟の手工業職人幹部に会い感銘を受ける。秋からはオーウェン主義者の機関誌『ニュー・モラル・ワールド』に協力。これに『大陸における社会改革の進展』を載せる（11）。 　　**マルクス**，『ライン新聞』編集部を発禁直前の3月17日に去る。この間，政府の弾圧下で青年ヘーゲル派が，①ベルリン自由人グループ，②ルーゲ中心のグループに分裂。その後，ヘス，ルーゲ，マルクスは『ドイツ年誌』にかわる評論誌の発行を計画。タイトルを	ほぼ4000名の党派人がいて，そのうち1095名が青年ドイツ派に属し，875名が共産主義者（1）。 　**ヴァイトリング**，社会革命早期実現のため，貧困層の糾合と資産家からの財産盗奪による，社会の大混乱を計画。また貧民＝多数者のための短期独裁を主張。またそうした考えを，チューリヒにてバクーニンに伝える。 　**A. ベッカー**，ヴァイトリングの主張する，最下層貧民による盗奪・暴動に異論を唱える。またベルンにて『共産主義者は何を欲するか』を刊行。 　**エヴァーベック，シャッパー**らも，ヴァイトリングの窃盗理論に猛反対し，この時点での武装闘争はありえないと批判。しかしエヴァーベックは，ヴァイトリングの著作『調和と自由の保証』について，批判するだけでなく，あたかもシュトラウスの『イエスの生涯』（1835年刊）のような働きをするといって称讃した（7. 15）。 　**ヘス**，ヴァイトリングの

第二部　年表・三月革命人

青年ドイツ派	光の友協会	そ　の　ほ　か　＆　諸　外　国	内外情勢	43
この頃から，従来のハムバッハ的啓蒙路線とは別に，ドイツで進行する**ヘーゲル左派の無神論**が流入，フォイエルバッハの著作に依拠した政治結社として再度有力化。 **W. マール**，無神論者の代表としてヴァイトリングら義人同盟のメシア共産主義に理論闘争を挑み，形勢を有利に展開。 青年ドイツ派と義人同盟の対決は，スイス各地の手工業者協会でのヘゲモニー争いとなって表面化。 **マール**ら幹部，ジュネーヴに本拠を構え，レマン湖畔に自派の手工業者協会を多数確保し，レマン・ブントを設立して義人同	雑誌』への購読申込数が，前年の2000から一挙に5000部以上に増加。光の友協会の大衆団体化を象徴。秋にはハレにて，光の友協会に関心を持つ学者たちが独自の研究団体を結成。 これには，文学者の**R. ハイム**，神学者のH. ニーマイヤー，K. シュヴァルツ，哲学者F. ヒンリヒス，歴史学者M. ドゥンカーらに加え，光の友協会のヴィスリツェヌスら牧師たちも加入。この	E. ペルツ，『家父長的裁判権』，『プロイセンにおける村裁判』で領主裁判権を非難。 C. カップ，ライプツィヒにて『F. W. J. フォン・シェリング，多年にわたる観察者による現代史考』刊行。 A. シュヴェーグラー編集『現代年誌』刊行（シュトゥットガルト 1843，テュービンゲン 1844—48）。 ヴェールト，ケルンからイギリスのブラッドフォードに渡り，イギリス労働者を観察。チャーティスト運動に加わる。 ラウベ，『シャトーブリアン伯夫人』。またラウベ編集の『エレガンテ・ヴェールト』紙に，ハイネの『アッタ・トロル。夏の夜の夢』が載る（'41 年末から執筆。'47 年にハンブルクで出版）。 ハイネ，パリにてマルクス，アンデルセンらと交際。 R. ブルーム，ライプツィヒにてパンフレット『前進』刊行。 グリュン，『トリーア新聞』の通信員（—'44）。 M. カリエール，『自由ドイツ教会としてのケルン大聖堂』シュトゥットガルト。 H. F. W. ヒンリヒス，『政治学講義』ハレ。 R. ヴァーグナー，＜さまよえるオランダ人＞作曲。 ヘルダーリン（1770—）没。フーケ（1777—）没。 キェルケゴール，『あれかこれか』，『畏れと戦き』。 マッツィーニ，G. リッチャルデの提案を受けて，パリに穏健派との合同組織の設立を企図。 バクーニン，ドレスデンで交わったヘルヴェークを追ってチューリヒへ移動。同地でヘルヴェークの紹介によりヴァイトリングと会う（5）。事前にヴァイトリングの『調和と自由の保証』を読み知っていたため大いに感激。ヴァイトリングの理論（短期独裁・最下層貧民の蜂起）に共感。この経験は，その後のバクーニンが進む道を決定。またフレーベル編集の『スイスの共和主義者』誌に論文『共産主義』を連	ルランド分離運動。また，スコットランド自由教会成立。ナポリ・トスカナなどで全面的民衆蜂起の企図。スペインで自由主義憲法成立。ナルバエスがエスパルテを追放し，独裁体制を敷く。この頃，リヴィングストンのアフリカ探検始まる。スイス，カトでリック 7 州のゾンダーブンド締結(分離派の抗争)。	

	ヘ ー ゲ ル 左 派	義 人 同 盟
43	『独仏年誌』,発行地をパリと決定。ヘスとルーゲは8月初めKパリへ。マルクスは10月にL.フォイエルバッハに手紙で『独仏年誌』への協力を依頼しパリに移る。 **マルクス**,『独仏年誌』のために『ユダヤ人問題によせて』と『ヘーゲル法哲学批判序説』を起草(―'44.1)。そのほかこの年に『モーゼル通信員の弁護』,『ヘーゲル国法論批判』を発表。またパリにて,在フランス・ドイツ人亡命者,義人同盟パリ本部,フランスの知識人・労働者と交流。現実の共産主義運動と労働者とを肌で捉える(―'45.1) **ヘス**,『21ボーゲン』誌以外での発表論文『われら何を欲するか,―ライン人による』,『社会主義』,『社会主義雑誌,ドクトル・ブルンチュリへの礼状』,『物的利害と私的利害との結合』,『P.J.プルードンの<財産とは何か>』,『民族反感に関する懸賞問題』。	『調和と自由の保証』に対し,一面的に平等の原理に立ち,自由の原理が欠落していると批評。 **ヴァイトリング**,こんどはキリスト教による革命宣伝の路線を提起し(**メシア共産主義**),『貧しき罪人の福音』起草。 **C.アルブレヒト**,司祭王国の創設を叫んでヴァイトリンクに近づく。 **G.クールマン**も霊の国を掲げてA.ベッカーと交際。 **ヴァイトリング**,『貧しき罪人の福音』(出版前)が神を汚しているとしてチューリヒ州当局に逮捕される(6.8,11.23スイスを追放)。 **J.C.ブルンチュリ**(チューリヒ州の御用学者),ヴァイトリングのもとから押収した資料を編集して報告書を出版(7)。これによってヴァイトリング思想が逆に普及しだす。 **ザイラー**,『文士ヴィルヘルム=ヴァイトリンクとチューリヒにおける共産主義者騒動』をベルンで刊行。
44	**ルーゲ**,**マルクス**編集『独仏年誌』発行(2)。初号(合併号)のみで廃刊。この失敗から,マルクス・ルーゲ間,ヘス・ルーゲ間に不和が生じる。 **ルーゲ**,この頃『人間,1つのスケッチ』を草し,その中で人間を社会的諸関係から説明。 **B.バウアー**,弟エドガーと共にシャーロッテンブルクで評論紙『アルゲマイネ・リテラトゥーア・ツァイトゥンク』創刊(1年たらずで廃刊)。この新聞に『類と大衆』を載せ(9),また『フォイエルバッハ』発表。 **E.マイエン**,セリガら『アルゲマイネ・リテラトゥーア・ツァイトゥンク』に寄稿。 **L.ブール**,マンハイムにて『ベルリン月報』	シャッパーらロンドン支部,W.ラヴェットら穏健派チャーティストと接触し,10月に**万国民主主義**同志協会を結成。ロンドン支部が穏かな現実的路線を進んでいる只中へ,スイスを追われたヴァイトリングが到着(8.27)。 **ヴァイトリング**,チャーティストや諸外国の亡命活動家が一同に会する集会で盛大な歓迎を受ける(9.22)。席上,チャーティストやシャッパーらが演説するが,その内容は啓蒙路線であって,ヴァイトリングの急進主義の対極に位置するもの。 またこの年,『一般論理学・言語学,人類世界言語草案付』執筆。 **A.ベッカー**らスイスの義人同盟,窮地に立たされ,これを打開するため青年ドイツ派との連

青年ドイツ派	光の友協会	そ の ほ か ＆ 諸 外 国	内外情勢	
盟を劣勢に追い込む。ジュネーヴ警察，表面上たんなる手工業者協会の連合にすぎないレマン・ブントを承認。これによって得られた主な支部協会…ジュネーヴ，ニオン，アウボンネ，ローレ，モルゲス，ローザンヌ，フェファイ，アイグル，フリブールク，フェイドン，チューリヒ，ツーク，ルツェルン，ヴィンタートゥール，クール，バーゼル，ほか。 H．デーレケ，この頃からフォイエルバッハ思想を宣伝，マールがこれを引継ぐ。	研究団体は，光の友協会がやがて集会禁止となってのちも，学問的な議論の場として延命。	載。ヴァイトリング逮捕後（6），身辺に危険を感じてベルンへ移る。 ゲルツェン，論文『哲学におけるディレッタンティズム』を『祖国雑誌』で発表。 ベリンスキー，『文学的空想』，『アレクサンドル・プーシキンの作品』（—’46）。 F．フロコン編集で，ルドリュ・ロラン，ルイ＝ブランら『ラ・レフォルム』創刊（8—’50）。 プルードン，『人類における秩序の創生』。 コンシデラン，フーリエ派の日刊新聞『ラ・デモクラシ・パシフィク』創刊（—’51）。 ウジェーヌ・シュー，『パリの秘密』ブリュッセル。 フロラ・トリスタン，『労働組合』を刊行し，プロレタリアートの統一，プロレタリアートの自己解放を訴える。 バーミンガムでチャーティストの国民集会，プロレタリア派とブルジョア急進派の分裂。	スペインにて穏健派のイデオロギーを反映する自由主義憲法成立（—’45）。	43
マールら，スイス各地の自派協会を3地区に分け，それらを最高幹部たるデーレケ（ジュラ支部），シュタンダウ（プラトー支部），マール（レマン支部）などが分担して指導。 ジュラ支部はラ・ショード・フォー，フロリェーレス，サン・イメール等，プラトー支部はベルン，フライブルク，ブルクドルフ，モウドウほかを，レマン支部はレマン	5月のケーテン大会（600余名）で，ヴィスリツェヌスが『聖書か精神か』と題する演説を行なう（翌年出版）。 この中で，光の友協会の至高の権威は聖書で	ハイネ，『ドイツ冬物語』執筆（1）。『独仏年誌』に『バイエルンのルードヴィヒ讃歌』を載せる（2）。また『フォアヴェルツ』紙に『あわれな織布工』と題する詩を載せ（7），シュレージェン織布工の行動を称讃。 J．フレーベル，『チューリヒ州の法令による信仰妨害の犯罪』。 ムント，『社会史』ベルリン。 グツコウ，喜劇『編髪と刀』。 カンペ社主J．カンペ，『テレグラフ・フュア・ドイチュラント』創刊（—’46）。 J．シェーア，『現代の文学』。 G．A．ヴィルト，『回想録』エミスホーフェン。	ロンドンにてYMCA結成。アイルランドで凶作。ギリシア立憲制となる。オランダ国王，日本の開国を進言。アメリカ合衆国・	44

	ヘ ー ゲ ル 左 派	義人同盟	青年ドイツ派
44	刊行（初号のみ）。M. **シュティルナー**，これに寄稿。 E. **バウアー**，『プルードン』，『教会および国家に対する批判の闘い』。 **ケッペン**，『プルードン，急進的社会主義者』。 **ナウヴェルク**，『国政参加について』。 **ヘス**，ケルンにてK. グリューンと会う（1）。また『独仏年誌』に短文『パリ便り』を発表（2）。だがこれとは別に論文『貨幣の本質について』を年誌編集部に渡してあった。5月には論文『ドイツにおける社会主義運動について』執筆（'45年にグリューン編集『ノイエ・アネクドータ』で発表）。さらに6月，論文『人間の使命』，『進歩と発展』を，グリューン編集の『ディ・シュプレッヒャー』誌で発表。12月にはパリの『フォアヴェルツ』誌にも寄稿。また，社会主義雑誌『ドイチェス・ビュルガーブーフ』（第1巻）を編集，これに論文『わが社会の緊急事とその解決について』，『最近の動向に対する注目すべき書物』を掲載。グリューンとの交流過程で，いわゆる**真正社会主義**を創始。 L. **フォイエルバッハ**，『ルターの意味における信仰の本質』刊行。またF. カップへの書簡において，プロレタリア革命家ヴァイトリングを高く称讃（10. 15）。 **マルクス**，パリにてバクーニン，ポトキンらロシア人，P. ルルー，ルイ・ブランらのフランス人，エヴァーベックら義人同盟員と意見を交わす（3－5）。また『独仏年誌』に発表したマルクス論文に対し，プロイセン政府が反逆罪と不敬罪で告発，マルクス逮捕状を発行（4）。 **マルクス**，書簡でルーゲと正式に絶交（5）。その後プルードンと知り合う（7）。8月以降，『フォアヴェルツ』への寄稿と編集への協力関係に入る。この年に『経済学・哲学手稿』執筆。またA. チェシコーフスキにも会う。 **エンゲルス**，『独仏年誌』に論文『イギリスの状態，トマス・カーライル＜過去と現在＞ロンドン，1843年』および，『国民経済学批判大綱』を発表（2）。この頃からマルクスとの文通開始。8月にロンドンからパリへ移り，マルクスを訪問。また『フォアヴェルツ』誌に『イギリスの状態，イギリス憲法』発表（8－10）。ドイツに	合を提案（夏）。しかし，勢いに乗るマールらは一時これを拒否。その後共産主義者側からのこの提案を逆に利用して，青年ドイツ派によるスイス全土のドイツ人手工業者協会の一元支配を指向（8）。S. **シュミット**，雑誌『国民的手工業』をローザンヌで刊行。また，マールの攻撃（8）に効果的な対	湖畔の諸都市を掌握し，たチューリヒをも重要拠点の1つとして掌握。 J. **フレーベル**，マールに対し，自らがチューリヒとヴィンタートゥールで経営する文芸書房の出版物販売の協力を要請。マールはこれを快諾。さらにマール自身も，本国への宣伝活動の一環として民主主義的な出版社設立を企図。そのためにドイツ本国の自由主義者を利用して販路を確保しようと展望。マールいわく，「我々は，ドイツで，何らかのかたちで役だ

光 の 友 協 会	シュレージェン織布工蜂起	そのほか＆諸外国	内外情勢		
なく人間であり，その活ける精神であると述べ，さらにこの活ける精神，たえず躍動し発展する精神にとって，固定化された教義は足枷だと語り，自由信仰を力説。フォイエルバッハの影響大。**ウーリヒ**，ヴィスリツェヌスの急進的な演説に当惑。ヘングステンベルクらピエティスト，ヴィスリツェヌスの聖書批判を口実に，合理主義者狩を強化。9月のケーテン大会（800余名）で，ヴィスリツェヌス的教会改革が大衆的な支持を獲得。またヘーゲル左派（就中フォイエルバッハ）の思想が協会内に浸透。ヴィスリツェヌスへの共感は，牧師や学者，教師のほかハレやマグデブルクの市会議員，医師，弁護士などの上層と，手工業職人，新興の工場労働者，鉱夫，織布工などの下層にも拡大（しだいに下層へと移行）。この年以降，ザクセン州の諸都市（ハレ，ナウム	ドイツにかける亜麻工業および木綿工業の一中心をなすシュレージェン州で，**織布工が蜂起**（6．4）。1日目はペータースヴァルダウ，2日目はランゲンビーラウで発生。参加者5000人。ペータースヴァルダウでは，資本家で工場主のE．F．ツヴァンツィガーに憎しみが集中。ランゲンビーラウではヒルベルト，アンドレツキー，ディーリヒ兄弟らの工場が襲撃の対象にされる。プロイセン政府軍，ただちに武装攻撃を開始し，織布工の蜂起を鎮圧（6．6）。すぐさま政府に調査委員会設置。また織布工蜂起に関する報道を一切禁止（6）。ザクセン政府，プロイセン中央政府からの要請により，蜂起に関する報道を検閲（7）。W．**ヴォルフ**，シュレージェン織布工の窮状をつぶさに観察し，**被救済プロレタリアート児童教育協会**を創立して貧民の生活改善に尽力。E．**ペルツ**，蜂起の煽動者とみなされて逮捕される。A．**シュネール**，蜂起についての調査書『シュレージェンの麻労働者の困窮とその救済手段について』で厳しい検閲にあう。	F．C．**ベルナイス**，H．**ベルンシュタイン**ら，パリにて『フォアヴェルツ』誌創刊。F．D．**バッサーマン**，公然とドイツ国会を要求。その後，バーデン議会議員として自由主義的諸改革（出版の自由。陪審制度等）を要求。**シェリング**，『啓示の哲学』刊行。F．C．**ダールマン**，ライプツィヒで『イギリス革命史』刊行。**ローゼンクランツ**，『ヘーゲル伝』をベルリンで刊行。T．**エルカース**，『社会主義および共産主義の運動』ライプツィヒ。ベルリン手工業職人協会創立（創立者ヘーデマン）（4．16）。歴史学者**フーゴー**（1764—）没。イギリス当局によるマッツィーニ宛私書開封事件，英議会で問題となる。**プルードン**，パリにてマルクス，ハイネ，ル	清間に望夏条約。フランス・清間に黄埔条約。フランス軍艦，沖縄の那覇に来航。ナポレオンの兄ジョゼフ・ボナパルト没。	44	

	ヘ ー ゲ ル 左 派	義人同盟	青年ドイツ派
44	戻ってからは，共産主義の宣伝に着手。12月に『ドイチェス・ビュルガーブーフ』に，匿名で論文『近代に成立し今も存続している共産移住地の記述』を発表。 **マルクス，エンゲルス，**共著『聖家族』(別名『批判的批判の批判，ブルーノ・バウアーとその伴侶たちを駁す』)を起草(翌年2月刊行)。 その中で著者たちは次のように表明…「我々がバウアー批判にあたり論争しているのは，まさに思弁として模写されている戯画なのである。それは我々には，『批判』そのものを超越的な力にかえようと最後の試みをしているキリスト教的=ゲルマン的原理の，もっとも完成した表現と思われる。」(序文から)。 **シュティルナー，**主著『唯一者とその所有』刊行(10)。その中で「エゴイストの連合」を説く。 **フォイエルバッハ，**「異教における人間の神化とキリスト教における人間の神化との区別」において、事象(Sache=根原の神)と形像(Bild=導出された神・キリスト教)を区別し、原初的信仰=自然崇拝を力説する。「人間は神学の中で、第一のものを第二のものにし、根原的な神を導出された神にする。」	抗策を講じえぬまま、しだいにベッカーらともども党派闘争に敗北していく。	つもの全てを支持するという原則を承認し，その意味で自由主義者にも近よるが，しかし「革命に際しては自由主義者に対抗して，ジロンドに対するジャコバンの役を演じる。」(『スイスの青年ドイツ』から。)
45	フランス政府，プロイセンの圧力により，マルクスら『フォアヴェルツ』誌の寄稿者に対し，国外追放を命令(1)。 **ヘス，**パンフレット『最後の哲学者たち』をダルムシュタットのレスケ書店から出版。この書は，元来，シュティルナー著『唯一者とその所有』への批評として起草。 **マルクス，**ブリュッセルにて『フォイエルバッハに関するテーゼ』執筆(春)。その中で，世界を解釈するのでなく，それを変革せよ，と訴える。 **ヘス，エンゲルス，**ライン州での集会に参加。その後労働者雑誌の刊行を計画し，ヘスがエンゲルスのいるバルメンへ移る(2)。 同月，ヘス，エンゲルス，それに画家ケットゲンがエルバーフェルトで集会開催(2. 8／15／22，その後は弾圧される)。ヘス，エンゲルスと協力して労働者雑誌『ゲゼールシャフツ・シュピーゲル』編集(-'46. ベーデーガー社，月刊)。 **ヘス，**ピュットマン編集『ライン年誌』(-'46. レスケ社)には『貨幣の本質について』，エルバーフェルト演説(以上第1巻)，	ロンドンのドイツ人労働者教育協会にて，ヴァイトリンク，クリーゲら革命派と，シャッパー，モル，H. バウアーら啓蒙派との間で論争。共産主義の概念，その目指すもの，それを担う者，	**マール**ら，同盟の勢力振張に拍車をかけるようにして，ヨーロッパ的規模での結社創設を狙い，新たな**青年ヨーロッパ党**を構想。しかしヴァートラント革命が生じ，その渦中に巻き込まれる(2)。ローザンヌ，そ

光 の 友 協 会	そ の ほ か ＆ 諸 外 国	内外情勢	
ブルク，ハルバーシュタット，エアフルトなど）で，マグデブルクと同様の運動が進展。R．ブルーム，J．ロンゲが中心となってシュレージェンで自由信仰の独立教会ドイツ・カトリック教派創立（12）。光の友協会同様，民主主義的改革運動を開始。以後，この合理主義2宗派は協力関係に入り，ゲルヴィヌス，ルーゲらこの連合に期待。さらにロンドンのドイツ人労働者教育教会も『使徒ロンゲへ』なる回状をロンゲに送り，好意を示す（翌年3月）。この年に生じたシュレージェン織布工蜂起に対し，光の友協会，それによって負傷，死亡した貧民への物的援助に奔走。	ーゲ，グリューン，ゲルツェン，バクーニンらと交わる。 ルイ＝ボナパルト，『貧困の絶滅』。 バクーニン，ロシア政府の帰国命令を拒否，亡命決意（2）。また『独仏年誌』に『ルーゲあて書簡』寄稿。また，パリにて初めてマルクスと会う（3）。 ゲルツェン，『祖国雑誌』に『自然研究についての手紙』寄稿（—'45）。この中で唯物論的立場を表明。 グラノーフスキーを中心に，モスクワにて西欧派とスラヴ派が合同会議，これ以後，両派が決定的に分裂。 カミエンスキ，『ポーランド民族の根本的真理について』。 キェルケゴール，『不安の概念』。 フロラ・トリスタン（1803—）没。		44
ヴィスリツェヌス，ピエティストのトゥールックとホイプナーを首席とするヴィッテンベルクの特別調査委員会へ出頭し，聖書批判を弁明するよう，教会当局から命ぜられる（4）。これを拒むや，翌月，マグデブルクの宗務局でも釈明を命ぜられ，またも拒絶。これにより停職処分を受ける（ヴィスリツェヌス事件）。5月のケーテン大会（約3,000名）にて，ヘーゲル左派的急進主義者ヴィスリツェヌスが熱狂的な歓迎を受ける。ヴィスリツェヌス支援の声明文が出され，これには神学者を含めた大学教授，医師，弁護士，判事，工場主など上層市民のほか，手工業者，小商人なども署名。シュレージェンのブレスラウにて，中産	O．リューニンク編集，月報『ヴェストファーリシェ・ダンプボート』誌刊行（ビーレフェルト）。 H．ピュットマン編集，年報『ドイチェス・ビュルガーブーフ』誌刊行（ダルムシュタット，1845／マンハイム，1846，初号は'44．12刊行）。 H．ピュットマン，『ライン年誌』第1巻刊行（ダルムシュタット，第2巻は翌年末にベルヴュで刊行）。 H．ゼミッヒ，『共産主義・社会主義・人間主義』を『ライン年誌』で発表（8）。 G．クールマン，『新世界，または地上の霊の国』。 ヴェールト，『荒野の貧者たち』。 K．ハインツェン，『プロイセンの官僚	イギリスで，鉄道建設絶頂。アイルランドで大ききんと恐慌拡大。ヨーロッパ全土でジャガイモの不作（虫害）。アメリカで，テキサス併合。スペイン	45

第二部 年表・三月革命人

	ヘ ー ゲ ル 左 派	義 人 同 盟
45	『法治国家ヴァート共和国の社会問題についての審議』、『共産主義信条問答』(以上第2巻)を載せる。 **マルクス**，E. カベと会う。またパリの義人同盟指導者そのほかの活動家と連絡を続行 (2—12)。 **エンゲルス**，『イギリスにおける労働者階級の状態』脱稿 (3/5月刊)。また，ブリュッセルにてマルクスと共に在ベルギー・ポーランド人活動家やベルギーの活動家と交流 (4—12)。 **マルクス**，エンゲルスに連れられイギリス旅行 (7—8)。ロンドンでチャーティスト左派 (ハーニーら) 及び義人同盟ロンドン支部の指導者と会う。 **マルクス，エンゲルス**，ブリュッセルにて『ドイツ・イデオロギー』の共同執筆を開始 (9)。これには，同じくブリュッセルに移ってきたヘスも参加 (クールマン批判と，現存しないルーゲ批判の箇所)。 **エンゲルス**，『ザ・ノーザン・スター』に寄稿開始 (9)。 **シュティルナー**，『ベルリン月報』で論文『愛の国家についての試論』発表。また、主著『唯一者とその所有』刊行。 G. **ユリウス**，『ヴィーガント四季報』にて，『批判的批判の批判の批判』を発表。マルクスをフォイエルバッハの亜流として批判。 B. **バウアー**，『フォイエルバッハの性格』。 **ルーゲ**，『最近のわが10年間』。 J. **ヴァイデマイヤー**，『F. エンゲルスの…イギリスにおける労働者階級の状態』、『今日の危機，その原因と解決の手段』。 **ナウヴェルク**，『シュレージェン問題』。 W. **ヴォルフ**，『ドイチェス・ビュルガーブーフ』第1巻に，『シュレージェンにおける貧困と暴動』(—'46)。 K. **グリュン**，ダルムシュタットにて『フランスおよびベルギーにおける社会主義運動』刊行。また同地にて『ノイエ・アネクドータ』編集。さらに『ドイチェス・ビュルガーブーフ』誌上で『フォイエルバッハと社会主義者』発表。 この頃をもって，ヘーゲル左派は，思想上でも行動面でも，①ベルリン・グループ，②真正社会主義者，③科学的共産主義者などへと分解していく。ただし，それはヘーゲル左派の社会的・実践的多様化を推進することともなった。とりわけ〔アフリカ・アメリカ文化〕に思想的転回の契機を見たフォイエルバッハはフェティシズムを重視した。	実現の手段などについて連続討論 (—'46. 1)。 **ヴァイトリング**，連続討論で革命の現実有効性，理性に対する感情の優位，メシア共産主義，短期独裁を力説。 **シャッパー**，連続討論でヴァイトリングに反対し，平和的プロパガンダ，啓蒙教育を主張。 シャッパーらロンドン支部，マルクス，エンゲルスと接触し議論 (7)。 ロンドンにてチャーティストと義人同盟が**諸国民祭**を開催し (9)，この時点以降，義人同盟再び革命派へ移行を開始。 義人同盟アメリカ支部，亡命職人たちによって社会革命協会の名称で結成。クリーゲの影響大。 A. **ベッカー**，雑誌『愉快な使命』創刊 (ローザンヌ)，青年ドイツ派に対抗 (春)。

青年ドイツ派	光　の　友　協　会	そのほか&諸外国	内外情勢	
のほかのヴァートラント州民が州政治の保守化（ピエティストへの自由主義者の妥協）に抗議して生じた革命で民主主義的仮政府誕生。一時青年ドイツ派や義人同盟を黙認するが，やがて保守派の捲き返しが進む中で，これを弾圧しだす。 **マール**，ローザンヌで緊急の幹部会議を開き，自派勢力下の諸協会を自主的に解散させる事で組織の延命を図ろうと提案するが，否決される。 **デーレケ，シュタンダウ，マール**ら最高幹部，ついにスイスを脱出。その後，シュタンダウとデーレケはアルジェリアへ渡り消息を断つが，マールは1870年代後半になって反ユダヤ主義者として再デビュー。	市民層により，ロマン主義的教会運営に反対する声明文が発せられる（6）。 **ウーリヒ**，ブレスラウの集会（6000名以上参加）にて，反権威主義の演説（7）。同市はシュレージェンの中心地にしてドイツ・カトリック教派の発祥地であり，ここにセクト主義を打破した宗教的連合への礎石が置かれる。またこの年，ウーリヒ『説教九講』刊行。 この頃，光の友協会の運動（支持者数・組織網）が絶頂に達する。 プロイセン政府，光の友協会に対し，それが現存秩序を破壊し，国家を転覆させるような人民集会になっているとして，集会禁止令を発する（8）。 **E．バルツァー**，この頃，聖職排斥攻撃を浴びる。 **ユリウス＝ルップ**，ケーニヒスベルクにて自由信仰教会を創立。ヴィスリツェヌスら急進派は，このような，プロイセン福音領邦教会（国教会）からの分離＝独立教会の創設を重視し，やがて光の友協会は，組織的にも思想的にも，自由信仰教会へと再編されていく。	政治』。 **J．シェーア**，『スイスとスイス人』ヴィンタートゥール。 **J．フェネダイ**，『信仰』，『イギリス』，『イギリス社会生活』。 **ムント**，『聖なる精神と時代精神』。 **A．W．シュレーゲル**（1767—）没。 **マッツィーニ**，私書開封事件でイギリス世論を味方につけ，ディケンズ，バイロン夫人などの友人を得る。 **バクーニン**，パリで『レフォルム』紙に書簡公表。ロシア人民の反政府運動を鼓舞。またプルードン，マルクスから影響を受ける。『フォアヴェルツ』にも寄稿。 **R．ヴァーグナー**，＜タンホイザー＞。 **A．フィルマー**，『ドイツ国民文学史』。 フーリエ主義の雑誌『ラ・ファランジュ』に，フーリエの遺稿『三つの外的統一に関する節の草案』が載る。 **キルケゴール**，『哲学者』，『人生行路の諸段階』。 **カミエンスキ**，『民主主義問答』。	で保守憲法成立。ドイツで鉄道路が7000キロに達する。	45

	ブリュッセル共産主義通信委員会	義 人 同 盟
46	**マルクス**, **エンゲルス**, ブリュッセルにて**共産主義通信委員会**を組織（1－2）。この委員会は, 独・仏・英の社会主義者たちとの連絡をとりつけ, ドイツ本国の社会主義者に情報を提供する任務を負う。また委員会は革命党の建設を目指すが, 自らがそうなるのでなく, 義人同盟との連合・イデオロギーの統一等をはかり, その中で党を準備しようと計画。委員会メンバー...P. ジゴ, フライリヒラート, ヘス, E. V. ヴェストファーレン, J. ヴァイデマイヤー, クリーゲ, ヴェールト, ドロンケ, ザイラー, L. ハイルベルク, F. ヴォルフ, W. ヴォルフ, S. ボルン, K. ヴァラウ, そしてヴァイトリングほか。 ブリュッセル委員会のドイツ方面での通信網...ケルン（R. ダニエルズ）, エルバーフェルト, キール（G. ヴェーバー）, ブレスラウ, シュレージェン, ヴェストファーレンなど。 ロンドンの**友愛的民主主義者協会**, シャッパーら義人同盟の協力を得て, 通信委員会支部設立（6）。 **マルクス**ら, パリへの進出に際し, ヴァイトリング批判（3）, クリーゲ批判（5）, グリュン批判（5―）を行なう。またプルードンに近づくが失敗（5）。 **エンゲルス**, 委員会から派遣されてパリへ乗り込み, グリュン派と論争（8）。このパリ・オルグによってグリュン派が孤立（10）。 **マルクス**, ロシアの文芸評論家P. W. アンネンコフあての手紙で, プルードン著『貧困の哲学』（10 月刊行）を批判し, 自己の**唯物論的歴史観**について述べる（12）。 この間にも, マルクス, エンゲルスは, 『ドイツ・イデオロギー』の執筆を続行し, **科学的共産主義**の理論化を進める。	義人同盟ロンドン支部, 1ヶ年にわたる連続討論の末, ブリュッセル共産主義通信委員会との共同行動の道を選択（1）。 **ヴァイトリング**, ロンドンからブリュッセルへ渡り, 革命論をめぐってマルクスと論争（3）。この時の争点は, 前年ロンドンでの連続討論の際に目立った＜革命か啓蒙か＞でなく＜直接プロレタリア革命＝革命即社会革命論か二段階革命論か＞にあった。この頃のマルクスには, エンゲルスとの協働過程で, しだいに二段階革命論（封建体制の打倒→ブルジョアジーの打倒）が芽生えてくる。 **ヴァイトリング**, ブリュッセル委員会がクリーゲ批判を決議した際, 席上, 唯一人反対の立場を表明（5）。 **エヴァーベック**, ブリュッセル委員会の代表としてパリに来たエンゲルスを支持。この頃のパリ本部は, エヴァーベックを筆頭に未だ啓蒙路線上にある者, ヴァイトリング派, プルードン派, グリュン派などの分派をかかえており, また一時同盟の所在が官憲に探知されるなどして, 結局, 人民本部をロンドンへ移す（11）。 ロンドン義人同盟, 国際的な共産主義者大会（同盟大会）を開催するため, 諸班へ回状を発送（11）。 ブリュッセル委員会もこれに一応同意するが, グリュンら真正社会主義者との関係および大会へゲモニーをめぐって見解を異にする。 **ヴァイトリング**, ブリュッセルを去り, クリーゲの招きに応じてアメリカ（ニューヨーク）へ渡る（12―'48. 6）。

230

自由信仰教会	そのほか & 諸 外 国	内外情勢	
L．v．ゲルラッハの知己K．F．ゲッシェル，マグデブルク教会宗務局々長となる（1）。これによりウーリヒらの合理主義者が一段と苦境に立たされる。**ヴィスリツェヌス**，宗務局より罷免処分を受ける（4）。ヴィスリツェヌスほか32名，ハレにて**自由信仰教会**を設立（10）。これは，カトリックにおけるドイツ・カトリック教派と同様，従来の権威的教会制度から分離，独立した民主主義的な改革的教会として誕生。宗教団体というよりは，**フォイエルバッハ**の人間主義を理念とし，**ルーゲ**の政治的急進主義を行動基準とする実践的・政治的団体で，ヘングステンベルクの福音領邦教会の対極に位置。月刊誌『教会改革』（—'48）を発行して理論戦線をはる。構成メンバーは下層労働者が増加していく。**ウーリヒ**，宗教改革記念日（10．31）に，聖カテリーネ教会で，ゲッシェルおよびピエティストの圧迫には屈しないと表明。しかしマグデブルク警察（署長カンプツ）と宗務局の弾圧はいよいよ激しさを増す。R．**ハイム**，『ハレの＜プロテスタントの友＞協会』を『現代年誌』に発表。	L．フォイエルバッハ，『人間学の立場からの不死問題』。また，『エピゴーネン』第1巻に，論文『宗教の本質』発表。**ヘス**，『プルードン著＜経済的矛盾の体系—貧困の哲学＞』発表。またケルンにて，エンゲルスと共同で提案した『外国社会主義著作家傑作叢書』の発行を企画，しかし失敗。**ルーゲ**，スイスにてJ．フレーベルの文芸書房に関与。『パリ滞在2ヶ年，研究と回想』刊行。またマンハイムにて『全集』（全10巻）刊行（—'48）。**マールハイネケ**（1780—）没。G．**ユリウス**，『ツァイトゥングスハレ』創刊（—'48．11）。F．**リスト**（1789—）没。**ピュットマン**，『虚偽』。**ヘフケン**，『イギリスの状態，政治，権力の発展』。**ドロンケ**，『死刑囚の声』。**グリュン**，『神学と社会主義』，『人間的視点からみたゲーテ』，また匿名で『プロイセン州議会の議決。時に臨んで一言』発表。**シュトルーフェ**，『国家と教会についての書簡』，『政治書簡』ともにマンハイムにて。**ハインツェン**，マンハイムにて論文集『反対派』刊行。F．**メーリンク**生まれる。**ハイネ**，黙劇『女神ディアナ』起草（1），『遺言』起草（9）。L．**ノーアック**編集『思弁哲学年誌』刊行（ダルムシュタット—'47）。W．**マール**，『スイスにおける青年ドイツ派』。**マッツィーニ**，ロンドンで**レーガ・ナツィオナーレ・ディ・ポーポリ**（諸国人民同盟）結成（1）。**プルードン**，『貧困の哲学』パリ。**プルードン**，マルクスにブリュッセル委員会への協力を要請されるが拒否，プルードンの力量はマルクスを凌いでいく。	デンマーク，シュレスウィヒ・ホルシュタイン両公国を併合。クラクフ蜂起，ポーランド共和国国民政府の成立と蜂起宣言が発表される。デンボフスキ指揮（2）。オーストリア軍，クラクフ蜂起を鎮圧し，これを併合。ジュネーヴにて急進ブルジョアジーの反乱。アメリカ・メキシコ戦争（—'48）。アメリカ，カリフォルニアを占領。イギリスにて，穀物法廃止（自由貿易政策実施）。米使節ビッドル，浦賀へ。	46

第二部　年表・三月革命人

	共産主義者同盟（義人同盟）	自 由 信 仰
47	義人同盟ロンドン本部，国際共産主義者大会を開くに先立って，マルクス，エンゲルスの同盟加入を希望．その任務を負ってJ．モルがロンドン通信委員会の全権代表となりブリュッセルへ赴く（1）。これによりマルクス，エンゲルス，W．ヴォルフらが義人同盟に加入。 **シャッパー**ら，大会召集のため再度のよびかけを行なう（2月回状）。この中で，大会期日を6月1日とし，また真正社会主義者，ヴァイトリング派との関係を明確化，科学的共産主義に立脚。 **国際共産主義者（＝義人同盟）大会開催**（6）。議長シャッパー，パリ支部代表エンゲルス，ブリュッセル委員会代表W．ヴォルフ，マルクスは欠席。この大会は綱領問題，規約問題についての原則的な討論だけで終わり，次回大会（11）を決定し，そのための回状が作成される。この時点で，規約草案にはすでにマルクスらの標語「万国のプロレタリア，団結せよ」が掲げられる。 第1回大会以後，同盟やブリュッセル委員会に加盟する職人たちがヨーロッパ各地で組織活動を展開。 **マルクス，エンゲルス**が中心となって，ブリュッセルに**ドイツ人労働者協会**設立（8）。 義人同盟自ら『**共産主義雑誌**』（初号のみ）を発行するほか，マルクスらは『ブリュッセル・ドイツ語新聞』に寄稿し，これを機関紙化していく。同盟は，そのほか**O．リューニンク**編集の『ヴェストファーリシェ・ダンプボート』にも寄稿。 **エンゲルス**，同盟綱領の草案として『**共産主義の原理**』を起草（10―11）。この中で世界革命をプロレタリアートの武力で貫徹せよとの見解を表明。 **国際共産主義者（＝義人同盟）第2回大会開催**（11）。この大会では，第1回大会席上でシャッパーが提出した綱領草案『**共産主義的信条宣言草案**』も，エンゲルスが起草した『共産主義の原理』も綱領とせず，新たなものをマルクスとエンゲルスに委任（翌年2月の『共産主義者宣言』）。規約においては，従来の秘密組織に付きものの絶対的服従的性格を一掃し，加	**バルツァー**，ノルトハウゼンに**ロテスタント教会**を設立してはいる（1）。この教会は，ハレって，キリスト教自体を拒否したがってプロイセン政府に対としての承認を求めていく。 このように大衆化した教会改革たプロイセン政府は，「自由信令を発布（3）。これは，外見上に公布された「プロイセン・アルント法」第2部第2章の規定に派に国家的寛容の措置を講じるが，実のところ，主義において含んだ自由信仰運動を寸断する的。 T．**ヴィスリツェヌス**（アドルハルバーシュタットに自由信仰立（6）。これもハレでなくノルりの方針を設定。 **ウーリヒ**，依然として啓蒙路線ついに宗務局から停職処分を受のウーリヒ事件はマグデブルク抗議を惹起。さらにやがてウー間で，福音領邦教会からの離教る（10）。 自由信仰運動指導者の1人で，会員G．**シュヴェチュケ**，同市トリック教派と連合して**統一自ト教会**を設立（10）。こうしたトルーフェら急進的民主主義者**ウーリヒ**，領邦教会を去り，**自ト教会**の指導にあたる（11）。 ―コンネルたるウーリヒの離教

教　会	そ　の　ほ　か　＆　諸　外　国	内外情勢	
て**自由信仰プ**由信仰運動にのものとは違たわけでなく、し、宗教団体	B．バウアー，『1842 年から 1846 年に至るドイツにおける党争全史』をシャーロッテンブルク在住のの弟エグベルトの出版社で刊行。	イギリスにて 工 場 法（10 時間労働法）成立。	47
運動に直面し**教令」なる動**では 1794 年ゲマイネ・ラ従って，諸宗という内容だ微妙な差異をのが 1 つの目	ヘス，ブリュッセル委員会や義人同盟に協力するが，真正社会主義者としてマルクスらの方向からは離れていく。また，『ブリュッセル・ドイツ語新聞』に論文『ドットーレ・グラツィアーノ著作集．パリの 2 年間．A．ルーゲの研究と回想』を載せ（8），さらに『プロレタリアート革命の諸帰結』をも連載（10−11）。 ヴェールト，論文『保護関税と自由貿易—それは労働者階級にどのような影響を及ぼすか』（10）。 R．プルツ，『現代ドイツ文学講義』ライプツィヒ。	イタリアにて，カヴールら立憲運動を起こす。 ロシア軍，ハンガリーの独立運動勢力 を 鎮 圧（−’49）。	
フの兄弟），**福音教会を設**トハウゼン寄	ハイネ，舞踊詩『ファウスト博士』起草。 グツコウ，戯曲『ウリエル・アコスタ』。 H．シュミット，『スイスにおけるドイツ人の秘密結社』。 シュトルーフェ，『ドイツ国法批判史』および『国家学大要』をマンハイムで刊行。 グリュン，プルードン著『貧困の哲学』の独訳をダルムシュタットで刊行。	フランスにて，選挙法改正案が議会で否決（4）。全国で改革宴 会 （ 7—12）。	
を固執するが、ける（9）。こ市民の多大なリヒ支持者の者が増え始め	アメリカ（アイオワ州）で共産主義的コロニー「コムニア」創設（村長H．コッホ）。のちに渡米した**ヴァイトリング**が加わる。 E．v．ラソー，『ギリシア・ローマ人の発展過程とドイツ人の現状について』。ランケ，『プロイセン新史』（−’48）。 マッツィーニ，ピウス 9 世あて公開書簡をパリで刊行。	ギゾー内閣成立（9）。プロイセンにて，連合州議会召集（4−6）。	
ハレの市参事のドイツ・カ**由信仰キリス**動きを，シュが支援。**由信仰キリス**ザクセンのオを機に，これ	バクーニン，パリにてゲルツェン，ベリンスキーと再会。また同市で開かれたポーランド蜂起記念集会で演説。その後パリを追放されブリュッセルへ。この頃バクーニン・スパイ説流れる。 ベリンスキー，ザルツブルクで『ゴーゴリへの書簡』を書き，革命的民主主義を表明。また『1847 年のロシア文学観』刊行。 プルードン，同志と共に『人民の代表』紙発行を企図。 N．I．ツルゲーネフ，『ロシアおよびロシア人』を仏語で出版。農奴解放を訴える。ミシュレー，『フランス革命史』（−’53）。 コンシデラン，『社会主義の原理』。 L．ブラン，『フランス革命史』。		

	共 産 主 義 者 同 盟（義 人 同 盟）	自 由 信 仰
47	盟者の平等権，組織内での民主主義を確立。 義人同盟，この2回の大会を経て，新たな結社**共産主義者同盟**に再編される（名称変更は第1回大会にて）。 **マルクス**，ブリュッセルのドイツ人労働者協会で「賃労働と資本」について講演（12）。	以後，領邦教会からの離教者数年1月までには約8000—9000 **C．B．ケーニヒ**（1797—）没。 **R．ブルーム**，ライプツィヒにけるドイツ人進歩派』刊行。

	三月革命の経過	共 産 主 義 者 同 盟
48 ・ 1 〜 2 月	ミュンヘン暴動（2．8—11），バイエルン王ルードヴィヒ1世，学生たちによる踊子ローラ＝モンテス事件に激怒し，大学を閉鎖。しかし逆に市民の暴動により国王敗北。パリ二月革命（2．24）の報に接するや，28日頃からドイツ各地で暴動・集会が発生。マンハイムにて人民集会。	**マルクス**，『**共産主義者宣言**』を脱稿，ロンドンへ発送（1），**エンゲルス**，パリでの革命的行動によってフランスを追放されブリュッセルへ戻る（1）。 『**共産主義者宣言**』，ロンドンで出版（2．24）。 **主な同盟員**（'48〜'49）...マルクス，エンゲルス，F．フィッシャー，H．シュタイゲンス，シャッパー，モル，H．バウアー，A．ベッカー，A．シェルツァー，F．レスナー，K．プフェンダー，W．ヴォルフ，J．G．エッカリウス，E．ドロンケ，S．ボルン，G．ヴェールト，R．ダニエルズ，H．エヴァーベック，J．ヴァイデマイヤー，F．ヴォルフ，P．C．ジゴー，H．ベッカー，H．ビュルガース，F．アンネケ，A．ゴットシャルク，W．リープクネヒト，A．ヴィリヒ，K．ヴァラウ，K．シュラム，A．ヤコービ，K．L．J．デスター，イスポールティング（本名J．ギッペルヒ），A．レーマン，C．W．クライン，J．J．クライン，A．マイヤー，J．C．リュヒョウ，P．ノートユンク，W．J．ライフ，C．W．オットー，V．A．テデスコ，ミークェル，A．ミケーリス，J．G．ライニガー，P．G．レーザー，F．フライリヒラート，A．シェールットナー，O．ディーツ，K．A．クルース，J．L．A．エーアハルト，B．ベドルフ，A．ヘンツェ，フレンケル，C．ジュリアン（本名J．クレーマー），G．L．シュテヒャン，P．シュトゥンプほか。 ドイツ領内での主な同盟支部（'48—'49）...ケルン，ハンブルク，バルメン，エルバーフェルト，ニュルンベルク，フランクフルト，ハーナウ，カッセル，コブレンツ，マインツ，ヴィースバーデン，ベルリン，ライプツィヒ，リーグニッツ，グローガウ，ミュンヘン，バンベルク，ヴュルツブルク，シュトゥットガルト，マンハイム，ゲッティンゲンほか。 ロンドンの共産主義者同盟中央委員会，二月革命勃発ののち，権限をブリュッセル地区委員会に委任。
3 月	ハイデルベルクにて自由主義者	ブリュッセルの同盟中央委員会，本部をパリに移すと決議，マルクスもパリに移る（3．3—5）。

教会	そ の ほ か ＆ 諸 外 国	内外情勢	
が急増し，翌名に達する。 『現代にお	ブリュッセルにて国際ポーランド祭開催（11）。 G. ハーニー，E. ジョーンズら，『ザ・ノーザン・スター』において『民主主義者友愛の宣言，ヨーロッパの民主主義者へ』を発表（10）。		47

自由信仰教会	そ の ほ か	諸外国	内外情勢	
マグデブルク警察，中央政府に対し，福音領邦教会からの離教者数が多数出現し，その大半が下層民と報告（1）。 1848年初頭における**自由信仰教会の組織網**……ハレ，ノルトハウゼン，ハルバーシュタット，マグデブルク，ケーニヒスベルク，ノイマルクト，マールブルク，ハンブルク，アルトナほか。 G. A. **ヴィスリツェヌス**中心にハレで刊行されてきた機関誌『教会改革』，年頭に『改革（レフォルム）』と改められる。それとともに，従来のフォイエルバッハ主義に加え，フランスの社会主義思想（プルードン，ルイ・ブラン）が採用される。自由信仰運動，2月までに明らかに革命的民主主義として社会主義との共同行動に入っていく。	**バッサーマン**，バーデンの議員として全ドイツ的議会をカールスルーエの議会に要求（2．12）。 D. **シュトラウス**，パリ革命の報に接し，「なんという時代が始まりつつあるのだろう。しかも根本的に我々は得るところがあるだけなのだ」と述べる。 **マティとヘッカー**，オッフェンブルクでの民衆集会にてドイツ自由主義の基本的諸要求を提出（2．27）。 **ガーゲルン**，ヘッセン議会下院で立憲君主制（君主，内閣，国民代表議会）を要求。 パリ革命後，ドイツ諸邦の自由主義勢力，ガーゲルンらの主張する立憲君主制の路線（主流派）と，シュトルーフェ，ヘッカーらの唱える共和主義路線（民主主義的少数派）を2極とする諸派に分裂を開始。その動向が，やがて召集されるフランクフルト国民議会や各邦の憲法制定議会の活動を左右していく。	**バクーニン**，ブリュッセルにてポーランド亡命者主催のデカブリスト蜂起記念集会で演説（2）。二月革命の報に接するやパリへ（2．26）。 **ブランキ**，パリに臨時政府が成立するや，ただちに同市へ。**中央共和協会**設立（2．25）。 **ゲルツェン**，パリ革命を目撃し「ナロードの革命」と評す。	パレルモで蜂起（1）。ミラノで市民と軍隊が衝突（2）。パリにて改革宴会禁止。二月革命勃発，共和政宣言。第2共和国臨時政府（—'52）。リュクサンブール委員会設置。国立作業場の設立を布告。また，労働大衆のあいだでコルポラションの形成が進展。	48・1〜2月
革命勃発とともに，ザクセン，シュレージェン両州お	**シュトルーフェ**，ドイツの共和主義的統一，人民武装を前提とした革命政府	**マッツィーニ**，パリに	フランスで普通選挙法	3月

三月革命の経過	共産主義者同盟	自　由　信
48・3月 と民主主義者の集会（5）。**ウィーン革命**起こる（13）。メッテルニヒ，イギリスへ亡命。叛乱は，ブルジョアジー，下位中産層の武装，労働大衆の部分的にして不十分な武装，それに学生軍団などによって拡大。国民軍の組織化，保安委員会の設置。皇帝フェルディナンド1世，メッテルニヒの政敵コロウラート・ピラースドルフに新内閣を組ませる。**ベルリン革命**起こる（3.18）。数百名の死者を出した戦闘ののち民衆が勝利。王弟ヴィルヘルム，イギリスへ亡命。ベルリンにて「労働者中央委員会」設立。下位中産層と労働者が「政治クラブ（5月から民主クラブ）」結成（23）。また中・上層ブルジョアジーが「立憲クラブ」結成。シュレスウィヒ・ホルシュタインでドイツ人住民の蜂起。キールに独立政府樹立，ドイツとの連合を宣言。連邦議会，両州住民保護のため，プロイセンおよびハノーファーに権限を委任。ウランゲル軍，戦争準備。プロイセンで初のブルジョア内閣（首相カンプハウゼン，蔵相ハンゼマン）成立（29）。以後諸邦でも成立。	**ヘルヴェーク，ボルンシュテット**ら，パリにてドイツ人亡命者からなる武装軍団を結成しドイツへ進軍せよと提案。**マルクス**，これに反対，個人としてドイツへ帰国し活動するよう提案。同盟中央委もまた，同盟員を含む300ないし400人のドイツ人労働者の個別的帰国を組織。同盟中央委，マインツにて労働者協会を設立，これを拠点に同盟員の活動が活発化する。**S. ボルン**，パリからベルリンへ移っての感想，「パリで私は，歓喜に震える住民たちが3月に入ってかなり経った後でも勝利感を少しも損せずにいるのを，見てきた。ベルリンでは，3月18日から僅かの日数しか経っていないというのに，かつて確かにドイツ全土をとらえていた革命の陶酔は，もうほとんど認めることができなかった」（後年の回想）。	よびザクセン王国内においてドイツ・カトリック教派が　る。これらの自由信仰者たちは，て民主主義的な，あるいは一にして進む。すなわち，「政治的自由の獲得」のほ建的賦課の無償廃止」が部ウィーン革命勃発の翌々日，（署長カムプツ）および宗に対する民衆の示威行動が自由信仰運動と住民の反封結果として起こり，「ウーンとする。マグデブルクにおいて，そる自由信仰教会関係者…ウイト（医師），ヴァイヒゼ（ギムナジウム教官），ドーンホーフ（神学得業士），マグデブルク自由信仰教会治的・思想的立場は，共和に議会を中心とした立憲体主義で，種々の思想的傾向中，右派を代表。マグデブルク市役所，州庁「教養ある市民層およびそどいたる処で立憲体制を支は，ウーリヒが中心となっ民の広汎な反封建的統一戦クをすっかり自由な雰囲気
4月 フランクフルトにて，前月末より，国民議会を開くための準備議会が開かれ，プロイセンを中心に511名の	**マルクス，エンゲルス**，ドイツ革命に加わるべく本国へ（マインツ経由でケルン	自由信仰運動の左派（ヴィグループ），はやくも穏健的運動と分裂。

仰 教 会	そ の ほ か	諸 外 国	内外情勢	
て，自由信仰教会および 活発な政治行動を開始す 三月運動中でも，主とし 共和主義的な潮流と軌を ブルジョア的スローガン か，「人民主権」，「封 分的に唱えられる。 マグデブルクにて警察署 務局（局長ゲッシェル） 起こる（15—16）。これは 建的不満とが結びついた リヒ万歳！」をスローガ の後の三月運動で活躍す ーリヒ（牧師），デトロ ル（司法官），パックス ゥーロン（牧師），シュ ザクセ（牧師）ほか。 の中心人物ウーリヒの政 主義というよりも，第1 制の実現を望む穏健民主 に分かれた自由信仰運動 に対し次のように報告， れに劣る市民層も，殆ん 持している」，この報告 て形成した上層・下層市 線が，三月のマグデブル にしつつある点を証明。	の樹立をバーデンから全 ドイツに向けて宣伝。3 月下旬のオッフェンブル ク，フライブルク，ハイ デルベルクの人民集会を 通じ，議会外でのこのよ うな急進的活動が振張。 ヘッカー，フランクフル ト準備議会（3．30— 4．3）に出席し，反封 建の非妥協的方向を穏健 自由主義者に突きつける が，少数派として議場を 去る（3末〜4初）。 シュトルーフェ，ヘッカ ーら，バーデンにて「祖 国協会」の支部拡大に力 を注ぐとともに，民衆蜂 起を準備。 バーデンでは，そのほか 農村部でも，封建的賦課 の廃止を要求して運動激 化。これと同様の動きが ナッサウ，ヴュルテンベ ルク等でも激化。	「イタリア国民協会」設立。 ウージェニー・ニボワイエ， 『女性の声』を発行し（20）， フランスで本格的なフェミ ニスト運動の中心となる。 プルードン，『人民の代表』 発行（22）。4月から日刊。 バクーニン，『二月革命の世 界的意義』執筆。 コシュート，パリ革命に接す るや，ハンガリーの下院 にて農奴制廃止・独立政府 樹立などを演説（3）。また ウィーン革命の報に接する や，以上の要求を携えてウ ィーンのフェルディナンド 国王のもとへ出発（15）。 国王，ハンガリー代表団の 要求に応じ，マジャール人 の自治権を承認。 ハンガリー革命で活躍する 急進派…ペテーフィ，ヨー カイ，ヴァシュヴァーリ，ブ ヨフスキー，イリニイ，イラ ーニイ・ダーニエル，パール フィ，マダラース・ラースロ ー，ニャーリ，パタイ・ヨー ジェフ，シェムベリ・イムレ ほか。	ミラノで暴 動，続いて イタリア全 土で革命運 動発生。ハ ンガリーで の独立運動 激化。 アイルラン ドにて反乱 発生。 プラハ市 民，皇帝に 対し議会開 設の要求を 提出。	48・3月
スリツェヌスらのハレ・ 自由主義者のブルジョア	D．F．シュトラウス， はやくも革命の熱狂から さめ，友人への手紙で，	マッツィーニ，ロンバルデ ィアの独立革命支援のため ミラノへ赴き，市民の歓迎	フランスで 憲法制定議 会選挙，ブ	4月

	三月革命の経過	共産主義者同盟	自由信仰教会
48 ・ 4 月	自由主義者がこれに出席（3. 30— 4. 3）。 自由主義・民主主義運動が根付い てきたバーデンにて蜂起発生（第 1次バーデン蜂起あるいはヘッカ ー揆）。 ベルリンにて労働者の集会が開か れ，ブルジョアジーの利害から独 立した労働者の要求が三月運動を 担う一要因となっていく（ボルン， ビスキーら）。 プロイセン連合州会開催。憲法制 定議会選挙を定める。 シュレスヴィヒ・ホルシュタイン （キール臨時政府）のドイツ人，デ ンマーク軍と交戦（9）。	へ）。『新ライン新聞』発行の 準備にとりかかる。 **ドロンケ，W．ヴォルフ，シ** **ャッパー**ら，ドイツ各地で同 盟通信網を拡大。 **A．ゴットシャルク**，ケルン にて「民主主義的・社会主義 的クラブ」のよびかけ（6）。 またケルンにて労働者協会 を設立し会長に就任。 **S・ボルン**，ベルリンにて労 働者中央委員会の代表委員 に就任（19）。	**ヴィスリツェヌス**ら，宗教 団体としての自由信仰教会 とは別に，政治団体「人民 協会」を組織。このような， 政治団体を別個に設立（あ るいは既成のものへの加 入）するという戦術は，ハ レのほかノルトハウゼン （民主主義市民協会），ハル バーシュタット（政治協会） でもみられる。さらにドイ ツ・カトリック教派におい ても同様に，ブレスラウ（民 主主義者協会），ドレスデン （祖国協会）などでみられ る。
5 月	オーストリア皇帝フェルディナン ド1世，支配権を放棄，インスブル ックへ逃亡（16—8．12）。 フランクフルトにて，間接選挙で ドイツ国民議会成立（18）。 プロイセン憲法制定議会成立 （22）。 王党派（ゲルラッハ，ウランゲル， マントィフェルほか），議会に対し て陰謀を企画， マインツにて革命大衆と軍隊との 衝突。革命大衆の武装解除（21— 22）。 ドイツ各都市で労働者協会や市民 的諸団体が結成され，大衆運動が 成長し始める。	**マルクス，エンゲルス**，同盟 員に対し，積極的に各地の民 主主義者協会に加入し，その 左派として活動するよう主 張。	プロイセン憲法制定議会議 員選挙に当選者を出す…ウ ーリヒ，ヴァイヒゼル，パ ックス，バルツァーらの自 由信仰教会員，およびオッ
		トー，シェル，ヴァンダー，エーゼンベック，ベーヌ シュ，ツェンカーらのドイツ・カトリック教派も当選 し中央に進出。 プロイセン憲法制定議会が成立すると，マグデブル ク・グループ（ウーリヒ，パックス，ヴァイヒゼルら） はその中央左派を，ハレ，ノルトハウゼンのグループ およびシュレージェンのドイツ・カトリック教派は 最左派を支持。双方とも君主制に反対，人民主権を承 認，政治的平等と議会制的統治形態を要求。しかし中 央左派は，最左派の封建的賦課の無償解放要求（カン プハウゼンらブルジョアジーは，この要求を犯罪的 とみなして拒否）には反対。	

そ の ほ か	諸 外 国	内外情勢	
彼のような気質の人間にとっては「昔の警察国家のほうが現在よりも暮しやすかった」と吐露（13）。 **ルーゲ**，H．B．オッペンハイムと協力して民主主義的新聞『レフォルム』に関与する（4—6ライプツィヒ，7—11ベルリン）。 K．**マティ**，バーデン蜂起の予防策として，指導者の1人J．フィクラーをカールスルーエで逮捕させる。 王党派の**ゲルラッハ**ら，ヴァーゲナーを主幹に『新プロイセン新聞』（別名『クロイツ・ツァイトゥング』）創刊決定。 G．A．**シュレッフェル**，ベルリンの下層・未熟練労働者向けに『人民の友』を創刊（5），また王宮前で逮捕さる（20）。	をうける。カルロ=アルバート王と妥協の仲介をうける。カルロ・カッターネ，ジュゼッペ・フェラーリら連邦共和主義者の協力要請を拒否。 イギリスで，チャーティストによるケニントン・コモン集会（10）。 **プルードン**，総選挙で落選（23）。 **トックヴィル**，総選挙で当選（23）。 **バクーニン**，パリを去りベルリンへ向かう。同市で，ドイツへ革命的進軍をするとみられていたヘルヴェークと誤認され逮捕される。釈放ののち，ライプツィヒにてルーゲと会う。	ルジョア共和派の勝利。ハンガリー，オーストリアと同君連合となる。ポーゼンにてポーランド人の反乱。	48 ・ 4 月
グリュン，**ユンク**ら，プロイセン憲法制定議会議員に当選。 **ルーゲ**，フランクフルト国民議会議員に当選。全面的な軍縮と「諸国民連盟」の設立を議会で提言。 ※主なフランクフルト国民議会議員…・ ラトヴィッツ，フィンケほか（約40名，カフェ・ミラニ派），ガーゲルン，ダールマン，ドロイゼン，メヴィッセン，G．ベーゼラー，アルント，G．ヴァイツ，バッサーマン，マティ，ヴェルカー，E．v．ジムソン，F．v．ラウマーほか（カジノ派などの立憲君主論者），R．ハイム，H．ジーモン，J．フェネダイ，F．レーデン，B．ヒルデブラント，M．ドゥンカー，L．シュヴァルツェンベルク，H．ラウベ，ゲルヴィヌス，ウーラントほか（中央派の自由主義者，立憲君主論者とあわせて約300名）。R．ブルーム，ディースカウ，レスラー，バイルホッファー，バンベルガー，ハルトマンほか（ドイッチャーホーフ派などの左派），ルーゲ，K．フォークト，G．キンケル，ナウヴェルク，W．ヴォルフ，フレーベル。W．ツィンマーマン（ドネルスベルク派など最左派，左派とあわせて約100名）。	**マッツィーニ**，サルディニア王国の北イタリア併合に反対してミラノで『イタリアの人民』紙発行，共和主義的統一を固執。しかし対墺戦には協力。 **ブランキ**，パリのデモに出て逮捕（26）。	フランスで憲法制定議会成立。パリにて労働大衆の暴動（15）。ハンガリーにて，マジャール人以外の諸民族の活動激化。ポーランドの解放運動鎮圧さる。ナポリにて蜂起。	5 月

	三 月 革 命 の 経 過	共 産 主 義 者 同 盟
48 ・ 6 月	ハンブルクにて**北ドイツ手工業者・営業者代表者会議**開催（2－6）。その後各地で地方的な手工業者会議開催。 マインツにて**第1回印刷工会議**開催（11－14），**全ドイツ印刷工連盟**設立。 フランクフルトa．M．にて**第1回ドイツ民主主義者大会**開催（14－17）。中央委員会設置。代表派遣地…ボン，ブレスラウ，エスリンゲン，フランクフルト，ハム，ハーナウ，ハノーファー，ハイデルベルク，ケルン，ライプツィヒ，マインツ，マールブルク，ニュルンベルク，オーデンハイム，オッフェンバッハ，シュトゥットガルト，ウルム，ヴィースバーデン，ナオールト，ノイシュタット，トリーアなど。議長フレーベル，副議長バイルホッファー。 プロイセン憲法制定議会，旧勢力の1本の支柱であるヴィルヘルム弟帝の帰国を認可。 プロイセンにてカンプハウゼン内閣辞職，**アウエルスヴァルト**内閣がこれに代わる。 ウィーンでもブルジョアジーが皇帝帰還を求む。フランクフルト国民議会，オーストリア大公ヨハンを帝国摂政にし，ドイツ国政府を樹立すると決議（27）。	『新ライン新聞』，日刊紙として創刊（1）。**エンゲルス**，その社説ではやくもフランクフルト国民議会を批判，また一連の論説でブルジョア民主主義革命の遂行を訴える。さらに革命の方法についても，フランクフルト議会方式でなく，人民武装による武力的方法を弁護していく。 **マルクス**，ケルンの民主主義諸団体の代表委員会委員の指名をうける。これ以後マルクスは，ライン，ヴェストファーレン地方の民主主義最左派として活躍し，共産主義者としての主張は戦略的にさしひかえていく。 第1回ドイツ民主主義者大会に，J．モル（パリ代表），F．アンネケ（ケルン代表），ゴットシャルク（ケルン代表），E．ドロンケ（マールブルク代表），K．シャッパー（ヴィースバーデン代表），H．ビュルガース（ケルン代表），F．フライリヒラート（デュッセルドルフ代表），J．ヴァイデマイヤー（ハム代表）らが出席。 **マルクス**，**エンゲルス**，パリ6月蜂起におけるプロレタリアートとブルジョアジーの歴史的決戦について『新ライン新聞』で報じる。
7 月	フランクフルトa．M．にて**ドイツ手工業者・営業者大会**開催（15から約1ヶ月）。これと並行して雇職人たちだけからなる**雇職人会議**も同市で開かれ（20－9．20），**労働者・雇職人協会**を設立。 バーデンにて，民主主義協会に対する禁止令（22）。	**エンゲルス**，ケルン民主主義協会総会に出席し，プロイセン議会を批判（14）。 **マルクス**，ケルン民主主義協会総会に出席し，シュナイダー2世とともに代表に選出される（21）。この総会には，**ヴァイトリング**も出席して反マルクス的発言を行なうが，マルクスこれを一時的に無視。 **フライリヒラート**，詩『生者に対する死者の非難』発表。これはパンフレットとしてドイツ全土に流布され，革命を鼓舞。

自由信仰教会	そ の ほ か	諸 外 国	内外情勢	
ドイツ・カトリック教派のJ. ロンゲ，第1回ドイツ民主主義者大会にブレスラウ「民主主義者協会」代表として出席。ドイツ・カトリック教派出身のR. ブルーム，フランクフルト国民議会でジャコバン独裁的な統治を批判するが（6），しかし別の報告では人民主権と連邦共和制を主張。	J. フレーベル，第1回ドイツ民主主義者大会で議長をつとめるとともに，中央委員会会長に就任。 ※パリ六月事件のもつ意味について著述家ジャン・カスーは述べる，「48年の6月以降，民衆にはもう，自分の利害が共和制の利害と結びついているとは思えなくなった。『これからは自分1人で革命のドラマを演じよう』，『自分がいいと思った時しか舞台へ上るまい』，と固く肚をきめていた。……自由主義的ブルジョワの意識にはっきりしていたことも，プロレタリアの意識にはそうではなかった。逆も真なりである。両階級の同盟は六月事件で断ち切られ，反動勢力も編成変えして新しい形をとった。ペルシニとかモルニとかサン＝タルノーとかいう一握りの山師が中核になり，運まかせの主君を引きずって一か八かの勝負に出たのである。ルイ＝フィリップ治下の支配階級は安心をとりもどした。」（『1848年』二月革命研究会訳）	ベリンスキー（1811—），肺病悪化し没。 バクーニン，プラハにて汎スラヴ大会に出席（1）。またプラハ蜂起に参加（12—13）。	プラハにて，第1回汎スラヴ大会開催。チェック人，モラヴィア人，スロヴァキア人，小ロシア（ウクライナ）人，ポーランド人，クロアチア人，セルビア人らの代表が集まる（1—12）議長パラツキー。 プラハで叛乱起こる（12）。ヴィンディシュグレーツの指揮で鎮圧される（13）。 パリにて暴動発生（23）。カヴェニャックが独裁権を得て鎮圧（27）。 チェコ，ハンガリーで革命弾圧さる。	48・6月
自由信仰教会およびドイツ・カトリック教派，都市レベルから発展した地区レベルの協会結成に努力。	ヴァイトリング，ドイツ革命を知り，アメリカで組織した解放同盟の代表としてヨーロッパへ戻る。六月事件鎮圧時のパリへ，それからケルンへ。ケルン民主主義者協会総会に出席し演説（21）。その中で，政治運動と社会運動の分離および「洞察力ある者」による独裁を主張。	コッシュート，ハンガリー議会にて国防の必要性を訴え，反革命に抵抗。 マッツィーニ，ミラノにて市民防衛委員会を設立。	ナポリのフェルディナンド2世，議会を停止し，自由主義的な新聞を弾圧。フランスの地方自治体選挙で共和派退潮（—8）。	7月

	三 月 革 命 の 経 過	共 産 主 義 者 同 盟
48・8月	ベルリンにて**第1回全ドイツ労働者会議**開催（23—9．3）議長N．エゼンベック。 ウィーンにて，反動勢力と妥協したブルジョアジー（国民軍）と労働大衆とが激突（23）。夥しい数の労働者，下層民が殺害され，革命当初の反封建統一戦線が崩壊。皇帝ウィーン帰還。プロイセン政府，デンマークとの間でマルメー休戦条約締結（26）。 フランクフルト国民議会，マルメー条約を一時批判するが，結局これを承認。 西南ドイツ，ラインラントを中心に，実業家層が**祖国の労働保護のための一般ドイツ協会**結成。	**マルクス**，**エンゲルス**，ケルン民主主義協会総会にて，ブルジョア民主主義革命に批判的なヴァイトリングの見解を批判（4）。また両人とも，ケルンでの第1回ライン州民主主義者大会に出席。 **マルクス**，ベルリンへ，さらにウィーンへ。各地の民主主義者と会い意見を交換。民主主義革命において労働者の果たすべき歴史的意義についても説いてまわる。 S．ボルン，ベルリンでの第1回全ドイツ労働者会議で副議長に就任。
9月	プロイセンで，アウエルスヴァルト・ハンゼマン内閣倒壊（7）。 フランクフルト国民議会の左派，議会のマルメー条約承認に反対，大衆とともにフランクフルトで暴動を起こす（17）。またケルンやバーデンでも同様の暴動発生。すべて壊，普軍が鎮圧。レラッハにてシュトルーフェ，ドイツ共和国を宣言，いわゆる**シュトルーフェー揆**（21）。 ベルリンにて**第1回タバコ製造工大会**開催（25—29），**全国タバコ製造工同盟**設立。 ケルン市の軍当局，同市を戒厳状態におき，革命行動を抑圧（26）。 ライプツィヒにて**全ドイツ労働者友愛会**の中央委員会結成（—'50．6）。これにはやがてドイツ全土の労働者協会，労働者教育協会，民主主義協会，織工組合，手工業者協会，鉱山労働者協会，タバコ労働者等総数250以上の団体が加盟。会長S．ボルン，機関誌『友愛』。	**マルクス**，**エンゲルス**ほかの同盟員，ケルンのフランケン広場で6,000名の民主主義者集会に出席。この集会で治安委員会を組織（13）。 **マルクス**，『新ライン新聞』に論説『危機と反革命』連載。その中で革命後における人民による革命的独裁を主張（14）。 **エンゲルス**，マルメー条約を承認したフランクフルト国民議会に反対するケルンの民主主義・人民集会で演説（20）。 **マルクス**，第2回ライン州・ヴェストファーレン民主主義者大会に出席するが，K．シャッパー，H．ベッカーらの早朝逮捕によって流会（25）。同日午後，ケルンの民主主義者に対する警察の圧力が強まり，翌26日，『新ライン新聞』ほかの民主主義的新聞が発禁となる。 **エンゲルス**，この直後ケルンを脱出。
10月	『ウィーン新聞』（10．5付）に「ハンガリー議会を解散する」との勅令が載る。これはオーストリア軍でハンガリーに反革命クーデターを起こ	**エンゲルス**，**ドロンケ**，ブリュッセルで逮捕され，フランス国境へ送られる（4—5）。『新ライン新聞』復刊（12）。

242

自由信仰教会	そのほか	諸外国	内外情勢	
ウーリヒら，特にザクセン南部にある人口3000ないし2000人の小都市で，いわゆる没落に瀕する旧来の小市民層に強力な支持を見い出していく。	ヴァイトリング，ケルン民主主義協会総会において，即座のプロレタリアート革命・独裁の見解をマルクスに批判される。この対立は，ヴァイトリングが，'48年当時労働者を彼らにとって現在であるところの'48年当時のうちに解放しようと志したのに対し，マルクスが，'48年当時の労働者には未だ自己解放の前提がないと判断した点に特徴有り。	マッツィーニ，オーストリア軍のミラノ攻略を前にしてミラノ市民に反撃の決起を促すが成功せず。ガリバルディ義勇軍に合流するためミラノを去る。のち義勇軍と分かれてルガーノへ。コーモ湖畔地方での蜂起にも失敗，スイスへ。 プルードン，『人民の代表』紙発禁（23），すぐさま新たな新聞『人民』を刊行（9．2） ルイ＝ブランついに亡命。	ラデツキー軍，ミラノに進軍。	48・8月
ザクセン南部の民主主義諸協会が連合し，ザクセン民主主義者地区協会を結成。その指導部・地区中央委員会でヴィスリツェヌスが代表となる。またこの協会は，中央のドイツ民主主義者中央委員会に加盟。	全ドイツ労働者友愛会・中央委員会へ通信を送った諸団体の地区...アンナベルク，アウグスブルク，ベルリン，ベルナウ，ベルンブルク，ビーレフェルト，ブラント，ブラウンシュヴァイク，ブレーメン，ブレスラウ，ケムニッツ，ダンツィヒ，ダルムシュタット，ドレスデン，アイレンブルク，エルバーフェルト，エッセン，フライベルク，ゲラ，グラウヒャウ，ハレ，ハンブルク，ハーナウ，ハノーファー，ハイデルベルク，ヒルデスハイム，カールスルーエ，キール，ケーニヒスベルク，ライプツィヒ，リューベック，マグデブルク，マイセン，ミュンヘン，ニュルンベルク，レーゲンスブルク，ロシュトック，シュヴェーリン，ウィーン，ヴュルツブルク，ヴルツェン，ツェルプスト，ツショッパウほか。以上は友愛会と交信する団体所在地だが，そのほか種々の団体を代表して個人が行なった通信も数多く存する。	コッシュート，ハンガリー革命と祖国を防衛する執行権力の樹立を議会で訴える。	イエラチッチ，反革命軍を率いてハンガリー進軍。	9月
ベルリンでの第2回ドイツ民主主義者大	ヴァイトリング，ベルリンのルドルフ・リープマン社から革命宣伝雑誌（解放同盟機関	ハンガリー議会，コシュートを国防委員会議長に任命（8）。	イエラチッチ軍，ハンガリ	

	三　月　革　命　の　経　過	共産主義者同盟
48 ・ 10 月	そうとする狙いをもって発表される。これに対し反革命と妥協状態にあった国民軍すら反対し，革命勢力の結集なる。 ウィーンの学生軍団，労働大衆，下位中産層，そしてブルジョアジーの国民軍，革命防衛のため一斉蜂起（6）。皇帝と旧勢力，オルミュッツへ逃亡。 ベルリンにて第2回ドイツ民主主義者大会開催（24）。議長G．ファイン。 オルミュッツの皇帝のもとに多くのスラヴ人，またオーストリア議会中のスラヴ人議員が集まり，着々とウィーン攻撃を準備。 ウィーン攻撃の総指揮官ヴィンディシュグレーツとクロアチアの反革命指導者イエラチッチ，6万以上の軍勢を率いて首都へ進撃し，砲撃開始（30）。 フランクフルト国民議会の左派，2名の議員（J．フレーベルとR．ブルーム）をウィーン革命防衛のために派遣（17）。またハンガリー革命軍を指揮するペルツェルもウィーン防衛に向かう。さらにコシュートもウィーンへ向かう。	ベルリンでの第2回ドイツ民主主義者大会に同盟員参加。 J．モル，一時ロンドンに渡って同盟の再建と独自の労働者党の準備にとりかかる（—11）。
11 月	ウィーンにて革命勢力の首都防衛ならず，陥落（1）。 プロイセンにて反革命クーデター，ブランデンブルク内閣成立（8）。 プロイセン議会，国王と対立を深める。 王党派のウランゲル将軍，約4万の軍勢を率いてベルリン入城（10）。 ベルリンの国民軍，ほぼ無抵抗のまま武装を解除される。 プロイセン議会，納税拒否を決議（15）。 フランクフルト国民議会，プロイセンのこの決議に対し無効宣言（20）。 フランクフルト国民議会の左派（ドネルスベルク派中心），中央三月協会を設立（末）。ドイツ各都市に支部を設立。指導者，J．フレーベル，L．ジーモン，ヴェーゼンドンク，ラヴォー，アイゼンマン，K．フォークトら。	マルクス，論説『ウィーンにおける反革命の勝利』において，オーストリアにおけるブルジョアジーの裏切とウィーン陥落を報じる（7）。また納税拒否闘争および反革命に対する武装準備をよびかける（13—14）。
12 月	勅令によりプロイセン議会解散，同時に欽定憲法発布（5），この憲法には，君主制の原理を復活させ議会勢力を無力化させようとするJ．F．シュタールの復古思想が，立憲君主制論者の自由主義的な要求を粉砕するかたちで採用される（'50，1発効）。 フランクフルト国民議会，『ドイツ国民の基本法』公表。 フォイエルバッハ，1848年12月から翌49年3月にかけてハイデルベルク市の議事堂で『宗教の本質に関する講演』を行ない，1851年に刊行。その中でこう語った。「あらゆる対象が人間によってただ神として，または同じことですが宗教的に，尊敬され得るだけでなく，実際にも神として尊敬されます。この立場がいわゆるフェティシズムです。」	ベルンで開催された民主主義者と労働者の大会で在スイス・ドイツ人諸協会連盟中央協会が設立され，エンゲルス，書記として参加。

自 由 信 仰 教 会	そ の ほ か	諸外国	内外情勢	
会に，ザクセン州から21名の代表が派遣され，そのうち自由信仰教会員は，ハレの**ヴィスリツェヌス**（ザクセン民主主義者地区委・代表），ハレのT．ペッシェ（ハレ人民協会・代表），ハレのR．ベンファイ（ケーダ人民協会・代表），ハルバーシュタットのT．ヴィスリツェヌス（ハルバーシュタット政治協会・代表），ノルトハウゼンのE．ブルクハルト（ノルトハウゼン民主主義市民協会代表）など。	誌）『第1次選挙人』発刊（4号まで）。この中で民主主義的な選挙，大衆の政治参加を訴え，革命の進展における民衆の役割を教示。F．J．**ブス**主宰で，マインツにて**第1回カトリック教徒大会**開催。これ以後**全ドイツ・カトリック教会**が設立され，ブスのほか，ケッテラー，A．ライヘンスペルガーらが指導的地位に立つ。**ゲルヴィヌス**，**マティ**ら『ドイチェ・ツァイトゥンク』編集（―'50）。		一から退却。	48・10月
革命の敗北過程で，ザクセン州南部で激しい抵抗運動が展開。とくにノルトハウゼン，ツァイツ，ナウムブルク，ヴァイセンフェルスでは納税拒否闘争，ヴァイセンフェルスでは人民武装，ハルバーシュタット，ヴァイセンフェルスでは保安委員会が設置され，民主主義者の反撃が強まる。その渦中で自由信仰運動が完全に政治運動に溶け込む。	**バッサーマン**，フランクフルト中央政府の代表（国務大臣）の資格でベルリンへ赴き，フリードリヒ・ヴィルヘルム4世にドイツ連邦の主導権（帝冠）を受け入れるよう説得。**ヴァイトリング**，ウランゲル将軍によってベルリンから追放され（21），ハンブルクへ移る。同市とアルトナにおいて解放同盟支部を設立し，最後の抵抗を試みる。		フランス第2共和国憲法布告。ローマにて蜂起発生。	11月
T．**ヴィスリツェヌス**，内乱煽動の理由で懲役（5ヶ月）の判決。	**マルクス**らは、カンプハウゼンらライン州の資本家たちが我先に反動勢力と手を結ぶ事態を目撃して、下位中産階層と協同していく。	**バクーニン**，『スラヴ諸民族へのアピール』発表。プロイセンの退去命令を受ける。	フランスにて，ルイ・ナポレオン，大統領に就任。バロ内閣成立。	12月
※48年全般...**グリュン**，『フランス二月革命』。**フレーベル**，『共和主義憲法大要』マンハイム。**ハインツェン**，『ドイツ共産主義者の英雄たち』ベルリン。**ムント**，『政治の教理問答』ベルリン。E．**カベ**，テキサス州にて共産主義コロニーの実験。J．S．**ミル**，『経済学原理』。**ツルゲーネフ**，『ヨーロッパの危機に直面するロシア』。**チェシコーフスキ**，『我等が父』パリ。この年カリフォルニアでゴールド・ラッシュ。				

	三 月 革 命 の 経 過	共 産 主 義 者 同 盟
49 1 月		マルクス，ケルン労働者協会の委員会会議で演説（15，29）。
2 月	フランクフルト国民議会，帝国憲法・人権宣言・選挙法について討論（2—3）。プロイセン政府（商業相フォン・デア・ハイト），営業条例制定（9）。	マルクス，『新ライン新聞』に論説『＜ケルン新聞＞の選挙論』を載せ，プロレタリアート，都市下位中産層，農民をもっとも民主主義的な階級と表明（1）。
3 月	墺帝フランツ・ヨゼフ1世，欽定憲法発布（'51. 12廃止）。オーストリア議会解散。フランクフルト国民議会，ドイツ国憲法を通過させ，プロイセン王をドイツ皇帝（除オーストリア）に選出（28）。（普王フリードリヒ＝ヴィルヘルム4世，翌月3日にこれを拒絶）。	エンゲルス，『新ライン新聞』に論説『ピエモンテ軍の敗北』連載（31—4. 4）。その中で，イタリアは全面的な人民蜂起によってのみ，オーストリアの軛を打破しうると主張。W. ヴォルフ，『新ライン新聞』に論説『シュレージェンの10億』発表。
4 月	普墺両大国での反革命の復帰により，中小諸邦でも反動が強まる（ハノーファー，ザクセンほか）。プロイセン，ザクセン，ハノーファーからのフランクフルト議会議員の召還（13）。その後オーストリアもつづく。フランクフルト国民議会（左派）の抵抗に呼応して，西南ドイツを中心に憲法闘争拡大。マルメー条約，デンマーク側によって破棄され，戦争再燃（4. 3—7月）。	マルクス，『新ライン新聞』に『賃労働と資本』連載（4. 5—11月）。マルクス，シャッパー，アンネケ，W. ヴォルフ，民主主義協会ライン地区委員会から脱退を声明（15）。下位中産層との共闘を維持しつつ独自の労働者大衆党の形成に向かう。ケルン労働者協会，ドイツ民主主義協会連盟を脱退し，ライプツィヒに中央委のある労働者協会連盟への加入を決定（14）。またケルン労働者協会にて同盟員が重要ポストに就く。
5 月	ドレスデンにて武装蜂起（3—8）。叛乱はヴュルテンベルク，バーデン，プファルツへと拡大。フランクフルトの残留議員，ドイツ国憲法の即時実施を宣言（4）。オッフェンブルクにて，バーデン人民協会の全国大会開催（11）。バーデン軍，革命派に同調（13）。叛乱の拡大（第2次バーデン蜂起）。プロイセンにて，フランクフルト国民議会議員に対する委任無効の勅令（14）。プロイセン，ハノーファー，ザクセン間で三王	エンゲルス，蜂起の続発するエルバーフェルトへ移り，武装労働者を指揮（11—15）。マルクスにプロイセンからの追放命令（16）。『新ライン新聞』発禁となる（19）。マルクス，エンゲルスとともにフランクフルトa. M. へ移り，さらにバーデン，プファルツへ。各地で革命軍をフランクフルトへ送れと訴える（19—末）。同盟員の多くが，エルバーフェルト・ゾーリンゲンの蜂起，そしてドレスデンの蜂起，バーデン・

自　由　信　仰　教　会	そのほか	諸外国	内外情勢	
この頃より自由信仰者たちの要求は一段と民主主義的色彩を強める。 フランクフルト国民議会で，世襲皇帝制に反対の演説 (22)。	ウーラント，	プルードン，「人民銀行」の計画を進める。	フィレンツェ共和国成立。	49 1 月
G．A．ヴィスリツェヌスらの所属するハレ人民協会で綱領決議 (25)。内容は，普通直接選挙，選挙人による市会議員のリコール権，累進所得税，行政面での労働組合の振興。	M．ハルトマン，匿名で詩『僧マウリツィウスの歌日記』を発表し，ウィーン10月蜂起とその参加者を称讃。		ローマ共和国成立。	2 月
G．A．ヴィスリツェヌス，ザクセン州の民主主義協会の地区中央委で活躍し，ハレにて民主主義者地区大会（州レベル）を開催 (4)。これにはA．ルーゲやK．デスターらが臨席。議長はノルトハウゼンの自由信仰者F．シューネマン。	ヴァイトリング，アルトナにて解放同盟員獲得のため同志シュタルケらと活動。	マッツィーニ，共和革命支援のためリヴォールノ，フィレンツェ，ローマで活躍，ローマ議会に迎えられる。	墺軍，ノヴァラの戦でサルディニア軍を破る (23)。	3 月
ウーリヒら，「人民の権利保護協会」で活動し，マグデブルクで約1500名の会員を得，ザクセン州北部に44の支部協会ができ，マグデブルクの中央協会に従う。支持層の大半は中・下層の手工業者，労働大衆。 ザクセ，三月革命1周年記念祭で祝辞を述べる。その中で，出版・結社・信仰の自由，権利の平等，普通直接選挙権，立憲体制などを主張。	A．ルーゲ，ハンブルクでマルクスと居合わせる（4末—5初）。同市で，次なる革命をめざす北ドイツの活動者会議に出席。	ブランキ，ブルジュでの＜5．15＞裁判で10年の刑をうけ，ドゥーランの牢獄に下る。バルベ，アルベール，ラスパイユ，ルイ＝ブランらも終身刑ないし国外追放となる。	ハンガリー，独立を宣言 (14)。フィレンツェにて反革命勝利。	4 月
ルト。ゾーリンゲン蜂起には，エンゲルス，クライン，ケルナーら参加する。 　ドレスデン蜂起には，ヴァーグナー，ボルン，チィルナー，ゼンパー，レッケル，デフリーント，シャンツらが参加する。 　バーデン・プファルツ蜂起には，ブレンターノ，ゲック，シュトルーフェ，ハインツェン，トリュチュラーノ（死刑），アンネケ，J．P．ベッカー，ボイスト，ボルクハイム，エンゲルス，コールヴィン，デスター，フィクラー，ゲーリンガー，ヘルヴェーク，ハウプト，ヤンセン，キンケル，W．リープクネヒト，J．モル（戦	エルバーフェ	バクーニン，ドレスデンの蜂起に参加，ケムニッツで逮捕され，ドレスデン監獄からケーニヒシュタイン監獄に移される。 スラヴの菩提樹，プラハ蜂起を5月12日と決定するが，	フランスにて立法議会召集。フランス軍，ローマに侵入。オーストリア軍，トスカナに侵入。	5 月

	三 月 革 命 の 経 過	共 産 主 義 者 同 盟
5月	同盟成立（26）。 フランクフルト国民議会（左派），ヴュルテンベルクのシュトゥットガルトに移転する（30）。	プファルツの蜂起に参加，労働者，下位中産層の只中で最後の死闘を展開する。
6月	フランクフルト国民議会右派，ゴータ党結成。指導者ガーゲルン，ダールマン，バッサーマン，マティ，ジムソン，ブリュッケマンなど。 ヴュルテンベルク政府，同国内に避難していたフランクフルト国民議会（左派）に対し国外退去を通告（18）。議員たちはバーデンの蜂起軍に合流する。	**マルクス**，パリへ移り種々の民主主義団体や労働者団体と連絡をとる。 **エンゲルス**，プロイセン政府から逮捕状が出たあと，バーデン・プファルツの武装闘争に参加する（—7月）。 **J．モル**（義人同盟以来の最古参の同盟員），バーデンの戦闘で死亡する（29）。
7月	バーデン・プファルツにて革命鎮圧される（23）。	
8月		**マルクス**，パリからロンドンへ（下旬）。同市で同盟中央委員会を再建する。
9月	全ドイツに支部・連絡綱を拡大してきた全ドイツ労働者友愛会や各種の民主主義団体，この頃から活動力を喪失する。	**マルクス**，ロンドンのドイツ人労働者教育協会にて，ドイツ人亡命者救援委員に選出される（18）。
10月		**A．ヴィリヒ**，エンゲルスの推薦をうけてロンドンに渡り，マルクスの提案で同盟中央委員会メンバーとなる。
11月		**エンゲルス**，スイスからイタリア経由で海路ロンドンへ。ドイツ人労働者教育協会に入会。
12月		
	'49年全般…**シュトルーフェ**，年末までにイギリスへ亡命し，ロンドンで民主主義者と交流，ま ュレスウィヒ・ホルシュタイン』，『イギリスにおける社会運動および社会主義』，『1848年 書簡』。**E．バルツァー**，『1849年10月3—4日，ハルバーシュタットにおける統一自由信仰 ギリスへ，**H．ベルンシュタイン**，アメリカへ，**ヴァイトリング**，アメリカへ，各々移住。キェ 革命史』。また，この年，フランスで団結禁止法成立。イギリスで航海条例廃止（'54全廃）。	

自由信仰教会	そのほか	諸外国	内外情勢	
死），シェールットナー，F. W. シュレッフェル，G. A. シュレッフェル（戦死）。シュルツ，チルナー，ヴィリヒ，メークリンク，テヒョウ（プファルツ革命軍参謀長），シュナウアーらが参加する。		9日に逮捕され，蜂起失敗。		5月
ルーゲ，パリに滞在。共和主義者の蜂起の際，官憲の追跡を受け同市を去る。その後，家族と一緒にブレーメン郊外に住む。ヘス，パリに滞在，共産主義者の蜂起の際，官憲の監視が強まり，スイス（チューリヒ～ジュネーヴ）へ移る（―'52.3）。ポーランドの将軍ミーロスラヴスキー，バーデンにて蜂起軍を指揮して最後の闘争を展開。ラシュタット要塞にて革命を維持しつづける（―7.23）。		プルードン，ラファイエット広場で逮捕される（7―'52.6.4）。ルドリュ・ロラン亡命。	パリにて共和主義者の一斉蜂起，その後激しい弾圧。	6月
		マッツィーニ，スイスへ亡命。	仏軍，ローマ共和国を粉砕。	7月
	ヴァイトリンク，ハンブルクへ追放。		墺軍ハンガリー革命鎮圧。	8月
ドイツ・カトリック教派のシュレージェン州幹部の宣言（15）。その内容は，特権の廃止，民主主義の実現。人間的意志の自由。	ヘッカー，シュトラースブルク経由でアメリカへ。	マッツィーニ，『人民の神聖同盟』発表。		9月
ハルバーシュタットにて**統一自由信仰教会**の会議開催（3―4）。自由・平等・友愛を再確認。ただし改革手段で社会主義との相違を明示。		ゲルツェン，プルードンに協力（―'50.5）。		10月
反動が復活したザクセン州で，自由信仰教会の再編（情勢変化への対応）がすすむ。				11月
政治団体崩壊ののち再び自由信仰者は教会へ。ドゥーアイ，アルテンブルクに教会設立。				12月

た『ロンドン・ドイツ語新聞』に寄稿（―'51）。L．ｖ．シュタイン，『叛乱に至るまでのシ春におけるシュレスウィヒ・ホルシュタインの叛乱』。J．フレーベル，『ウィーン10月革命教会第2回会議』。J．ロンゲ，イギリスへ，E．バウアー，イギリスへ，E．マイエン，イルケゴール，『死に至る病』。プルードン，『一革命家の告白』。ラマルティーヌ，『1848年この年のベルリン総人口40万人。

	共 産 主 義 者 同 盟	自 由 信 仰 教 会
50	**マルクス，エンゲルス**が中心となって同盟再建（1）。ただし，ドイツ本国ではケルンを中心に非合法結社として班を拡大。 ハンブルクにて『新ライン新聞，政治経済評論』創刊（3.6）。これにマルクス『1848年6月の敗北』（のち別の論文とともに『フランスにおける階級闘争』に収録），エンゲルス『ドイツ国憲法闘争』（最初の2章）が載る。月末に第2号発行。 **マルクス，エンゲルス**，『共産主義者同盟中央委員会の同盟員へのよびかけ』（三月回状）を発する（3）。その中で，独自の労働者党，革命的暴力の組織，独自の労働者政府（二重権力）の樹立を掲げ，それを「永続革命」の中で実現するよう要請。 ハンブルクにて『新ライン新聞，政治経済評論』第3号（4），4号（5）発行。 同盟中央委内にて，下位中産階層団体との共闘問題で，マルクス，エンゲルスとヴィリヒとの間に対立が生じ（7），批判が開始（8末）。 **エンゲルス**，ロンドンで『ドイツ農民戦争史』執筆。 **マルクス**，同盟中央委でヴィリヒとシャッパーを批判。ヴィリヒ・シャッパー派はしかし，同盟全体では多数派となる。中央委のケルン移転決議（9）。 G. J. **ハーニー**らチャーティスト左派の機関誌『レッド・リパブリカン』（6月創刊）に『共産主義者宣言』英訳連載。同盟ロンドン支部，ヴィリヒ・シャッパー派の除名を同盟全体に報告するよう提案（11）。ケルン同盟中央委，ヴィリヒ・シャッパー派を除名とのマルクスらの提案を回状で伝達（12）。 **エヴァーベック**，著作『ドイツ新哲学によれば宗教とは何か』の中でフォイエルバッハの『キリスト教の本質』をフランス語に訳す。	E. **バルツァー**，代議員をつとめたプロイセン憲法制定議会が納税拒否闘争に賛成したという理由で，議会もろとも内乱罪に公訴されるが，無罪（2）。 A. **ドゥーアイ**，内乱未遂罪で懲役8ケ月（2）。 マグデブルク市当局，ザクセン州当局に対し，民主主義者の反政府運動を弾圧しようとしても，概ね自由信仰教会（宗教団体）をベースにしているので，警察の直接的支配下におくことが困難と報告（3.6）。 プロイセン政府，「法的自由と秩序を危くする集会および結社法の乱用防止について」という法令を発布（3.11）。これによって自由信仰運動への弾圧が露骨に開始。 シュレージェン州，ザクセン州およびザクセン王国にて自由信仰運動が再燃。ザクセン州では，1848年末に4ケ所にすぎなかった教会が，1849年11月—1850年12月に29ケ所に増大。またザクセン王国内にも教会が拡大（ライプツィヒ，ドレスデン，ケムニッツ，フライベルクなど）。夏以降，自由信仰運動が全面的に圧迫をうけ，活動不能となる。それとともに，自由信仰運動を支持してきた大衆の間で，姉妹団体であるドイツ・カトリック教派への移行が始まる。
51	**エンゲルス**，マッツィーニら「ヨーロッパ民主主義中央委員会」が亡命活動家を小ブルジョア民主主義	政治運動では苛酷な圧迫を強いられた自由信仰教会，再び種々の社会領域での啓

そ の ほ か	諸 外 国	内外情勢	
全ドイツ労働者友愛会の機関紙『友愛』廃刊（6．29）。 ヴァイトリング，ニューヨークにて雑誌『労働者共和国』発行（1—'55．7）。また10月に，フィラデルフィアで第1回ドイツ人労働者会議を開催。 ルーゲ，ブレーメン郊外の隠家が発見され，イギリス（ブライトン）へ移住（1）。ロンドンにて民主主義者と交流。『短編小説・革命』執筆。 フレーベル，アメリカへ渡る（—'57）。ハインツェン，ロンドンにて『革命の教訓』刊行。 グリュン，ブリュッセルへ移住（—'61）。 F．カンペ，『ドイツ・カトリシズムの本質』テュービンゲン。 S．ザイラー，『1849年6月13日の陰謀。フランスに診けるブルジョアジーの最後の勝利』ハンブルク。 L．シュタイン，『1789年より現在に至るフランス社会運動史』（全3巻），『1848年の叛乱以後にお・けるシュレスウィヒ・ホルシュタイン』そのほかを刊行。 R．ヴァーグナー，＜ローエングリーン＞初演。バイエルン王，この最後のロマンティック・オペラを好む。	ブランキ，ベル・イール・メール監獄からロンドンのブランキ派亡命者，「平等者の宴会」準備委員会へメッセージを送る。また同監獄内の政治犯のあいだでバルベス派とブランキ派が対立。 プルードン，外出禁止令を解かれる（6）。また『人民』誌を刊行（6—10）。 マッツィーニ，ロンドンにてルドリュ・ロラン，ルーゲ，シュトルーフェらと協力してヨーロッパ民主主義中央委員会を結成（6—7）。同時にイタリア国民委員会を結成，民族主義を基調とした国際的連帯の道を探る。また『レッド・リパブリカン』に論文『イタリアにおける共和制と王権』発表（6—11）。 バクーニン，ザクセンで死刑判決（終身刑に減刑），のちオーストリア当局に引渡される。 ゲルツェン，『彼岸から』，『フランスとイタリアからの手紙』発表。ロシア政府（ニコライ1世）から帰国命令が出るが，これを拒否（9）。ロシア国内における一切の権利・財産が奪われる。 ルイ・ブラン，『1848年2月革命史の諸ページ』ブリュッセル。 デザミ（1803—）没。 オブライエン派（チャーティスト）の全国改革連盟結成（1）。 オコナーら（チャーティスト），全国憲章連盟結成（3）。 キェルケゴール，『キリスト教への訓練』。	プロイセン王，欽定憲法発布（1）。 フランクフルトa．M．に連邦議会再開，ハノーファー，ザクセン，バイエルン，ヴュルテンベルクによる四王条約（2）。 フランスにて普通選挙制廃止（5）。 シュレスウィヒ・ホルシュタイン2州，デンマークと争う（7）。 オルミュツ協定（11）。ドイツ連邦政策の挫折。プロイセン，オーストリアに屈服。英の鉄道路が23500マイルを越える。 ベルリン人口，42万人。	50
ハイネ，カンペ社より『ロマンツェーロ』刊行。	ロンドンにてチャーティストの代表者大会（3—4）。新綱領の採択。その後，	普，デンマークに干渉。	51

共 産 主 義 者 同 盟	自 由 信 仰 教 会
51	に糾合しようとするのに反対し，チャーティスト左派（ハーニー編集）の『人民の友』に論説を連載（1−2）。 **エッカリウス**，『人民の友』に論説『ブルジョア社会の最終段階』発表（1）。 **マルクス，エンゲルス**，フランスのブランキ派亡命者およびルイ・ブラン，それにヴィリヒ・シャッパー派が二月革命を記念して催した「平等者の宴」を批判。これにハーニーが出席したことをも非難（2）。 **マルクス**，ケルンにて『カール・マルクス論文集』刊行（第1冊のみ）（4）。 **ノートユンク**，身分証明書不備のためライプツィヒで逮捕される（5. 10）。その時の押収書類からケルン中央委員会の所在が当局に露見し，同盟員11名が逮捕される。 **マルクス**，大英博物館の図書室にて経済学（古典派），土地所有に関する研究に入る。 **エンゲルス**，マンチェスターで軍事史軍事理論を研究する。またマルクスとともに『ニューヨーク・デイリー・トリビューン』へ寄稿し，マルクス名で『ドイツにおける革命と反革命』を連載（夏以降）。 **マルクス**，ラインハルト（ハイネの在パリ秘書）からルイ＝ナポレオンのクーデターについて通知を受ける。これ以後『ルイ・ボナパルトのブリュメール18日』の執筆開始（12）。 **ヴァイデマイヤー**，ニューヨークへ移住（11）。	蒙活動に戻っていく。 **マルヴィーダ・フォン・マイセンブーク**，ハンブルクの自由信仰教会に加入。フォイエルバッハ主義の立場から婦人運動を展開。この領域では，マイセンブークのほか，ハーナウのヘンリエッテ・ボック（革命中，同市で民主主義婦人協会を指導），そしてドイツ・カトリック教派のルイス・オットーペーターズらが，革命後ひき続いて自由信仰教会を足場に婦人解放を志していく。 **ウーリヒ，ヴィスリツェヌス，バルツァー**ら，プロイセン政府の度重なる弾圧を受け，活動の場を奪われていく。 この頃より，自由信仰教会の非政治化が進行し，政治団体としては冬眠状態に入っていく。 （やがて1859年から再び自由信仰者の活躍が目立ってくる）。

	ド イ ツ	諸 外 国	内外情勢
52	ケルンにて共産主義者同盟員に対する裁判（10. 4−11. 12）。被告11名中7名が有罪。この頃**マルクス**，『ケルン共産党裁判の真相』を著わしてプロイセン政府を批判。しかし，11月には同盟自体が事実上解体。 **ザクセ**，マグデブルク自由信仰教会の会議で，キリスト教でなく哲学（とりわけフォイエルバッハの人間主義）と科学とを普及せよと演説。 **バルツァー**，偽造紙幣所持の嫌疑で家宅捜索をうける。これによって自由信仰教会関係の極秘文書が警察の手	**マッツィーニ**，ロンドンを離れスイスへ。ミラノの労働者運動指導者と蜂起を企図。 **E. ジョーンズ**，『ピープルズ・ペイパ（人民新聞）』刊行（5）。チャーティスト運動を継続（−'58）。 **プルードン**，サント・ペラ	フランスにて，皇帝ナポレオン3世による第2帝　政（−'70）。ロンドン列国会議

そのほか	諸外国	内外情勢	51
L. フォイエルバッハ、革命渦中において実践的に講演した『宗教の本質に関する講演』を刊行。 ルーゲ、ロンドンでヨーロッパ諸国からの亡命民主主義者と交流。 ヘス、ロンドンにて共産主義者同盟のヴィリヒ・シャッパー派につき、『旧社会の最後の審判』起草。 ヴァイトリング、アイオワ州クレイトンでコロニー「コムニア」建設に参加（—'54 失敗して脱退）。 エヴァーベック、『ドイツとドイツ人』パリ。 テヒョウ、『ニューヨーカー・シュターツ・ツァイトゥング』に論説『来たるべき戦争の概要』発表（9）。 L. ハイルベルク、ロンドンへ、フライリヒラートもロンドンへ。H. バウアーはオーストラリアへ移住。 ロートベルトゥス、『フォン・キルヒマンあての社会的書簡。第3篇—リカード地代論の反駁と新地代論の基礎付け』ベルリン。	指導者のE. ジョーンズが『ノーツ・トゥ・ザ・ピープル』紙を、ハーニーが『フレンド・オヴ・ザ・ピープル（人民の友）』紙を発行（後者はまもなく廃刊）。 マッツィーニ、ロンドンでイタリア国民委員会の新たな宣言を発表。またイタリア友の会設立。 バクーニン、オルミュッツ監獄で死刑判決をうけ（のち終身刑）、その後ロシアのペテロ・パウロフスク要塞へ。ニコライ1世の提案をうけ『告白』執筆。 ゲルツェン、独語で『ロシアにおける革命思想の発達について』発表。 プルードン、『19世紀における革命の一般理念』パリ。その中で＜統治の廃止（アナルシ）＞を説く。 ブランキ、『ラ・パトリ』に論説『人民に対する警告』を寄稿（2）。 コシュート、ロンドンに渡りチャーティストの歓迎をうける。	ポルトガルにて反乱、自由主義の方向に向かう（4—）。 オーストラリアで金鉱発見。 ロシアで、モスクワーペテルブルク間に鉄道開通。 第1回万国博覧会（ロンドン）。 フランスでルイ・ナポレオンのクーデター共和派の敗北（12）。 オーストリア、憲法を廃し、一時的に専制政治復活。	

	ドイツ	諸外国	内外情勢
52	中に落ちる。その後政府が、自由信仰者たちを、結社法違反、出版法違反、宗教および領邦教会侮蔑罪などで告訴。 ヴァイデマイヤー、ニューヨークにて『革命』誌発行。 ヴァイトリング、ニューヨーク、フィラデルフィアを中心に労働者同盟設立（5.1）。 ヘス、スイスからオランダへ。ベルギーに滞在（—'53）。 シュティルナー、『反動の歴史』。 H. ハーリンク（1830年代青年ドイツ派の指導者）、	ジ監獄を出る（6）。『12月2日のクーデターによって証明された社会革命』刊行と同時に即日発禁。ルイ・ナポレオンに発禁解除を要請し、認められる。 ゲルツェン、ロンドン郊外に移り住む（8）。年末から『過去と思索』の執筆を開	（シュレスウィヒ＝ホルシュタイン問題など）。 カヴール、サルディニア首相（—'61）。

	ド イ ツ	諸 外 国	内外情勢
52	ロンドンにて『労働者協会の発生および共産主義的投機によるその衰退』を刊行し，王党派以上に共産主義者を批判する。 **グツコウ**，『少年時代』。教育学者フレーベル (1782–) 没。	始 (–'68)。 **ツルゲーネフ**，『猟人日記』。 **ゴーゴリ** (1809–) 没。	第2次ビルマ戦争 (–'53)。
53	**マルクス**，バーゼルにて『ケルン共産党裁判の真相』刊行（1）。そのうちドイツ向けの 2000 部が押収され，再びボストンの『ノイ・エングラント・ツァイトゥンク』紙社から小冊子で刊行（4）。 G. A. **ヴィスリツェヌス**，キリスト教批判を理由に2ケ年の懲役刑を宣告されるが合衆国へ亡命。その後，**ペッシェ，F. シューネマン，A・ドゥーアイ**らの自由信仰者たちも合衆国へ亡命。 **ハイネ**，『流謫の神々』の仏語版が『両世界評論』で発表され，のち独語版刊行。また『告白』の執筆開始。 R. **ドゥーロン**，『北部および南部のわが教会へのあいさつ』ハンブルク。 B. **バウアー**，『ロシアとゲルマン』シャーロッテンブルク。 **マルクス**，イギリスでバクーニン・スパイ説が流れるが，これを否定しバクーニンを擁護。 ベルリン警察の官憲**ヴェルムート**と**シュティーバー**，調査報告書『19 世紀における共産主義者の陰謀』を公刊し，ヴァイトリング攻撃をはじめ，反共産主義（共和主義や急進的な政治思想をも含む）宣伝を行なう。 L. **ティーク** (1773–) 没。**ヴィリヒ**，ニューヨークへ。	**マッツィーニ**，ミラノでの蜂起に失敗。マッツィーニ派分裂。そのうち純粋派の同志とともに行動党結成（3）。再び蜂起を計画。 **ゲルツェン**，ロンドンに印刷所「自由ロシア出版所」を設立し，革命的プロパガンダを開始。また『洗礼をうけた財産』で農奴制廃止を要求するが，これを貴族と政府に訴える。 **プルードン**，ベルギーにて『進歩の哲学』刊行，フランス本国で輸入禁止となる。 **ゴビノー**，『人種不平等論』（パリ，全 4 巻 –'55)。	プロイセンにて労働保護法成立。 ロシア，トルコと開戦（クリミア戦争–'56) 英仏艦隊，ダーダネルス海峡に出動。米使節ペリー，浦賀に来る。露使節プチャーチン，長崎に来る。
54	**マルクス，エンゲルス**，クリミア戦争について種々の論説を起草。 **ヘス**，パリへ移り住む（6）。以後自然科学を研究し，政治的にはナポレオン3世に好意的な態度をとる。 **ハイネ**，『ルテーツィア，政治，芸術，民衆生活についての通信』をカンペ社から刊行。 **シェリング** (1775–)，スイスの避暑地ラガツにて没。**モムゼン**，『ローマ史』(–'56)。K. **カウツキー**生まれる。	**バクーニン**，牢獄にて壊血病にかかり，歯を失う。 F. **ラムネー** (1782–) 没。 **ガミジ**，『チャーティスト運動史』(–'55)。	普と墺，対露同盟を結ぶ。レセップス，スエズ運河開掘権を得る。

254

	ド イ ツ	諸 外 国	内外情勢
55	マルクス，エンゲルス，クリミア戦争の動向およびイギリス政府の対応について論説を発表していく。ヴァイトリング，1月に週刊から月刊に変えていた雑誌『労働者共和国』を廃刊（7）。 カブリストの回想録，各種の急進主義的，革命的文書をも公表。その一部はロシア本国へ流入。キルケゴール（1813—）没。F. オコナー（1794—）没。ポーランドの詩人ミツキエヴィチ（1798—）没。	ツルゲーネフ，バクーニンをモデルに小説『ルージン』執筆（'56発表）。ゲルツェン，ロンドンにて雑誌『ポリャルナヤ・スヴェズダ（北極星）』を発刊し，ベリンスキー，プーシキン，ルイレーエフ，レールモントフらの文章・詩を初めて印刷。またデ	サルデニア，クリミアへ出兵。イギリス，第1次パーマストン内閣（自由党—'58）。露軍，セバストポルを放棄。またこの年，ニコライ1世没，アレクサンドル2世即位（2）。
56	マルクス，ヨーロッパの経済恐慌について論説を連続して発表。ハイネ（1797—），パリにて没。ラウベ，戯曲『エセックス伯』。シュティルナー（1806—）ベルリンで没。アイヒホルン（1779—）没。	マッツィーニ，ジェノヴァへ潜行（6）。穏健派と協力して「中立の旗」のスローガンを掲げる。E. カベ（1788—），セントルイスで没。	パリ列国会議（1—3）。メキシコで内戦（—'60）。アロー号事件（—'60）。
57	マルクス，ヨーロッパを襲った経済恐慌をみて，いよいよ経済学研究に没頭，論文発表（のちの『経済学批判』）。L. フォイエルバッハ，『神統記—古典的・ヘブライ的およびキリスト教的古代の源泉にしたがっての』で，「唯物論が神々の根拠」と記す。A. シュトロットマン，『ハインリヒ・ハイネの活動と志望』ハンブルク。ケッペン，『仏陀の宗教』（—'59）。R・ハイム，『ヘーゲルとその時代』ベルリン。アイヒェンドルフ（1788—）没。ラサール，『暗き人ヘラクレイトス』。ドイツ国民協会創立。	プルードン，『正義』第1巻（春），第2巻（11）。マッツィーニ，ピサカーネ遠征に必要な武器を調達するため，ジェノヴァ・リヴォールノ要塞を奇襲するが失敗（5）。ロンドンへ亡命。ピエモンテ政府により死刑の欠席裁判。バクーニン，シベリア流刑，トムスクに居住（—'59），ゲルツェン，オガリョフとともに露字新聞『コーロコル（鐘）』を発行し，ロシア農奴解放を宣伝。ドブロリュボフ，チェルヌイシェフスキーと知り合い，『ソヴレメンニク』誌に関与。A. コント（1798—）没。	経済恐慌ヨーロッパ各国に拡大。アイルランドのフェニアン団（急進革命派）成立。ジェノヴァ，ナポリの民衆蜂起。国民連盟結成（マニンら）。フランス，アルジェリアをほぼ征服。セビリアにて大農民一揆発生。インドにてセポイの反乱発生。

	ド イ ツ	諸 外 国	内外情勢
58	D．F．シュトラウス，『ウルリヒ・フォン・フッテン』（全2巻）刊行，執筆時期は三月革命直前。 W．メンツェル，『最古より最近世までのドイツ文学』を刊行（—'59）し，'30年代の青年ドイツ文学派を愚鈍の徒輩と批判。 G．ジンメル生まれる。	プルードン，『正義』刊行，ただちに6000部売れる。ドイツで翻訳3000部刊行される。年末にブリュッセルへ移住。 R．オーウェン（1771—）没。チャーティストの最後のコンヴェンション（2）。	普王フリードリヒ＝ヴィルヘルム4世発狂。王弟ヴィルヘルム摂政。 ムガール帝国滅んで英領インド成立。 伊・仏間でプロンビェール密約（7）。
59	L．フォイエルバッハ，破産。その後ニュルンベルク近郊レッヒェンベルクへ移り，負債を負った生活を耐え忍ぶ。 ルーゲ，R．プルツ編集『ドイチェス・ムゼーウム』に論文『主要諸国民の自由』を載せ，オーストリア中心のドイツ統一を指向。 R．プルツ，『青年ドイツ派，過去と現在』を『現代ドイツ文学』第2巻としてライプツィヒで刊行。 マルクス，ベルリンにて『経済学批判』刊行。序文で唯物史観の公式を，本論で剰余価値学説を展開。 エンゲルス，イタリア統一戦争について論文を連続執筆，『ポー河とライン河』刊行。 50年代に冬眠状態だった自由信仰教会が，ドイツ・カトリック教派と連合して，自由信仰教会同盟を結成。 W．F．ジンテニス（1794—）没。	ブランキ，刑期満了するが再逮捕され，アルジェリアのマスカラへ流刑（4）。恩赦でパリへ戻り（8），次いでブリュッセル，ロンドンへ。 マッツィーニ，フィレンツェへ行き，南イタリア遠征を計画（8）。 バクーニン，血縁の東シベリア総督ムラヴィヨフ・アムールスキーの尽力により，トムスクからイルクーツクへ。 ゲルツェン，『コーロコル』に論文『シベリアのムラヴィヨフの暴虐』を載せ，ムラヴィヨフを批判。（バクーニン，ムラヴィヨフ弁護の手紙をゲルツェンに送る—翌年）。また『コーロコル』に論文『非常に危険だ』を発表，ロシアの平和的改革を擁護し，当時ドブロリュボフやチェルヌイシェフスキーの『ソヴレメンニク』紙が行なっていた革命宣伝に反対。 C．ダーウィン，『種の起源』。 J．S．ミル，『自由論』。 ミレー，＜晩鐘＞。	オーストリア，サルディニアに対し最後通牒，続いて攻撃開始。イタリア統一戦争勃発する。 ナポレオン3世，イタリア独立運動援助。ヴィアフランカ条約。 プロイセンにて，モルトケが参謀総長に就任（—'88）。 スペイン，モロッコに出兵（—'60）。 レセップス，スエズ運河起工。 日本で，安政の大獄またプロテスタントの伝来。
60	ルーゲ，『三国諸国民』。 マルクス，プロイセンの軍制改革およびイタリア統一戦争に関し論	トルストイ，プルードンを訪れロシア農奴解放について話し合う（4）。 マッツィーニ，ジェノヴァにて教皇領	プロイセン軍制改革。 アメリカにて，リ

第二部　年表・三月革命人

	ド　イ　ツ	諸　外　国	内外情勢
60	文執筆。 **エヴァーベック**（1816–）没。 **アルント**（1769–）没。 **ショーペンハウアー**（1788–）没。 **リープマン**，『カントにかえれ』。 **ブルクハルト**，『イタリア・ルネサンスの文化』。	への遠征隊編成を計画（5）。ナポリにて統一国民協会組織。また『イル・ポーポロ・ディタリア』刊行。ガリバルディ，イタリア独立戦争で征服した両シチリー等をサルディニア王に献上（11）。ツルゲーネフ，『ロシア農奴解放についての最後の私見』。	ンカーンが大統領に当選。反対派の南部諸州離脱。英仏連合軍，北京占領。北京条約（ロシアとも）。
61	**シュトルーフェ**，アメリカにてリンカーン大統領の熱狂的支持者となる。 **E.　バウアー**，特赦をうけイギリスから帰国，プロイセン政府の官職に就く。 **マルクス**，アメリカ南北戦争について連続して論文を執筆（–'65）。 **ムント**（1808–），ベルリンで没。 **シュタール**（1802–）没。 **サヴィニー**（1779–）没。 **ヒンリヒス**（1794–）没。 **C.　L.　ミシュレ**編集，ベルリン哲学協会機関誌『思想』刊行（ベルリン，–1868／71）。 **ラサール**，ライプツィヒにて『既得権の体系』刊行。 **J.　J.　バッハオーフェン**，シュトゥットガルトで『母権論』刊行。 自由主義者，進歩党結成。 60年代に入り，三月革命人の老齢化が進行。	**マッツィーニ**，『著作集』刊行開始（ミラノ，–'71）。 **プルードン**，『戦争と平和』刊行。またナショナリズム批判のためゲルツェンやバクーニンらと疎遠になる。 **ブランキ**，パリにて秘密結社活動を理由に逮捕され，サント・ペラジ監獄に下る。 **バクーニン**，シベリアを脱出，年末までにロンドンのゲルツェンのもとへ。 **チェルヌイシェフスキー**，農民一揆を目撃して初めて農民主体の革命を構想。ペテルブルクで創刊された『ヴェリコルース（大ロシア人）』紙にかかわり，憲法制定議会などを要求（**ヴェリコルース派**）。またピーサレフを招き『ソヴレメンニク』紙に関与させる。 ーフェ（バーデン蜂起），J.　ヴァイデマイヤー（共産同），A.　ヴィリヒ（共産同），A.　シーメルプフェーニヒ（バーデン蜂起），F.　ジーゲル（バーデン蜂起），C.　シュルツ（バーデン蜂起）ほか。	イタリア王国成立（2）。カヴール（1810–）没（6）。ロシアで農奴解放令。アメリカで南北戦争（–'65）。北軍に加わった三月革命人…A.　ヤコービ（共産同），A.　ベッカー（共産同），H.　ベルンシュタイン（『フォアヴェルツ』編集人），L.　ビスキー（労働者友愛会），F.　ベッカー（バーデン蜂起），G.　シュトル
62	**ルーゲ**，『昔の時代』（全4巻–'63）刊行。 **ヘス**，『ローマとイェルサレム』刊行。これにより新たにシオニストと	**マッツィーニ**，ローマに対するガリバルディの挙兵に協力するためルガーノへ。 **バクーニン**，ロンドンでツルゲーネフ	ビスマルク，プロイセン首相に就任（–1890）。ロンドンにて第3

	ド イ ツ	諸 外 国	内外情勢
62	してデビュー。 ベルネ（'36没），『全集』刊行。 ラサール，『労働者綱領』講演，出版（6）。没収，ラサール宅の捜索。 マルクス，ロンドンへ来たラサールと会うが，意見の一致をみず（7）。 ラサール，ロンドンからベルリンへ戻り，憲法問題で「今や何を為すべきか」を講演（11―）。	と会う。まだ『コーロコル』に論文『ロシア，ポーランドおよびすべてのスラヴ人の友へ』の前半を発表。また『人民の事業―ロマノフか，プガチョフか，ペステリか？』刊行。この頃よりゲルツェンと対立し出す。ペテルブルクのヴェリコルース派，新たにゼムリャ．イ．ヴォーリャ（土地と自由）党を結成，指導者ラヴロフ，ソロヴィエヴィチ兄弟ら，機関紙『スヴァボーダ（自由）』。 ツルゲーネフ，『父と子』。 ユゴー，『レ・ミゼラブル』。	回万国博覧会。 第1次サイゴン条約（フランス，コーチシナの一部を領有）。
63	マルクス，『在ロンドン・ドイツ人労働者教育協会のポーランド人に関する檄』起草（10）。 ヘス，ラサールがライプツィヒに設立した全ドイツ労働者協会に関与する。またケルン労働者協会の全権委員として，同市とデュッセルドルフで宣伝・演説（6），これを『労働の権利』と題して刊行（7）。さらにミュールハイムでも演説（11），これは『社会・経済改革について』と題して刊行。パリの『ゾツィアル・デモクラート』に寄稿（12―'66）．J．グリム（1785―）没。 ケッペン（1808―）没。 ラサール派に属する三月革命人...ヘス，ヘルヴェーク，ノートユンク，P．G．レーザーほか。	プルードン，『連合の原理』刊行（2）。3週間ほどで6000部の売行き。年末にバクーニンと会う。 バクーニン，ポーランド蜂起の報に接し，支援のためロンドンからストックホルムへ向かう（2）。同地にて結社活動。その後イタリアにてガリバルディに会い，ポーランド解放への協力を要請。 チェルヌイシェフスキー，小説『なにを為すべきか』を獄中で起草し，自由恋愛を説く。ロシアにおける婦人解放運動の起点となる。 ルナン，『イエスの生涯』。 ハックスリ，『自然界における人間の地位』。	ポーランドで蜂起発生（1）。ロシア軍がこれを鎮圧。リンカーン，奴隷解放宣言（1），ゲッチスバーグの演説（11）。イギリス軍，鹿児島砲撃。
64	第1インターナショナル（国際労働者協会），ロンドンに創設（9．28―'76） マルクス，『国際労働者協会創立宣言』同協会の『暫定規約』起草（10）。 マルクス，ロンドンに来たバクーニン	プルードン，年初に新しい民主主義評論誌の刊行を計画。11月にバクーニンと会う。 バクーニン，フィレンツェに移住（―'65）。秘密結社社会革命同盟を企図。エリゼ・ルクリュ，これに加盟。	シュレスウィヒ・ホルシュタイン争（6）。

	ド イ ツ	諸 外 国	内外情勢
64	に『共産主義者宣言』を数部渡し、第1インターへの協力を要請。 **ヘス**、第1インターでマルクス派を支持し、バクーニン、プルードンと対立。 **第1インターに協力する三月革命人**…シャヅパー、プフェンダー、エッカリウス、F. レス—)ナー（以上共産同）、M. リッテンクハウゼン（『新ライン新聞』協力者）、J. P. ベッカー（バーデン・プファルツ蜂起参加者）ほか。K. **ゾルダン**（1808—）没。W. **ヴォルフ**（1809—）マンチェスターで没。ラサール（1825—）、決闘で没。 **マックス・ウェーバー**（—1920）生まれる。	**マッツィーニ**、第1インターナショナルの結成に参加、しかしマルクス派と対立してまもなく脱退。 **トルストイ**、『戦争と平和』（—'69）。 B. **オブライエン**（1804—）没。	ウランゲル、普墺連合軍を指揮。 ロシアで、ポーランド農奴解放。ゼムストヴォ設置。 フランスで労働者の「60人宣言」。 ジュネーヴ協定（スイス人アンリ・デュナンの提唱による国際赤十字同盟成立）。 四国艦隊、下関砲撃。
65	R. **ヴァーグナー**、1848年のドイツ革命をユダヤ人によるフランスからの輸入品とし、その意義を公然と否認。<トリスタンとイゾルデ>作曲。 **マルクス**、『賃金・価格および利潤』起草、また『ジョンソン大統領への国際労働者協会のあいさつ』（5）。 ライプツィヒにて最初の婦人団体（除48年期）成立。	**ブランキ**、脱走しブリュッセルへ。 **バクーニン**、フィレンツェからナポリへ移り、国際同胞団を組織。その綱領として『革命の教理問答』起草。雑誌『自由と正義』発行。 **ゲルツェン**、ロンドンを去りヨーロッパ各地を遍歴（夏—'69）。 **プルードン**（1809—）没。この年『労働者の政治的能力』刊行、その中で、労働者の団結を批判、現体制からの分離を主張。	アメリカで奴隷解放令（1）。リンカーン暗殺。 ガスタイン条約（シュレスウィヒ・ホルシュタインの普墺共同管理）。 ビアリッツ条約（ナポレオン3世とビスマルク）。 ドイツで鉄道路14000キロに達する。 イタリア、フィレンツェに遷都（トリノから）。
66	第1インター・ジュネーヴ大会（第1回大会）。 **エンゲルス**、『労働者階級はポーランドについて何を為すべきか』（3—5）。 L. **フォイエルバッハ**、『神・自由・不死』出版。中風の発作に襲われる。 **ルーゲ**、『ドイツ国民に告ぐ、宣言』をハンブルクで刊行し、	**マッツィーニ**、共和同盟設立（9）。また『ローマ人へ』の宣言で共和主義的統一を訴える（12）。 パリのブランキスト、ラ・ルネサンスのカフェにおいて非合法集会を開き、41名が逮捕される（11）。こののちブランキストによる新たな秘密結社結成。 **バクーニン**、ナポリにて『民族の教理問答書』起草。また反マッツ	普墺戦争（6—7）。 プロイセンにて国民自由党結成（9）。党首ベニクセン。ビスマルクの与党化。 **国民自由党に協力する三月革命人**…H. ベッカー、H. ビュルガース、J. ミーケル、K. ヴァラウ（以上共産同）、G.

259

	ド　イ　ツ	諸　外　国	内外情勢
66	対オーストリア，対ドイツ連邦の戦争を主張，小ドイツ主義的立場を表明。ビスマルクの対墺政策を支持。ビスマルク的統一国家の中に，ヘーゲル的人倫の実現を期待。またベルリンで『初期著作集』刊行。 自由信仰者**ウーリヒ**，全ドイツ労働者協会第4回結成記念大会に，マグデブルク労働者協会代表として出席。 **ヴァイデマイヤー**（—1818），米で没。	ィーニ闘争を強化。またこの頃からスペインの労働者運動中にバクーニンの影響力が及び始める。 **ドストエフスキー**，『罪と罰』。 **スメタナ**，＜うられた花嫁＞。 ップ（以上自由信仰運動共感者），O. リューニング（『ヴェストファーリシェ・ダンプボート』編集人），A. ルーテンベルク（『ライン新聞』編集人）ほか。ロシアにて，皇帝暗殺未遂事件（4）。	G. ユンク，E. マイエン，B. バウアー，A. ルーゲ，D. F. シュトラウス（以上ヘーゲル左派），R. ハイム，F. カ
67	**マルクス**，『資本論』第1巻をハンブルクで刊行。 **エンゲルス**，ドイツに旅行。『資本論』のため新刊書評を起草（『ツークンフト』，『ライン新聞』，『エルバーフェルト新聞』，『デュッセルドルフ新聞』，『ベオバハター』等へ）。 **ヘス**，全ドイツ労働者協会を脱退。 **グリュン**，ジュネーヴの民主主義者の大会でバクーニンと会う。	**バクーニン**，ヨーロッパ各国の民主主義者による**平和自由連盟**第1回大会（ジュネーヴ）に出席（9）。ここで中央集権国家の打倒と，社会革命による自由・平和の達成を訴える。また『連合主義・社会主義・反神学主義』刊行。 **ヨハン・シュトラウス**，＜美しく青きドナウ＞。 スウェーデンの**ノーベル**，ダイナマイト発明。	北ドイツ連邦成立。オーストリア＝ハンガリー二重帝国成立。カナダ自治領（ドミニオン）成立。アメリカ，ロシアからアラスカ買収。パリ万国博覧会。南アフリカでダイヤモンド発見。プロイセン，国民自由党結成。
68	L. **フォイエルバッハ**，『道徳哲学』完成。 **ヘス**，第1インターナショナル・ブリュッセル大会で，マルクスの『資本論』を労働者に宣伝。 **マルクス**，『国際労働者協会とイギリス労働者組織との結合』（10）。 **エンゲルス**，『ラサール派労働総同盟の解散によせて』（10）。 **ヴァイトリング**，ニューヨークで新たに結成された社会党の執行委員に選出されるが辞退。**ヴィーンバルク**，精神疾患にかかる。 R. **ヴァーグナー**，＜ニュルンベルクのマイスタージンガー＞。	**バクーニン**，第1インター・ジュネーヴ支部に加盟。ベルンの平和自由連盟第2回大会に出席，そのブルジョア的性格をみぬいて脱退。あらたに**国際社会民主同盟**結成。マルクス，この行動を非難。 **ピーサレフ**（1840—），バルチック海岸で溺死。	ドイツ関税同盟再建。スペインで王位継承戦争（—'70）。イギリスで，第1次ディズレリ内閣（保守党，2—12），第1次グラッドストーン内閣（自由党，12—'74. 2）。日本で，明治維新。

第二部　年表・三月革命人

	ド　イ　ツ	諸　外　国	内外情勢
69	A．ベーベルとW．リープクネヒトにより，**ドイツ社会民主主義労働者党**（アイゼナハ派）創立。 **マルクス**，『ルイ・ボナパルトのブリュメール18日』第2版への序文。 **エンゲルス**，『ザクセンの炭鉱における鉱山労働者組合についての報告』（3）。 **マルクス**，『第1インターナショナル総務委員会の第4回バーゼル大会への報告』（9）。 **ヘス**，第1インターナショナル・バーゼル大会出席。バクーニン派に反対。 **ヨゼフ・ディーツゲン**，『人間の頭脳労働の本質』をマンハイムにて刊行。 **ヴァイトリング**，仕立職に使う機械の改良を行ない若干の特許をとるが，シンガーミシン社等に不当な価格で奪いとられる。G．**ファイン**（1803—）没。**ヘングステンベルグ**（1802—）没。	**バクーニン**，ネチャーエフと交流（—'70）。『コーロコル』復刊を計画。この出版社からバクーニン訳のロシア語版『共産主義者宣言』刊行。また国際社会民主同盟をひとまず解散し，これをインターナショナル支部に改組。バーゼルでのインター第4回大会にてマルクス派と公開論争（9）。 **ゲルツェン**，パリに住む。『古い同志への手紙』でバクーニンの無政府主義を拒否，マルクス指導のインターナショナルに注目。また小説『ドクトル・死につつある者と死者たち』。 マルクス，エンゲルスと終生の同志であり続けたチャーティストのE・ジョーンズ（1819—）没。 **J・S・ミル**，『女性の解放』。 仏の文学者**サントブーヴ**（1804—）没。 **ラマルティーヌ**（1790—）没。 伊の哲学者**カッタネオ**（1801—）没。	イギリスにて国教廃止。スペインにて結社の自由が認められ，カタロニアを中心に労働組合が急速に拡大。アメリカで大陸横断鉄道完成。スエズ運河開通。日本で版籍奉還，官制改革。
70	**ヘス**，社会民主労働党機関誌『フォルクスシュタート』に論文『社会革命』を連載。普仏戦争の際，フランスを追放されブリュッセルへ移る。 **エンゲルス**，マンチェスターでの事業を廃しロンドンへ移る。また普仏戦争に関し『戦役雑記』の執筆続行（7—'71．2）。K・**シャッパー**（1812—）没。 **マルクス**，『第1インターナショナル総務委員会第1宣言』起草（8．7），『第2宣言』（9．9）。 J．**フェネダイ**，『フランス（第1）共和政下におけるドイツ人共和主義者』。 R．**ドゥーロン**（1807—）没。	**マッツィーニ**，北伊，シシリーで蜂起に失敗，逮捕（8），釈放（10），亡命。 **ブランキ**，秘かにパリへ戻る（8）。『祖国は危機に瀕す』紙創刊（9）。パリ市庁舎占拠事件後（10），地下へ潜入。 **バクーニン**，ジュラ連盟結成『国家とアナーキー』執筆開始（—'73）。 **ゲルツェン**（1812—），肺炎をおこしニースで没（2．2）。 A．**バルベス**（1809—）没。 バルセロナにて，インターナショナル・スペイン地方連盟発足。またロシアでも支部結成。 **レーニン**（—1924）生まれる。	普仏戦争（7—'71．5）。フランスにて第3共和国成立（9．4—1940）。イタリア軍のローマ占領，教皇領併合（統一完成）。ロシア，黒海中立破棄宣言（10）。

261

	ド イ ツ	諸 外 国	内外情勢
71	マルクス，パリ・コミューンに関する『第3宣言』（『フランスの内乱』（6）にまとめられる）を起草（5.13）。 マルクス，エンゲルス，第1インターナショナル・ロンドン大会（9.17—23）のために『総務委員会への提案』，『暫定的決議案』起草（9.9）。 ヘス，パリへ戻る（12）。以後自然科学を研究。 O・デューリング，『経済学と社会主義の批判的歴史』。 ニーチェ，『悲劇の発生』。 モムゼン，『ローマ国法』（—'88）。 ヴァイトリング（1808—），新年早々にインターナショナル・ニューヨーク支部の親睦会に出席し（1.22），その数日後，ニューヨークで没（1.25）。最期まで革命職人でとおす。 A．ベッカー（1814—），シンシナティで没（3.26）。	マッツィーニ，週刊誌『人民のローマ』をローマで刊行させ，これでパリ・コミューン誇よびバクーニン派インターナショナリストを攻撃。 ブランキ，軍事法廷で欠席裁判を受け死刑宣告（3.9），潜行中を逮捕される（3.17）。 バクーニン，パリ・コミューンを，国家否定のひな型として支持。『鞭のゲルマン帝国と社会革命』（第1分冊）を起草し，汎ゲルマン主義を糾弾。またコミューンを攻撃したマッツィーニに対し，『マッツィーニへの回答』を起草。ソンヴィリエにジュラ連合の大会を開き，『ソンヴィリエ回章』を採択。 ルイ＝ブラン，共和派として国民議会に出，アルザスのドイツへの割譲に反対。 N．I．ツルゲーネフ（1789—），パリにて没。 P．ルルー（1797—）没。	ドイツ帝国成立（1）。帝国憲法発布（4）。パリ・コミューン（3.18—5.27）。イギリスにて労働組合法制定。日本にて廃藩置県（7）。岩倉ら欧米派遣。
72	エンゲルス，『ソンヴィリエ大会とインターナショナル』起草（1.10）。バクーニン派を批判。また『住宅問題』起草。 インターナショナル・マルクス派，秘密回状『いわゆるインターナショナルの分裂』でバクーニン派を弾劾，これを各支部へ送付。 インターナショナル・ハーグ大会にて，マルクスの報告に基づきバクーニンとギョームの除名を決議，あわせて総評議会のニューヨーク移転の決議（9）。インターナショナル，事実上の崩壊。L．フォイエルバッハ（1804—）没。 D．F．シュトラウス，『古い信仰と新しい信仰』で反キリスト教的立場貫徹。 ウーリヒ（1799—）没。ヴィーンバルク（1802—），シュレスウィヒで没。	バクーニン，チューリヒにてロシア同胞団（社会民主同盟スラヴ支部）設立。またショー＝ド＝フォンでジュラ連合大会開催。また『インターナショナルとカール＝マルクス』執筆。 全アナキスト国際大会，サン＝ティミエで開催（9）。スペインでアナキスト運動拡大。同時にスペインで最初のマルクス主義組織新マドリード連盟結成。 マッツィーニ（1805—），ピサで没（3.10）。	ベルリンにて三帝会同（独・墺・露）。フランスで国民皆兵制。日本で学制頒布。太陽暦採用。

	ド イ ツ	諸 外 国	内外情勢
73	マルクス，エンゲルス，『社会民主同盟と国際労働者協会』（ハーグ大会報告）でまたもバクーニンを攻撃。 エンゲルス，『カリオストロ・バクーニン』を『フォルクスシュタート』に連載。また『バクーニン主義者の活動』（10），『自然弁証法』（—'83）執筆。 ニーチェ，『反時代的考察』（—'76）。	バクーニン派，独自にインター・第6回大会をジュネーヴで開催。ロシア同胞団分裂。『ジュラ連合の同志たちへ』で引退を表明。 J．S．ミル（1806—）没。	三帝同盟成立（6）。独で文化闘争発生。西で第1共和制。
74	エンゲルス，ラヴロフに対し，バクーニン派に妥協的すぎると批判。また『亡命者文献1—5』起草（—'75）。特に2の『ブランキ派コミューン亡命者の綱領』で，革命的少数者の一揆，独裁を批判（6．26）。 マルクス，バクーニン著『国家とアナーキー』綱要（—'75）。D．F．シュトラウス（1808—）没。 B．バウアー，『キリストとローマ帝国』ベルリン。 A．H．ホフマン（1798—）没。カッシラー生まれる。	バクーニン，ボローニャの蜂起に参加。ルガーノへ移る。 ロシアでナロードニキ運動おこる。 スメタナ，交響詩＜わが祖国＞。ムソルグスキー，組曲＜展覧会の絵＞。	全独労働者組合解散命令。独で鉄鋼カルテル成立。西でセラノ独裁。
75	アイゼナハ派・ラサール派合同し**ドイツ社会主義労働者党**樹立。ゴータ綱領採択。 マルクス，『ゴータ綱領批判』（ドイツ労働者党綱領評注）起草（4—5）。 ルーゲ，一時期待を寄せていたビスマルク帝国に対する非難を開始。 ヘス，（1812—），パリにて没。G．A．ヴィスリツェヌス（1803—）米で没。 ヘルヴェーク（1817—），バーデンで没。これについてG．ヴァイス『ヘルヴェーク追悼の辞』刊行。グツコウ，『回顧録』ベルリン。	アメリカで労働党結成。	英，スエズ運河の株式買収。日本，露と千島樺太交換条約（5）。
76	エンゲルス，『ヴィルヘルム・ヴォルフ』。 D．F．シュトラウス（74没），『文学的回想』ボン。 R．ヴァーグナー，＜ニーベルンゲンの指環＞初演。 ブラームス，交響曲第1番。	バクーニン（1814—），瑞ルガーノにて没（7．1）。 ジョルジュ・サンド（1804—）没。	フィラデルフィアで万国博覧会。
77	マルクス，『オチェチェストヴェンヌイエ・ザピスキ（祖国雑誌）』編集部への手紙（11）。 リープクネヒト，ベルギーのガンで開催の世界社会主義大会に出席（クロポトキンも出席）。 ウランゲル（1784—）没。トゥールック（1799—）没。	L．H．モーガン，『古代社会』ニューヨーク。 ゴビノー，『ルネサンス』。 E．ゾラ，『居酒屋』。 バジョット，『経済学の要請』。	露土戦争（4—'78）。インド帝国成立。
78	エンゲルス，『反デューリング論』。 A．ヴィリヒ（1810—）没。 グツコウ（1811—）没。H．レオ（1799—）没。 ニーチェ，『人間的，あまりに人間的』。	レッキー，『18世紀のイギリス史』（—'90）。 ファーブル，『昆虫記』（—'10）。	ベルリン列国会議（6—7）。

	ド　イ　ツ	諸　外　国	内外情勢
79	ベーベル，『女性と社会主義』。 W. マール，反ユダヤ主義者としてパンフレット『ゲルマン人に対するユダヤ人の勝利』刊行。**反セム同盟結成**。 トライチュケ，『19 世紀ドイツ史』（—'95）。ユダヤ人問題でモムゼンと論争。ローゼンクランツ（1805—）没。	ナロードニキの分裂，**人民の意志派**結成。ニヒリストの処刑始まる。 マドリードにて，40 人ほどのマルクス主義者，**スペイン社会党**を結成。 ドストエフスキー，『カラマーゾフの兄弟』。 スペンサー，『倫理学原理』（—'93）。	独墺同盟。 「ラ＝マルセイエーズ」，フランス国歌となり国祭日（7. 14）を制定。
80	エンゲルス，『空想から科学への社会主義の発展』刊行。 マルクス，『古代社会』（モーガン）摘要（—'81.3），**人類学研究の本格化**。 B. バウアー，『ビスマルク時代についての方向付け』ケムニッツ。 ルーゲ（1802—），英ブライトンで没。 ランケ，『世界史』（1—2 巻）。	ロシアにて，**人民の意志派**，帝宮爆破を企図。 ミラノにて，職工党結成。 ブランキ，パリにてブランキストの集会に出，帰宅後に脳溢血に襲われる（12. 27）。	南アのボーア人による反英暴動発生。 英で第2次グラッドストーン内閣（自由党）。 モロッコ，独立宣言。
81	マルクス，V. I. ザスーリッチへの手紙（3.8）。古代共同体ミールに注目。 エンゲルス，『ビスマルクとドイツ労働者党』執筆（7. 23）。 ベーベル，『シャルル・フーリエ』。 G. キューネ，『青年ドイツ派・回想』を『ヴェスターマンス・モナーツヘフテ』第50 号で発表。 F. ヘッカー（1811—），アメリカで没。	スペインにて，**スペイン地方労働者連盟（FTRE）**結成，5 万人以上の加入をみる。 ナロードニキ**人民の意志派**，アレクサンドル2世暗殺。 スイスのコアールにて世界社会主義大会開催。リープクネヒトらが臨席。 ブランキ（1805—），パリにて没（1. 1）。	三帝協商（独・墺・露—'87）。 ルーマニア王国成立。 仏，チュニジア占領。 アラビ・パシャの乱。
82	B. バウアー（1809—），ベルリンで没（4. 15）。これに関し**エンゲルス**，『チューリヒ・ゾツィアルデモクラート』紙上に『バウアー追悼の辞』を掲載。 マルクス，『文明の起原』（J. ラボック）摘要。ファトケ（1806—）没。	バクーニン（'76 没），『神と国家』。 アイルランド国民同盟結成。 ガリバルディ（1807—）没。 ルイ＝ブラン（1811—），カンヌで没。 モーパッサン，『女の一生』。 イプセン，『民衆の敵』。	独墺伊三国同盟。仏にて経済恐慌発生。 コンスタンチノープル列国会議（エジプト同盟）。
83	マルクス（1818—），ロンドンで没。これに関してエンゲルス，『マルクス葬送の辞』発表。さらに『ゲオルク・ヴ	スペインにて，バクーニン派への弾圧。 イギリスにて，**フェビアン協会**創立。	清仏戦争（—'84）。 全インド国民協議会成立宣言。

	ド イ ツ	諸 外 国	内外情勢
83	ェールト, ドイツ・プロレタリアートの最初のすぐれた詩人』発表。 R．ヴァーグナー（1813—）没。 ニーチェ,『ツァラトゥストラかく語りき』。 ディルタイ,『精神科学序説』。 社会民主党機関誌『ノイエ・ツァイト』創刊（—1923），編集者K．カウツキー（1917以降，H．クーノー編）。	G．ゲード,『社会奉仕と社会主義』。 ハインドマン,『イギリスに知ける社会主義の歴史的基礎』。 Ｉ．Ｓ．ツルゲーネフ（1818—），パリにて没。	グリーニチを万国子午線に制定。スーダンで独立運動。
84	エンゲルス,『家族・私有財産・国家の起原』刊行。また,『マルクスと1848—49年の新ライン新聞』執筆。	イギリスでW．モースら社会主義者同盟結成。	ベルリン列国会議。
85	マルクス（'83没），『資本論』第2巻（エンゲルスによって）刊行。 ヒーレブラント,『青年ドイツと小ドイツ 1830—60』。 G．アドラー,『初期社会主義的ドイツ労働運動史』。ブレスラウ，三月革命人，すでに研究対象となる。	ベルギーにて労働党結成。ヴィクトル・ユゴー（1802—）没。 A．ソレル,『ヨーロッパとフランス革命』（—'92）。	第1回インド国民会議開催。英，スーダン放棄。
86	エンゲルス,『資本論』第1巻英訳完成。 ルーゲ（'80没），ベルリンにてP・ネールリヒ編『往復書簡』（全2巻）。ニーチェ,『善悪の彼岸』。 F．ヴェール,『青年ドイツ派』。ランケ（1795—）没。	アメリカにて鉄道ゼネスト。労働総同盟（AFL）結成。	仏で陸相ブーランジェ。 露，バツームを基地化。
87	バルツァー（1814—）没。グリュン（1817—）没。 E．カーラー,『ヴィルヘルム・ヴァイトリング，煽動と学説』チューリヒ。ニーチェ,『道徳系譜学』。 E．エルスター編集,『ハイネ全集』ライプツィヒ。 テンニエス,『ゲマインシャフトとゲゼルシャフト』。	C．ペクール（1801—）没。 E．ゾラ,『大地』。 A．アントワーヌ，フランスで自由劇場創立（—'96）。	露独再保障条約。 伊，対エチオピア戦争。
88	エンゲルス,『ルートヴィヒ・フォイエルバッハとドイツ古典哲学の終結』。 J．ディーツゲン（1828—），シカゴで没。	スペイン社会党発足。その系列下に労働者総同盟（UGT）結成。	伊，独と軍事協定。
89	エンゲルス,『ブルジョアジーの隠退』執筆（9—10）。ドイツ社会民主党を中心に第2インターナショナル創立。オーストリアのアドラー，ロシアのプレハーノフ，フランスのロンゲら協力。 A・ヒトラー（—1945）生まれる。 この頃までに，エンゲルスを除いて，三月革命人のことごとくが物故。	チェルヌイシェフスキー（1828—），長い流刑生治から解かれた直後に没。 パリにて第1回メーデー。スウェーデンで社会民主党結成。ショウ編集,『フェビアン社会主義論集』。	ワシントンで第1回汎米会議。 西で普通選挙（—1920）。 パリ万国博覧会。

	ド　イ　ツ	諸　外　国	内外情勢
90	ドイツ社会民主党の称正式発足（10）。この年，社会主義者鎮圧法（'78–）が廃止され，また議会主義路線に向かい，大躍進。 P. バルト，『ヘーゲル歴史哲学およびマルクスとハルトマンまでのヘーゲル学派』ライプツィヒ。 P. ネールリヒ，『フォン・トライチュケ氏と青年ドイツ派』ベルリン。L. v. シュタイン（1815–）没。	トルストイ，『クロイツェル・ソナタ』。 マーシャル，『経済学原理』。	独でビスマルク引退。 露でゼムストヴォ法改悪（弾圧政治の開幕）。
91	社会民主党，エルフルト大会で新綱領採択。党内に修正主義発生。 G. ブランデス，『青年ドイツ派』ライプツィヒ。 R. ハイム，『マックス・ドゥンカー』ベルリン。	ホブスン，『近代資本主義の発展』。 モリス，『ユートピア便り』。	露仏同盟，シベリア鉄道着工。
92	E. ベルンシュタイン，『ラサール全集』刊行（–'93）。 ブロース，『ドイツ革命』シュトゥットガルト。 プレールス，『青年ドイツ派，一つの精神史』。シュトゥットガルト，ベルリンで労働者暴動（2）。	T. クーパー（1805–）没。カタロニア農民反乱。ランカシャーで織工スト。	露仏軍事協定。
93	エンゲルス，チューリヒの第2インター第3回大会に出席，閉会演説。 J. シュタムハンマー，『社会主義・共産主義ビブリオグラフィー』イエナ。 F. メーリング，『レッシング伝説』シュトゥットガルト。	英で独立労働者党結成。バルセロナでアナキストの直接行動，テロ激化。オーストリア＝ハンガリーにて，自由労働組合連合結成。	独で，企業集中，独占の進展。 西，モロッコ出兵。
94	マルクス（'83没），『資本論』第3巻（エンゲルスによって）刊行。 ヴァイトリング（'71没），『貧しき罪人の福音』新版，ミュンヘンで刊行される。 チェシコーフスキ（1814–）没（3）。 ヘレーネ・ランゲ（1848–1930）指導下で，ドイツ婦人協会同盟成立。	ウェッブ，『労働組合運動史』。 オランダにて，社会民主労働党結成。 モリス，『社会主義についての手紙』。	ドレフュス事件。 米で鉄道ゼネスト。 日清戦争（–'95）。
95	L. P. ベッツ，『フランスのハイネ』チューリヒ。 エンゲルス（1820–），ロンドンで喉頭ガンのため没（8.5）。この年に発表した『フランスにおける階級闘争』への序文（3）で，19世紀前・中葉に支配的だったバリケード戦を，時代遅れになったと総括。 F. ヴォルフ（1812–）没。	仏で労働総同盟（CGT）結成（9）。 露でレーニン，労働者階級解放闘争同盟結成。	キール運河開通（独海軍拡張の開始）（6）。

〈付録1〉
本書に関する邦語雑誌論文目録（1924—1981）

筆　者	論　題	発表誌名	号数
1924			
久留間　鮫造	ヘーゲルの哲学史とマルクスの経済学史	大原社会問題研究所雑誌	2—2
1925			
平井　　新	マルクス社会学説の起源並にこれに対するヘーゲル，フォイエルバッハ，シュタイン及びプルードンの影響	三田学会雑誌	19—3
1926			
土田　杏村	ヘーゲル哲学とマルクス，レーニンの弁証法的唯物論	社会科学（改造社）	2—8
1929			
大江　清一	新ヘーゲル学派の立場	理想	12
新明　正道	マルクスとヘーゲル—おぼえがき—	理想	9
二木　保幾	ヘーゲルからマルクスへの「唯物論的」展開の認識的意味に就いて	理想	9
1930			
石津　照璽	ヘーゲルとキェルケゴールの対比	理想	20
1931			
赤松　　要	ヘーゲル弁証法とマルクス	理想	22
本荘　可宗	ヘーゲルと唯物弁証法	理想	22
本多　謙三	フォイエルバヅハのヘーゲル批判	思想	113
1939			
村岡　　哲	シュタイン改革思想の性格	西洋史研究（東北帝大）	14
1941			
村岡　　哲	ドイツ・ロマンティクと復古政治	文化（東北帝大）	8—6
1947			
武市　健人	ヘーゲルとマルクスの弁証法	哲学評論（民友社）	2—2
1948			
舩山　信一	ヘーゲルとマルクスの歴史観—ヘーゲル歴史哲学の地位—	哲学評論	3—4
矢田　俊隆	1848—49 年のドイツ革命の研究について	歴史学研究	136
1950			
廣実　源太郎	獨逸自由主義の性格	西洋史学	6
山上　正太郎	マルクスとミシュレ	歴史学研究	145

筆　者	論　題	発 表 誌 名	号　数
1951			
林　　健太郎	三月革命と社会主義	西洋史学	11
1952			
平 井 俊 彦	フォイエルバッハと市民革命	経済論叢（京都大）	69―3・4
本 郷 廣太郎	F．v．ハルデンベルクの政治思想とその構造	史学（慶大）	25―4
1955			
家 永 修 次	ゲオルク・ビュウヒナァ《行動と文学》	ドイツ文学	11
寺 坂 精 二	ローンの体験せる三月革命とその影響	史学研究（広島大）	52
林　　健太郎	1848―49 年のドイツ革命に関する最近の研究	史学雑誌（東京大）	62―10
藤 田 健 治	キェルケゴールのヘーゲル批判	一橋論叢	30―2
1954			
伊 東　　勉	単一ドイツ共和国―1848 年のドイツ統一問題―	歴史評論	60
1955			
難波田 春 夫	スミス・ヘーゲル・マルクス	経済学の進歩のために（東京都商科短大）	1―1
吉 田 静 一	フランスにおける初期マルクス研究の動向	経済論叢	75―6
1956			
伊 東　　勉	1848 年のドイツの労働運動	歴史評論	73
同	ハイネとマルクス（上）・（下）	歴史評論	80, 81
千代田　　寛	48 年革命とゲルヴィヌスの悲劇	史学研究	64
難波田 春 夫	ヘーゲルとマルクス	経済学の進歩のために	2―3
1957			
伊 東　　勉	ゲオルク・ビューフナー―ドイツにおける革命的民主主義―	歴史評論	87
小 林 敢一郎	ビュヒナーのリアリズムについて―『ダントンの死』を中心として―	ドイツ文学	19
徐　　先 堯	イエナ時代のフィヒテとロマン主義精神の発生	西洋史研究（東北大）	復 3
中 尾 隆 司	ヘーゲルとキェルケゴール	神戸山手女子短大紀要	2
平 井 俊 彦	ゲオルク・ルカーチ『若きマルクスの哲学的発展について』	経済論叢（京都大）	75―5

筆　者	論　題	発表誌名	号　数
廣実源太郎	Vormärz における社会主義	史林（京都大）	40—4
藤野　渉	ヘーゲル哲学に対するマルクス主義の関係 ―東ドイツにおける討論について―	研究論集（名大・文）	18
村岡　哲	カントの国際主義の性格とゲンツの平和論	歴史	15
1958			
大野精三郎	Hegel＝Marx の労働把握とその射程	経済研究（一橋大）	9—3
桜井啓造	1848 年のドイツ革命と諸外国	歴史教育	6—12
末川　清	三月革命期における封建的賦課廃棄の運動 ―シュレージェンを中心として―	西洋史学	37
時永　淑	マルクスのヘーゲル批判―「経済学・哲学手稿」 にかんする一考察―	経済志林（法政大）	26—2
廣実源太郎	ボルンとシュレッフェル―三月革命における労 働運動の一断面―	学芸学部紀要（和歌 山大）	8
藤井一行	プレハーノフのベリンスキー研究	歴史学研究	220
古田哲一	1848 年の救貧法改正	歴史教育	6—12
森田　勉	ウィルヘルム・ワイトリングの革命思想―「空想 から科学への社会主義の発展」の一過程	研究紀要（三重大・ 学芸）	20
山中隆次	マルクス『学位論文』（1841 年）について	経済研究	9—2
良知　力	フォイエルバッハのヘーゲル批判によせて	経済志林	26—3
1959			
畑　孝一	モーゼス・ヘスの社会主義	一橋研究	5
森田　勉	社会的正義のユートピア―ウィルヘルム・ワイト リングの共産社会―（1），（2）	法政論集（名古屋 大）	12, 13
山中隆次	少壮ヘーゲル学派のヘーゲル批判―その一典型 としてのA. ルーゲ（1802—1880）	経済理論（和歌山 大）	51, 52
1960			
秋山博愛	メッテルニヒ時代の保守と革新	文学論集（関西大）	10—1
工藤　保	フランクフルト国民議会について	世界史研究（熊本 大）	25
栗城寿夫	三月前期のバーデンの憲法に診ける二元主義 （1），（2）	法学雑誌（大阪市 大）	7—1, 2
末川　清	プロイセン立憲化過程におけるライン・ブルジョ アジー	立命館文学	183
高坂正堯	イギリスとウィーン体制	国際法外交雑誌	59—3

〈付録1〉本書に関する邦語雑誌論文目録（1924—1981）

筆　者	論　題	発 表 誌 名	号 数
高　橋　正　立	ワイトリングの生涯と『調和と自由の保証』	経済論叢（京都大）	85―6
同	プロレタリア階級意識の端緒的成立―ワイトリングの社会思想（下）	経済論叢	86―1
千代田　　寛	ダールマンとゲルヴィヌス―フォアメルツの自由主義的歴史思想の一考察―	史学研究（広島大）	77・78・79合
同	ダールマン『政治論』の史的分析をめぐって	西洋史学	45
東　畑　隆　介	シュテファン・ボルンとドイツ労働運動	史学（慶大）	32―4
成　瀬　　治	初期自由主義と「身分制国家」―ヴュルテンベルク憲法の成立をめぐって―	文学部紀要（北大）	8
林　　　達	ドイツ三月革命前の企業家と労働者（1）	経済学論纂（中央大）	1―2
廣　実　源太郎	フランクフルト国民議会の成立	史泉（関西大）	20・21
三　浦　つとむ	ヘーゲルの法理論とマルクス主義―実践における意志の対象化の問題―	思想	438
水　崎　節　文	19世紀初期におけるプロイセン議会制構想	法政論集（名大）	15
水　田　　洋 & 安　藤　悦　子	リカードゥ派社会主義・初期社会主義文献目録1	経済科学（名大）	8―1
望　田　幸　男	19世紀前半期プロイセン保守主義の一考察	西洋史学	47
山　中　隆　次	「ライン新聞」時代のマルクス（1842～43年）（上），（下）	経済理論（和歌山大）	58, 59
1961			
市　村　　仁	ゲオルク・ビュヒナーの『ダントンの死』をめぐって	埼玉大学紀要	10
古　賀　秀　男	チャーティストとインタナショナリズム―「友愛民主主義協会」の歴史から―	西洋史学論集（九州大）	11
小　林　正　敏	近代における革命独裁の展開	経理経営論集（中央商科短大）	3
坂　本　義　和	ウィーン体制の精神構造―メッテルニヒの思想的特質―	『政治思想における西欧と日本』（上）東大出版会	
住　谷　一　彦	フリードリヒ・リストの歴史認識について	経済学研究（立教大）	15―1
畑　　孝　一	モーゼス・ヘスにおける人間の自己疎外把握について―ヘスとマルクスとの関係に関する考察―	一橋論叢	46―1

〈付録1〉　本書に関する邦語雑誌論文目録（1924—1981）

筆　者	論　題	発 表 誌 名	号　数
村　岡　　哲	Urburschenschaft（1815—19）の本質と意義	西洋史学（日本西洋史学会）	48
同	1817年のワルトブルク祝祭について		
山　中　　隆	最近のヘス研究から	歴史教育	9—1
同	ヘスとマルクス—経済的疎外観を中心として	経済理論	60
		経済理論（和歌山大）	62・63
ラ　ー　ピ　ン　1962	マルクス「ヘーゲル法哲学の批判から」草稿執筆の時期について	経済論叢（香川大）	34—1
飯　田　　鼎	初期マルクス研究に診けるひとつの問題—フェルダー「1848年の革命前夜におけるマルクスとエンゲルス」における"真正社会主義"の解釈について—	三田学会雑誌	55—3
石　黒　英　男	G．ビュヒナー『ヴォイツェック論』—叙事的ドラマへの萌芽—	ドイツ文学研究（日本独文学会東海支部）	2
佐　藤　茂　行	プルードンにおける分業と機械—マルクスのプルードン批判について—	経済学研究（北大）	12—1
谷　萩　　操	三月革命における主権闘争—ドイツ自由主義への一視角—	歴史研究（茨城大）	30
千　代　田　　謙	A．ド・トクヴィルとL．フォン・シュタイン	西洋史研究（東北大）	7
東　畑　隆　介	F．v．シュタインの「都市条令」について	史学（慶大）	35—2・3
野　地　洋　行	モーゼス・ヘスにおけるフランス社会主義	三田学会雑誌	55—8
畑　　孝　一	オーギュスト・コルニュのヘス研究	一橋研究	8
平　井　　新	若きマルクスとサン・シモニズム—マルクシズムとフランス社会主義との関係に関する研究の一節—	三田学会雑誌	55—3
廣　実　源太郎	三月革命におけるハンガリー—とくにベーメンとの比較において—	西洋史学	55
藤　巻　和　夫	ヘーゲルとフォイエルバッハにおける人間把握の問題	倫理学年報	11
細　見　　英	ヘーゲル市民社会論とマルクス	立命館経済学	11—1, 2
村　岡　　哲	フィヒテにおける戦争と平和の問題	学術研究（早大）	11

筆　者	論　題	発　表　誌　名	号　数
村　岡　　哲	ゲーテと学生運動	学術研究	11
森　田　　勉	ワイトリング研究とワイトリングの革命思想	研究紀要（三重大・学芸）	25
1963			
多　田　真　鋤	フランクフルト国民議会と Heinrich von Gagern の政治思想	法学研究	36−12
千代田　　寛	三月前期におけるドイツのブルジョア政治思想の一考察	史学研究（広島大）	88
畑　　孝　一	ヘスとマルクスにおける人間観と労働観	一橋論叢	50−1
同	ヘスとマルクスの方法について	一橋研究	10
林　　　達	ドイツ市民革命について	経済学論纂（中央大）	4−4
廣　松　　渉	マルクス主義と自己疎外論	理想	364
同	マルクス主義認識論のために	季刊唯物論研究	15
政　本　達　佳	三月革命と労働運動—ゴットシャルクを中心として—	史海（東京学芸大）	9
三　浦　和　男	ヘーゲルとマルクス（上），（下）	思想	469，476
同	「人間疎外」の観点からなされるマルクス解釈への疑問	哲学（三田哲学会）	43
1964			
飯　田　　鼎	正義者同盟成立の歴史的意義（その1）	三田学会雑誌	57−5
猪　木　正　道	マルクス政治理論の形成と発展（一）	法学論叢（京都大）	75−2
河　野　　真	シェリング・ヤコビ論争	紀要（広島大）	23−1
末　川　　清	三月革命期におけるライン自由派の政治的性格	桑原武夫『ブルジョワ革命の比較研究』（筑摩書房）	
谷　萩　　操	19世紀前半におけるドイツ保守主義の考察	歴史研究（茨城大）	31
長　瀬　英　三	シュチルナーのフォイエルバッハ人間主義批判	紀要（京都学芸大）	A・25
樋　口　謹　一	ヨーロッパ・ブルジョア革命の国際関係—作業仮説づくりのための一試論—	人文学報（京都大）	20
向　井　　守	ヘーゲル左派としてのマルクス	桑原武夫編『ブルジョワ革命の比較研究』（筑摩書房）	
村　岡　　哲	フランクフルト騒擾（1833）の史的評価について	文研紀要（早大・院）	10

筆　者	論　題	発 表 誌 名	号　数
矢　田　俊　隆	ドイツ三月革命と自由主義	『年報政治学・近代革命の再検討』（岩波書店）	
1965			
泉　谷　周三郎	人間疎外論の形成過程―マルクス初期二著作を中心として―	倫理学研究	13
上　山　春　平	マルクス史観のヨーロッパ的性格	思想	489
上　山　安　敏	19 世紀前半に知けるドイツ知識社会と歴史法学派	法学論叢（京都大）	78―1·2合
川　本　和　良	ライン繊維工業における直接的生産者の状態と「三月運動」	歴史学研究	300
孝　橋　正　一	フォイエルバッハの神学批判と人間学的宗教	社会問題研究	14―1
同	マルクス主義の宗教批判とキリスト教・仏教	社会問題研究	14―3
田　中　清　助	サン・シモンとマルクス	思想	492
千代田　　寛	ドイツ統一期に知ける自由主義思想の危機の一考察―ゲルヴィヌスと国民自由主義者との論争をめぐって―	紀要（広島大）	24―2
富　沢　賢　治	初期マルクスとキリスト教（二）	一橋論叢	53―2
同	弁証法における主体の問題―初期マルクスのヘーゲル批判―	一橋論叢	53―6
同	ヒューマニズムと階級闘争理論―「ライン新聞」時代のマルクスにみる両者の論理連関	一橋研究	11
半　田　秀　男	弁証法・批判・実践―若きマルクスにおける哲学の精神―	思想	498
廣　実　源太郎	19 世紀ヨーロッパの自由主義と民族主義	歴史教育	13―11
廣　松　　渉	唯物史観の根本発想	明治	7
松　下　　亮	ハイネの「イギリス断章」	人文紀要（佐賀大）	1
森　田　　勉	Vormärz の革命的民主主義―George Büchner の社会思想の形成―	研究紀要（三重大・学芸）	32
同	市民的世界像から社会主義的世界像への《脱出》―ゲオルク・ビュヒナーの社会思想	法政論集（名大）	31, 32
山　中　隆　次	チェシュコフスキーのヘーゲル批判―マルクスへの道として―	経済理論（和歌山大）	88
山　本　晴　義	疎外論の歴史的考察―ヘーゲル・フォイエルバッハ・マルクス―	理想	387

筆　者	論　題	発 表 誌 名	号　数
良　知　　力	初期マルクス発展史ノート（1）—主として東ドイツの同時代資料について—	経済志林（法政大）	33—2
渡　植　彦太郎	マルクス「経済学・哲学草稿」についての覚え書	商経論叢	1—1
1966			
稲　葉　四　郎	マルクスにおける人間の自己疎外	経済研究	45
井　上　正　蔵	ハイネとマルクス—「貧しき織工」をめぐって	人文学報（都立大）	55
大　谷　瑞　郎	ブルジョア革命の類型に関する一試論	武蔵大学論集	13—5
同	ブルジョア革命論と「二つの道」論	武蔵大学論集	13—6
城　塚　　登	「市民社会」のイメージと現実	思想	504
田　中　清　助	サン・シモンとマルクス（続）	思想	499
同	科学的社会主義の成立	思想	503
花　崎　皋　平	唯物論的歴史観の全体的構想について—ドイツ・イデオロギー」第一章新版から	思想	505
平　井　　新	形成期のマルクスとその周辺—その一・「プロレタリヤ」観—	三田学会雑誌	59—8
廣　松　　渉	初期エンゲルスの思想形成	思想	507
前　田　光　夫	三月前期南ドイツの憲法制度（一）	法学雑誌（大阪市大）	12—3
見　野　貞　夫	人間疎外論と経済学批判—経済学史における社会の歴史とマルクス個人の体系	商経学叢（近畿大）	31
森　田　　勉	ゲオルク・ビュヒナーの歴史観研究の展望	歴史学研究	308
同	ゲオルク・ビュヒナーの歴史観—唯物論的決定論的歴史観と人間の役割の把握	歴史学研究	317
良　知　　力	パリ時代のマルクスにたいする監視記録—モスクワ・マルクス＝レーニン主義研究所に保存されたプロイセン機密国家アルヒーフ	土地制度史学	33
渡　部　光　男	キルケゴールとヘーゲル左派	酪農学園大学紀要	2—2
同	キェルケゴールの教会闘争の一側面	哲学	3
同	キェルケゴールとヘーゲル左派	キェルケゴール研究	3
1967			
後　藤　修　三	プルードンのウィーン体制観（上）・（下）	三田学会雑誌	60—1, 4
坂　井　栄八郎	クールヘッセンにおける農民と農民解放	史学雑誌	76—6, 7
坂　本　慶　一	プルードンとマルクス	経済学論集（竜谷大）	7—1

〈付録1〉本書に関する邦語雑誌論文目録（1924—1981）

筆　者	論　題	発　表　誌　名	号　数
柴　田　高　好	マルクスの国家論—初期のばあい—	現代の理論	44
城　塚　　　登	自己疎外の論理と唯物史観	唯物史観	5
永　島　栄　一	ドイツ・ロマン主義文学とロマン主義歌劇	流通経済論集	2—2
橋　本　　　剛	ヘーゲル的転倒の再検討とマルクス主義の成立	北海学園大学学園論集	11，12
畑　　　孝　一	ルカーチとコルニュのヘス研究	横浜商大論集	1—1
廣　実　源太郎	ベーメンとチェッヒ民族主義—三月革命の前提として—	西洋史学	73
廣　松　　　渉	「ドイツ・イデオロギー」の編輯について—東ドイツ新版の出現を機に—	思想	516
同	初期マルクス像の批判的再構成	思想	520
同	弁証法の唯物論的転倒はいかにして可能であったか	現代の理論	4—6
藤　井　一　行	ベリンスキイとヘーゲル美学（1）	一橋論叢	58—2
藤　野　　　渉	マルクスの疎外概念（上），（下）	思想	512，514
フライテンシュティン	ヤーコプ・ブルクハルトと1848年の革命	上智史学	
細　見　　　英	マルクスとヘーゲル	立命館経済学	12
森　川　喜美雄	プルードンとマルクス—プルードン『貧困の哲学』を中心として—	経済学史学会編『＜資本論＞の成立』（岩波）	16—1
森　田　　　勉	階級的法・国家論の生成—ゲオルク・ビュヒナーの政治思想—	法政論集（名大）	38
安　川　悦　子	労働運動と階級意識	思想	520
山　中　隆　次	ヘスとマルクス—ドイツ古典哲学とフランス社会主義の結合を中心として—	経済学史学会編『＜資本論＞の成立』（岩波）	
良　知　　　力	初期マルクス発展史ノート（2）—ブルーノ・バウアーの批判「無神論者ヘーゲル」を中心に	経済志林（法政大）	35—1
同	Carl Heinzen, Marx Charakteristik	経済志林	35—2
渡　部　光　男 1968	キェルケゴールの思想的背景としてのフランツ・フォン・バーダー	キェルケゴール研究	4
河　野　健　二	思想史の視角から—ルソー・プルードン・マルクス—	『思想史と現代』（ミネルヴァ書房）	

筆　者	論　題	発 表 誌 名	号 数
川　村　　勤	シュタインと反ナポレオン運動	西洋史研究（東北大）	10・11合
隈 元 忠 敬	フィヒテ晩年の知識学	文学部紀要（広島大）	28—2
小　林　　昇	青年リストとロイトリンゲン（1），（2）	立教経済学研究	22—2 23—1
コヴァレーフスキー	マルクスとの出会い	歴史評論	209
坂 本 慶 一	初期マルクスとフランス社会主義	思想	534
東 畑 隆 介	プロイセン農民解放の理念について	史学（慶大）	41—2
廣　松　　渉	マルクス主義的唯物論とは何か—その成立事情と思想史的意義	思想	528
同	「疎外論」から「物象化論」へ	情況	9月号
望 月 清 司	『ドイツ・イデオロギー』における「分業」の論理	思想	534
柳　沢　　治	三月革命期における手工業者運動とその社会的経済的諸問題	社会科学研究（東京大）	19—5
山之内　　靖	カール・マルクスの社会科学体系における疎外論の地位—一つの覚書—	大塚久雄還暦記念論集Ⅲ『資本主義の思想構造』所収	
同	マルクス・エンゲルスのドイツ資本主義論—三月革命時代を中心として—	社会科学研究	20—1
同	マルクス・エンゲルスの世界認識—1847 年恐慌と2月革命—	思想	529
山 中 隆 次	初期マルクス思想の出立点	経済理論	108
山 本 晴 義	若きマルクスについて—マルクスとブルーノ・バウアーを中心に—	大阪経大論集	66
良　知　　力	マルクスと真正理論のテロリズム	思想	527
1969			
楠 井 敏 朗	カール・マルクスの画いた「プロレタリアによる現状克服」のための処方箋	土地制度史学	42
斉 藤 義 一	フィヒテの晩年の思想について	哲学研究（京大）	44—7
実 方 藤 男	疎外論と唯物史観	情況	5,11月号
千 代 田　寛	1815—19 年のプロイセン経済政策とその政治的・思想的背景	西洋史学	84

筆　者	論　題	発　表　誌　名	号　数
中 谷　　猛	トックヴィルとマルクス―「デモクラシー革命」と「社会革命」―	西洋史学	82
野 地 洋 行	初期マルクスにおける貨幣の批判―宗教批判から経済学批判へ―	三田学会雑誌	62―7
橋 本　　淳	キェルケゴールのキリスト教理解と「真理の証人」	四国学院大論集	15
久 場 嬉 子	F．リストにおける国民主義―その思想的背景について―	一橋論叢	61―3
平 田 清 明	マルクスにおける市民社会の概念について	経済研究	20―3
廣 松　　渉	マルクス主義における人間・社会・国家	情況	9・10月号
美 馬 孝 人	労働者状態論―リカードとマルクス―	経済論集	17―1
村 岡　　哲	1848 年の第 2 次ワルトブルク祝祭について	文研紀要（早稲田大・院）	15
村 上 淳 一	ドイツ「市民社会」の成立	法学協会雑誌	86―8
柳 沢　　治	三月革命期の反「独占」運動―雇職人運動の場合	明治学院論叢	171
山 田 坂 二	史的唯物論の再検討―階層問題を中心に―	思想	541
山 中 隆 次	マルクス思想の出立点―『学位論文』（1841）を中心に	経済理論（和歌山大）	108
山 辺 知 紀	フォイエルバッハの宗教批判の構造	経済論叢（京大）	103―1
吉 田 傑 俊	労働と疎外―そのヘーゲルとマルクスにおける形態―	神戸大学文学会研究	43
良 知　　力	ヘスは若きマルクスの座標軸たりうるか	思想	539
渡 部 光 男	19 世紀思想とキェルケゴール	実存主義	49
同	キェルケゴールの後書第 1 部の聖書観	キェルケゴール研究	6
1970			
大 井　　正	唯物史観の形成過程におけるマルクス著『ヘーゲル国法論の批判』（1843）―ヘーゲルからマルクスにおけるフォイエルバッハの役割にたいする一考察	政経論叢（明治大）	38―1～2
岡 田 与 好	19 世紀前半の社会	岩波講座・世界歴史	18
斉 藤　　孝	ウィーン体制の成立	岩波講座・世界歴史	18
同	ウィーン体制の変遷	岩波講座・世界歴史	18
坂 本 慶 一	初期マルクスの経済学形成とプルードン	思想	552
石 塚 正 英	「疎外論」から「唯物論」批判へ	立正大学歴史科学研会・大学祭パンフレット	

筆　者	論　題	発　表　誌　名	号　数
佐　藤　　誠	『3月前』期ドイツにおけるフォイエルバッハとマルクス	経済研究（九州大）	25
花　崎　皋　平	ヘーゲル哲学とマルクス主義―思想史的視角からの一考察―	思想	555
久　場　嬉　子	『新ライン新聞』と東ヨーロッパ諸民族の独立について―	一橋論叢	64―4
広　畑　光　男	唯物史観の実践的性格とは何か	構造	5月号
廣　松　　渉	マルクス主義革命論の原像―1848 年の武装闘争と永続革命論―	情況	4月号
増　谷　英　樹	西南ドイツ憲法闘争と自由主義	歴史学研究	367
水　田　洋　＆ 水　田　珠　江	ロマン主義とウィーン体制	岩波講座・世界歴史	18
水　田　　洋	幻想の市民社会―ドイツ＝オーストリア―	岩波講座・世界歴史	18
森　川　喜美雄	シュティルナー『唯一者とその所有』とマルクス―『ドイツ・イデオロギー』におけるプルードンの問題―	社会科学年報（専修大）	4
柳　沢　　治 1971	ドイツ3月革命の農業土地問題―「農民革命」の分析を中心にして	社会科学研究（東京大）	21―2・3合
浅　井　啓　吾	国家論におけるルソー・ヘーゲル・マルクス	経済系（関東学院大）	86
飯　田　貫　一	「疎外された労働」と「私的所有」	法学志林	69―1
今　村　仁　司	マルクス歴史理論の形成とフランス史分析（1）	人文学報（京都大）	32
大　井　　正	ヘスとマルクスとの関係について短篇	未来	55
岡　崎　勝　世	カール・インマーマンの思想―3月前期におけるドイツ小市民思想への一視角―	史学雑誌（東京大）	80―1
蔭　山　　宏	ドイツ・ピエティスムスにおける人間と社会（2）―ツィンツェンドルフに即して―	一橋論叢	66―4
河　野　健　二	1848 年と社会主義	岩波講座・世界歴史	19
喜　安　　朗	1848 年とヨーロッパ	岩波講座・世界歴史	19
佐　藤　茂　行	プルードンとヘーゲル主義	経済学研究（北大）	21―2
末　川　　清	ドイツにおける「改革」とウィーン体制	岩波講座・世界歴史	19
高　橋　孝　夫	『宣言』前夜の結社と思想	情況	9月号
田　畑　　稔	フォイエルバッハの宗教批判	待兼山論叢	4
寺　田　光　雄	三月前＝革命期におけるフォイエルバッハの問題	思想	559

筆　者	論　題	発　表　誌　名	号　数
千代田　寛	ゲルヴィヌス内乱罪裁判事件の史的考察	史学研究（広島大）	112
中　川　弘	唯物論的歴史観の形成と《パリ時代》のマルクス	商学論集（福島大）	40—2
畑　　孝　一	『21 ボーゲン』誌のヘスの三論文とマルクス『経済学・哲学草稿』（2）—私的所有の批判を中心として—	商学論集（福島大）	40—1
久　場　嬉　子	フリードリヒ・リストの世界史認識について	一橋論叢	65—2
廣　実　源太郎	ドイツ三月革命	岩波講座・世界歴史	19
同	オーストリア三月革命について	史林（京大）	54—5
松　尾　展　成	三月革命期およびフランス革命期のザクセンにおける農民運動	経済学雑誌（岡山大）	3—1
森　川　喜美雄	『哲学の貧困』・『アンネンコフへの手紙』	現代の理論	87
柳　沢　治	「三月革命」における保護主義とその歴史的基盤	土地制度史学（現・政治経済学）	52
同	ドイツ「自由貿易」論の社会的基盤	明治学院論叢経済研究	34
依　田　道　子	1848 年のルーマニア革命とアヴラム・ヤンク	社会科学討究（早大）	17—2
良　知　力	ヴァイトリンク研究・その基本文献	季刊社会思想	1—4
同	マルクス学位論文の一節によせて	一橋論叢	65—4
1972			
岩　本　勲	フランス革命的社会主義とマルクス主義	三重法経	28
大　谷　瑞　郎	ドイツ三月革命の見かた	武蔵大学論集	19—5・6
大　月　誠	1844 年のシュレージェンの織工一揆	社会科学研究年報（竜谷大）	2
小　川　浩八郎	マルクスとプルードン	経済	103
川　本　和　良	三月前期ライン地方における金融問題	『ドイツ資本主義の史的構造』所収	
坂　間　真　人	『ドイツ・イデオロギー』文献批判の意味	情況	1 月号
芝　田　陽	物象化論の哲学の地平	情況	1 月号
城塚・水田・杉原・山之内・廣松	（シンポジウム）社会思想史上のマルクス	季刊社会思想	2—1
前　田　光　夫	ユリウス・フレーベル「王制と国民主権」	水戸論叢（水戸短大）	7・8・9合
増　谷　英　樹	最近のドイツ三月革命研究の問題点—特に視点	人文学報（都立大）	89

筆　者	論　題	発 表 誌 名	号 数
	の問題に関して—		
諸　田　　　実	中部ドイツ商業同盟の形成と崩壊—ドイツ関税同盟前史の一駒—	商経論集（神奈川大）	8—3・4合
柳　沢　　　治	1840年代の保護関税論	経済研究（明治学院大）	35
山　中　隆　次	ブルーノ・バウアーとマルクス—ユダヤ人問題をめぐって—	経済理論（和歌山大）	127—131合
由　田　政　治	マルクス主義国家理論の形成過程（1）	島大法学	17
1973			
岩　淵　慶　一	マルクスの疎外概念とマルクス主義	現代の理論	4〜9月
遠　藤　輝　明	ブルジョア革命と市民	商経論集	8—3・4
大　井　　　正	マルクス主義の止揚—ヘーゲル学派の研究	現代思想	1—2
黒　沢　惟　昭	『ライン新聞』時代におけるマルクスの教育観	本州大学紀要	2
木　庭　　　宏	ハインリヒ・ハイネにおけるユダヤの問題—「ユダヤ人文化・学術協会」について—	『森川晃卿先生還暦記念ドイツ文学論集』（大阪市大・文）	
後　藤　　　洋	初期マルクスにおける「国民経済学批判」について	研究年報経済学	34—2
シュッフェンハウエル	ルードヴィヒ・フォイエルバッハにおける唯物論と自然考察	思想	593
千代田　　　寛	「ゲッチンゲン七教授追放事件」の史的考察—国家権力と大学—（その1）	広島大学論集	1
八　田　生　雄	ドイツ知識人と国民国家の理念	史林（京大）	56—5
阪　野　　　亘	初期マルクス国家論についての一考察—『ヘーゲル国法論批判』に知ける国家論・ビュロクラシー論・デモクラシー論—	阪大法学	85
藤　瀬　浩　司	ドイツ産業資本の確立と上からの革命	岡田与好編『近代革命の研究』（下）所収	
前　田　光　夫	ドイツ三月革命期における立憲君主制論	法学雑誌（大阪市大）	19—3・4合
牧　野　紀　之	ヘーゲルの概念とマルクスの賃労働者	思想	592

筆　者	論　題	発　表　誌　名	号　数
村　岡　　哲	マルクス主義とナポレオン	学術研究（早大）	22
森　川　喜美雄	プルードンとヒルデブラント	社会科学年報	7
柳　沢　　治	ドイツ三月革命における変革運動―その経済的内容―	岡田与好編『近代革命の研究』（下）所収	
1974			
岩　淵　慶　一	マルクス研究の二、三の問題	情況	5月号
大　井　　正	資料・ヘーゲル学派	季刊社会思想	3―3・4
片　桐　稔　晴	シュティルナーとヘス	現代思想	4月号
河　上　倫　逸	ドイツ型市民思想と法理論―歴史法学の思想的位置について―（1）～（3）	法学論叢（京都大）	95―1,3,4
阪　上　　孝	反国家主義の政治革命論	経済学雑誌（大阪市大）	70―3,4
坂　間　真　人	『ドイツ・イデオロギー』の今日的課題	情況	1月号
佐　藤　茂　行	マルクスのプルードン批判について	思想	598
佐　藤　　誠	『パリ草稿』についての一考察―科学としての経済学の形成に関する一試論―	経済学研究（九州大）	40―1
重　田　晃　一	廣松版『ドイツ・イデオロギー』の成果	思想	606
寿　福　真　美	ヘーゲルと》実践の哲学《―ルーゲの『法哲学批判』―	一橋研究	28
田　中　治　男	A．ルーゲとその時代―1840年代における政治的急進主義の形成（一）～（三）	思想	599,601,605
谷　口　健　治	三月前期のモーゼス・ヘス	史林（京大）	57―1
廣　松　　渉	『ド・イデ』と自己疎外論の超克	情況	7・8月号
同	『ドイツ・イデオロギー』の国家論―マックス・シュティルナーに関連して―	国家論研究（論創社）	5
美　馬　孝　人	若きマルクスにおけるルソーの克服について（1）	経済論集（北海学園大）	22―3
山　本　晴　義	最近の「若きマルクス研究」について―マルクスとモーゼス・ヘスを中心に―	大阪経大論集	98
良　知　　力	向う岸からの世界史―ヘーゲル左派とロシアー	思想	601
1975			
井　口　文　男	資料・ドイツ「三月革命」期の「基本権論」	法学論叢（京都大）	98・35
小　沼　大　八	フォイエルバッハのルター観	愛媛大教養部紀要	8

筆　者	論　題	発表誌名	号数
大　井　　正	ヘーゲル学派研究のための視座	政経論叢（明治大）	43–1～4
同	シュトラウスとバウアー	現代思想	11月号
同	シュトラウス著「イエスの生涯」における神話と教条	政経論叢（明治大）	44—2～4
大　藪　　渉	若きマルクスの国家観の転回	政治研究	22
カ　ス　ー	「群集」とドーミエ，プルードン，マルクス	知の考古学（社会思想社）	3
黒　沢　惟　昭	初期マルクスにおける『聖家族』の位置—過渡期の社会思想—	知の考古学	2
木　庭　　宏	ハインリヒ・ハイネをめぐるユダヤ人論議—同時代新聞・雑誌上の反響から（1820—1856）	論集（札幌商大）	15
小　林　清　一	リカードからマルクスへ—蓄積と再生産—	人文学報	39
高　橋　洋　児	『ドイツ・イデオロギー』と『資本論』	ノイエ・ツァイト	3
千代田　　寛	ドイツ自由主義における政治と思想—「三月前期」における立憲主義・ドイツ連邦・ドイツ関税同盟—	広島大学文学部紀要	特2
寺　田　光　雄	ドイツ三月革命期の思想史的考察—W. H. リールの社会像—	歴史学研究	417
別　府　芳　雄	青年ヘーゲル学派とマルクス（1）	研究論集（千葉敬愛短）	9
中　島　茂　樹	ドイツ市民革命期における「営業の自由」（1），（2）	法政論集（名大）	63・64
バ　ー　リ　ン	ロシアと1848年	知の考古学	4,7
廣　松　　渉	《ドイツ・イデオロギー》とその背景	知の考古学	1～3
同	マルクス・エンゲルスの思想圏	エピステーメ	1–1～2–10
望　月　清　司	『ドイツ・イデオロギー』の持分問題をめぐって	ノイエ・ツァイト	3
森　田　　勉	ビュヒナーの「人権協会」—社会革命運動の誕生—	知の考古学	2
柳　沢　　治	ドイツ革命（1848—49年）と市民層の分裂—西ドイツに知ける最近の成果から—	思想	613
山　辺　知　紀	マルクスにとってプルードン批判が意味したもの	金沢大学法文学部論集	21
良　知　　力	1848年ウィーンの秋（上），（下）	知の考古学	4,5
渡　辺　恭　彦	マルクス主義のフランス的源泉に関する最近の研	商学論集（福島大）	44–1

筆　者	論　題	発　表　誌　名	号　数
1976	究動向について		
浅 沼 由 和	1848年3月革命前夜のベルリンのギルド親方分解—主に繊維工業・衣服製造業を中心に—	史苑（立教大）	36—2
飯 田　　鼎	資料・初期マルクスの周辺—人類と階級の間—（1）	三田学会雑誌	69—5
大 井　　正	ヘーゲル学派の分裂。その発端について	政経論叢（明大）	45—1
同	D．F．シュトラウスのなかのヘーゲル	情況	11月臨
大 倉 正 雄	マルクス『ミル評注』における市民社会の止揚	経済学論集（立教大）	10
大 沢 正 道	マックス・シュティルナーの弁護	情況	11月臨
北 岡 甲子郎	「社会国家」の源流としてのL．v．シュタインの「社会王制」の理論	紀要（茨大・人文）	9
古 賀 秀 男	チャーティストとマルクス・エンゲルス	思想	620
柴 田　　翔	ノヴァーリスの政治思想	思想	620
シュラーヴェ	『ベルリン年誌』に見るヘーゲル学派の展開	情況	11月臨
末 川　　清	三月革命期における民主派の政治思想	立命館文学	375～6
関 根 協 子	青年ドイツ派のゲーテ批判（上）	論集（駒沢大）	5
武 井 勇四郎	チェルヌイシェフスキーの歴史哲学—ロシア・ヘーゲル左派—	情況	11月臨
谷 口 健 治	ヘスとマルクス	史林（京大）	59—1
寺 田 光 雄	フォイエルバッハの変革表象—急進的共和主義者らとの関係をとおして—	紀要（埼大・教養）	24
東 畑 隆 介	フリードリヒ・クリストフ・ダールマンの政治思想—三月前期の自由主義—	史学（慶大）	47—3
廣 松　　渉	プロレタリア独裁の歴史的基礎—マルクスとブランキ—	情況	9月号
藤 野　　渉	マルクスにおける市民社会の概念	思想	622
舩 山 信 一	フォイエルバッハにおけるヘーゲルと反ヘーゲル	情況	11月臨
別 府 芳 雄	青年ヘーゲル学派とマルクス（2）—ブルーノ・バウアー—	研究論集（千葉敬愛短大）	10
正 木 一 夫	初期のフリードリッヒ・リスト一覚え書—	商学研究・創立100周年記念号（西南学院大）	
柳 沢　　治	三月革命期における国民議会への請願書—封建	経済論集（明治学	25

筆　者	論　題	発　表　誌　名	号　数
	的諸負担の廃止について—	院大)	
山　本　広太郎	マルクスの『経済学・哲学草稿』について	経済学雑誌（大阪市大)	74—3
山　本　　　啓	ヘーゲルの国家観とアーノルト・ルーゲ	情況	11月臨
同	ヘーゲル左派と若きマルクス	国家論研究	8
良　知　　　力	48年革命における歴史なき民によせて	思想	628
同	ウィーン革命と労働者階級	『現代資本主義と国家』所収	
1977			
秋　山　博　愛	1848年のフランクフルト国民議会	文学論集（関西大)	26—1
足　立　武　雄	ドイツ「市民社会」の成立	報告（拓大・海外事情研)	13
石　川　三　義	青年ヘーゲル派ブルーノ・バウアーの哲学について	大学院紀要（明治大)	15
石　塚　正　英	バクーニンの「独裁理論」について	立正史学	41
同	政治的急進主義とキリスト教—19世紀前半期ヨーロッパにおける—	酒井三郎博士喜寿記念『世界史研究論叢』所収	
井　上　五　郎	『ヘッセンの急使』のこと	日本データバンク	ロ号
上　野　卓　郎	ヤーン像再検討の視点—西ドイツ体育史家の一つの試み—	一橋論叢	77—1
大　庭　　　健	共同存在に於る主体性と時間性—フォイエルバッハ・シュティルナー論争の意義—	倫理学年報	26
加　藤　克　己	『3月前期の文学』研究1—ビュヒナーその1。条件と課題—	専修人文論集	19
川　本　和　良	三月前期のプロイセンにおける「社会問題」と社会政策および中間層政策の展開（1），（2)	立命館経済学	26—5,6
久　保　久　次	1848年の革命運動におけるベルリンのブルジョアジーと労働者階級	学報（名古屋大)	28
末　川　　　清	1848年秋の「労働者友愛会」の立場—「社会問題」と民主主義の関連—	立命館文学	386〜390
原　田　　　実	マルクスにおける市民社会概念について（下)	中京商学論叢	24—1
別　府　芳　雄	青年ヘーゲル学派とマルクス（3）—フォイエルバッハ—	研究論集（千葉敬愛短大)	12

筆　者	論　題	発　表　誌　名	号　数
棒　　堅　二	若きマルクスにおける国家と民主主義―『ライン新聞』時代の政治思想―	法学ジャーナル（関西大）	21
細　谷　　　昂	唯物史観への道―『ドイツ・イデオロギー』までのマルクス・エンゲルス	『社会科学と諸思想の展開―世良教授還暦記念・下―』	
増　谷　英　樹	ドイツ「三月革命」期に於ける都市中間層の分裂―手工業者運動に於ける親方の道と職人の道―フ	論集（東京外大）	27
松　本　礼　二	ランス革命論の系譜―1789〜1830―	社会科学研究（東京大）	29―4
村　上　俊　介	ブルーノ・バウアーにおける自己意識の哲学―3月革命前夜の自由主義的『ラッパ』―	経済と法（専修大・院）	8
良　知　　　力	プルードン主義者カール・グリューン	現代思想	7
同	ガスト・アルバイターとしての社会主義	思想の科学	79
柳　　春　生	人民主権と独裁―ルソー・マルクス―	法政研究（九州大）	44―1
1978			
秋　山　博　愛	大ドイツ主義と小ドイツ主義	文学論集（関西大）	28―1
石　川　三　義	青年ヘーゲル派の政治批判とエドガー・バウアー	紀要（明治大・院）	16
石　塚　正　英	唯物論的歴史観再考察	立正西洋史	1
同	アーノルト・ルーゲのロマン主義批判―Vormärz における自由主義運動の1つの型―	立正史学	44
伊　藤　　　岩	いわゆる論理と歴史―唯物弁証法及び唯物史観再考―	経済論集（新潟大）	24
大　庭　　　健	ヘーゲル宗教哲学のバウアー的転覆	現代思想	12月号
河　野　健　二	1848年と資本主義の発展	思想	645
国　分　　　幸	チェシコフスキの行為の哲学	現代思想	12月号
坂　井　栄八郎	1848年の革命とドイツ諸国家―ドイツ市民革命論のためのノート―	思想	645
手　塚　　　真	ドイツ三月革命期における「自由派」と「民主派」―近代社会論の二類型について―	立教経済学論集	13
フォルグラフ	カール・マルクスとフリードリヒ・リストの経済理論	論集（大阪産業大）	48
藤　井　哲　郎	ヘーゲル左派の国政批判とジャーナリスト時代のマルクス（1），（2）	六甲台論集（神戸大）	24―4, 25―1

筆　者	論　題	発　表　誌　名	号　数
藤　田　幸一郎	西南ドイツ「市民社会」と「プロレタリアート」	人文学報（都立大）	127
別　府　芳　雄	青年ヘーゲル学派とマルクス (4) —モーゼス・ヘス—	研究論集（千葉敬愛短大）	14
星　野　　　智	シュティルナーに澄けるヘーゲル主義	現代思想	12 月号
同	シュティルナーのヘーゲル左派批判	理想	540
増　谷　英　樹	「三月革命」期における労働者運動の一側面—ベルリン「労働者中央委員会」の成立をめぐって—	思想	645
同	ドイツ「三月革命」期の労働者運動	歴史学研究	452
同	ドイツ「三月革命」期における産業別労働者の全国組織化の運動—タバコ製造工の場合	論集（東京外大）	28
松　原　智　雄	マルクス歴史理論の史的展開（その１）	経済学研究（北大）	28—2
村　上　俊　介	ブルーノ・バウアー批判としての『経済学・哲学草稿』	専修経済論集	13—1
森　宏　　　一	マルクス主義に先だつ社会主義思想の歴史	科学と思想	29
諸　田　　　実	資料・ドイツ関税同盟の成立にかんする２つの資料	経済貿易研究（神奈川大）	5
安　武　秀　岳	初期マルクスのプロレタリア概念の形成とトマス・スキドモア—アイゼナハ時代のアメリカに関する未公刊抜萃ノートから—	研究報告（愛知教育大）	27
柳　沢　　　治	三月革命期ドイツの小ブルジョアとその社会的意識	思想	645
山　本　　　啓	三月前期とヘーゲル，ルーゲの国家観	現代思想	12 月号
良　知　　　力	48 年革命における民族とプロレタリアート	社会思想史研究	2
同	1848 年にとってプロレタリアとは何か	思想	645
1979			
飯　田　　　鼎	良知力『向う岸からの世界史』	三田学会雑誌	72—5
石　川　三　義	ヘーゲルとブルーノ・バウアーの思弁哲学	紀要（明治大・院）	17
石　塚　正　英	アーノルト・ルーゲの自由主義批判	立正西洋史	2
同	Lichtfreunde について—1840 年代ドイツにおける合理主義信仰運動—	社会思想史研究	3
伊　藤　定　良	良知力『向う岸からの世界史』	歴史評論	354
岩　崎　允　胤	ショーペンハウエル—ワーグナー—ニーチェ—19 世紀ドイツ的思惟の一断面—	人文科学研究（一橋大）	19

〈付録1〉本書に関する邦語雑誌論文目録（1924—1981）

筆　者	論　題	発　表　誌　名	号　数
内　山　　　節	初期社会主義の労働者観	現代の眼	10月号
大　谷　瑞　郎	ドイツ三月革命論のために	武蔵大学論集	27—3・4・5合
川　本　和　良	三月前期のプロイセンにおける「社会問題」と社会政策および中間層政策の展開（3）	立命館経済学	28—2
喜　安　　　朗	良知力『〔共同研究〕1848年革命』	史艸（日女大）	20
条　　　康　久	市民社会の解体とヘーゲル哲学の崩壊	思想	656
佐々木　常　和	労働運動と共同決定構想の萌芽—1848年のドイツ工業条例草案を中心として—	経済学論集（神戸学院大）	11—3
重　田　澄　男	初期マルクスと市民社会批判—資本主義の発見（1）—	法経研究（静岡大）	27—3
同	初期エンゲルスと近代社会批判—資本主義の発見（2）—	法経研究	27—4
高　橋　秀　行	「三月前期」のプロイセン工業博覧会（2）	経済論集（大分大）	31—5
田　代　文　雄	1848年ハンガリー革命における少数民族問題	史潮（大塚史学会）	新5
田　中　吉　六	初期マルクスのフランス革命観の検討	国家論研究	18
谷　口　健　治	共産主義者同盟解散説の行方	史林（京大）	62—1
同	「イカリア」入植運動の顛末	社会運動史	8
チェシコフスキ	歴史学へのプロレゴメナ（1），（2）	法経論集（静大・短大）	42・43
別　府　芳　雄	青年ヘーゲル学派とマルクス（5）M.シュティルナー	研究論集（千葉敬愛短）	16
富　沢　一　弘	マルクス「経済学・哲学草稿」における「対象的な活動」の問題	横浜市立大学学生論集	21
中　西　　　毅	「ヴュルテンベルク憲法論」について—Fr.リストの憲法論（2）	経済学論叢（立教大）	15
水　田　　　洋	良知力『向う岸からの世界史』	歴史学研究	473
諸　田　　　実	初期リストの支持基盤—「ドイツ商人工場主協会」の支持者—	社会経済史学	45—2
柳　沢　　　治	良知力『〔共同研究〕1848年革命』	史学雑誌	88—12
1980			
青　柳　幸　一	ロレンツ・フォン・シュタインの社会国家論	法学研究（慶応大）	54—4
秋　田　　　清	マルクス「パリ草稿」とアダム・スミス	経済研究（九州大）	48
井　内　敏　夫	1846年のポーランド—クラクフ蜂起とガリツィア農民運動	東欧史研究	3

筆　者	論　題	発　表　誌　名	号　数
石 塚 正 英	Freie Gemeinde について—1848年革命前後のドイツにおける民主主義的自由信仰運動—	立正西洋史	3
稲 野 　 強	スロヴァキアにおけるスラヴ思想の変遷過程—1848 年のチェコ・スロヴァキア問題の前提として—	東欧史研究	3
川 越 　 修	三月前期ベルリンの救貧制度と「プロレタリアート」	経済学論叢 (同志社大)	29—1・2
神 田 順 司	行為の哲学とドイツ初期社会主義—チェシュコフスキー，ヘスに齢ける歴史構成の論理—	史学 (慶応大)	50 巻記念号
佐 藤 勝 則	三月革命期のオーストリアにおける農民解放とその帰結 (上)，(中)，(下の1)，(下の2)	人文学科論集 (茨城大)	13〜16
下 村 由 一	ドイツ三月革命期における「ユダヤ人問題」	人文研究 (千葉大)	9
高 橋 正 雄	共産党宣言の研究 (1)	論集 (東北学院・経)	82
田 代 文 雄	1848—49 年ハンガリー革命に知ける農奴解放の展開	東欧史研究	3
田 中 吉 六	初期マルクスのフランス革命観—「聖家族」を中心とする検討—	国家論研究	19
出 口 路 子	ドイツ三月革命におけるケルン労働者運動—「ケルン労働者協会」の活動	経済と法 (専修大・院)	12
東 畑 隆 介	ハノーファー王国の憲法紛争 (一)，(二)	史学 (慶応大)	49,50
廣 実 源太郎	良知力編『〔共同研究〕1848 年革命』	西洋史学	116
星 野 　 智	19 世紀のヨーロッパ＝ロシア像—ヘーゲル左派の「行為の哲学」の歴史観	法学新報 (中央大)	87—5・6
宮 下 啓 三	鎖を解かれた諷刺精神—1848 年のウィーン喜劇	芸文研究 (慶応大)	40
村 井 誠 人	デンマーク・1848 年	東欧史研究	3
村 岡 　 哲	「ハンバッハ祭」とハインリヒ・フォン・カーゲルン	研究シリーズ (早大・社研)	12
森 三十郎 (訳)	1849 年のドイツ帝国憲法	法学論叢 (福岡大)	24—4
矢 田 俊 隆	良知力『向う岸からの世界史—一つの 48 年革命史論』	史学雑誌	89—4
渡 辺 雅 男	初期ローレンツ・フォン・シュタインの階級社会論	一橋研究	5—3
別 府 芳 雄	青年ヘーゲル学派とマルクス (VI) 若きエンゲルス	研究論集 (千葉敬愛短大)	17/18

筆　者	論　題	発　表　誌　名	号　数
1981			
秋 山 博 愛	三月革命後 1848 年から 1849 年に澄けるオーストリアとプロイセン	文学論集（関西大）	31—2
石 塚 正 英	青年ドイツ派のサン・シモニズム受容とキリスト教批判	立正史学	48
同	19 世紀大衆叛乱とストライキの成立	インパクト	11
岩 淵 慶 一	最初期マルクスの疎外論（1）	文学部論叢（立正）	70
川 越 修	ドイツ三月前期の「職人労働者」	経済学論叢（同志社大）	29—56
河 上 睦 子	フォイエルバッハの宗教批判の意味―シュティルナーへの反論をめぐって	倫理学年報	29
喜 多 隆 子	フォイエルバッハの死の意味	待兼山論叢	15
木 村 周市朗	バーデン初期自由主義とフランツ・ヨーゼフ・ブス	経済研究（成城大）	75
近 藤 保 義	「パリ草稿」におけるマルクスの労働概念の一断面（I）	道都大学紀要（社会福祉学部）	4
佐々木 常 和	3月革命以前の共同決定構想―社会改革案との関連において―	経済学論集（神戸学院大）	12—4
新 谷 一 幸	19 世紀前半期ドイツにおける犯罪と刑罰に関する一考察	法学雑誌（大阪市大）	28—1
手 塚 真	三月前期の西南ドイツ自由主義の二重性とその限界	立教経済学研究	35—2
服 部 健 二	「純粋非理性批判」（Kritik der reinen Unvernunft）としての『キリスト教の本質』―フォイエルバッハの人間学的唯物論の倫理学（1）	立命館文学	437 ・ 438 合 併号
本 多 玄 白	フォイエルバッハにおける類概念の展開	社会科学論集	39
村 上 俊 介	ブルーノ・バウアーの「大衆論」と『聖家族』	経済と法（専修大・院）	14
山 梨 彰	『パリ草稿』における市民社会批判の方法と分業概念	一橋研究	51
良 知 力	革命とマスコミ―1848 年のウィーンをめぐって―1	本と批評	75
同	1848 年革命における地域と民衆	歴史学研究	別冊特集

〈付録 2〉
本書に関する邦語雑誌論文・図書目録（1982 年以降）

大井 正「ヘーゲル学派とローレンツ・シュタイン」政経論叢（明治大）50-5/6、1982

片桐稔晴「ブルーノ・バウアーと『自己意識の哲学』」経済学論纂 23-5、1982

滝口清栄「M・シュティルナーにおける唯一者と連合の構想──青年ヘーゲル派批判とその意義」法政大学大学院紀要 9、1982

油木兵衛「M・シュティルナーの＜教育＞観」米子高専研究報告 18、1982

石塚正英「スイスの青年ドイツ派―三月前期におけるドイツ統一への一つの努力」立正史学 52、1982

石塚正英「『三月前』期におけるドイツ革命の展望―ヘス・ヴァイトリング・マルクス」立正西洋史 5、1982

石塚正英『年表・三月革命人―急進派の思想と行動』秀文社、1983（本書『ヘーゲル左派という時代思潮』に増補再録）

石塚正英『三月前期の急進主義』長崎出版、1983

石塚正英「W．ヴァイトリングの解放同盟―1848 年を中心に」、村瀬興雄先生古稀記念西洋史学研究論叢『政治と思想』同記念会編、立正大学西洋史研究室、1983、所収

石塚正英「三月前期ユートピアンのマルクス批判」、石塚正英ほか編『マルクス思想の学際的研究』長崎出版、1983、所収

石塚正英「ヘルマン・クリーゲの根本思想―H・シュリューターの提供する本邦未紹介資料に即して」インパクション 29、1984

石塚正英「ヴィルヘルム・ヴァイトリングは Sozialbandit の末裔か―ホブズボームとキューターとを手がかりとして」立正西洋史 7、1984

石塚正英「三月革命人と 19 世紀アメリカ社会」立正史学 57、1985．

神田順司「モーゼス・ヘスとヘーゲル主義の問題―ヘーゲル左派における世界史構想の二律背反をめぐって」上下、史学 52‐3・4、53‐1、1983

近田錠二「アーノルト・ルーゲ研究の基本視座―東西ドイツにおける最近のルーゲ研究に寄せて」経済科学（名大）31-1、1983

フック著、小野八十吉訳『ヘーゲルからマルクスへ』御茶の水書房、1983

村上俊介「カール・グリュンにおけるプルードン主義―マルクスとの対立に即して」専修大学北海道短期大学紀要 16、1983

黒岩正昭・服部文男「『共産主義者同盟・文書および資料』の意義について」科学と思想 51、1984

ブルーノ・バウアー著、林真左事訳「類と大衆」社会思想史の窓 5・6、1984

村上俊介「カール・グリュンとブリュッセルのマルクス」（上）インパクション 32、1984

大井 正『ヘーゲル学派とキリスト教』未来社、1985

片桐稔晴「ブルーノ・バウアーと『ユダヤ人問題』―著作『ユダヤ人問題』におけ

る『自己意識の哲学』の展開」経済学論纂（中央大）26-4、1985

野村真理「後期モーゼス・ヘスにおけるユダヤ民族への回帰」一橋論叢 93-5、1985

石塚正英「ヴィルヘルム・ヴァイトリングにおけるキリスト教信仰の意味」、立正大大学史学会編『宗教社会史研究Ⅱ』雄山閣、1985.

油木兵衛「M・シュティルナーの初期著作」米子高専研究報告 22、1986

片桐稔晴「ブルーノ・バウアーと国家」経済学論纂 27-6、1986

林真左事「ブルーノ・バウアーをめぐる若干の問題」社会思想史の窓 21、1986

良知 力・廣松 渉編『ヘーゲル左派論叢』第 1 巻「ドイツ・イデオロギー内部論争」御茶の水書房、1986

モーゼス・ヘス著、山本耕一訳「最後の哲学者たち」（良知・廣松編『ヘーゲル左派論叢』第 1 巻所収）

マックス・シュティルナー著、星野 智・滝口清栄訳「シュティルナーの批評家たち」（良知・廣松編『ヘーゲル左派論叢』第 1 巻所収）

ブルーノ・バウアー著、山口祐弘訳「ルートヴィヒ・フォイエルバッハの特性描写」（良知・廣松編『ヘーゲル左派論叢』第 1 巻所収）

モーゼス・ヘス著、山本啓訳、ドットーレ・グラツィアーノの著作、A・ルーゲ著『パリの二年間、研究と思い出』（良知・廣松編『ヘーゲル左派論叢』第 1 巻所収）

良知 力・廣松 渉編『ヘーゲル左派論叢』第 3 巻「ユダヤ人問題」、御茶の水書房、1986

ブルーノ・バウアー著、篠原敏昭訳「ユダヤ人問題」（良知・廣松編『ヘーゲル左派論叢』第 3 巻所収）

カール・グリューン著、植村邦彦・篠原敏昭訳「ユダヤ人問題。ブルーノ・バウアーへの反論」（良知・廣松編『ヘーゲル左派論叢』第 3 巻所収）

グスタフ・ユリウス著、村上俊介訳「可視的人間教会と不可視的人間教会との争い、または批判的批判の批判の批判」（良知・廣松編『ヘーゲル左派論叢』第 3 巻所収）

モーゼス・ヘス著、野村真理・篠原敏昭訳「ローマとエルサレム」（良知・廣松編『ヘーゲル左派論叢』第 3 巻所収）

尾崎恭一「精神発達における自己意識の形成陶冶について――シュティルナーのヘーゲル受容」白山哲学（東洋大学）21、1987

良知 力・廣松渉編『ヘーゲル左派論叢』第 4 巻「ヘーゲルを裁く最後の審判ラッパ」、御茶の水書房、1987

ブルーノ・バウアー著、大庭健訳「ヘーゲルを裁く最後の審判ラッパ」（良知・廣松編『ヘーゲル左派論叢』第 4 巻所収）

ブルーノ・バウアー著、渡辺憲正訳「暴かれたキリスト教」（良知・廣松編『ヘーゲル左派論叢』第 4 巻所収）

良知 力『ヘーゲル左派と初期マルクス』岩波書店、1987

石塚正英「ベルリン革命の目撃者―ヴァイトリング編集『第一次選挙人』誌（ベルリン、1848）を読む」立正西洋史 10、1987

大沢正道『個人主義――シュティルナーの思想と生涯』青土社、1988

渡辺憲正「マルクスとバウアーの接点（1843 ～ 44 年）」社会思想史の窓 55、1988

石塚正英「マルクスの『フェティシズム・ノート』を読む―ド・ブロス仏語原典・ピストリウス独語訳版を座右にして」(1) ～ (3) 社会思想史の窓 46・47、48・49、50、1988

恵谷弘「国家, 宗教, 市民社会―モーゼス・ヘス再考」経済評論 37 (12)、1988

神田順司「行為の哲学と『ドイツ的みじめさ』―同一性の哲学との連関において」社会思想史の窓 58、1989

篠原敏昭「反ユダヤ主義者としてのブルーノ・バウアー――後期の思想展開との関連で」社会思想史の窓 67、1989

滝口清栄「L・フォイエルバッハの思想的転回とシュティルナー」社会思想史の窓 55、1989

村上俊介「ブルーノ・バウアーの三月革命観」社会思想史の窓 63、1989

大井 正「ヘーゲル学派とローレンツ・シュタイン」、大井正・西尾孝明編『ドイツ社会主義研究』勁草書房、1989

森 政稔「ブルーノ・バウアーと進歩のアイロニー」社会科学研究（東大）40-5、1989

渡辺憲正『近代批判とマルクス』青木書店、1989

石塚正英「大西洋を渡ったゲマインシャフトとアソツィアツィオーン――ヴァイトリング」、社会思想史の窓刊行会編『アソシアシオンの想像力―初期社会主義思想への新視角――』平凡社、1989、所収

石塚正英「マルクスの原始フェティシズム理解――ド＝ブロス著『フェティシュ諸神の崇拝』(1760) 摘要＜ 1842 春＞の解明」社会思想史研究 13、1989

石塚正英『近世ヨーロッパの民衆指導者』創史社、1989（増補版、社会評論社、2010）

生方 卓「ヘーゲル学派の社会哲学、特に経済学について―ヘーゲル右派・中央派」社会思想史の窓 70、1990

尾崎恭一「シュティルナーにおける人格主義の理念」白山哲学 24、1990

柴田隆行「ヘーゲル学徒としてのシュタイン」社会思想史の窓 74、1990

滝口清栄「ヘーゲルの財産共同体批判」社会思想史の窓 72、1990

田村伊知朗「エドガー・バウアーの初期著作目録　1842 - 1849」法政大学大学院紀要 25、1990

野村真理「ユダヤ人問題―西欧とユーデントゥームのはざま」社会思想史の窓 68、1990

村上俊介「ブルーノ・バウアーの三月革命観――『ドイツにおける市民革命』を素材として」上下、専修経済学論集 24-2,25-1、1990

服部健二『歴史における自然の論理―フォイエルバッハ・マルクス・梯明秀を中心に』新泉社、1990

石塚正英『フェティシズムの思想圏―ド＝ブロス・フォイエルバッハ・マルクス』世界書院、1991

石塚正英「バルバロスとしての初期社会主義」現代思想 1991 年 8 月号

石塚正英「フォイエルバッハの現代性――Sache（事象）と Bild（形像）との関係

をめぐって」理想 648、1991

中野徹三「モーゼス・ヘスの思想におけるシオニズムと社会主義」札幌学院大学人文学会紀要 50、1991

住吉雅美「マックス・シュティルナーの近代合理主義批判 1 ～ 5」北大法学論集 42-2、3、6、43-2、3、1991-92

的場昭弘「『独仏年誌』と独仏関係」、『ユスティティア』（ミネルヴァ書房）2、1991

村上俊介「マルクスと『真正社会主義』」情況 2-11、1991

石塚正英編『ヘーゲル左派―思想・運動・歴史』法政大学出版局、1992

渡辺憲正「フォイエルバッハの非哲学の哲学」（石塚編『ヘーゲル左派』所収）

滝口清栄「ヘーゲル批判の思想圏―シェリング、バウアー、フォイエルバッハと疎外論」（石塚編『ヘーゲル左派』所収）

尾崎恭一「シュティルナー哲学のプロブレマティーク」（石塚編『ヘーゲル左派』所収）

柴田隆行「ヘーゲル左派と若きローレンツ・シュタイン」（石塚編『ヘーゲル左派』所収）

的場昭弘「ルーゲとフランス―ヘーゲル左派と独仏関係」（石塚編『ヘーゲル左派』所収）

石塚正英「義人同盟とヘーゲル左派」（石塚編『ヘーゲル左派』所収）

林 真左事「ブルーノ・バウアーにおけるヘーゲル左派の総括」（石塚編『ヘーゲル左派』所収）

田村伊知朗「エドガー・バウアーの思想的転回」（石塚編『ヘーゲル左派』所収）

村上俊介「ブルーノ・バウアーと三月革命―もう一つの『市民を求めて』」（石塚編『ヘーゲル左派』所収）

篠原敏昭「ブルーノ・バウアーの反ユダヤ主義―後期バウアー研究のために」（石塚編『ヘーゲル左派』所収）

野村真理「後期モーゼス・ヘスにおける民族的世界の復権」（石塚編『ヘーゲル左派』所収）

岩佐・小林・渡辺編『「ドイツ・イデオロギー」の射程』創風社、1992

尾崎恭一「人間観の確立とシュティルナー批判」（岩佐ほか編『射程』所収）

木村 博「宗教批判と自己意識―ブルーノ・バウアー、フォイエルバッハとマルクス」（岩佐ほか編『射程』所収）

渡辺憲正「マルクスのフォイエルバッハ批判の意味」（岩佐ほか編『射程』所収）

岩波哲男「歴史、出来事と史実――ヘーゲルとシュトラウス」文学研究科紀要、哲学・史学編（早稲田大学大学院）39、1993

澤野 徹「L．フォイエルバッハの遺稿『日本の宗教』」専修大学社会科学研究所月報 355、1993

滝口清栄「ヘーゲル宗教哲学解釈論争とヘーゲル左派」現代思想 21-8、1993

植村邦彦「マイノリティの『解放』をめぐって―ヘーゲル左派と『ユダヤ人問題』」理想 653、1994

生方 卓「ヘーゲル、ガンスと死刑の問題」理想 653、1994

小林昌人「歴史の哲学と行為の哲学—ヘーゲル左派の行為論における必然性・目的性・主体性」理想 653、1994

座談会「ヘーゲル左派と世界」（石塚正英・生方卓・小林昌人・柴田隆行・滝口清栄・的場昭弘、理想 653、1994

柴田隆行「社会主義をめぐる理論と実践—ヘス対シュタイン」理想 653、1994

シュトラウス著、生方卓・柴田隆行・石塚正英・石川三義訳『イエスの生涯・緒論』世界書院、1994

滝口清栄「伝統との断絶、あるいは知の転換—シュティルナー思想の現代的意味をめぐって」理想 653、1994

鄭文吉著、姜聖信訳・小林昌人補綴「ヘーゲル左派の時代—バウアーとマルクスの知的連携」理想 653、1994

田村伊知朗『近代ドイツの国家と民衆—初期エトガー・バウアー研究（1842-1849年）』、新評論、1994

的場昭弘「ガンスとフランス—ヨーロッパ連合構想」理想 653、1994

石塚正英「聖書の神話的解釈とフェティシズム—シュトラウスを論じてフォイエルバッハに及ぶ」理想 653、1994

小林昌人「平等と自由と共産主義」情況 95.2/3、1995

柴田隆行「1840 年代ドイツの社会主義と共産主義—ローレンツ・シュタインによる概括を通して」情況 95.2/3、1995

石塚正英「アソシアシオンの 21 世紀的射程—すべての道はヴァイトリングに通じる」情況 95.2/3、1995

的場昭弘『パリの中のマルクス—1840 年代のマルクスとパリ』御茶の水書房、1995

柴田隆行「フィヒテと『行為の哲学』」理想 655、1995

田村伊知朗「『ヘーゲル左派』研究のヨーロッパにおける新しい動向」社会思想史の窓 115、1995

柴田隆行・河上睦子・石塚正英編『神の再読・自然の再読——いまなぜフォイエルバッハか』理想社、1995

森 達也「疎外論について」（柴田ほか編『神の再読・自然の再読』所収

柴田隆行「哲学史著作に見る近代自然観の批判」（柴田ほか編『神の再読・自然の再読』所収

八田隆司「フォイエルバッハとヘーゲルを分けるもの—人間と自然との関わり」（柴田ほか編『神の再読・自然の再読』所収

滝口清栄「シェリングとフォイエルバッハ—ヘーゲル不販の位相、あるいは分岐」（柴田ほか編『神の再読・自然の再読』所収

細谷 実「幸福主義の倫理学—自然主義的で人間主義的で類的な倫理学の基礎（柴田ほか編『神の再読・自然の再読』所収

討論会「いま、なぜフォイエルバッハか」（柴田ほか編『神の再読・自然の再読』所収

河上睦子「宗教批判の両義性—1840年代前半（とくにルター論）を中心にして」（柴田ほか編『神の再読・自然の再読』所収

川本　隆「〈引き裂かれた自己〉の究明—フォイエルバッハの自己対象化論」（柴田ほか編『神の再読・自然の再読』所収

澤野　徹「フォイエルバッハの宗教批判と宗教哲学」（柴田ほか編『神の再読・自然の再読』所収

石塚正英「フォイエルバッハと日本の古代宗教—遺稿「日本の宗教」の分析」（柴田ほか編『神の再読・自然の再読』所収

河上睦子『フォイエルバッハと現代』御茶の水書房。1997

石塚正英「キリスト教の中の原初的信仰—マルクスを論じてフォイエルバッハに及ぶ」理想662、1999

石塚正英「アソシアシオンの想像力」、MRレビュー（MR研究会編集）19、2002

石塚正英「身体論を軸としたフォイエルバッハ思想」情況02.8/9、2002

フォイエルバッハの会編『フォイエルバッハ—自然・他者・歴史』理想社、2004

河上睦子・服部健二「総論『自然・他者・歴史』へのアプローチ」、フォイエルバッハの会編『フォイエルバッハ』所収

柴田隆行「自然的理性の光から自然の光へ」、フォイエルバッハの会編『フォイエルバッハ』所収

服部健二「感覚概念の検討—『論理学形而上学序論』講義を中心に」、フォイエルバッハの会編『フォイエルバッハ』所収

石塚正英「唯物論的宗教論」、フォイエルバッハの会編『フォイエルバッハ』所収

河上睦子「身体哲学の構想」、フォイエルバッハの会編『フォイエルバッハ』所収

滝口清栄「倫理的ミニマムとしての幸福主義—フォイエルバッハ後期倫理構想の意味」、フォイエルバッハの会編『フォイエルバッハ』所収

細谷実「身体はどのように問題なのか—バトラー他に抗して」、フォイエルバッハの会編『フォイエルバッハ』所収

川本　隆「質料としての他我」、フォイエルバッハの会編『フォイエルバッハ』所収

木村　博「他者論をめぐるフィヒテとフォイエルバッハ」、フォイエルバッハの会編『フォイエルバッハ』所収

片山善博「ヘーゲルとの対話—思考の他者をめぐる問い」、フォイエルバッハの会編『フォイエルバッハ』所収

富村圭「フォイエルバッハの『ヘーゲル主義』と同時代のヘーゲル批判」、フォイエルバッハの会編『フォイエルバッハ』所収

神田順司「若きマルクスにおけるフォイエルバッハ受容によせて」、フォイエルバッハの会編『フォイエルバッハ』所収

石塚正英『儀礼と神観念の起原』論創社、2005

青柳宏幸「モーゼス・ヘスにおける『社会的な教育による陶冶』：ヘーゲル陶冶論の影響を中心に」教育学研究年報24,、2005

良知　力・廣松渉編（石塚正英編集代行）『ヘーゲル左派論叢』第2巻「ユダヤ人問題」、御茶の水書房、2006

チェシコフスキ著、柴田隆行訳『歴史知序論』良知・廣松編（石塚編集代行）『ヘーゲル左派論叢』第2巻、所収

モーゼス・ヘス著、針谷寛・前田庸介訳『人類の聖史—スピノーザの弟子による』良知・廣松編（石塚編集代行）『ヘーゲル左派論叢』第2巻、所収

モーゼス・ヘス著、神田順司・平子友長訳『ヨーロッパの三頭制』良知・廣松編（石塚編集代行）『ヘーゲル左派論叢』第2巻、所収

田村伊知朗「後期近代におけるヘーゲル左派研究の思想史的基礎づけ—初期カール・ナウヴェルクの政治思想を中心にして」北海道教育大学紀要．人文科学・社会科学編 56 (2)、2006

川本 隆「神秘主義と質料志向：若きフォイエルバッハのヘーゲル主義とその離反」哲学 (58)、2007

河上睦子『宗教批判と身体論—— フォイエルバッハ中・後期思想の研究』御茶の水書房、2008

河上睦子「『マリア』についての人間学的考察 -- フォイエルバッハのマリア論を中心に」人間社会研究 (5)、2008

菅野孝彦「L.フォイエルバッハ思想の意義と限界」総合教育センター紀要 28.、2008

田村伊知朗「初期ブルーノ・バウアー純粋批判研究序説 —後期近代における時代認識との連関において」北海道教育大学紀要．人文科学・社会科学編 58 (2)、2008

田村伊知朗「初期ブルーノ・バウアー純粋批判の歴史的位相 - 近代の揚棄と大衆批判に関する考察を中心にして」北海道教育大学紀要．人文科学・社会科学編 59 (1)、2008

滝口清栄『マックス・シュティルナーとヘーゲル左派』理想社、2009

滝口清栄「アナーキーあるいは夢想の革命—シュティルナー、マルクス、バクーニン」理想 682、2009

千坂恭二「シュティルナーとマルクス—「唯一者」と「社会的諸関係の総体」」情況第三期 84、2009

田村伊知朗「初期ブルーノ・バウアー研究の基礎構築：ブルーノ・バウアー初期著作目録（1829-1849 年）とその研究史的意義」北海道教育大学紀要．人文科学・社会科学編 60 (1)、2009

川本 隆「フォイエルバッハとヘーゲルの差異—ライプニッツ解釈をめぐって」ヘーゲル哲学研究 (15)、2009

河上睦子「フォイエルバッハ『宗教の本質に関する講義』—身体論からフォイエルバッハ哲学を読む」季報唯物論研究 110、2009

田村伊知朗「初期ブルーノ・バウアー純粋批判に対する周辺ヘーゲル左派による基礎づけ」北海道教育大学紀要．人文科学・社会科学編 61 (1)、2010

松尾隆佑「エゴイズムの思想的定位—シュティルナー像の再検討」情況第三期 92、2010

島崎 隆「フォイエルバッハの唯物論と人間学によせて：ヘーゲル・フォイエルバッハ・エンゲルス・マルクス関係を再考する」フォイエルバッハの会通信 (76)、

2010

川本 隆「ヘーゲルとフォイエルバッハを分かつもの：汎神論と理性の理解を巡って」東洋大学大学院紀要 48（文学（哲学））、2011

植村邦彦「書評『マックス・シュティルナーとヘーゲル左派』（滝口清栄著）」社会思想史研究（社会思想史学会年報）35、2011

河野桃子「前後期シュタイナーを貫く「世界自己」としての「私」という観点：シュタイナーのシュティルナー解釈に見られる倫理観に着目して」教育哲学研究 104、2011

片山善博「書評滝口清栄著『マックス・シュティルナーとヘーゲル左派』を読む」法政哲学 7、2011

田村伊知朗「ドイツ三月前期におけるヘルマン・イエリネクの宗教批判と政治批判：ブルーノ・バウアーの純粋批判との関連性における思想史的考察」北海道教育大学紀要. 人文科学・社会科学編 62（2）、2012

川本 隆「思弁的媒介から直接性へ：フォイエルバッハから見たデカルトの心身二元論」東洋大学大学院紀要 50（文学（哲学））、2013

生方智子「モデル化される辻潤：大正期におけるシュティルナー受容と「個人」の位置」立正大学人文科学研究所年報 51、2013

田村伊知朗「初期テオドール・オーピッツ研究の基礎構築—ヘーゲル左派研究史におけるテオドール・オーピッツ初期著作目録（1842-1850 年）の意義」北海道教育大学紀要人文科学・社会科学編 63（2）、2013

シュティルナー著、片岡啓治訳『唯一者とその所有』上下（古典文庫 21）、現代思潮新社、2013

鈴木一男「シュティルナーの教育観：現在の私たちの教育現場に突き合わせて」日本仏教教育学研究（22）、2014

堅田 剛「フォイエルバッハとサヴィニー：法典論争外伝」独協法学（93）、2014

柴田隆行「フォイエルバッハの実践（1）ルーゲとの往復書簡から見えるもの」季報唯物論研究（128）、2014

柴田隆行「フォイエルバッハの実践（2）不死信仰の秘密を暴く」季報唯物論研究（129）、2014

石塚正英『フェティシズム—通奏低音』社会評論社、2014

石塚正英『歴史知と多様化史観—関係論的』社会評論社、2014

山本 良「中上健次とマックス・シュティルナー：「十九歳の地図」における〈言語〉と〈労働〉」埼玉大学国語教育論叢 17/18、2014-15

服部健二『四人のカールとフォイエルバッハ』こぶし書房、2015

山本 愛「A・ルーゲにおける「国家」と「自由」— ルーゲの書簡等を手がかりとして」、東北大学ヨーロッパ研究 10、2015

富村 圭「アルノルト・ルーゲのフォイエルバッハ受容：三月前期ドイツにおける教会論争の視点から」史學 85（1-3）、2015

柴田隆行「フォイエルバッハの実践（3）エゴイズムの倫理」季報唯物論研究（130）、2015

柴田隆行「フォイエルバッハの実践（4）自然科学と革命」季報唯物論研究（131）、2015

柴田隆行「フォイエルバッハの実践（5）カール・グリュンの理論と実践」季報唯物論研究（133）、2015

柴田隆行「フォイエルバッハの実践（6）幸福を求めて」季報唯物論研究（135）、2016

川本 隆「超越から内在へ：若きフォイエルバッハは神をどのように解読したか？」哲学（67）、2016

川本 隆「フォイエルバッハの幸福観：宗教感情の人間学的考察」東洋大学院紀要53（文学（哲学））、2016

川本 隆『初期フォイエルバッハの理性と神秘』知泉書館、2017

川本 隆「初期フォイエルバッハのルター論—宗教的人間の『発生的 – 批判的』解読に寄せて」桜文論叢（日本大学）96 巻、2018

石塚正英「マックス・シュティルナーのヘーゲル左派批判」フォイエルバッハの会通信（108、109）、2018-19

滝口清栄「現実性の水脈あるいは思想空間の変容――シェリンク、フォイエルバッハ、シュティルナー」理想、702、2019

石塚正英「汎神論から他我論への展開—中後期フォイエルバッハ」理想、702、2019

初出一覧

(1) Vormärz 社会思想史研究のための準備ノート（青年ヘーゲル派ノート）、立正大学西洋史研究会、1976.6.

(2) 青年ドイツ派のサン・シモニズム受容とキリスト教批判、立正史学、第48号、1981.1.

(3) アーノルト・ルーゲのロマン主義批判——Vormärz における自由主義運動の一つの型——、立正史学、第44号、1978.9.

(4) アーノルト・ルーゲの自由主義批判、立正西洋史、第2号、1979.4.

(5) Lichtfreunde について——1840年代ドイツにおける合理主義信仰運動——、社会思想史研究、第3号、1979.11.

(6) Freie Gemeinde について——1848年革命前後のドイツにおける民主主義的自由信仰運動——、立正西洋史、第3号、1980.4.

(7) シュティルナーのヘーゲル左派批判、フォイエルバッハの会通信、108～109号、2018～2019

(8) 汎神論から他我論への展開——中後期フォイエルバッハ——、理想、702号、2019.03

(9) 複合科学的身体論の可能性、原題「〈生肉身体＝肉体〉と〈機械身体＝機体〉のコラボレーション」石塚正英・杉山精一編『歴史知の未来性——感性知と理性知を時間軸で総合する試み』理想社、2003年、所収。

(10) フォイエルバッハと日本の古代信仰、柴田隆行・河上睦子と共編著『神の再読・自然の再読——いまなぜフォイエルバッハか』理想社、1995.2.所収

(11) マルクス左派の超家族論、『季報唯物論研究』第一四五号、2018.11.

(12) 年表・三月革命人——急進派の思想と行動——、秀文社、1983.4.

　なお、（1）から（4）までは、もともと修士論文「アーノルト・ルーゲの批判運動——Vormärz における自由主義の一つの型」（立正大学、1978年3月）として起草され、その後（5）（6）の増補を経て『三月前期の急進主義—青年ヘーゲル派と義人同盟に関する社会思想史的研究』（長崎出版、1983年）の第2章・第3章に組み込まれた。このたび『ヘーゲル左派という時代思潮』を編集するにあたり、「はしがき」に記されたあらたな編集方針のもとに必要なリライトを施してここに再録することにした。以下に、リライトの概要を記す。

　旧著の編集意図、叙述構成は以下のとおりである。第1に、18世紀末からのドイツにおける自由主義およびその左派の形成、それに19世紀30年代40年代（Vormärz）における共和主義・共産主義的急進主義の形成過程を概観する。第2に、Vormärz 急進主義2派が理論面での異質性や現象面での共通性を発揮し、またある課題では共和主義者が共産主義者にならい、別のところではその逆の事態が生じるといった事実をとらえる。以上の考察をとおして、ドイツ解放へ向けた三月前期急進主義運動の歴史的な意義ないし固有の特徴点を社会思想史的に明

らかにする。

　それに対して、新著の編集意図、叙述構成は次のようになる。第1に、ヘーゲル左派の先駆である青年ドイツ文学派に言及する。第2に、ヘーゲル左派の思想と行動をルーゲの批判運動に代表させて検討する。第3に、ヘーゲル左派という少数知識人の思想、とりわけフォイエルバッハのキリスト教批判をよかれあしかれ大衆運動の指導理念＝時代思潮として普及させた光の友協会の活動を検討する。第4に、(7) シュティルナーおよび (8) 〜 (10) 中後期フォイエルバッハ、(11) 老マルクスの古代史研究を例にして、19世紀後半にまで至るヘーゲル左派、あるいは21世紀にまで射程を有するヘーゲル左派を社会思想史的に明らかにする。(12) は『三月前期の急進主義』の付録資料として編集し、知人の印刷会社 (秀文社) から研究者向けに限定発行したもので、今回が最初の市販となる。

あとがき

　1960年代を通じてヘーゲル左派（青年ヘーゲル派）に注目した研究者である大井正、山中隆次、良知力、廣松渉は、私の学問上の先達である。とりわけ、大井先生からは、1970年代後半、明治大学の研究室やご自宅で直々に原書講読の指導を受けた。シュトラウス、フォイエルバッハ、シュタインほか、先生がドイツから持ち帰られた文献をふんだんに使用してのゼミだった。山中先生からは、1980年代後半、19世紀古典読書会で連続して開催したヘーゲル左派報告会で有益なアドバイスを戴いた。良知先生からは、1980年代中頃、ヘーゲル左派およびヴァイトリング研究につき、おもに書簡で指導を受けた。書簡や葉書はいまも大切に保存している。廣松先生からは、1980年代を通じ、社会思想史学会のシンポジウムやインフォーマルセッションで、やはりヘーゲル左派およびヴァイトリング研究についてディスカッションに加えさせて戴いた。拙宅にはいまでも廣松アドバイスで溢れる「初期社会主義」セッション（1986年の第11回大会）の録音テープが残されている。

　以上の諸先生のうち、良知先生と廣松先生には、もう一つの思い出がある。それは、1986年秋から翌年春にかけて刊行された両先生編『ヘーゲル左派論叢』全4巻中、第2巻を、両先生亡きあと私が編集代行したことである。この第2巻をふくむ本叢書は、編者の一人廣松先生によれば「ヘーゲル左派の重要文献でありながら未邦訳の文典を編訳し、研究者の共同利用に供しようと図るものである」（第1巻はしがき）。編者の一人良知先生も同様であったであろう、その編集意図はすでに既刊3巻の普及によってほぼ実現されていた。1988年秋から翌年にかけて19世紀古典読書会の主催で開催され月刊『社会思想史の窓』に連載された報告と討論の記録「ヘーゲル左派と独仏思想界」（1999年御茶の水書房から石塚正英編で新版刊行）は、既刊3巻の読書会記録でもある。また1992年4月に刊行された石塚正英編『ヘーゲル左派——思想・運動・歴史』（法政大学出版局）、廣松先生が亡くなられた1994年5月に雑誌『理想』第653号で組まれた特集「ヘーゲル左派と現代」、それらに含まれる諸研究は、いずれも『ヘーゲル左派論叢』既刊の諸巻を基本資料の一つにしている。だがこの『ヘーゲル左派論叢』がながく第2巻を欠いたままできたことは事実であったので、私が第2巻の編集を引き受け、2006年に刊行したのだった。

ところで、本書で扱った左派思想家の一人フォイエルバッハは、キリスト教を否定したものの、世界各地の自然崇拝についてはポジティブに観察した。もし仮に、彼が21世紀の現代日本を見ることができたとしたなら、2011年3月11日に発生した東日本大震災（自然災害）をどう受け止めるか、尋ねてみたいものである。それは無理なので、ここでは参考として、『宮本常一と歩いた昭和の日本』第16「東北③」（農文協、2011年）の中から話題を拾ってみる。「東北③」には高度成長時代に変貌を遂げる東北農漁山村の姿が写真付きで紹介されている。昔ながらの素朴な風景写真もならび、入会地的自然と村人共生の印象はまだまだ色濃い。その東北は、幾度となく災害に見舞われてきた。本書に出てくる岩手県の「南部牛のふるさと」「気仙沼大工探訪行」、福島県の「出作りの村—福島県檜枝岐」などの記事は、東日本大震災と福島原発事故の被害を被ったところに含まれる。壊滅的被害を受けたところも多い。巻末あとがきにこう記されている。宮古市重茂半島「姉吉は明治29年の津波では全12戸が流失し、生存者は2人、昭和8年には再度全戸が流失し、4人を除いて津波に乗られた歴史がある。このため津波の到達点に『高き住居は児孫の和楽　想え惨禍の大津波　此処より下に家を建てるな
　明治29年にも昭和8年にも　　津波は此処まで来て部落は全滅し　生存者僅かに前に2人　後に4人のみ　幾歳経るとも要心あれ』と記した石碑を建てて戒めとした。戒めが功を奏し現在の集落は石碑より高い位置に建てられたので、今回の津波では漁港施設以外は被害がなかった。」（220～221頁）
　この石碑は、フォイエルバッハにすれば、津波という〔破壊の神〕をここで食い止める石神だろう。「人間は、自然が創造と破壊をなすかぎり、または一般に自然が人間に対して畏敬の念を起させる威力という印象を与えるかぎり、自然を人間化して全能な存在者にする。」（*Ludwig Feuerbach Gesammelte Werke*, Bd.6., S360.）しかし、この石神は、その下方に住む者には救済とならない。まことに「害悪の根原はまた善の根原であり、恐怖の根原はまた喜悦の根原であります。」（Bd.,6, S. 37.）。非キリスト教徒の神々、とくに母神信仰の地では、神は善悪両義だった。人びとは、自然災害を必ずしも一方的な不幸とは観念しない。わが子を目の前でワニに食い殺された母親は、以後ワニのウロコや歯を守護フェティシュに遇する場合があるのだ。石牟礼道子『苦海浄土』中の「九竜権現さま」もそうだった。
　1991年6月3日に発生した雲仙普賢岳の噴火・火砕流で甚大な被害を目の当たりにした住民はこう言った。もう普賢岳を「普賢さま」とは呼ばない、

「普賢」と呼ぶことにした、と。それで、今はどうかというと、復興なって
ひさしく、普賢岳は「普賢さま」として信仰を集めていることだろう。フォ
イエルバッハならば、自然災害と自然崇拝をきっとそのように捉えることだ
ろう。重茂半島姉吉の石碑＝石神は、地域住民にとって、今後どのような思
いをぶつける対象となるだろうか。フォイエルバッハの生涯にわたる思想形
成をヘーゲル左派の思想圏に組み込んでよければ、ヘーゲル左派の現実有効
射程は現在に及んでいる。1830 〜 48 年当時のスローガン〔肉体の復権（la
réhabilitation de la chair）〕は現代を生きる人びとのスローガン〔自然の権
利（Rights of Nature）〕に連結している。その 2 語をフォイエルバッハに即
して括るならば、自然は身体を介して〔他我＝もう一人の私 alter-ego〕な
のである。「我々は今なお、ヘーゲル左派の引き起こした意識状況の中にいる」
（ハーバーマス）。

　最後に、昨年に引き続いて拙著を刊行して下さることになった社会評論社
の松田健二代表に、あつくお礼を申し上げる。

石塚正英

2019 年 春　頸城野の大鋸町桝屋にて

石塚正英（いしづか まさひで）
1949年、新潟県上越市（旧高田市）に生まれる。当年とって古稀となる。
立正大学大学院文学研究科史学専攻博士後期課程満期退学、同研究科哲学専攻論文博士（文学）。
1982年〜、立正大学、専修大学、明治大学、中央大学、東京電機大学（専任）歴任。
2008年〜、NPO法人頸城野郷土資料室（新潟県知事認証）理事長。
主要著作
〔論説〕「学問論の構築へ向けて」、立正大学学生新聞会編集『立正大学学生新聞』第229-231号、1970年（歴史知と学問論、社会評論社、2007年、所収）
〔著作〕『叛徒と革命―ブランキ・ヴァイトリンク・ノート』イザラ書房、1975年。（図書館協会推薦図書）
〔著作〕『三月前期の急進主義―青年ヘーゲル派と義人同盟に関する社会思想史的研究』長崎出版、1983年。
〔翻訳〕ローレンツ・シュタイン、石川三義・柴田隆行・石塚正英共訳『平等原理と社会主義―今日のフランスにおける社会主義と共産主義』法政大学出版局、1990年。（第26回日本翻訳出版文化賞）
〔著作〕『フェティシズムの思想圏―ド゠ブロス・フォイエルバッハ・マルクス』、世界書院、1991年。（博士〔文学〕学位論文）
〔編著〕『ヘーゲル左派――思想・運動・歴史』法政大学出版局、1992年。
〔翻訳〕ダーフィット・フリードリヒ・シュトラウス、生方卓・柴田隆行・石塚正英・石川三義共訳『イエスの生涯・緒論』世界書院、1994年。（図書館協会選定図書）
〔編著〕『ヘーゲル左派と独仏思想界』御茶の水書房、1999年。
〔著作集〕石塚正英著作選【社会思想史の窓】全6巻、社会評論社、2014-15年。
〔著作〕『革命職人ヴァイトリング―コミューンからアソシエーションへ』社会評論社、2016年。
〔著作〕『マルクスの「フェティシズム・ノート」を読む――偉大なる、聖なる人間の発見』社会評論社、2018年

ヘーゲル左派という時代思潮
――A. ルーゲ／L. フォイエルバッハ／M. シュティルナー

2019年5月10日　初版第1刷発行
著　者：石塚正英
装　幀：右澤康之
発行人：松田健二
発行所：株式会社社会評論社
　　　　東京都文京区本郷2-3-10　☎03(3814)3861　FAX 03(3818)2808
　　　　http://www.shahyo.com/
組版・印刷・製本：株式会社ミツワ